AF891073

संत एक्विनास

संत एक्विनास

दीप्ति शर्मा
एम. कुमार

अर्जुन पब्लिशिंग हाउस

संत एक्विनास

© सर्वाधिकार स्वरक्षित

संस्करण : 2026

ISBN : 978-81-8330-261-6

प्रकाशक :

अर्जुन पब्लिशिंग हाऊस

4831/24, गोविन्द लेन

अंसारी रोड, दरियागंज

नई दिल्ली—110002

फोन : 23242541, 23272541

e-mail : arjunbooks2001@gmail.com
arjunpubhouse@gmail.com

टाइपसेटिंग :

डिम्पल कम्प्यूटर्स

दिल्ली—110092

प्रिन्टर्स :

मिलन इंटरप्राइजेस

दिल्ली

भूमिका

एक्विनास ने दर्शन व धर्मशास्त्र के समन्वय को 'ज्ञान के स्वरूप' के सिद्धान्त द्वारा भी सत्य सिद्ध करने का प्रयास किया है। उसके अनुसार ज्ञान का स्वरूप एक त्रिभुज (Triangle) के सदृश है जिसके आधार पर भूगोल, खगोलशास्त्र व जीव-विज्ञान जैसे विज्ञान हैं जो विशेष क्षेत्र में, विशेष ज्ञान की प्राप्ति के लिए प्रयत्नशील होते हैं। इन विशिष्ट विज्ञानों द्वारा प्राप्त ज्ञान में सैद्धान्तिक एकता स्थापित करने वाला दर्शन शास्त्र (Philosophy) इस ज्ञानात्मक-त्रिभुज का मध्य-भाग है। सबसे ऊपर धर्मशास्त्र (Theology) है जिसका केन्द्रीय तत्त्व आस्था (Faith) है—वैसे ही जैसे कि दर्शन का मूल तत्त्व विवेक (Reason) है।

धर्मशास्त्र को दर्शनशास्त्र के ऊपर रखकर एक्विनास यह कहना चाहता है वास्तविक ज्ञान (Real Knowledge) या अन्तिम सत्य (Ultimate Truth) की प्राप्ति के लिए दर्शन (विवेक) एक सहायक साधन है किन्तु सहायक होने पर भी अपूर्ण है क्योंकि अन्तिम सत्य की अनुभूति के लिए आस्था (Faith) की आवश्यकता होती है, इस प्रकार विवेक व आस्था मिलकर ज्ञान या सत्य रूपी इमारत को पूर्णता (Perfection) प्रदान करते हैं। अतः दर्शन व धर्मशास्त्र एक दूसरे के विरोधी नहीं हैं बल्कि एक दूसरे के सहायक हैं लेकिन, आस्था का प्रत्यक्ष सम्बन्ध ईश्वरीय प्रकाशन (Revelation) से है इसलिए धर्मशास्त्र दर्शन से श्रेष्ठ है। एक्विनास का यह विद्वतावाद उसके राजनीतिक विचारों पर भी परिव्याप्त है। इसे रेखाचित्र के रूप में इस प्रकार भी व्यक्त कर सकते हैं।

एक्विनास के राज्य सम्बन्धित विचार मूलतः अरस्तू से प्रभावित हैं लेकिन वह उसे पूरी तरह स्वीकार नहीं करता। राज्य सम्बन्धित उसकी अवधारणा एक प्रकार से यूनानी, रोमन व आगस्टाइनवाद का संश्लेषण (Synthesis) है। गैटल (Gettle) के शब्दों में—"उसकी रचनाओं में राजनीति पुनः एक विज्ञान में परिवर्तित हुई, यद्यपि उसका स्वरूप पूर्णतया मध्ययुगीन था। वह आगस्टाइन तथा बाइबिल द्वारा परिमार्जित अरस्तू व सिसरो की राजनीति थी।"

एक्विनास से पूर्व राज्य के सम्बन्ध में तीन प्रकार की अवधारणाएँ प्रचलित थीं। प्रथम अवधारणा यूनानी चिन्तन से सम्बद्ध है जिसमें राज्य को एक प्राकृतिक संस्था (Natural Institution) माना जाता था। प्लेटो व अरस्तू के लिए राज्य व्यक्ति के लिए स्वाभाविक है। रोमन विचारधारा राज्य को कानूनी दृष्टि से परिभाषित करती है। उदाहरण के लिए सिसरो (Cicero) ने राज्य को कानून का एक समुदाय (A Community of Law) कहा। तीसरी अवधारणा संत आगस्टाइन की कही जा सकती है जिसने अपने चिन्तन में प्लेटो, स्टोइकवाद व ईसाई धर्म की मान्यताओं को समन्वित करने का प्रयत्न किया। फिर भी वह मूलतः एक ईसाई विचारक है जिसकी अमिट छाप राज्य (Civitas Terrena) की उत्पत्ति पर परिलक्षित होती है। संक्षेप में आगस्टाइन सांसारिक राज्य को 'मनुष्य के पतन (Fall of Man)' से जोड़कर 'पाप का परिणाम' (Result of Sin) घोषित करता है।

एक्विनास ने आगस्टाइनवाद की इस मान्यता को अस्वीकार कर दिया है कि राज्य या शासन की उत्पत्ति 'पाप' का परिणाम है। वह अरस्तू के समान मानता है कि राज्य एक प्राकृतिक संस्था है क्योंकि–"अन्य प्राणियों की तुलना में मनुष्य के लिए राजनीतिक व सामाजिक प्राणी होकर एक समूह में रहना स्वाभाविक है। वह सोद्देश्यता के सिद्धान्त (Theory of Teleology) के आधार पर भी राज्य को प्राकृतिक प्रमाणित करता है। इस सिद्धान्त की आधारभूत मान्यता यह है कि प्रकृति द्वारा निर्मित कोई भी वस्तु न तो महत्वहीन होती है और न ही निरर्थक, बल्कि सबका एक उद्देश्य (Telos) होता है–पूर्णता की प्राप्ति। प्रकृति ने मनुष्यों को एक विशेष वस्तु प्रदान की है जो अन्य प्राणियों में नहीं पाई जाती। यह वस्तु है–विवेक (Reason)। यदि जानवरों के समान मनुष्यों को भी एकांकी जीवन व्यतीत करना होता तो प्रकृति उन्हें विवेक का तत्व प्रदान ही नहीं करती। इस विवेक का एक उद्देश्य है और यह उद्देश्य यह है कि व्यक्ति सामाजिक जीवन का संगठन करे। इस प्रकार सामाजिक जीवन व्यक्ति की प्रकृति (Man's Nature) का अभिन्न अंग (Integral Part) है। विवेक की ज्योति (The Light of Reason) मनुष्यों को समाज व राज्य के रूप में संगठित होने के लिए प्रेरित करती है।

प्रस्तुत पुस्तक की विषय-वस्तु छात्रों एवं प्राध्यापकों के लिए अत्यन्त ही उपयोगी सिद्ध होगी। पुस्तक की भाषा अत्यन्त सरल है जो पढ़ने में रोचकता प्रदान करती है।

दीप्ति शर्मा
एम॰ कुमार

अनुक्रमणिका

1

संत एक्विनास का व्यक्तित्व

संत एक्विनाश का जन्म नेपल्स (Naples) के एक ऐसे संभ्रान्त परिवार में हुआ था जिसका निकट सम्बन्ध हेनरी चतुर्थ (Henary IV) व फ्रेडरिक द्वितीय (Frederick II) जैसे सम्राटों से था। इस दृष्टिकोण से एक्विनास इटली का सर्वश्रेष्ठ कुलीनता का प्रतिनिधित्व करता था। प्रतिभा के धनी बालक-एक्विनास की प्रारम्भिक शिक्षा मोण्टे कैसिनो (Monte Casino) के बेनेडिक्टाइन (Benedictine) पंथ के धार्मिक शिक्षकों के निर्देशन में सम्पन्न हुई। बेनेडिक्टाइन पंथ ईसाई धर्म से सम्बद्ध एक सम्प्रदाय है जिसकी स्थापना 530 AD में संत बेनेडिक्ट द्वारा की गई थी। इसमें मूलत: 'प्रार्थना व आशीर्वाद' पर बल दिया जाता है। जिस मठ (Monastery) में एक्विनास ने प्रारम्भिक शिक्षा प्राप्त की, वह अन्तत: 1944 AD में उस समय ध्वस्त हो गया जब मित्र राष्ट्रों ने मुसोलिनी के विरुद्ध इटली पर हवाई हमला किया। माण्टे कैसिनो से वापस आने के बाद एक्विनास ने नेपल्स के विश्वविद्यालय में पाठ्यक्रम को दो वर्गों में विभाजित किया जाता था जिसमें सात विषय (Seven Arts) सम्मिलित थे (1) निम्न खण्ड (Lower Division) में व्याकरण, अलंकार शास्त्र व तर्कशास्त्र (Grammar, Rheotric and Logic) (2) उच्च खण्ड (Higher Division) में गणित, ज्यामिति, खगोलशास्त्र तथा संगीत (Arithmetic, Geomatry, Astronomy and Music) विषयों को रखा गया था। मध्ययुगीन परम्परानुसार एक्विनास ने इस शिक्षा को पूरा किया। इसी स्थान पर उसका झुकाव धार्मिक अध्ययन की तरफ होना प्रारम्भ हुआ और 16 वर्ष की अवस्था में वह डोमिनिकन संप्रदाय (Order of the Dominicans) का भिक्षुक बन गया।

किन्तु विवेक व श्रद्धा (Reason and Faith) का जो समन्वित रूप उसके दर्शन (Philosophy) में दृष्टिगत होता है, उसकी भूमिका शिक्षा के अगले पड़ाव-कोलोन (Cologne) में निर्मित हुई। नेपल्स ने उसे धार्मिक अनुभूति प्रदान की; कोलोन में उसका सामना तर्क (Logic) से हुआ। सबसे महत्वपूर्ण बात यह है कि

यह तर्कशास्त्र अरब व यूनानी चिन्तन से सम्बद्ध था। कोलोन में एक महान् विद्वतावादी दार्शनिक (Scholastic Philosopher) धर्म व दर्शन के उन्हीं समस्याओं से जूझ रहा था जिसका सामना कालान्तर में स्वयं एक्विनास को करना था। उस दार्शनिक का नाम था–एलबर्टस मैगनस (Albertus Magnus)। मैगनस तत्कालीन बौद्धिक वर्ग का अति सम्मानित सदस्य था और एक्विनास को उसके सान्निध्य में तीन वर्षों तक रहने का सौभाग्य मिला।

उसकी शिक्षा का अन्तिम चरण पेरिस (Paris) में सम्पन्न हुआ। उस समय तक पेरिस यूनानी चिन्तन के अध्ययन-अध्यापन का प्रमुख केन्द्र बन चुका था। एक्विनास 1251 AD में एक विद्यार्थी के रूप में पेरिस विश्वविद्यालय के परिसर में प्रवेश किया तथा प्रारम्भ में एक विलक्षण छात्र (Outstanding Student) व कालान्तर में धर्मशास्त्र व दर्शन (Theology and Philosophy) के एक महान अध्यापक के रूप में प्रसिद्ध हुआ। इसी विश्वविद्यालय से उसने डॉक्टर ऑफ थियोलाजी (Doctor of Theology) की उपाधि भी हासिल की। अरस्तू के दर्शन से उसका प्रत्यक्ष सम्पर्क भी यही हुआ और देखते ही देखते यह धर्मशास्त्री अरस्तूवाद के गहरे रंग में डूब गया। 1274 AD में लगभग 49 वर्ष की अवस्था में उसका देहान्त हुआ। इतनी कम आयु में भी वह 70 पुस्तकों (Seventy Books) की रचना कर चुका था जो उसकी विद्वता का प्रबल प्रमाण है। इनमें से कुछ मुख्य पुस्तकें निम्नलिखित हैं–

(1) Summa Theologica (The Sum of Theology).
(2) De Regno (On Kingship).
(3) De Regimine Principum (The Rule of Princes).
(4) Summa Contra Gentiles.
(5) Commentaries on the Politics of Aristotle.

एक विद्यार्थी, एक शिक्षक और एक धर्म उपदेशक के रूप में थामस एक्विनास के समक्ष वे सभी प्रश्न थे जिनका सामना 13वीं शताब्दी में तत्कालीन यूरोपीय समाज कर रहा था। ये प्रश्न ईसाई धर्म व अरस्तू के दर्शन के संघर्ष के परिमाणस्वरूप उत्पन्न हुए थे। यदि इन सवालों का सामान्यीकरण (Generalization) किया जाए तो एक्विनास के समक्ष दो मूलभूत वैचारिक समस्याएँ हैं–

(1) विवेक व आस्था (Reason and Faith) का आपसी सम्बन्ध क्या है?
(2) समाज की सर्वोच्च संस्था (Supreme Institution) कौन है–चर्च या राज्य?

संत एक्विनास को 'मध्य युग का अरस्तू' कहा जाता है जो उसकी विद्वता को इंगित करता है। लेकिन एक्विनास मध्ययुग का सर्वाधिक प्रभावशाली विचारक होने के बाद भी कोई मौलिक राजनीतिक चिन्तक नहीं है और न ही किसी सार्वभौम सिद्धान्त को प्रतिपादित करना उसका लक्ष्य है। एक्विनास की रचनाएँ उन तत्कालीन समस्याओं पर केन्द्रित हैं जिनका सामना ईसाई समाज, मुख्यतः ईसाई चर्च, कर रहा था। उसका अन्तिम व एकमात्र लक्ष्य 'चर्च की सर्वोपरिता' (Supremacy of Church) को प्रमाणित करना है किन्तु एक्विनास द्वारा प्रतिपादित वैचारिक समाधानों का विश्लेषण करने से पहले यह जरूरी है कि उन घटनाओं व परिवर्तनों का अवलोकन कर लिया जाए जो ईसाई समाज के समक्ष समस्याएँ बनकर खड़ी होती हैं और जिनका सामना स्वयं एक्विनास को करना पड़ता है। इन समस्याओं की जड़ में दो अतिशक्तिशाली संस्थाओं का उदय सर्वाधिक महत्वपूर्ण रहा है। ये दोनों संस्थाएँ हैं– रोमन साम्राज्य व रोमन चर्च।

रोमन साम्राज्य का उदय–कैरोनिया युद्ध (Batlle of Chaeronia - 338 BC) के अन्त के साथ ही यूनानी नगर-राज्यों (City States) की स्वतंत्र सत्ता का भी समापन हो गया और मैसिडोन का साम्राज्यवादी प्रभुत्व स्थापित हुआ। अलेक्जेण्डर ने इस साम्राज्य को विश्व साम्राज्य में बदलने का स्वप्न देखा और एक सीमा तक सफल भी रहा, किन्तु 323 BC में उसकी असामयिक मृत्यु से वह साम्राज्य भी बिखर गया। ऐसा लगने लगा कि यूनानी समाज एक बार पुनः 'पोलिस (Polis)' को नागरिक जीवन का केन्द्र-बिन्दु बनाने में सफल हो जायेगा लेकिन इतिहास एक नये परिवर्तन का स्वागत करने के लिए तैयार था। इस परिवर्तन का नेतृत्वकर्ता बना– रोम (Rome); जो 600 BC के आस-पास यूनानी नगर राज्यों के समान ही एक छोटा सा शक्तिहीन राज्य था जहाँ राजतंत्रात्मक शासन व्यवस्था कायम थी। 509 BC के आस-पास रोम में गणतंत्र (Republic) की स्थापना हुई किन्तु इसे यूनानी अर्थों में कभी भी विशुद्ध लोकतंत्र (Democracy) का स्वरूप प्राप्त नहीं हो सका। 200 BC तक आते-आते यह गणतंत्र ऐसे वर्गतंत्र (Oligarchy) में बदल गया जो बाहर से अर्द्धजनतन्त्रात्मक (Quasi-democratic) मुखौटा लगाए हुए था। फिर भी राजनीतिक मंच पर रोमन प्रभाव तीव्र गति से आगे बढ़ता रहा।

यूनान में, मैसिडोन के अवशेष प्रभावों को दूर करने के लिए एकियन (Achaean) तथा एटोलियन संघ निरन्तर प्रयासरत थे और इस प्रयास में उन्हें प्रारम्भिक सफलताएँ भी हाथ लगी जैसे एकियन्स के विरोध के कारण ही कोरिन्थ से मैसिडोनियन सैनिकों को भागना पड़ा। लेकिन दोनों संघों के आपसी अविश्वास व राजनीतिक महत्वाकांक्षा ने जहाँ एक तरफ इन संघों को शक्तिहीन कर दिया वहीं

दूसरी तरफ रोमन नगर-राज्य को इस क्षेत्र में प्रभावशाली बनने का अवसर भी प्रदान किया। 200 BC में रोम ने एटोलियन संघ के साथ मिलकर साइनोसेफिलया के युद्ध में मैसिडोन के शासक फिलिप पंचम (Philip V) को पराजित कर दिया। रोम अब यूनान की दहलीज़ पर खड़ा था और मौके (Opportunity) की प्रतीक्षा कर रहा था। यह अवसर 146 BC में उपलब्ध हुआ जब कोरिन्थ (Corinth) की पराजय हुई और यूनानी नगर राज्यों का आत्मनिर्भर संगठन रोमन साम्राज्य के अधीन आ गया। रोम का साम्राज्य 476 AD तक यूरोप की एकमात्र शक्ति के रूप में अपनी महानता की स्तुति कराता रहा। वैचारिक स्तर पर प्राचीन यूनानी चिन्तन (Classical Greek Thought) अब भी जीवित था लेकिन तत्कालीन परिस्थितियों में इसकी कोई भी प्रासंगिकता शेष नहीं थी। संक्षेप में रोम सम्पूर्ण यूरोप का भाग्य विधाता बन चुका था।

रोमन चर्च का उदय—इस राजनीतिक परिवर्तन के साथ-साथ धार्मिक क्षेत्र में भी महान परिवर्तन हो रहा था। यह परिवर्तन ईसाई धर्म के रूप में सामने आता है। ईसा मसीह (4 BC - 29 AD) को जिस असाधारण तरीके से सूली पर चढ़ाया गया, उसी असाधारण तरीके से ईसाई धर्म का विकास भी हुआ। 150 AD तक समस्त भू-मध्यसागरीय क्षेत्र ईसाई धर्म के प्रभाव में आ गया और अगले सौ वर्षों में इसका प्रभाव रोमन साम्राज्य के प्रत्येक हिस्से में व्याप्त हो गया। चूँकि ईसाई धर्म की कुछ मान्यताएँ ऐसी थीं जो रोमन सम्राटों की महत्वाकांक्षाओं से टकराती थी अतः प्रारम्भिक समय में इन सम्राटों-विशेषकर डायोक्लेशियन (284 - 305 AD) द्वारा ईसाइयों का भयंकर उत्पीड़न (Persecution) किया गया। सम्राट व ईसाई धर्म के अनुयायियों के मध्य टकराव का सबसे प्रधान कारण यह था कि ईसाई धर्म केवल ईश्वर की पूजा की अनुमति देता है तथा व्यक्ति-पूजा को अस्वीकार करता है जबकि रोमन सम्राट अपने को ईश्वर का प्रतिनिधि मानकर सम्पूर्ण प्रजा की भक्ति का दावा कर रहे थे। किन्तु उत्पीड़न की प्रक्रिया भी ईसाई धर्म के विकास को बाधित नहीं कर सकी और उच्च वर्ग द्वारा अपनाएँ जाने के उपरान्त यह धर्म इतना शक्तिशाली व प्रभावशाली हो गया कि अब इसकी उपेक्षा करना असंभव था। सम्राट कान्सटेन्टाइन (Constantine 324-37 AD) ने सैनिकों की आस्था एवं एकता बनाए रखने के लिए स्वयं ही ईसाई धर्म स्वीकार कर लिया। थीयोडोसियस (Theodosius) ने अपने शासनकाल (379 - 95 AD) में ईसाई धर्म को राजधर्म (State Religion) घोषित कर, इस धर्म के प्रभुत्व को औपचारिक स्वीकृति प्रदान कर दिया।

संघर्ष—ईसाई धर्म के शक्तिशाली बनने का प्रत्यक्ष प्रभाव चर्च की स्थिति पर पड़ा। चर्च ईसाई समाज की आस्था का केन्द्र बनकर इतना प्रभावशाली हो गया

कि सम्राट की शक्ति को भी चुनौती दे सके। 12वीं शताब्दी तक आते-आते चर्च अपने 'शक्ति' के गौरव बिन्दु पर पहुँच गया था। थीयोडोसियस के इस कदम से रोमन शासकों को तत्कालिक लाभ तो अवश्य मिला क्योंकि साम्राज्य के सबसे बड़े व प्रभावशाली धार्मिक समुदाय का समर्थन मिलने लगा किन्तु इसके साथ एक नई समस्या भी सामने आने लगी। यह समस्या थी–चर्च-राज्य संघर्ष।

उधर, 410 AD में जर्मन गोथ जाति के योद्धा एलरिक (Alric) ने रोम पर आक्रमण कर उसे तहस-नहस कर दिया। पुनः 476 AD में एक अन्य जर्मन आक्रान्ता ओडोआसर (Odoacer) ने रोमन सम्राट रोमुलस आगस्टुलस (Romulus Augustulus) को पराजित करके पश्चिमी रोमन साम्राज्य का अन्त कर दिया। वह स्वयं ही शासक बन गया और रोम पर 493 AD तक राज किया। रोम के पतन (476 AD) के उपरान्त रोमन सम्राट की राजनीतिक सत्ता साम्राज्य के पूर्वी भाग की राजधानी कांस्टेन्टिनोपोल में केन्द्रित हो गई। यद्यपि रोमन सम्राट अब भी स्वयं को सम्पूर्ण रोमन साम्राज्य का शासक मानते थे तथापि रोम से दूर रहने तथा पूर्वी भाग पर मुस्लिम आक्रमणों के निरन्तर दबाव के कारण वे रोम की गतिविधियों पर पर्याप्त ध्यान नहीं दे पाते थे। इसका लाभ उठाते हुए रोमन पोप (Pope) अपनी स्थिति क्रमशः मज़बूत बनाते चले गये, यहाँ तक कि अब वे आध्यात्मिक क्षेत्र के साथ-साथ सांसारिक (राजनीतिक) क्षेत्र में भी खुलकर हस्तक्षेप करने लगे जिसके परिणामस्वरूप चर्च व राज्य में 'शक्ति एवं प्रभुत्व' का वैचारिक संघर्ष शुरू हुआ जिसकी प्रतिध्वनि सम्पूर्ण मध्ययुग में अनुगूँजित होती रही। मध्य युग (500-1500 AD) का प्रत्येक विचारक मूलतः इसी संघर्ष का सैद्धान्तिक समाधान निकालने का प्रयत्न करता है। संत एक्विनास के समक्ष भी यही समस्या है।

13वीं शताब्दी तक 'चर्च' ईसाई समाज का सर्वोच्च संगठन बना रहा लेकिन वैचारिक दृष्टि से अब चर्च की सम्प्रभुता और ईसाई धर्म के मूलभूत सिद्धान्तों–ईसाई समाज (Christendom), मौलिक पाप (Original Sin), मनुष्य का पतन (Fall of Man), आस्था (Faith), ईश्वर-कृपा (Grace of God)—को चुनौती मिलने लगी थी। अरस्तू के विवेकवाद ने आस्था के स्तम्भों पर खड़े 'चर्च-संगठन' को झकझोर दिया। मध्य युग के इन 1000 वर्षों में यूरोपीय चिन्तनधारा, मूलतः धार्मिक दृष्टिकोण से ही, अपने युग की सामाजिक, आर्थिक व विशेष रूप से राजनीतिक समस्याओं की व्याख्या व विवेचना करती रही। प्रारम्भिक मध्यकाल (500-1100 AD) सच्चे अर्थों में 'अंधकार युग' (Dark Age) था क्योंकि इस अवधि में सम्पूर्ण यूरोप 'श्रद्धा व विश्वास' का सहारा लेकर 'मोक्ष' की प्राप्ति में संलग्न रहा। चर्च ने उन समस्त वैज्ञानिक व तार्किक मान्यताओं को अवैध घोषित कर दिया जो चर्च में

लोगों की 'श्रद्धा' को कमज़ोर कर सकती थीं।

ऐवरोज़ (1126–98 AD) सदृश विद्वान प्रतिपादित कर रहे थे कि– "जो दर्शन के लिए पूर्ण सत्य है वह धर्मशास्त्र के लिए पूर्णतः ग़लत हो सकता है। इसी प्रकार धर्मशास्त्र में जिसे पूर्णतः उचित स्वीकार किया जाता है वह दर्शनशास्त्र के लिए पूर्णरूपेण असत्य हो सकता है।" जब अरस्तू की 'Nicomachean Ethics' व 'The Politics' स्पेन के रास्ते यूरोप (पेरिस व आक्सफोर्ड और अन्ततः रोम) पहुँची तब एवरोज़ का 'सत्य-सिद्धान्त' भी साथ था। वैसे अरस्तू द्वारा मनोविज्ञान (Psychology) पर लिखित पुस्तक 'De Anima' तेरहवीं शताब्दी 13वीं के प्रारम्भ में ही ईसाई विद्वत समाज को उपलब्ध हो चुकी थी। लेकिन 1250 AD के आस-पास जब अरस्तू व एवरोज़ का दर्शन यूरोप आया तब इसका बहुत ही व्यापक प्रभाव हुआ। किन्तु अरस्तू का चिन्तन यूरोप व विशेष रूप से इटली में (जहाँ पुनर्जागरण शुरू होता है) सीधे नहीं आया बल्कि अरब जगत् से होते हुए रोम तक पहुँचा। हज़रत मुहम्मद के देहान्त (632 AD) के सौ वर्षों बाद ही, जब 732 AD में टोर्स में मुस्लिम सेनाएँ पराजित हुई तब तक उत्तरी-अफ्रीका के अनेक भाग, प्राचीन रोमन साम्राज्य के महत्वपूर्ण हिस्से जैसे-कार्थेज, हिप्पो तथा स्पेन, इस्लामी झण्डे के नीचे आ चुके थे। ये अरब विद्वान ही थे जिन्होंने अरस्तू की रचनाओं का अरबी में अनुवाद किया तथा यहूदी विद्वानों के साथ मिलकर आस्था व विवेक के आपसी सम्बन्धों को समझने की प्रक्रिया प्रारम्भ की जो अन्ततः धर्मशास्त्र व दर्शन के अन्तर्विरोध को विश्लेषित करने का प्रयास सिद्ध हुआ। अरस्तू का विवेकवाद, वैज्ञानिक व आनुभविक अध्ययन-पद्धति चर्च के मूल आधारों पर प्रत्यक्ष प्रहार करती थी। इसी प्रकार ऐवरोज़ का 'सत्य-सिद्धान्त' भी चर्च की सत्ता के लिए अत्यन्त ख़तरनाक था क्योंकि इसे मान्यता देने का अर्थ था यह स्वीकार कर लेना कि चर्च की मान्यताएँ (जिसे सत्य माना जाता है) ग़लत भी हो सकती हैं।

क्या व्यक्ति, जैसा कि संत आगस्टाइन (St. Aagustine) ने स्वीकार किया था, ईश्वरीय आशीर्वाद (Grace of God) की प्राप्ति सीधे (Direct) नहीं कर सकता? क्या चर्च की मध्यस्थता (Mediation) के बग़ैर समाज का उद्धार (Salvation) असंभव है? इसी पृष्ठभूमि में एक्विनास (1225–74) का आगमन होता है। चर्च का दुर्भाग्य यह रहा कि अरब व अरस्तू के चिन्तन की तरफ ईसाई बौद्धिक वर्ग बहुत तेजी से आकर्षित हुआ क्योंकि यह एक बिल्कुल 'नई दुनिया' थी, जिसके केन्द्र में ईश्वर नहीं बल्कि 'विवेकशील मनुष्य' था। सम्पूर्ण यूरोप 'व्यक्ति की गरिमा' की पुनर्प्रतिष्ठा की संभावना से उद्वेलित हो गया तथा जैसे-जैसे विवेकवाद की विचारधारा प्रसार पाती गई, वैसे-वैसे समाज में चर्च व सामन्तवाद (Feudalism)

के दोहरे नियंत्रण से स्वतंत्र होने की व्यग्रता भी बढ़ती गई। अब राज्य व चर्च के साथ व्यक्ति के सम्बन्धों की व्याख्या नये दृष्टिकोण से होने लगी। सबसे अहम् सवाल यह उठा कि चर्च की सर्वोच्चता (Supremacy of Church) का आधार व औचित्य क्या है?

विद्वतावादी दर्शन

संक्षेप में अरब-अरस्तू के बुद्धिवादी चिन्तन में स्वतंत्र विचार (Free thinking), संदेहवाद (Scepticis), व नास्तिकतावाद (Atheism) के बीज अन्तर्निहित थे जो ईसाई धर्म की मान्यताओं के पूर्णतः विपरीत थे। एक्विनास इस समस्या का समाधान ढूँढ़ने का प्रयास करता है। इसके लिए वह तत्कालीन परिस्थितियों के अनुरूप 'विवेक' व 'श्रद्धा' के आपसी सम्बन्धों की विवेचना करता है। 'विवेक' व 'श्रद्धा' का यह प्रश्न अन्ततः दर्शन व धर्मशास्त्र के पारस्परिक सम्बन्ध का प्रश्न बन जाता है। सामान्यतः धार्मिक क्षेत्र में 'विवेक' (Reason) को 'श्रद्धा (Faith)' का विरोधी माना जाता है। धार्मिक मान्यताओं की आधारशिला 'श्रद्धा' होती है। तर्क या विवेक की कसौटी पर धर्म को जाँचने परखने का प्रयास, अन्ततः धर्म के अस्तित्व को ध्वस्त करना है। जब तक ईश्वर को 'श्रद्धा' से स्वीकार किया जाता है, धर्म की सत्ता कायम रहती है लेकिन जब तर्क के द्वारा ईश्वर को समझने की कोशिश होती है तो धर्म का वजूद संकटग्रस्त हो जाता है। अन्य धर्मों के समान ईसाई धर्म की मान्यताएँ भी 'श्रद्धा' पर आधारित हैं। ऐसे में जब अरस्तू के विवेकवाद (Rationalism) का उदय हुआ तो ईसाई धर्म के समक्ष गहरा संकट उत्पन्न हो गया। अरस्तू के विवेकवाद की लौकिक व्याख्या एवरोज के संशयवाद से जुड़कर यह माँग कर रही थी कि किसी भी मत को स्वीकार करने से पूर्व उसकी सत्यता व औचित्य की जाँच करो। विवेकवाद और श्रद्धा परस्पर विरोधी होते हैं अतः इस स्थिति में ईसाई धर्म व उसके समर्थकों के समक्ष दो विकल्प थे–

(1) विवेक को महत्वहीन सिद्ध करके विवेकवाद (Rationalism) को अस्वीकार कर दिया जाए,

(2) विवेकवाद का ईसाई धर्म की श्रद्धा के साथ समन्वय किया जाए।

एक्विनास ने दूसरे विकल्प को चुना क्योंकि ग्यारहवीं शताब्दी (Eleventh Century) के आगे बढ़ने के साथ-साथ यह बात स्पष्ट होने लगी कि धर्मशास्त्र (Theology) स्वयं में पर्याप्त नहीं है। अरब व यूनानी दर्शन द्वारा प्रस्फुटित नवीन मानवतावाद (Humanism) व धर्म-निरपेक्षतावाद (Secularism) का ईसाई धर्म के साथ संगति बैठाना जरूरी हो गया। जो विचारधारा विवेक व आस्था (Faith) तथा धर्मशास्त्र व दर्शनशास्त्र में समन्वय स्थापित करने का प्रयास करती है उसे ही

विद्वतावाद (Scholasticism) कहा गया। विद्वतावाद में समन्वय का एक स्थापित सिद्धान्त था जिसमें धर्मशास्त्र को दर्शन से, श्रद्धा या आस्था को विवेक तथा धर्म को विज्ञान से श्रेष्ठ माना जाता था। एक्विनास भी इसी मान्य सिद्धान्तों के आधार पर अपना राजनीतिक दर्शन स्थापित करता है। उसने ईसाई धर्म की आस्था को अरस्तू के विवेकवाद पर आरोपित किया। प्रो. इबन्स्टीन (Ebenstein) के अनुसार, "मध्ययुगीन विद्वतावाद, रोमन साम्राज्य के पतन के बाद का पहला महान प्रयास था जिसमें ज्ञान व ईश्वरीय उद्घाटन (Revelation), दर्शन व धर्मशास्त्र को एकीकृत करने की कोशिश की गई ।" विद्वतावादी दर्शन एक्विनास में अपनी पूर्णता प्राप्त करता है किन्तु दर्शन व धर्मशास्त्र के पारस्परिक सम्बन्धों की विवेचना का इतिहास काफी पुराना है। उदाहरण के लिए टर्टुलियन (Turtullian) ने तीसरी शताब्दी के प्रारम्भ में दर्शन (Philosophy) के प्रति शत्रुतापूर्ण दृष्टिकोण अपनाते हुए प्रतिपादित किया कि दर्शन द्वारा धर्म को सहारा (Buttress) देने का प्रयास अन्ततः श्रद्धा (Faith) का पतन कर देगा। (Attempts to buttress religion by philosophy would eventually lead to the decline of faith) क्योंकि दर्शन की प्रकृति धर्मद्रोह (Heresy) को जन्म देने वाली होती है। अतः टर्टुलियन के अनुसार दर्शनशास्त्र व धर्मशास्त्र एक साथ नहीं रह सकते। इस प्रकार टर्टुलियनवाद न केवल दर्शन का विरोधी है बल्कि उसकी मान्यताएँ भावी विद्ववतावाद को अस्वीकार करने वाली थी।

टर्टुलियन जैसे पादरी-विचारक तर्क व विवेक को अन्तिम सत्य (ईश्वर) के मार्ग का बाधक मानते थे जबकि आगस्टाइन श्रद्धा व विश्वास को सर्वोच्च स्थान देते हुए, 'विवेक' को भी सम्मान प्रदान करता है। उसके शब्दों में, "जिस पर तुम विश्वास कर सकते हो उसे समझने की इच्छा मत रखो बल्कि जिसे समझ सकते हो उसी पर विश्वास करो (Seek not to understand that you may believe, but believe that you may understand.)।" इस प्रकार कहा जा सकता है कि दर्शन व धर्मशास्त्र के समन्वय की शुरुआत आगस्टाइन से हो जाती है। यह अलग बात है कि आगस्टाइन ने अरस्तूवाद के स्थान पर प्लेटोवाद को अपनाया है। 5वीं शताब्दी (Fifth Century AD) में संत आगस्टाइन (354-430 AD) की विचारधारा में भी दर्शन व धर्मशास्त्र के समन्वय का प्रश्न उपस्थित है। आगस्टाइन ने बाईबिल की मान्यताओं का प्लेटोवाद के साथ समन्वय किया है अतः वह टर्टुलियन के समान दर्शन का अन्ध-विरोधी नहीं हो सकता। उसकी मान्यता है कि अन्तिम सत्य को आस्था (faith) व ईश्वरीय प्रकाशन (Revelation) के आधार पर ही जाना जा सकता है किन्तु तार्किकता (Reasoning) भी इस प्रक्रिया में सहायक

सिद्ध होती है।

एक्विनास कहता है कि विवेक अन्तिम सत्य (ईश्वर) की प्राप्ति की प्राथमिक आवश्यकता है लेकिन यह पर्याप्त नहीं है। केवल विवेक को आधार बनाकर अन्तिम सत्य की प्राप्ति संभव नहीं है। इसके लिए विवेक के अतिरिक्त एक दूसरे साधन की भी जरूरत पड़ेगी जिसे 'शृद्धा' कहते हैं। इस प्रकार विवेक व श्रद्धा दोनों ही ईश्वर (अन्तिम सत्य) को समझने के साधन हैं। श्रद्धा, विवेक का प्रतिलोम नहीं है, वह (श्रद्धा) विवेक से ऊपर है तथा विवेक की अपेक्षा अधिक स्थायी (Certain) है क्योंकि श्रद्धा प्रत्यक्षतः ईश्वर से सम्बद्ध हैं। ईश्वर से सीधे सम्बद्ध होने के कारण श्रद्धा विवेक से श्रेष्ठ है और श्रेष्ठ होने के कारण विवेक का मार्गदर्शक व नियन्त्रक है। इस प्रकार दर्शन (विवेक) व धर्मशास्त्र (श्रद्धा) में कोई विरोध नहीं हो सकता क्योंकि धर्मशास्त्र के द्वारा दर्शन को पूर्णता प्रदान की जाती है। एक्विनास विद्वतावाद को व्यवस्थिंत रूप देता है। ज्ञान व श्रद्धा के आपसी सम्बन्धों की व्याख्या करते हुए वह कहता है कि उत्पत्ति के दृष्टिकोण से विवेक व आस्था दोनों ही ईश्वरी हैं। अतः इन दोनों के मध्य संघर्ष कभी भी वास्तविक नहीं हो सकता है। विवेक व आस्था परस्पर विरोधी न होकर एक दूसरे के पूरक हैं। अरस्तू ने प्रतिपादित किया था कि वास्तविक ज्ञान (Real Knowledge) को विवेक के माध्यम से ही समझा जा सकता है।

एक्विनास ने दर्शन व धर्मशास्त्र के समन्वय को 'ज्ञान के स्वरूप' के सिद्धान्त द्वारा भी सत्य सिद्ध करने का प्रयास किया है। उसके अनुसार ज्ञान का स्वरूप एक त्रिभुज (Triangle) के सदृश है जिसके आधार में भूगोल, खगोलशास्त्र व जीव-विज्ञान जैसे विज्ञान हैं जो विशेष क्षेत्र में, विशेष ज्ञान की प्राप्ति के लिए प्रयत्नशील होते हैं। इन विशिष्ट विज्ञानों द्वारा प्राप्त ज्ञान में सैद्धान्तिक एकता स्थापित करने वाला दर्शन शास्त्र (Philosophy) इस ज्ञानात्मक-त्रिभुज का मध्य-भाग है। सबसे ऊपर धर्मशास्त्र (Theology) है जिसका केन्द्रीय तत्व आस्था (Faith) है-वैसे ही जैसे कि दर्शन का मूल तत्त्व विवेक (Reason) है।

धर्मशास्त्र को दर्शनशास्त्र के ऊपर रखकर एक्विनास यह कहना चाहता है वास्तविक ज्ञान (Real Knowledge) या अन्तिम सत्य (Ultimate Truth) की प्राप्ति के लिए दर्शन (विवेक) एक सहायक साधन है किन्तु सहायक होने पर भी अपूर्ण है क्योंकि अन्तिम सत्य की अनुभूति के लिए आस्था (Faith) की आवश्यकता होती है, इस प्रकार विवेक व आस्था मिलकर ज्ञान या सत्य रूपी इमारत को पूर्णता (Perfection) प्रदान करते हैं। अतः दर्शन व धर्मशास्त्र एक दूसरे के विरोधी नहीं हैं बल्कि एक दूसरे के सहायक हैं लेकिन, चूँकि आस्था का प्रत्यक्ष सम्बन्ध ईश्वरीय प्रकाशन (Revelation) से है इसलिए धर्मशास्त्र दर्शन से श्रेष्ठ है। एक्विनास का यह विद्वतावाद उसके राजनीतिक विचारों पर भी परिव्याप्त है। इसे रेखाचित्र के रूप में इस प्रकार भी व्यक्त कर सकते हैं- ❑❑❑

2

संत एक्विनास का राजनीतिक चिन्तन

एक्विनास के राज्य सम्बन्धित विचार मूलतः अरस्तू से प्रभावित हैं लेकिन वह उसे पूरी तरह स्वीकार नहीं करता। राज्य सम्बन्धित उसकी अवधारणा एक प्रकार से यूनानी, रोमन व आगस्टाइनवाद का संश्लेषण (Synthesis) है। गैटल (Gettle) के शब्दों में–"उसकी रचनाओं में राजनीति पुनः एक विज्ञान में परिवर्तित हुई, यद्यपि उसका स्वरूप पूर्णतया मध्ययुगीन था। वह आगस्टाइन तथा बाइबिल द्वारा परिमार्जित अरस्तू व सिसरो की राजनीति थी।"[1]

एक्विनास से पूर्व राज्य के सम्बन्ध में तीन प्रकार की अवधारणाएँ प्रचलित थीं। प्रथम अवधारणा यूनानी चिन्तन से सम्बद्ध है जिसमें राज्य को एक प्राकृतिक संस्था (Natural Institution) माना जाता था। प्लेटो व अरस्तू के लिए राज्य व्यक्ति के लिए स्वाभाविक है। रोमन विचारधारा राज्य को कानूनी दृष्टि से परिभाषित करती है। उदाहरण के लिए सिसरो (Cicero) ने राज्य को क़ानून का एक समुदाय (A Community of Law) कहा। तीसरी अवधारणा संत आगस्टाइन की कही जा सकती है जिसने अपने चिन्तन में प्लेटो, स्टोइकवाद व ईसाई धर्म की मान्यताओं को समन्वित करने का प्रयत्न किया। फिर भी वह मूलतः एक ईसाई विचारक है जिसकी अमिट छाप राज्य (Civitas Terrena) की उत्पत्ति पर परिलक्षित होती है। संक्षेप में आगस्टाइन सांसारिक राज्य को 'मनुष्य के पतन (Fall of Man)' से जोड़कर 'पाप का परिणाम' (Result of Sin) घोषित करता है।

एक्विनास ने आगस्टाइनवाद की इस मान्यता को अस्वीकार कर दिया है कि राज्य या शासन की उत्पत्ति 'पाप' का परिणाम है। वह अरस्तू के समान मानता है कि राज्य एक प्राकृतिक संस्था है क्योंकि–"अन्य प्राणियों की तुलना में मनुष्य के लिए राजनीतिक व सामाजिक प्राणी होकर एक समूह में रहना अधिक स्वाभाविक है। वह सोद्देश्यता के सिद्धान्त (Theory of Teleology) के आधार

पर भी राज्य को प्राकृतिक प्रमाणित करता है। इस सिद्धान्त की आधारभूत मान्यता यह है कि प्रकृति द्वारा निर्मित कोई भी वस्तु न तो महत्वहीन होती है और न ही निरर्थक, बल्कि सबका एक उद्देश्य (Telos) होता है–पूर्णता की प्राप्ति। प्रकृति ने मनुष्यों को एक विशेष वस्तु प्रदान की है जो अन्य प्राणियों में नहीं पाई जाती। यह वस्तु है–विवेक (Reason)। यदि जानवरों के समान मनुष्यों को भी एकाकी जीवन व्यतीत करना होता तो प्रकृति उन्हें विवेक का तत्व प्रदान ही नहीं करती। इस विवेक का एक उद्देश्य है और यह उद्देश्य यह है कि व्यक्ति सामाजिक जीवन का संगठन करे। इस प्रकार सामाजिक जीवन व्यक्ति की प्रकृति (Man's Nature) का अभिन्न अंग (Integral Part) है। विवेक की ज्योति (The Light of Reason) मनुष्यों को समाज व राज्य के रूप में संगठित होने के लिए प्रेरित करती है।

एक्विनास व्यक्ति के लिए राज्य की अपरिहार्यता (Inevitability) को सिद्ध करने के लिए यहाँ तक कहता है कि यदि व्यक्ति एकाकी जीवन व्यतीत करना भी चाहे तो यह संभव नहीं है। प्रथम इसलिए कि ऐसा मानना विवेक की सोद्देश्यता सिद्धान्त का उल्लंघन होगा। द्वितीय इसलिए कि व्यक्ति अपनी समस्त आवश्यकताओं की पूर्ति स्वयं अकेला नहीं कर सकता है। इसके लिए अन्य लोगों के सहयोग की जरूरत अवश्य पड़ेगी। दूसरे शब्दों में, सामूहिक जीवन व्यक्ति के लिए नितान्त स्वाभाविक है। (It is natural for man to live in the society of many)। एक व्यक्ति द्वारा, चाहे वह कितना ही कठिन परिश्रम क्यों न करे अपने लिए आवश्यक सभी वस्तुओं की प्राप्ति अकेले नहीं कर सकता है। इसीलिए व्यक्ति झुण्ड (Multitude) में रहता है जिससे कि प्रत्येक व्यक्ति अपने सहयोगियों की सहायता कर सके ।

राज्य एक प्राकृतिक सामाजिक संगठन है और इस संगठन के स्थायित्व व संचालन के लिए शासन (Government) का होना आवश्यक है। शासन का अर्थ है–व्यक्ति का व्यक्ति पर प्रभुत्व (Domination of Man over Man)। संत आगस्टाइन की दृष्टि में यह एक अप्राकृतिक स्थिति है क्योंकि "ईश्वर यह कभी नहीं चाहता था कि विवेकशील व्यक्ति अपने साथी मानवों पर प्रभुत्व स्थापित करे जो प्रत्येक दृष्टि से समान होते हैं। व्यक्ति का प्रभुत्व व्यक्ति पर नहीं बल्कि विवेकहीन प्राणियों अर्थात् पशुओं पर होना चाहिए (Man should have domination over anything but the irrational creature i.e. beasts)"। एक्विनास ऑगस्टाइन से सहमत नहीं है। इस स्थल पर वह अरस्तू का अनुकरण करता है और मानता है कि कुछ लोगों का अन्य लोगों पर शासन प्राकृतिक है। जो श्रेष्ठ हैं वे शासन करते हैं, जो निम्न हैं वे शासित होते हैं।

सामूहिक जीवन के अस्तित्व में आते ही यह स्वाभाविक (Natural) हो जाता है कि व्यक्तियों के मध्य एक ऐसा साधन भी होना चाहिए जिससे इस समूह को शासित किया जा सके। शासन के अभाव में कोई भी समूह लम्बे समय तक संगठित बना नहीं रह सकता। समाज में शासन की स्थिति वैसी ही है जैसा कि शरीर के सम्बन्ध में मस्तिष्क (Mind) की। यदि शरीर के अंगों पर मस्तिष्क का निर्देशन व नियन्त्रण न रहे तो शरीर विघटित (Disintegrate) हो जाएगा। शासन के अभाव में समाज या व्यक्तियों का संगठित समूह भी बिखर जायेगा। इस स्थल पर एक्विनास सोलमन (Soloman) की उक्ति का उल्लेख करता है कि–"जहाँ शासक नहीं है, वहाँ राज्य का पतन हो जायेगा (Where there is no governor, the people shall fall)।" शासक की अवधारणा के साथ शासितों की उपस्थिति पूर्णतः स्वाभाविक है अर्थात् राजनीतिक समाज में शासक व शासित दोनों सम्मिलित होते हैं।

राजनीतिक विचारों के संसार में इस प्रकार जो कम्पन हुआ, उसे राज्य व उसके कार्यों के विषय में ईसाई धर्म की मान्यताएँ समाप्त नहीं हुई और न यही सम्भव हुआ कि पाण्डित्यपूर्ण नवीन बौद्धिक धारा के नेता प्राचीन ग्रीक विचारधारा की धारणाओं व विचारों को पूरी तरह स्वीकार कर लें। अरस्तू के विचार केवल एक ऐसे संशोधित रूप में ही स्वीकार्य हो सकते थे, जो ईसाई धर्म के उनमूल सिद्धान्तों के अनुकूल हों, जिनकी प्रतिष्ठा सन्त अगस्तीन (Saint Agustine) की कृति 'सिटी ऑफ गॉड' (City of God) में हुई थी। थॉमस ऐक्विनास तेरहवीं शताब्दी के उन विचारकों में प्रमुख थे, जिन्होंने ऐसा करने के प्रयत्न पूरे विश्वास के साथ किया। मध्यकालीन राजनीतिक विचारधारा के तत्त्वों को एकत्रिक करके उन्होंने उसकी व्याख्या अरस्तू व अन्य विचारकों के सुसंगत विचारों के प्रकार की। मूल रूप से वे ईसाई धर्म व चर्च की महत्ता के समर्थक रहे, तथापि उन्होंने उसके राजनीतिक विचारों का विवेकीकरण अवश्य किया तथा यही कारण है कि मैक्सी ने उसे 'माध्यमिक काल का सन्त अरस्तू' कहकर पुकारा है। थॉमस ऐक्विनास उस काल का एक वास्तविक उत्पादन था, जिसके कारण, जैसा सैबाइन ने कहा है **"तेरहवीं शताब्दी यूरोप के इतिहास की एक जाज्वल्यमान शताब्दी कही जाती है।"**

ऐक्विनास का जीवन, उस पर प्रभाव डालने वाले तत्त्व व उसकी रचनाएँ

थॉमस ऐक्विनास नैपिल्स के प्राचीन राज्य के एक सम्भ्रान्त परिवार में सन् 1227[1] में उत्पन्न हुए थे। उनके माता-पिता उन्हें सन्त परम्परा से अलग रखकर यह चाहते थे कि वे कोई महान व्यक्ति न बनें। पर अपने माता-पिता की इच्छा के विपरीत उन्होंने ईसाई धर्म के डोमीनिकन मार्ग को अपनाया। अपनी अध्ययनशीलता के कारण उन्होंने कोलोन (Cologne) और पेरिस (Paris) के उस समय के महान विद्वानों के अधीन रहकर गम्भीर अध्ययन किया। वे महान अल्बर्ट (अल्बर्ट मैग्नस) के शिष्य थे तथा स्वयं उस विश्वविद्यालय की शास्त्रीय परम्पराओं के

धनी थे। अपनी शिक्षा समाप्त करके वे एक अध्यापक हो गये। शीघ्र ही उन्होंने एक लेखक के रूप में ख्याति प्राप्त कर ली तथा उन्हें चर्च के एक बौद्धिक स्तम्भ के रूप में जाना जाने लगा।[2] वे रोमन कैथोलिक चर्च के अनुयायी थे। उसके प्रति उनकी अनन्य भक्ति थी। रोम कैथोलिक चर्च का उस समय का एक अत्यन्त महान धनिक संगठन था, पर यूरोप के प्रत्येक भाग में उसे राजनीतिक कठिनाइयों का सामना करना पड़ रहा था। आवश्यकता उस समय इस बात की थी कि ईसाई धर्म के सिद्धान्तों की व्याख्या इस प्रकार की जाये कि वे अरस्तू के उस दर्शन के सन्दर्भ में तर्क व विवेक की दृष्टि से उचित मालूम पड़ें, जो बुद्धिजीवियों का प्रिय हो चुका था। थॉमस ऐक्विनास ने अरस्तू के दर्शन व ईसाई धर्म की सत्यता के समन्वय के महान कार्य के करने का बीड़ा उठाया तथा ऐसा करने में उन्होंने न तो ईसाई धर्म के सिद्धान्तों को ही झुठलाया और न अरस्तू के विचारों को ही हानि पहुँचायी। जीवन सम्बन्धी तथ्य तथा मनुष्य के क्रिया-कलाप का जैसा वर्णन अरस्तू द्वारा किया गया था, वह पूर्णतः तर्क पर आधारित था, क्योंकि माध्यमिक काल जैसी धार्मिक भावनाओं का कोई समर्थन महान ग्रीक दार्शनिकों को प्राप्त नहीं था। थॉमस ऐक्विनास का विश्वास था कि ईसाई धर्म के बाद की मान्यताओं से विवेक के माध्यम से प्रकाशित सत्य समाप्त नहीं होता, वरन् उनसे वह पूर्ण हो जाता है। इस प्रकार उनका प्रयत्न "**ग्रीक ढ़ाँचे पर छत्र लगा देने**" जैसा था अथवा जैसा ब्लुशली ने कहा है, उनका कार्य "**चर्च के धार्मिक विचारों तथा पोप की महानता को अरस्तू के राज्य सम्बन्धी सिद्धान्त के जंगली तने पर एक सुन्दर टहनी के रूप में कलम की तरह लगाना था।**"[1] जिन परिस्थितियों में थॉमस ऐक्विनास ने लिखा वे चर्च की राज्य की प्रतिद्वन्द्विता के कारण वस्तुतः बड़ी कठिन थी, फिर भी उन्होंने विचार का एक ऐसा पुंज खड़ा कर दिया, जिसमें ईसाई धर्म व अरस्तू के दर्शन का एक अत्यन्त सुन्दर सम्मिश्रण पाया जाता है।

थॉमस ऐक्विनास के ग्रन्थों में प्रमुख '**सुम्मा थियोलोजिका**' (Summa Theologica) अर्थात् राजा का शासन (जो अपूर्ण रहा) तथा '**अरस्तू की राजनीति की विवेचना**' (The Commentaries on the Politics of Aristotle) हैं। सामाजिक व राजनीतिक जीवन से सम्बन्धित उनके विचार दर्शन व धर्म पर उनके महान सुव्यवस्थित ग्रन्थ '**सुम्मा थियोलोजिका**' में पाये जाते हैं।

ऐक्विनास की राजनीतिक विचारधारा

ज्ञान की शाखाओं के सहयोगी रूप का प्रतिपादन

थॉमस ऐक्विनास ने अपने राजीनतिक दर्शन में ईसाई धर्म व अरस्तू के विवेकवाद का सामंजस्य किया है। उनका मत है कि ईश्वर व प्रकृति इतनी विशाल हैं कि उनके भीतर वह सब असीम वैविध्य समा सकता है, जिससे वस्तु जगत का निर्माण होता है।[2] इसलिए सृष्टि के ज्ञान का अध्ययन टुकड़े-टुकड़े में किया जाना उचित नहीं है। ज्ञान समिष्टमय है। ज्ञान की विविध शाखाएँ अवश्य हैं, पर वे पूर्णतः अलग-अलग और परस्पर विरोधी नहीं, वरन् सहयोगी हैं। उनका

अस्तित्व पृथक-पृथक नहीं है, वरन् वे समष्टिमय ज्ञान के पण्डित के अंशों के रूप में हैं। दर्शन को उनहोंने एक ऐसा विवेकपूर्ण मार्ग माना है, जो विविध विषयों से सम्बन्धित सब विज्ञानों के सार्वभौमिक सिद्धान्तों का निर्माण करने का प्रयत्न करता है। पर उनका मत है कि दर्शन से भी ऊपर ईश्वरीय ज्ञान है, जो ईसाई धर्म के एकत्रीभूत है तथा जो सम्पूर्ण ज्ञान का पुंज है। इस प्रकार थॉमस ऐक्विनास के अनुसार ईश्वरीय ज्ञान विवेक से बढ़कर है, पर उसके विरुद्ध नहीं है। विज्ञान व दर्शन का सम्बन्ध भौतिक वस्तुओं से है तथा वे उनके अस्तित्व का तर्कसंगत समाधान ढूँढ़ने का प्रयत्न करते हैं, जबकि धर्मशास्त्र (ईश्वरीय ज्ञान) से सम्पूर्ण विश्व व ईश्वरीय इच्छा की जानकारी प्राप्त होती है। विज्ञान, दर्शन व धर्मशास्त्र तीनों मिलकर **''ज्ञान के मन्दिर का निर्माण करते हैं और कहीं भी उनमें विरोध नहीं होता है और न उनके उद्देश्य ही परस्पर टकराते हैं।''**[1]

आध्यात्मिक व भौतिक तथा ईश्वरीय व लौकिक की पारस्परिक सम्बद्धता का प्रतिपादन

ज्ञान विषयक इस प्रकार की धारणा के आधार पर थॉमस ऐक्विनास ने संसार में विद्यमान सभी मानव संस्थाओं को न्यायिक ठहराया और अरस्तू की तरह मनुष्य को एक सामाजिक प्राणी तथा राज्य को उसके लिए स्वाभाविक माना। अरस्तू ने एक ऐसे समाज का चित्रण किया, जो सांसारिक आवश्यकताओं को पूरा करने के लिए तथा अच्छे मानव जीवन की परिस्थितियों के पैदा करने के लिए मनुष्य के लिए आवश्यक था। समाज व राज्य मनुष्य की सांसारिक आवश्यकताओं को पूरा कर सकते थे और उस सीमा तक वे न्यायिक व स्वाभाविक ही नहीं थे, वरन् वे आवश्यक भी थे, पर ईसाई धर्म के प्रादुर्भाव के बाद से मनुष्य की मुक्ति के नये मार्ग खुले और यह प्रकट हुआ कि मनुष्य का जीवन इसी संसार के लिए ही नहीं है, वरन् इस भौतिक संसार से परे अन्य संसार भी है, जहाँ तक मनुष्य राज्य व समाज के माध्यम से नहीं पहुँच सकता है। उस संसार तक पहुँचने के लिए ईश्वर की उस इच्छा का पालन करना आवश्यक है, जो ईसाई धर्म के माध्यम से प्रकट होती है तथा जिसकी शिक्षा ईसाई धर्म की संस्थाओं द्वारा दी जाती है। थॉमस ऐक्विनास ने इस संसार की संस्थाओं (अर्थात धर्म निरपेक्ष संस्थाओं) व ईसाई धर्म की संस्थाओं के बीच की सीधी कड़ी को पहचाना तथा पहले के धर्मशास्त्रियों के विपरीत सांसारिक संस्थाओं को हेय बताने के स्थान पर उन्हें ईसाई धर्म में संस्कृत करने का प्रयत्न किया। उसने राज्य व समाज जैसी धर्म निरपेक्ष संस्थाओं को हेय नहीं बताया, वरन् उन्हें मोक्ष प्राप्ति के मार्ग में मनुष्य के सहायक के रूप में स्वीकार किया।

सृष्टि के सब संस्थात्मक सोपानों की सोउद्देश्यता का प्रतिपादन

थॉमस ऐक्विनास के दर्शन को समझने के लिए यह आवश्यक है कि प्रकृति व विश्व के विषय में उनके विचारों को पूरी तरह समझ लिया जाय। उनके मतानुसार जिस प्रकार ज्ञान के विविध सोपान हैं, उसी प्रकार विश्व में भी विविध सोपान हैं। इस क्रम में ईश्वर शीर्ष पर है तथा उसके अधीन सम्पूर्ण मानवता तथा उसकी संस्थाओं की शृंखला विद्यमान है। इस व्यवस्था में

व्यक्ति का स्थान उसकी प्राकृतिक प्रवृति तथा उसकी अभिव्यक्ति के ढंग पर निर्भर होता है। अरस्तू की तरह थॉमस ऐक्विनास का भी यह विश्वास था कि प्रत्येक प्राणी **"अपनी प्रकृति के आन्तरिक प्रभाव के अधीन अपना कल्याण या अपनी जाति के अनुकूल अपना पूर्णत्व प्राप्त करने के लिए कार्य करता है और पूर्णत्व के स्तर के अनुकूल क्रमिक व्यवस्था में अपना स्थान प्राप्त करता है।"**[1] थॉमस ऐक्विनास का विश्वास था कि उक्त क्रमिक व्यवस्था में जो उच्चतर होता है, वह उन लोगों पर शासन करता है, जो उस व्यवस्था में उसके अधीन होता है। इस आधार पर थॉमस ऐक्विनास ने यह प्रतिपादित किया है कि ईश्वर संसार पर शासन करता है ओर मनुष्य की आत्मा उसके शरीर पर शासन करती है। उनका विश्वास यह भी था कि इस संसार में ऐसा कोई नहीं होता, जिसका कोई महत्त्व न हो, क्योंकि उस क्रमिक व्यवस्था में प्रत्येक का कोई न कोई स्थान अवश्यक होता है तथा उसके कुछ कर्त्तव्य व अधिकार होते हैं, जिनके माध्यम से वह पूर्ण को सम्पूर्ण बनाने में अपना योगदान करता है। इस प्रकार कोई मनुष्य या मानव संस्था बिना उद्देय के नहीं होती। विवेकशील प्राणी होने के कारण मनुष्य की स्थिति इस क्रमिक व्यवस्था में विशिष्ट है तथा ईश्वर से मिलती-जुलती है। इस प्रकार ऐक्विनास के अनुसार, जैसा सैबाइन ने कहा है, **"सब प्राणियों में मनुष्य शरीरधारी भी है और उसके आत्मा भी है तथा इस आधारभूत तथ्य पर वे संस्थाएँ व विधियाँ आधारित हैं, जिनके द्वारा उसके जीवन का निर्देशन होता है।"**[2]

राज्य व चर्च-दोनों की मानव हित के साधनों के रूप में मान्यता

दो सबसे अधिक महत्त्व की संस्थाएँ, जो इस लोक में व परलोक में मनुष्य के जीवन का नियमन करती हैं, क्रमशः राज्य व चर्च हैं। थॉमस ऐक्विनास के विचार से राज्य मनुष्य के लिए प्राकृतिक है तथा पूर्वकालीन ईसाई विचारकों के विचारों के प्रतिकूल उसके लिए वह मनुष्य के पापों का परिणाम नहीं है और न उनके अनुसार पृथ्वी पर मनुष्य का आगमन तथा उसका भौतिक अस्तित्व भी उसके पापपूर्ण कृत्यों का ही फल है। ऐक्विनास के अनुसार सामाजिक व राजनीतिक जीवन का संगठन व ज्ञान की व्यवस्था विश्व की ही तरह क्रमिक रूप से शृंखलाबद्ध है। विश्व की ही तरह समाज में भी प्रत्येक वस्तु के पीछे एक उद्देश्य है। समाज की व्यवस्था, उनके अनुसार एक उद्देश्य विशेष की सिद्धि के लिए है। **"जिसमें निम्नस्तर उच्चतर की सेवा करता है और उच्चतर निम्नतर का निर्देशन व मार्गदर्शन करता है।"** समाज का उद्देश्य मनुष्य के अच्छे जीवन के लिए आवश्यक परिस्थितियों की व्यवस्था करना है। उसमें एक शासक अंग उसी प्रकार शासन करता है, जिस प्रकार शरीर पर आत्मा शासन करती है अथवा उच्चतर प्रकृति निम्नतर प्रकृति पर शासन करती है।

राज्य के विषय में ऐक्विनास के विचार

राज्य का स्वरूप

राज्य के स्वरूप के सम्बन्ध में थॉमस ऐक्विनास के विचारों के विषय में हमें इसका ध्यान रखना चाहिए कि समान्यतः ईसाई धर्म के विचारकों के अनुसार राज्य जहाँ मनुष्य के पाप का

परिणाम तथा इस कारण एक 'आवश्यक बुराई' माना जाता है, थॉमस के अनुसार राज्य एक आवश्यक बुराई न होकर निश्चय रूप से एक आवश्यक व अच्छी वस्तु है। ऐक्विनास के पूर्वगामी विचारकों के अनुसार ईसाई धर्म राज्य को केवल एक आवश्यक बुराई के रूप में ही स्वीकार करता था, क्योंकि उसके अनुसार वह उस शान्ति व व्यवस्था को बनाये रखने का कार्य करता था, जिसके बिना चर्च मनुष्य की आत्मा की रक्षा करने का कार्य नहीं कर सकता था। पर ऐक्विनास ने राज्य को एक निश्चित अच्छाई माना तथा उसका कार्य मनुष्य को बुरे कार्यों के करने से बचाना ही नहीं माना, वरन् अच्छे कार्यों के किये जाने की व्यवस्था करके उसे अच्छे कार्यों के करने के लिए प्रोत्साहित करना भी माना है। वस्तुतः जैसा फौस्टर ने कहा है, इस सम्बन्ध में **"ऐक्विनास ने अरस्तू का अनुसरण किया है और राज्य का कार्य शिक्षण-सम्बन्धी भी माना है।"** उसके अनुसार **"वह (राज्य) एक ऐसा अनुशासन लागू करता है, जो लोगों को दूसरों को कष्ट पहुँचाने से ही नहीं रोकता, वरन् जो उन्हें नैतिक दृष्टि से अच्छा बनाता है। इस प्रकार वह केवल उन परिस्थितियों की ही रक्षा नहीं करता, जिनमें चर्च अपना काम कर सके, वरन् वह चर्च के कार्य के कुछ भाग का भी सम्पादन करता है।"**[1] इस प्रकार राज्य चूँकि आंशिक रूप से चर्च का भी कार्य करता है। अतः वह कुछ सीमा तक नैतिक व धार्मिक संस्था भी है। राज्य के रूप के सम्बन्ध में इस प्रकार का दृष्टिकोण राज्य की उपयोगिता के सम्बन्ध में सन्त अगस्तीन के दृष्टिकोण से एक भिन्न दृष्टिकोण है। सन्त अगस्तीन के दृष्टिकोण के विपरीत ऐक्विनास के अनुसार राज्य में रहना तथा उसकी अधीनता स्वीकार करना मनुष्य के पतन के लिए ईश्वर द्वारा दिया हुआ दण्ड नहीं है। ऐक्विनास के अनुसार राज्य व सम्पत्ति प्रथा (जो जीवन के भौतिक पक्ष का प्रतीक है) मनुष्य के लिए स्वाभाविक है। इस सम्बन्ध में उनके विचार अरस्तू के विचारों जैसे ही हैं। पर उन्होंने अरस्तू द्वारा प्रतिपादित दास प्रथा को स्वीकार नहीं किया है तथा उसे उन्होंने अस्वाभाविक, अप्राकृतिक व अनैतिक ही माना है।

अगस्तीन द्वारा प्रतिपादित राज्य की अवांछनीयता का खण्डन-ऐक्विनास ने अपने राज्य विषयक विचारों को अपनी कृति **'सुम्मा थियोलोजिका'** (Summa Theologica) में प्रस्तुत किया है, जिसमें उन्होंने पहले राज्य सन्त अगस्तीन के विचारों को प्रस्तुत किया है और फिर उनको राज्य के औचित्य विषयक अरस्तू के तर्क के अनुसार संशोधित करने का प्रयास किया है।

सन्त अगस्तीन के अनुसार पतन से पहले निष्कपटता की स्थिति में मनुष्य-मनुष्य के अधीन नहीं था। पर मनुष्य की अधीनता की स्थिति केवल इसलिए आयी, क्योंकि मनुष्य मनुष्यता की स्थिति से गिरा तथा राज्य अस्तित्व में इसी कारण आया, क्योंकि पतन के कारण मनुष्य द्वारा मनुष्य के शासित होने की आवश्यकता पड़ी। दूसरे शब्दों में, सन्त अगस्तीन के विचार के अनुसार, राज्य मनुष्य के पतन का परिणाम है, क्योंकि जैसा उन्होंने कहा है, **"ईश्वर की इच्छा थी कि ईश्वर की छाया का रूप तथा विवेकी प्राणी होने के नाते मनुष्य का शासन केवल अविवेकी प्राणियों पर ही होना चाहिए, उसका शासन मनुष्य पर नहीं, वरन् पशुओं पर**

होना चाहिए।"[1] ऐक्विनास के अनुसार, इससे यह निष्कर्ष निकलता है कि **"मनुष्य पर मनुष्य के शासन का श्रीगणेश उसे पाप का दण्ड देने के लिए हुआ, क्योंकि जैसा लेख में कहा गया है, ईव (Eve) के पाप कर्म के बाद ही यह कहा गया था कि तेरा पति तेरे ऊपर शासन करेगा।"**[2] राज्य को पाप का परिणाम मानने वालों द्वारा अपने विचार के समर्थन में जो एक अन्य तर्क दिया जाता था, वह यह था कि पराधीनता स्वतन्त्रता की विरोधीनी होती है तथा स्वतन्त्रता चूँकि सर्वोत्तम हित है, अतः मनुष्य की निष्कपटता की स्थिति में स्वतन्त्रता अवश्य रही होगी। इस प्रकार राज्य, जिसका एक प्रमुख लक्षण यह है कि उसमें मनुष्य मनुष्य के अधीन होता है और जिसमें स्वतन्त्रता का अस्तित्व नहीं होता, अवश्य ही मनुष्य के पतन के परिणामस्वरूप अस्तित्व में आया होगा तथा इस कारण वह मनुष्य के लिए स्वाभाविक नहीं है।

राज्य के वांछनीय रूप का समर्थन-ऐक्विनास ने राज्य के विषय में इस दृष्टिकोण को स्वीकार नहीं किया तथा यह तर्क प्रस्तुत किया कि निष्कपटता की स्थिति में ही नहीं, वरन् दैवी व्यवस्था में भी मनुष्य पर मनुष्य का प्रभुत्व किसी न किसी रूप में विद्यमान था। अतः यह निष्कपटता की स्थिति की महत्ता के विपरीत नहीं था कि मनुष्य का प्रभुत्व मनुष्य के ऊपर हो। इस सम्बन्ध में थॉमस ऐक्विनास ने प्रभुत्व को दो प्रकार का बताया है। पहले प्रकार का प्रभुत्व ऐक्विनास के अनुसार वह होता है, जिसके अन्तर्गत अधीनस्थ व्यक्ति स्वामी का दास होता है तथा इस प्रकार के प्रभुत्व को उन्होंने मनुष्य के लिए स्वाभाविक माना है। दूसरे प्रकार का प्रभुत्व उनके अनुसार वह होता है, जिसके अन्तर्गत अधीनस्थ व्यक्ति निदेशक व्यक्ति के निर्देश का पालन स्वतन्त्र व्यक्ति के रूप में इसलिए करता है कि वह निदेश अधीनस्थ व्यक्ति के हित का अथवा सामान्यत हित का संवर्द्धक होता है। इस प्रकार के प्रभुत्व को ऐक्विनास ने ऐसा बताया है, जो निष्कपटता की स्थिति में भी अवश्य रहा होगा तथा जो मनुष्य के लिए स्वाभाविक है। स्वयं ऐक्विनास के शब्द इस सम्बन्ध में निम्न प्रकार हैं :

"मनुष्य स्वभावतः एक सामाजिक प्राणी है। इसलिए निष्कपटता की स्थिति में वह समाज में ही रहा होगा। पर बहुसंख्यक लोगों का सामाजिक जीवन तब तक सम्भव नहीं हो सकता था, जब तक उनके ऊपर कोई ऐसा न हो, जिसका ध्येय सामान्य हित की साधना करना हो, क्योंकि बहुसंख्यकों के ध्येय स्वतन्त्रः ही विविध प्रकार के होते हैं तथा एक ध्येय की पूर्ति एक अभिकर्त्ता के द्वारा ही हो सकती है। इसी कारण दार्शनिक[1] का कथन है कि जब अनेक विशिष्ट इकाइयों का उद्देश्य एक हो जाता है, तो सदा एक ऐसे केन्द्र की स्थापना हो जाती है, जिसमें निदेशक शक्ति निहित रहती है।"[2]

इस प्रकार अरस्तू से अपनी सहमति प्रकट करते हुए एक्विनास ने यह विश्वास व्यक्त किया कि राज्य व्यक्ति की सामाजिकता का एक आवश्यक वाँछनीय परिणाम है तथा व्यक्ति का उसके अधीन होना व्यक्ति के पाप का परिणाम है, वरन् वह स्वाभाविक है। राज्य व्यक्ति को मर्यादा में रखकर उसके साथ कोई अन्याय नहीं करता, वरन् वह उसका हित साधन करता है।

इसके अतिरिक्त ज्ञान की दृष्टि से श्रेष्ठ व्यक्ति के अधीन यदि ज्ञान की दृष्टि से निम्नस्तरीय व्यक्ति रहता है, तो इस प्रकार की अधीनता को भी ऐक्विनास उचित मानते हैं। इस सम्बन्ध में उन्होंने जो विचार व्यक्त किये हैं, वे निम्न प्रकार हैं :

''यदि ज्ञान व न्याय की दृष्टि से कोई एक व्यक्ति औरों से बढ़कर है, तो यह अनुचित होगा कि अपनी इन शक्तियों का प्रयोग वह अन्यों के लाभ के लिए न करें, क्योंकि यह कहा जाता है कि चूँकि प्रत्येक व्यक्ति को (ईश्वर से) कुछ न कुछ प्राप्त हुआ हो, अतः प्रत्येक के द्वारा प्रत्येक को, उसका दान किया जाना चाहिए।[3] इसलिए अगस्तीन ने भी कहा है कि न्यायी मनुष्य साम्राज्य का भार प्रभुत्व के प्रेम के कारण नहीं उठाते, वरन् अन्यों के कल्याण के प्रति अपने कर्तव्य की भावना के कारण उठाते हैं''[1] और प्रकृति की आज्ञा की व्यवस्था भी ऐसी ही है, मनुष्य के बनाने के समय ईश्वर ने ऐसी भी इच्छा प्रकट की थी[2]।''[3]

जैसा उपर्युक्त से स्पष्ट है, ऐक्विनास राज्य के उस प्रभुत्व को जनहिताय मानते हैं, जिसमें अधीनस्थ व्यक्ति की स्थिति दास की न होकर स्वतन्त्र व्यक्ति की होती है तथा जिसमें प्रभुत्व सम्पन्नता का आधार अधीनस्थ मनुष्यों के कल्याण की साधना के प्रति कर्त्तव्य की भावना होती है।

इस प्रकार थॉमस ऐक्विनास के अनुसार राज्य एक स्वाभाविक संस्था है और राज्य के अन्तर्गत शासक का पद **''सम्पूर्ण समाज की ओर से प्रदत्त एक न्यास या पद है।''** शासक द्वारा राज्य की शक्तियों का प्रयोग मानव जीवन की सुखमय व्यवस्था करने के लिए किया जाता है। शासन का नैतिक उद्देश्य इस प्रकार सर्वोपरि है और इस प्रकार यह नहीं माना जा सकता कि मनुष्य राज्य की हेय अधीनता में रहते और अपने पापपूर्ण कृत्यों का दण्ड भुगतते हैं।

राज्य के उद्देश्य व कार्य

राज्य व राज्य के शासकों के कार्यों का विवेचन करते हुए थॉमस ऐक्विनास ने यह मत व्यक्त किया है कि शासकों को इस प्रकार कार्य करना चाहिए कि सम्पूर्ण समाज सुखमय व नैतिकतापूर्ण जीवन व्यतीत करने के लिए प्रवृत्त हो, जो समाज का सच्चा उद्देश्य है, क्योंकि इससे समाज के सदस्यों में इस लोक के समाज से उठकर स्वर्गीय जीवन की ओर देखने की क्षमता उत्पन्न होती है, यद्यपि अन्तिम रूप से मुक्ति का मार्गदर्शन चर्च ही करता है। जैसा सैबाइन ने कहा है, थॉमस ऐक्विनाम के अनुसार, **''लौकिक शासक का कार्य शान्ति व्यवस्था बनाये रखने के लिए मानव कल्याण की नींव डालना, लोक प्रशासन, न्याय व प्रतिरक्षा सम्बन्धी सेवाओं का संचालन करके उनकी रक्षा करना तथा जहाँ कहीं भी हो उनके दुरुपयोग का निवारण करके एवं अच्छे जीवन की सब सम्भव बाधाओं को दूर करके उन्हें उन्नत बनाना है।''[1]**

एक्विनास के अनुसार शासक का प्राधिकार सीमित है तथा उसका प्रयोग केवल विधि की व्यवस्था के अनुसार किया जाना चाहिए। विधि के सम्बन्ध में उसके विचारों का विवेचन हम

आगे करेंगे, फिर भी इस प्रसंग में यह समझ लेना उपयोगी होगा कि राज्य द्वारा विधि का पालन उसके अनुसार आवश्यक है तथा यदि राज्य विधि का उल्लंघन करे, तो वह जनता का विश्वास खो बैठता है और जनता को यह अधिकार प्राप्त हो जाता है कि वह उसका विरोध कर सके। ऐक्विनास इस प्रकार राजकीय-अत्याचार के विरोधी हैं, यद्यपि वे 'देशद्रोह' का समर्थन नहीं करते तथा उसे वे 'कठोर पाप' बताते हैं। अत्याचार का विरोध उनकी दृष्टि से न्यायिक है तथा उसे वे देशद्रोह नहीं मानते। राज्य व सरकार के विषय में अपने विचारों का केवल विस्तृत विवेचन थॉमस ऐक्विनास ने नहीं किया है तथा जैसा सैबाइन ने कहा है **''राजनीतिक प्राधिकार के मूल के विषय में उन्होंने किसी सिद्धान्त का प्रतिपादन नहीं किया है।''**[2]

राज्य व चर्च का सम्बन्ध

चर्च को थॉमस ऐक्विनास ने सामाजिक संगठन का मुकुट माना है और इस प्रकार उसे उन्होंने राज्य से ऊँचा स्थान प्रदान किया है, यद्यपि पूर्वकालीन ईसाई विचारकों के विचारों के प्रतिकूल उसका विचार है कि दोनों संस्थाओं में परस्पर न तो कोई विरोध है और न होना चाहिए। उनके विचार के अनुसार राज्य यदि इस लोक में अच्छे मानव जीवन के लिए आवश्यक परिस्थितियों की व्यवस्था करता है, तो चर्च परलोक के मानवता के हितों का संरक्षण करता है। ऐक्विनास की मान्यता के अनुसार चर्च पृथ्वी पर ईश्वर व उसकी इच्छा का प्रतिनिधित्व करता है तथा इस कारण राज्य उसके अधीन है। राज्य व चर्च के सम्बन्ध का जो विवेचन ऐक्विनास ने अपने विधि के सिद्धान्त (Theory of Law) में किया है, उसका यही सार है।

शासन का स्वरूप : राजतंत्र की श्रेष्ठता

एक्विनास ने शासन के विभिन्न स्वरूपों व श्रेष्ठ शासन व्यवस्था पर भी विचार किया है। यहाँ भी वह अरस्तू का अनुकरणकर्ता ही दिखाई देता है। वह अरस्तू द्वारा राज्य संविधान के वर्गीकरण को पूरी तरह स्वीकार कर लेता है और उसी के समान सार्वजनिक हित (Common Good) में शासन करने वाले शासनतंत्र को श्रेष्ठ तथा स्वहित (Self Good) के लिए सत्ता का प्रयोग करने वाले शासन को निकृष्ट शासन व्यवस्था मानता है।

अनेक लोगों के शासन में समाज की स्थिरता (Stability of Community) बनाए रखना अत्यन्त कठिन है क्योंकि बहुसंख्यकों में वैचारिक एकता का अभाव होता है। यदि शासन अनेक लोगों के हाथ में है और वे आपस में मतभेद रखते हैं तो समाज शान्ति व एकता के अपने लक्ष्य को उसी प्रकार प्राप्त नहीं कर सकता जिस प्रकार कि वह ज़हाज़ निर्धारित दिशा में नहीं जा सकता जिसे अनेक लोग विभिन्न दिशाओं में खींच रहे हों। जहाज निश्चित दिशा में गतिशील हो इसके लिए आवश्यक है कि सभी व्यक्ति एक साथ मिलकर एक ही दिशा में बल लगाएँ। इसी प्रकार समाज को निश्चित लक्ष्य की तरफ ले जाने के लिए शासन के स्तर पर

वैचारिक एकता की जरूरत होती है। स्पष्ट है कि एक व्यक्ति के शासन अर्थात राजतंत्र में यह एकता सर्वाधिक मात्रा में पाई जाती है अतः एक व्यक्ति का शासन अनेक व्यक्तियों के शासन से बेहतर होता है (One man rules better than several who come near being one.)।अजहाँ तक सर्वश्रेष्ठ शासन व्यवस्था का प्रश्न है, वह अरस्तू से भिन्न मत रखता है। अरस्तू की आदर्श राजनीतिक व्यवस्था मध्यमवर्गीय नागरिकों द्वारा संचालित 'पॉलिटी (Polity)' है, एक्विनास राजतंत्र (Kingship) का समर्थन करता है। सरकार (Government) के दृष्टिकोण से सबसे महत्वपूर्ण है–शासन का उद्देश्य (Purpose of Government)। किसी भी शासक का वास्तविक लक्ष्य शासितों के कल्याण (Welfare) को सुरक्षित रखना होता है। उसके अनुसार, "समाज के रूप में संगठित जनता का कल्याण व सुरक्षा उनकी एकता, जो कि 'शान्ति (Peace) कहलाती है, के संरक्षण में अन्तर्निहित होती है, जो शासनतंत्र 'शांति की एकता (Unity of Peace)' की प्राप्ति सर्वाधिक सफलतापूर्वक कर सकता है, वही सर्वश्रेष्ठ शासन होगा। एक्विनास के अनुसार यह गुण राजतंत्र में ही उपस्थित है क्योंकि इसमें एक व्यक्ति का शासन होता है जो सामान्य हित (Common Good) के लिए शासन करता है।

राजतंत्रात्मक शासन को वह प्राकृतिक भी मानता है। एक्विनास के शब्दों में–"प्रत्येक प्राकृतिक शासन 'एक' द्वारा ही संचालित होता है (Every natural governance is governance by one)।" वह इसे प्रमाणित करने के लिए कई उदाहरण देता है–

(1) आत्मा की शक्ति को निर्देशित करने वाला-विवेक (Reason) भी 'एक' ही है।

(2) शरीर के विभिन्न अंगों को संचालित करने वाला 'एक' है–हृदय (Heart)।

(3) मधुमक्खियों के ऊपर एक रानी मक्खी का शासन होता है; और

(4) सबसे महत्वपूर्ण यह कि अखिल विश्व में केवल 'एक ईश्वर' है जो सभी वस्तुओं का निर्माता व शासक है (In the whole universe there is one god, maker and ruler of all things.)।

अतः मानव समाज के लिए भी एक व्यक्ति का शासन न केवल लाभदायक है बल्कि स्वाभाविक (Natural) भी है। एक्विनास के अनुसार व्यावहारिक अनुभव भी एक व्यक्ति के शासन अर्थात् राजतंत्र के पक्ष का समर्थन करते हैं। उसके अनुसार जिन प्रान्तों या नगरों में एक व्यक्ति का शासन नहीं है वे संघर्ष व अशान्ति से त्रस्त होते हैं (For provinces or cities which are not ruled by one person are form with dissensions and tossed about without peace.)। जबकि एक राजा द्वारा शासित होने वाले प्रान्तों व नगरों में शान्ति, सुव्यवस्था, न्याय व समृद्धि का साम्राज्य पाया जाता है।

अत्याचारी शासक और समाज–एक्विनास की दुविधा

न्यायी शासक का सर्वोच्च कर्त्तव्य जनता के कल्याण की सुरक्षा करना (To secure the welfare of people) है। जब शासक जनता के हितों की उपेक्षा करने लगता है तो वह न्यायी शासक नहीं रह पाता, अन्यायी अर्थात् अत्याचारी हो जाता है। अपनी महान कृति On Kingship में एक्विनास जहाँ एक तरफ राजतंत्र का समर्थन करता है वहीं दूसरी तरफ इस बात के प्रति सजग भी है कि एक व्यक्ति का शासन विकृत (Deviated) होकर अत्याचारी शासन में परिवर्तित हो जाए। प्रो. चेस्टर सी. मैक्सी के शब्दों में, एक्विनास के अनुसार "एकता, अच्छे शासन की अनिवार्य शर्त है, और जितनी अधिक एकता होगी उतनी ही अच्छी सरकार होगी। उसके अनुसार, यह इतिहास की सीख है, यद्यपि यह भी सत्य है कि एकीकृत शक्ति में अच्छाई की संभावना और बुराई, एक साथ उपस्थित होते हैं ।" क्या अत्याचारी शासक (Tyrant) के विरुद्ध जनता को कोई अधिकार है? 12वीं शताब्दी में जॉन ऑफ सैलिस्बरी (John of Salisbury) ने मत प्रकट किया था कि अत्याचारी शासक की हत्या की जा सकती है और ऐसा करना ग़ैर क़ानूनी भी नहीं होगा। अत्याचारी शासक वही है जो विधि के अनुरूप शासन न करके शक्ति के द्वारा शासन करता है। अत: क़ानून को नि:शस्त्र (Disarm) करने वाले अत्याचारी शासक का विरोध व हत्या करना क़ानून विरुद्ध नहीं हो सकता है। इस प्रकार जॉन ऑफ सैलिस्बरी ने अपने पूर्ववर्ती संत आगस्टाइन की परम्परा के विपरीत अन्यायी-अत्याचारी शासक के विरुद्ध जनता को क्रान्ति का अधिकार सौंपता है, उसके शब्दों में "तलवार को धारण करने वाला, तलवार से ही नष्ट होगा।"

एक्विनास, जॉन ऑफ सैलिस्बरी का समर्थन नहीं करता यद्यपि कि वह अत्याचारी शासक को एक बुराई ही मानता है। लेकिन ईसाई धर्म में निरपेक्ष आस्था रखने वाला यह महान दार्शनिक 'हत्या' को किसी भी दृष्टि से अच्छाई मानने के लिए तैयार नहीं है। सर्वप्रथम वह राजतंत्र को ऐसे प्रावधानों के अधीन रखने की वकालत करता है जिससे शासक के अत्याचारी बनने की संभावना को सीमित किया जा सके। वह इस ध्येय की पूर्ति के लिए दो उपायों की चर्चा करता है–

उत्तराधिकार पर आधारित राजतंत्र के स्थान पर निर्वाचित राजतंत्र (Elective Kingship) को अपनाया जाए। इससे शासक जनता के प्रति उत्तरदायी बना रहता है तथा जनता की सहमति पाने की आशा में अत्याचार से अलग रहेगा।

राजा की शक्तियों को इस प्रकार समायोजित (Temper) किया जाए कि वह सहजतापूर्वक अत्याचारी न बन सके (King's power should be so tempered that he can't easily fall into tyranny)। किन्तु इस समायोजन के बारे में वह विस्तृत रूप से कुछ नहीं बताता। प्रो. इबन्स्टीन का मत है कि वह कुछ एक स्थलों पर यह संकेत देता है कि समायोजन के रूप में मिश्रित संविधान (Mixed Constitution) को अपनाया जा सकता है। एक्विनास का मिश्रित संविधान राजतंत्र में कुलीनतंत्र व लोकतांत्रिक तत्वों का मिश्रण होगा।

इन प्रावधानों (Provisions) के बाद भी कोई शासक अत्याचारी बन जाए तब जनता क्या करेगी? जॉन ऑफ सैलिस्बरी तो स्पष्ट रूप से कहता है कि जो व्यक्ति सक्षम हो वह अत्याचारी शासक की हत्या कर सकता है। एक्विनास इस बिन्दु पर दुविधाग्रस्त है। अरस्तू का प्रभाव उसे अत्याचारी शासन का आलोचक बनाता है लेकिन धर्म के प्रभाव से वह 'हत्या' के विकल्प को स्वीकार करने में संकोच करता है। यहाँ वह 'हत्या' के स्थान पर समाज द्वारा सामूहिक कार्यवाही (Collective Action) की बात करता है किन्तु यह कार्यवाही भी उस समय की जानी चाहिए जब सभी शांतिपूर्ण व संवैधानिक उपाय असफल हो जाएँ। जैसे यदि जनता शासक का निर्वाचन करती है तो वह उसे निर्धारित प्रक्रिया से हटा सकती है लेकिन यदि शासक की नियुक्ति किसी अन्य उच्च सम्प्रभु (Higher Sovereign) के द्वारा की गई है तो वह सम्प्रभु ही अत्याचारी शासक को हटा सकता है, जनता नहीं। यहाँ यह बात भी पूरी तरह स्पष्ट नहीं है कि जनता की 'सामूहिक कार्यवाही' का अर्थ क्या है? De Regimine Principum की यह वैचारिक अस्पष्टता इस बात का संकेत है कि एक्विनास किसी व्यक्ति या सम्पूर्ण समाज द्वारा अत्याचारी शासक ही 'हत्या' को वैध मानने के लिए तैयार नहीं है। लेकिन साथ ही 'सामूहिक कार्यवाही' के विकल्प से जनता को क्रान्ति का अधिकार (अप्रत्यक्ष रूप से) भी प्राप्त हो जाता है।

राज्य का उद्देश्य : आध्यात्मिक सद्जीवन

एक्विनास यूनानी दर्शन से प्रभावित है किन्तु उसका युग और इस युग की परिस्थितियाँ बिल्कुल अलग है। 13वीं शताब्दी चर्च के सार्वभौम प्रभुत्व की शताब्दी है और सबसे विशिष्ट तथ्य यह है कि एक्विनास इस विश्वव्यापी प्रभुत्व का उत्साही समर्थक है। अत: वह 'सद्जीवन' की व्याख्या ईसाई धर्म की मान्यताओं के अनुरूप करता है। वह अरस्तू के इस विचार को स्वीकार करता है कि व्यक्ति की कुछ भौतिक आवश्यकताएँ होती हैं लेकिन इन आवश्यकताओं को वह अन्तिम लक्ष्य के रूप में स्वीकार नहीं करता। उसके अनुसार शारीरिक जरूरतों के अतिरिक्त एक अन्य

आवश्यकता भी है– आत्मा की आवश्यकता–और यह भौतिक आवश्यकताओं से श्रेष्ठ है क्योंकि यही व्यक्ति का अन्तिम लक्ष्य है। इस लक्ष्य की पूर्ति धर्म के द्वारा होती है। अरस्तू के समान एक्विनास भी मानता है कि राज्य व्यक्ति की सामाजिक प्रवृत्ति (Social Impulse) से उत्पन्न होता है तथा इसका उद्देश्य सद्‌जीवन (Good Life) की प्राप्ति है। किन्तु सद्‌जीवन का जो अर्थ एक्विनास प्रतिपादित करता है वह अरस्तू की व्याख्या से भिन्न व व्यापक है। अरस्तू के लिए सद्‌जीवन का तात्पर्य है–नैतिक, बौद्धिक व आर्थिक दृष्टि से समृद्ध व आत्मनिर्भर जीवन। प्लेटो या अरस्तू न तो ईश्वर विरोधी हैं और न ही नास्तिक, फिर भी उनका दृष्टिकोण आध्यात्मिक या धार्मिक नहीं है। व्यक्ति जिस विद्यमान समाज का सदस्य है उससे परे किसी अन्य समाज या सामाजिक लक्ष्य की कल्पना नहीं की जा सकती। व्यक्ति का जीवन इस सांसारिक जीवन में ही अपनी पूर्णता पाता है। एक्विनास के शब्दों में–"अच्छा जीवन (Good Life) धर्म का जीवन है; ईश्वर की अनुकम्पा (Grace of God) का जीवन है जिसमें व्यक्ति की 'शारीरिक आवश्यकताओं' के अतिरिक्त 'आत्मा की आंवश्यकताओं' की पूर्ति होती है। व्यक्ति का लक्ष्य इस जीवन से परे पारलौकिक जीवन से भी सम्बद्ध है। व्यक्ति का सर्वोच्च मूल्य (Supreme Value) ईश्वरीय आशीर्वाद के माध्यम से स्वर्गिक सुख की प्राप्ति है। राज्य इस अन्तिम मूल्य की प्राप्ति को सरल बनाने का एक साधन है।

अरस्तू का आदर्श राज्य व्यक्ति को अच्छा नागरिक (Good Citizen) बनाता है; एक्विनास का राज्य व्यक्ति को 'अच्छा मानव (Good Man), बनाता है। यहाँ इस बात का विशेष ध्यान रखना होगा कि 'साधन' के रूप में राज्य 'धर्म' के क्षेत्र में कोई हस्तक्षेप नहीं कर सकता। ईश्वर की कृपा दैवीय शक्ति (Divine Power) चर्च-द्वारा ही संभव है। 'साधन' के रूप में राज्य का कर्त्तव्य उन परिस्थितियों शान्ति व एकता का निर्माण करना है जिसमें व्यक्ति अपने अन्तिम लक्ष्य-स्वर्गीय सुख की ओर उन्मुख हो सके। अरस्तू व एक्विनास के इस अन्तर को हर्नशा (Hearnsha) अपनी पुस्तक 'The Social and Political Ideas of Some Great Mediaeval Thinkers' में स्पष्ट करते हुए लिखता है कि–"अरस्तू राज्य को व्यक्ति से पूर्व एवं अधिक महत्वपूर्ण मानते हुए व्यक्ति को एक उत्तम नागरिक बनने के लिए पूर्णतया राज्य के अधीन रहने की धारणा व्यक्त करता है। इसके विपरीत एक्विनास का पक्ष यह है कि 'उत्तम व्यक्ति' बनना प्रत्येक नागरिक का कर्त्तव्य है और इस उद्देश्य की प्राप्ति के लिए राज्य एक उपकरण के रूप में है।"[1]

राज्य के कार्य

राज्य या शासन के कार्य व्यक्ति व समाज के लक्ष्यों के अनुरूप होने चाहिए।

राज्य व्यक्तियों के सांसारिक जीवन की आवश्यकताओं की पूर्ति करता है किन्तु साथ ही उन परिस्थितियों को निर्मित करने का प्रयास भी करता है जो पारलौकिक लक्ष्य की प्राप्ति के लिए सहायक होते हैं। इस दृष्टिकोण से राज्य निम्नलिखित कार्यों को संपादित करता है–

(1) विशेष मुद्रा -पद्धति का संचालन करना;

(2) सड़कों का निर्माण करना तथा उसे सुरक्षित बनाए रखना;

(3) बाज़ारों की स्थापना करना;

(4) शिक्षा व्यवस्था का प्रचार-प्रसार करना;

(5) ग़रीब व असहाय लोगों की देख-रेख करना; इत्यादि।

(6) राज्य का सर्वाधिक प्रमुख कार्य है–शांति की एकता (Unity of Peace) को संरक्षित करना;

(7) शांति व व्यवस्था की स्थापना के लिए आवश्यक कानूनों का निर्माण करना तथा उसके क्रियान्वयन को सुनिश्चित करना;

(8) कानूनों का पालन सुनिश्चित करने के लिए न्याय की उचित व्यवस्था करना;

(9) दूसरे देशों के आक्रमण या आक्रांताओं से राज्य व जनता की रक्षा करना तथा इसके लिए दुर्गों (Castles) का निर्माण करना;

इस प्रकार राज्य के कार्यों के संदर्भ में एक्विनास यूनानी, रोमन व ईसाई धर्म की मान्यताओं का समन्वय करता है।

चर्च-राज्य सम्बन्ध : चर्च की सर्वोच्चता

पोप जिलेसियस प्रथम (492-96 AD) ने 'दो तलवारों का सिद्धान्त (Theory of Two Swords)' के द्वारा ईसा मसीह के दृष्टिकोण को सैद्धान्तिक स्वरूप प्रदान किया। उसका मानना था कि चर्च का कार्यक्षेत्र धर्म है और राज्य के अधिकार क्षेत्र में लौकिक विषय आते हैं। धार्मिक मामलों में राजा को कोई हस्तक्षेप नहीं करना चाहिए तथा स्वयं भी चर्च की मान्यताओं का सम्मान करना चाहिए। इसी प्रकार शांति व्यवस्था के सांसारिक मामलों में पोप को किसी प्रकार का हस्तक्षेप नहीं करना चाहिए तथा राज्य के कानूनों का पालन करना चाहिए चूँकि दोनों ही सत्ताएँ दैवीय हैं इसलिए दोनों समान हैं। यह अलग बात है कि उनका कार्य क्षेत्र अलग-अलग है। किन्तु 962 AD में पोप द्वारा जर्मन शासक ओटो महान को मुकुट पहनाकर 'पवित्र रोमन साम्राज्य (Holy Roman Empire)' की स्थापना के बाद चर्च-राज्य सम्बन्धों का पारम्परिक संतुलन बिखरने लगा और अन्ततः पोप ग्रिगरी सप्तम (1073-85 AD) के काल में चर्च सांसारिक मामले में भी 'संप्रभु' हो गया।

मानाभिषेक संस्कार (Investiture Ceremony) के प्रश्न पर पोप ने सम्राट हेनरी चतुर्थ को धर्म बहिष्कृत कर दिया तथा ईसाई प्रजा को राजा की आज्ञा मानने के कर्त्तव्य से मुक्त कर दिया। अन्ततः सम्राट हेनरी को पोप के समक्ष घुटने टेकने पड़े।

चर्च राज्य सम्बन्धों की व्याख्या मध्य युग का सबसे प्रमुख तत्व रहा है। ईसाइत के प्रारम्भ से ही आध्यात्मिक (Spiritual) और सांसारिक (Temporal) सत्ता का भेद स्वीकार किया जाता है किन्तु समय के साथ इनके आपसी सम्बन्धों का प्रश्न उलझता चला गया। स्वयं ईसा मसीह ने जिस दृष्टिकोण का प्रतिपादन किया उसमें दोनों सत्ताओं को दैवीय मानते हुए समान महत्व दिया गया है। ईसा मसीह ने कहा है कि-"जो वस्तु राजा की है उसे राजा को दिया जाए और जो वस्तु ईश्वर की है उसे ईश्वर को सौंपा जाए व पृथ्वी का राज्य (Civitas Terrena) का अन्तर किया। फिर भी जहाँ तक चर्च-राज्य सम्बन्धों का सवाल है, वह संत पाल की इस मान्यता में विश्वास करता है कि 'सभी सत्ताएं दैवीय हैं।' अतः चर्च के समान राज्य भी महत्वपूर्ण है।

एक्विनास ने चर्च-राज्य सम्बन्धों की विवेचना की प्रक्रिया में ग्रिगरी की मान्यताओं का जिलेसियस के विचारों से समन्वय किया है। उसके अनुसार व्यक्ति व समाज के दो उद्देश्य हैं-(1) लौकिक सुख, (2) पारलौकिक सुख। राज्य लौकिक (सांसारिक) उद्देश्यों की पूर्ति करता है जबकि पारलौकिक लक्ष्य की प्राप्ति के लिए चर्च का संगठन है। किन्तु पारलौकिक लक्ष्य अर्थात् ईश्वर की प्राप्ति या मोक्ष (Salvation) व्यक्ति का अन्तिम लक्ष्य है और अन्तिम लक्ष्य होने के कारण लौकिक लक्ष्यों से श्रेष्ठ है। चूँकि इस लक्ष्य की प्राप्ति चर्च के माध्यम से होती है अतः चर्च की सत्ता राज्य की सत्ता से श्रेष्ठ है। इसलिए "शासकों का यह कर्त्तव्य है कि वह लौकिक कार्यों को ईश्वर की इच्छानुसार संपादित करें। इस दृष्टि से राज्य के अधिकारीगण पोप व चर्च के दैवीय कानूनों के अधीन होने चाहिए।"

एक्विनास कानूनों के वर्गीकरण के आधार पर भी चर्च को राज्य से श्रेष्ठ सिद्ध करता है। उसके अनुसार दैवीय कानूनों का महत्व मानवीय कानूनों से अधिक है क्योंकि वे ईश्वर की इच्छा तथा व्यक्ति के मानवेतर उद्देश्यों (Super Natural Goals) से सम्बन्धित हैं। मानवीय कानूनों को लागू करने के लिए राज्य है जबकि ईश्वरी क़ानून चर्च के अधिकार क्षेत्र में आते हैं। अतः इससे भी स्पष्ट है कि राज्य की तुलना में चर्च की स्थिति उच्च है।

प्रो. एम.बी. फॉस्टर के शब्दों में-"राज्य रूपी ज़हाज़ पर राजा बढ़ई (Carpenter) की भाँति है जिसका कार्य आवश्यक मरम्मत द्वारा जहाज को ठीक हालत में रखना है, किन्तु चर्च का कार्य जहाज के उस चालक के समान है जो

उसे निश्चित गंतव्य की ओर ले जाता है। जिस प्रकार बढ़ई जहाज के चालक के अनुशासन में रहता है, उसी प्रकार राज्य और उसके शासक को चर्च के नियन्त्रण में रहना चाहिए।''[1] इस रूपक से यह भी स्पष्ट है कि राजा (बढ़ई) और चर्च (चालक) दोनों ही अन्तिम लक्ष्य की प्राप्ति के लिए आवश्यक हैं। लेकिन महत्व व भूमिका के दृष्टिकोण से चालक की स्थिति बढ़ई से निर्विवाद रूप से उच्च है। इबन्स्टीन का कहना है–अरस्तू का दर्शन व आचार शास्त्र मानवतावादी व लौकिक थे इसलिए वह व्यक्ति का अन्तिम लक्ष्य उन सद्‌गुणों (Values) में देखता है जो स्वयं व्यक्ति में अन्तर्निहित हैं, एक्विनास व्यक्ति–केन्द्रित सद्‌गुणों को स्वीकार करता है लेकिन मानता है कि इसके अतिरिक्त भी एक बाह्य हित (Extrinsic Good) है जो व्यक्ति में निवास नहीं करता फिर भी उसका सर्वोच्च मूल्य (Supreme Value) है। यह मूल्य (लक्ष्य) है–मृत्यु के उपरान्त प्राप्त होने वाला ईश्वरीय आशीर्वाद व स्वर्गिक सुख। राज्य इस अन्तिम लक्ष्य की प्राप्ति में सहायक उपकरण के रूप में कार्य करता है; चर्च इस अन्तिम लक्ष्य की उपलब्धि कराता है। अपनी बात को वह ज़हाज़ (Ship) के रूपक द्वारा समझाता है।

चर्च की इस विशिष्ट स्थिति के कारण एक्विनास इस निष्कर्ष पर पहुँचता है कि ''लौकिक सरकार चर्च के अधीन होती है (Secular government is subject to the church.)'' क्योंकि शासन माध्यमिक लक्ष्यों (Intermidiate Ends) से जुड़ा है जबकि चर्च का सम्बन्ध अन्तिम लक्ष्य (Ultimate End) अर्थात् आत्मा की मुक्ति (Salvation of Soul) से है। उसके शब्दों में–''सभी शासकों को रोमन पोप के अधीन रहना चाहिए जैसा कि वे ईश्वर के अधीन रहते हैं।'' इस प्रकार पोप राजा को आदेश दे सकता है।

धर्मद्रोह : सर्वाधिक गंभीर अपराध

एक्विनास कहता है कि ईश्वर के प्रति किया गया अपराध सबसे गंभीर होता है। धर्मद्रोह भी ऐसा ही अपराध है अतः इसके लिए दण्ड भी सबसे बड़ा (मृत्युदंड) होना चाहिए। किन्तु धर्म के विरुद्ध आचरण करने वाले को मृत्युदंड (Death Penalty) देने से पहले चर्च दो बार चेतावनी (Admonish) देता है। इसके बाद भी अगर वह व्यक्ति धर्म–पथ को अस्वीकार करता है तो उसे मृत्युदंड अवश्य मिलना चाहिए। लेकिन चर्च एक पवित्र धार्मिक संस्था भी है अतः वह किसी 'पापी (Sinner)' के रक्त से अपना हाथ गंदा नहीं कर सकती। वह सिर्फ़ ऐसे अपराधी को धर्म से बहिष्कृत(Ex-communicate) करती है तथा मृत्युदंड देने का कार्य सांसारिक सत्ता अर्थात् राज्य को सौंपती है। इस प्रकार एक्विनास यह मत भी प्रतिपादित कर रहा है कि धर्म–द्रोह के मामलों में चर्च राज्य को आदेश दे

सकता है। जहाँ तक धर्मद्रोही का सवाल है वह इस लौकिक जगत् में तो मृत्युदंड पाता ही है, मृत्यु के उपरान्त उसकी आत्मा नरक की अग्नि (Fire of Hell) में अनन्तकाल तक जलती रहती है। जबकि ईश्वरीय कृपा प्राप्त पवित्र आत्माएँ (Blessed Souls) ईश्वर के सान्निध्य में आनन्दपूर्वक इन पतित आत्माओं के अन्तहीन कष्टों का अवलोकन करती हैं और प्रसन्न होती हैं। धर्मद्रोहियों (Heretics) के प्रति इतनी कठोर दृष्टि रखना एक्विनास के स्वभाव के विरुद्ध है। लेकिन यह इस बात का संकेत भी है कि धर्म के मामले में यह संत कितना कट्टर है। वह धर्म (ईश्वर) के प्रति किए गए अपराधों को बहुत ही गंभीर मानता है और इस संदर्भ में किसी प्रकार की रियायत या छूट देने के लिए तैयार नहीं है। अत: यदि शासक कभी चर्च के आदशों का पालन नहीं करते हैं या धर्म विरुद्ध आचरण करते हैं तो रोमन पोप को यह अधिकार है कि वह ऐसे शासक को धर्म से बहिष्कृत करके सत्ता से हटा दे। इस शक्ति का प्रयोग चर्च व पोप के द्वारा राजाओं के विरुद्ध अनेक बार किया गया। सामान्य रूप से एक्विनास को एक दयालु, मानवतावादी व संयमी संत (Saint) के रूप में देखा जाता है लेकिन धर्मद्रोह का प्रश्न उठते ही वह एक कट्टर ईसाई का रूप धारण कर लेता है और आश्चर्यचकित कर देने वाली अनुदारता का प्रदर्शन करता है। धर्मद्रोह पर उसके विचारों को जानना केवल इसलिए महत्वपूर्ण नहीं है कि यह एक्विनास के व्यक्तित्व के एक विशेष पहलू को अभिव्यक्त करता है बल्कि इसलिए भी जरूरी है कि इसकी सम्बद्धता चर्च-राज्य सम्बन्धों की समस्या से है। सर्वप्रथम एक्विनास धर्मद्रोही (Heretic) को परिभाषित करता है। उसके अनुसार धर्मद्रोही वह व्यक्ति होता है जो ''ईसाई आस्था को स्वीकार करता है किन्तु उसके सिद्धान्तों को भ्रष्ट करता है ।

वर्तमान युग में 'विधि का शासन' एक लोकप्रिय एवं श्रेष्ठ विचारधारा है। राजनीतिक चिन्तन में विधि के शासन का विचार काफी प्राचीन है। हमेशा से शासन का उद्देश्य मुख्य रूप से जनता का हित करना रहा है। यह उद्देश्य निष्पक्ष रूप से तभी प्राप्त हो सकता है जब शासन की शक्ति पर विधि का नियन्त्रण स्थापित हो। अनेक भारतीय तथा पाश्चात्य राजनीतिक विचारकों ने 'विधि के शासन' को राज्य की अनिवार्यता बताया है। यह राज्य के स्थायित्व एवं जन कल्याण के लिये श्रेष्ठ व्यवस्था है। क्योंकि विधि के शासन का सामान्य अर्थ है राज्य के शासक तथा शासित सभी लोगों के व्यवहार के नियमन राज्य के कानून के द्वारा हो अर्थात् राज्य में कानून ही सर्वोच्च है इससे ऊपर कोई नहीं, सभी इसकी परिधि में रहते हैं।

मानव समाज की स्थापना के बाद व्यक्ति ने अपने जीवन को व्यवस्थित एवं सुखी बनाने के लिये और स्वयं को तथा अन्य सभी को अन्याय व असुरक्षा से

छुटकारा दिलाने के लिए श्रेष्ठ व्यवस्था स्थापित करने का प्रयास किया इसी प्रयास में वह राजनीतिक शक्ति के रूप में राज्य की स्थापना करने में सफल रहा। इसकी स्थापना के बाद व्यक्ति ने राजनीतिक शक्ति तथा राजनीतिक शक्ति के अवपीड़क बन्धन के अस्तित्व को स्वीकार किया। इसी क्रम में मानव समाज ने राजनीतिक शक्ति की सर्वोच्चता व सर्वोपरिता को स्वीकार किया तथा साथ ही यह भी चाहा कि इस राजनीतिक शक्ति पर प्रभावशाली नियन्त्रण भी रखा जाना चाहिये ताकि राजनीतिक शक्ति का दुरूपयोग न हो सके और मानव समाज की स्वतन्त्रता सुरक्षित बनी रह सके। इसी कारण यूनानी राजनीतिक चिन्तन से आधुनिक युग तक के राजनीतिक एवं अन्य विचारकों व दार्शनिकों ने यह माना कि मानव समाज के लिये मानव मूल्यों, सामाजिक मूल्यों आदि के लिये व्यक्ति के शासन से कानून का शासन (विधि का शासन) अपेक्षाकृत अधिक श्रेष्ठ और औचित्यपूर्ण होता है।

विधि के शासन के समर्थक :- प्राचीन काल से अब तक कानून के शासन की श्रेष्ठता को हमेशा स्वीकार किया गया है। भारतीय और पाश्चात्य दर्शनों तथा राजनीतिक विचारधाराओं के आधार पर यह सिद्ध होता है। हमारे वेदों, पुराणों, स्मृतियों और प्रमुख राजनीतिक विचारकों के आधार पर भी यही सिद्ध होता है। विधि के शासन की चर्चा अपनी-अपनी तरह से विभिन्न विचारकों ने प्राचीन काल से आज तक की है। ऐसे विचारकों में मनु, शुक्र, बृहस्पति, सुकरात, प्लेटो, अरस्तू, कौटिल्य, एक्वीनास , मैकियावली, हॉब्स, लॉक, कन्फ्यूशियस आदि प्रमुख हैं। आधुनिक युग में यह सिद्धान्त प्रो० ए०वी० डायसी द्वारा प्रतिपादित माना जा रहा है। "कोई व्यक्ति कानून से ऊपर नहीं बल्कि प्रत्येक व्यक्ति, चाहे उसका पद और स्थिति कुछ भी हो, देश के सामान्य कानन से शासित होता है तथा सामान्य न्यायालयों के क्षेत्राधिकार के अन्तर्गत रहता है। जो चीज एक नागरिक के लिये कानून है वह समस्त नागरिकों के लिये कानून है।" –ए. वी. डायसी

सुकरात और विधि का शासन :- राजनीतिक चिन्तन में सुकरात का महत्त्वपूर्ण स्थान है। पाश्चात्य चिन्तन की शुरूआत सुकरात से ही मानी जाती है। सुकरात ने विधि के शासन का समर्थन किया है। यद्यपि वे लोकतन्त्र की आड़ में भीड़तन्त्र का विरोध करते थे। उनके अनुसार शासक और शासितों को विधि के शासन को स्वीकार करना चाहिये। यदि कभी अन्तःकरण के आदेश पर राज्य के कानून की अवमानना करना जरूरी हो जाय, तो लोगों द्वारा विधि की अवमानना के लिये निश्चित दण्ड से बचने की चेष्टा नहीं करनी चाहिये। सुकरात ने तो विधि के शासन और विधि के सम्मान के लिये अपने प्राण दे दिये थे[1] वे तो विधि का हमेशा सम्मान करते थे। सुकरात ऐसे शासन की स्थापना चाहते थे जो कि राजनीति के विशेषज्ञों

द्वारा संचालित हो एवं जनहितकारी हो। सुकरात कानून और जन सहमति के आधार पर कार्य करने वाली सरकार को श्रेष्ठ मानते थे। इस तरह सुकरात कानून के शासन के प्रबल समर्थक थे। वे इसका किसी स्वार्थवश उल्लंघन स्वीकार नहीं करते थे। उन्होंने विधि के शासन को सार्वजनिक राजनीतिक जीवन का ऐसा सर्वोच्च एवं सर्वोत्तम सिद्धान्त माना था, जिसका कोई विकल्प सम्भव नहीं था। उन्होंने स्वयं विधि की पालना हेतु ही निर्दोष होते हुये भी मृत्युदण्ड को स्वीकार कर लिया था। **सेवाइन** ने लिखा है कि "सुकरात का सम्पूर्ण जीवन राजनीतिक उद्देश्यों तथा विधियों के अनुसार जीवन व्यतीत करने की एक सजीव कहानी है।"

कानून की आज्ञा का उल्लंघन करना कानून का अपमान करना है, उसका पालन करना उचित कार्य करना है। यद्यपि वे किसी भी प्रकार के कानून के उल्लंघन के पक्ष में नहीं थे। वे तो अनुचित कानूनों का विरोध करते थे इसी को वे अपना कर्त्तव्य समझते थे और उसके विरुद्ध जनमत तैयार करना भी अपना उत्तरदायित्व मानते थे। इस तरह वे विधि के शासन के समर्थक कहे जा सकते हैं।

मनु और विधि का शासन :- मनु यद्यपि सीधे अर्थों में कानून के शासन की चर्चा नहीं करते हैं। मनु ने अपने राज्य में सर्वोच्च स्थान राजा को दिया है। यद्यपि उन्होंने राजा को देवी अंश भी माना है। लेकिन उन्होंने उसे धर्म एवं नैतिकता के अधीन रखा है। उन्होंने राजा को धर्मानुसार आचरण करने की बात की है साथ ही मन्त्रियों के परामर्श से शासन करने और लोक परम्पराओं का सम्मान करते हुये शासन करने की चर्चा की है जिनका उल्लंघन दण्डनीय माना है। मनु के अनुसार राजा को राज्य के नियमों के अनुसार तथा सिद्धान्तों के अनुसार शासन व्यवस्था स्थापित करनी चाहिए। उनके अनुसार राज्य का मूल कर्त्तव्य राज्य में कल्याणकारी व्यवस्था स्थापित करना है। अर्थात् राज्य का उद्देश्य लोक कल्याण करना तथा राजा का मुख्य दायित्व प्रजा की रक्षा करना है। इस तरह उन्होंने राजा को मर्यादित किया है। मनुस्मृति में लिखा है कि राजा जन इच्छाओं, जनसमर्थन और जनसहमति का उल्लंघन नहीं कर सकता है। एक अन्य स्थान पर ऐसा भी कहा गया है कि यदि कोई राजा जनहित की उपेक्षा करता है तो जनता ऐसे राजा को उसके पद से हटा सकती है। यह उल्लेख भी राजा की मर्यादा को स्पष्ट करता है। इस तरह से को मनु के विचारों में "विधि के शासन" को देखा जा सकता है।

कौटिल्य और विधि का शासन :- भारतीय राजनीतिक विचारकों में कौटिल्य को महत्त्वपूर्ण स्थान प्राप्त है। कौटिल्य ने अर्थशास्त्र नामक पुस्तक लिखी है। इसने राज्य सप्तांग सिद्धान्त का उल्लेख किया है। इस सप्तांग सिद्धान्त में उसने सबसे श्रेष्ठ स्थान या सर्वोच्च स्थान स्वामी (राजा) को दिया है। उसी में राज्य की सर्वोच्च शक्ति

विद्यमान होती है। यद्यपि वह राजा (स्वामी) के आदेशों को एकमात्र कानून के स्रोत एवं सर्वप्रमुख स्रोत नहीं मानता है। कौटिल्य ने कानून के स्रोत - धर्म, व्यवहार, चरित्र, राजा के आदेशों आदि को बताया है। लेकिन राजा के आदेशों को निम्न स्तर का स्रोत्र बताया है। उसके मतानुसार राजा वैदिक धर्म, परम्पराओं, शिष्ट व्यवहार एवं आदर्श लोगों के व्यवहारों के विरुद्ध आदेश नहीं दे सकता है राजा तो इनकी रक्षा करने का कार्य करता है। राजा के बारे में कौटिल्य के विचारों का उल्लेख करते हुए एम०वी०कृष्णाराव ने अपनी पुस्तक 'स्टडीज ऑफ कौटिल्य' में लिखा है कि, "राजा को स्वयं को जनता का एजेन्ट समझना चाहिये तथा उसे धर्मशास्त्रों एवं देश की परम्पराओं में प्रतिपादित कानूनों का पालन करना चाहिये जो कि राजनीतिक संविधान है और नैतिक कानून भी। शासन व्यवस्था पर इन नियन्त्रणों के कारण किसी भी राजा के लिये अपने आपको निरकुंश बनाना तथा निरंकुश सत्ता के समान आचरण कर पाना सम्भव नहीं है।"[1] इस तरह माना जा सकता है कि प्राचीन भारत के विचारकों ने राजनीतिक चिन्तन में 'विधि के शासन' पर चिन्तन किया और इसे उपयुक्त भी माना। शुक्र ने राजा को युग-निर्माता कहा है लेकिन उसकी शक्ति पर हमेशा जन-हित की मर्यादा का बन्धन लगा होता है। इसी कारण उसे शुक्र 'राष्ट्र भृत्य' कहता है। उनके अनुसार जो राजा स्वेच्छाचारी बन जाता है, वह देवांश नहीं होता है, वह तो राक्षसांश कहलाता है, ऐसे राजा को पदच्युत किया जा सकता है। प्राचीन भारत में त्रयी (वेद), स्मृति एवं सदाचार को राजनीतिक संविधान व नैतिक विधि का दर्जा प्राप्त था और वे कानून के प्रमुख स्रोत्र भी थे। राजा की शक्ति इनके द्वारा नियन्त्रित थी।

विधि का शासन और भारतीय चिन्तन :- विधि का शासन यद्यपि वर्तमान युग की विचारधारा या सिद्धान्त माना जा रहा है लेकिन वास्तविकता यह है कि इसके महत्त्व को प्राचीन भारत में विभिन्न विचारकों तथा शासकों ने स्वीकार किया है। प्राचीन भारत के प्रमुख राजनीतिक विचारकों में आचार्य भारद्वाज, पाराशर, नारद, भीष्म, मनु, कौटिल्य एवं शुक्र आदि के नाम उल्लेखनीय हैं। इन सभी विचारकों के विचार तथा इनके ग्रन्थों में यद्यपि सीधे अर्थों में 'कानून के शासन' नामक विषय पर चर्चा नहीं की गयी है लेकिन इन सभी विचारकों की मूल भावना इसी से सम्बन्धित रही है। लगभग सभी भारतीय विचारकों ने राजा को मर्यादित सत्ता देने की ही चर्चा की है उन्होंने अमर्यादित सत्ता की बात कभी स्वीकार नहीं की। प्राचीन काल में राजा सर्वोपरि होता था लेकिन उसे धर्म तथा नैतिकता से मर्यादित किया जाता था। वास्तव में प्रारम्भ में धर्म और नैतिकता ही विधि के स्रोत होते थे। इस सन्दर्भ में प्रमुख भारतीय राजनीतिक विचारकों के विचारों को देखा जा सकता है।

इस प्रकार स्पष्ट होता है कि प्राचीन भारत में विधि के शासन को किसी न किसी रूप में स्वीकार किया है। यद्यपि उन्होंने 'विधि के शासन' के नाम से चर्चा नहीं की है।

कन्फ्यूशियस और विधि का शासन :- चीनी विचारक कन्फ्यूशियस की मान्यता थी कि राजा (सम्राट) देवपुत्र होता है, लेकिन उसे स्वेच्छाचारी होने की शक्ति प्राप्त नहीं होती है। उसे नैतिकता और परम्पराओं का सम्मान करते हुये कानून बनाने का अधिकार होता है। उसे जन कल्याण, औचित्य एवं अनुष्ठान के सिद्धान्त के अनुसार ही शासन करना चाहिये इस बारे में उन्होंने स्वयं लिखा है कि, "**अन्यायपूर्ण शासन शेर से भी अधिक भयानक होता है।**"

इससे सिद्ध होता है कि कन्फ्यूशियस ने भी विधि के शासन को स्वीकार किया है। क्योंकि वह भी अत्याचारी शासक का प्रबल विरोधी था। उसने भी राजा को परम्परागत मूल्यों तथा नैतिक आदर्शों से प्रतिबद्ध होना बताया है।

एक्वीनास एवं विधि का शासन :- मध्ययुग के प्रमुख विचारकों में सन्त एक्वीनास का नाम लिया जाता है। एक्वीनास राजतन्त्र का समर्थक था लेकिन वह वंशानुगत शासक के स्थान पर निर्वाचित राजतन्त्र का समर्थक था। उसके मतानुसार राजा पर शपथ द्वारा बन्धन लगाना चाहिये कि वह संविधान का पालन करेगा। सन्त एक्वीनास ने शाश्वत् कानून, प्राकृतिक कानून, मानवीय कानून एवं दैवीय कानूनों की चर्चा की है। सन्त एक्वीनास मानवीय कानूनों को प्राकृतिक कानूनों के समान और अनुकूल मानता है। परिणामस्वरूप शासन की मनमानी पर नियन्त्रण लग जाता है।

मैकियावली तथा **हॉब्स** जैसे विचारकों ने भी विधि के शासन को स्वीकार किया है, लेकिन उन्होंने एक निरकुंश और सर्वाधिकारवादी राज्य का समर्थन किया है लेकिन यह स्थिति विधि के शासन की मूल मान्यता एवं धारणा की विरोधी है। इन्होंने राजा को (शासक को) विधि का अधिष्ठाता बताया है अर्थात् शासक विधि से श्रेष्ठ है इस तरह आधुनिक युग की तरह वे विधि की श्रेष्ठता को स्वीकार नहीं करते हैं।

जॉन लॉक भी विधि के शासन के समर्थक माने जाते हैं। वे विधि के शासक और राज्य की मर्यादा को स्वीकार करते हैं। **लॉक** के शब्दों में "जहाँ विधि समाप्त होती है, वहाँ से अत्याचार शुरु होता है .... सरकार निश्चित उद्देश्यों के लिये क्रियाशील रहने वाली न्यायधारी शक्ति मात्र है।" लॉक विधि के शासन का आधार प्राकृतिक विधि को मानते हैं। यद्यपि इसे आज मान्यता नहीं है। उनकी विधि के शासन की मान्यता सीमित शासन का समर्थन करती है जिसमें लोगों के हितों को ध्यान में रखा जाता है अर्थात् विधि के शासन में समस्त प्रकार के निरंकुश,

सर्वाधिकारवादी एवं अत्याचारपूर्ण शासनों के विरोध की अवधारणा है तथा यही केन्द्रीय विचार है जिस पर उदारवादी विचारधारा तथा उसकी संविधानवादी विचारधारा खड़ी हुई है।

इस प्रकार विभिन्न विचारकों ने अपनी-अपनी तरह विधि के शासन की विवेचना की है। लेकिन वर्तमान में इसका सही अर्थ ब्रिटिश शासन के अन्तर्गत स्वीकार किया गया है।

वर्तमान युग में विधि के शासन को समस्त राष्ट्रों द्वारा समर्थन किया जा रहा है। यद्यपि शासन की कुछ विचारधारायें इसे स्वीकार नहीं करती हैं जैसे नाजीवाद, फासीवाद, अधिनायकवाद आदि। यद्यपि ये समस्त विचारधारायें वर्तमान में श्रेष्ठ विचारधारायें भी नहीं मानी जाती हैं क्योंकि ये विचारधारायें राष्ट्रीय और अन्तर्राष्ट्रीय दृष्टि से हितकारी नहीं हैं। वास्तव में संविधानवाद और विधि का शासन ही श्रेष्ठ शासन व्यवस्था है।

विधि का शासन और पाश्चात्य राजनीतिक चिन्तन :-वर्तमान में राजनीतिक चिन्तन की शुरूआत प्रामाणिक रूप में पाश्चात्य राजनीतिक चिन्तन से ही स्वीकार की जाती है। प्राचीन पाश्चात्य विचारकों ने कानून के शासन (विधि का शासन) पर विचार किया। प्रमुख पाश्चात्य विचारकों के विचारों में विधि के शासन की चर्चा इस प्रकार है :-

प्लेटो और विधि का शासन :- राजनीति विज्ञान के जनक प्लेटो माने जा सकते हैं। उन्होंने राजनीति पर महत्त्वपूर्ण रिपब्लिक नामक पुस्तक लिखी है। उन्होंने अपनी प्रमुख कृतियों में दार्शनिक राजा की निरकुंश सत्ता की चर्चा की है। उन्होंने अपने दार्शनिक राजा के विवेक को क़ानून के बन्धन से मुक्त रखा है। इसमें विधि के शासन के दर्शन नहीं होते हैं। प्लेटो ने अपने जीवन के अन्तिम वर्षों में 'स्टेटसमैन' और 'लॉज' ग्रन्थों में यह स्वीकार कर लिया कि जिस आदर्श राज्य की कल्पना उसने पहले की थी कि वह उपयुक्त नहीं है। इसी कारण रिपब्लिक के कुछ सिद्धान्तों बाद में उन्होंने स्वयं परिवर्तित किया था। प्लेटो ने रिपब्लिक में विवेक को कानून से मुक्त माना है लेकिन लॉज में द्वितीय सर्वश्रेष्ठ राज्य को न्याय के स्थान पर उसके संयम की बात कही है। दर्शन के शासन की जगह विधि के शासन को स्वीकार किया है और द्वितीय सर्वश्रेष्ठ राज्य में विधि की सर्वोच्चता को स्वीकार किया है। प्लेटो ने स्पष्ट किया है कि कानून द्वारा संचालित राज्य में विधि की सत्ता ही सर्वोच्च होती है। इस तरह शासक तथा शासितों को अपने व्यवहारों को कानून से नियन्त्रित रखना चाहिये ऐसा प्लेटो ने अन्ततः स्वीकार किया है।

अरस्तू और विधि का शासन :- पाश्चात्य राजनीतिक विचारकों में अरस्तू

को राजनीति विज्ञान का जनक माना जाता है। उन्होंने एक व्यक्ति के शासन के स्थान पर विधि के शासन को श्रेष्ठ माना है। अरस्तू विधि के शासन तथा संविधानवाद के प्रबल समर्थक कहलाते हैं। अरस्तू ने एक स्थान पर लिखा है कि अच्छी तरह से बनाये गये कानून ही अन्तिम प्रभु माने जाने चाहिये। व्यक्ति के शासन की अपेक्षा विधि का शासन ही श्रेष्ठ है क्योंकि इस पर व्यक्ति का प्रभाव नहीं पड़ता है। ऐथेन्स में तत्कालीन समय में शासकों को कानून के अधीन तथा कानून के अनुसार व्यवहार एवं आचरण करना पड़ता था। **अरस्तू** ने लिखा है कि **''कानून सभी वासनाओं से मुक्त विवेक है।''** सेबाइन भी मानते हैं कि **अरस्तू** का आदर्श हमेशा ही संवैधानिक शासन रहा है। निरंकुश राज्य नहीं। चाहे वह दार्शनिक राजा का ही निरंकुश राज्य ही क्यों न हो। अरस्तू ने प्रारम्भ से ही श्रेष्ठ राज्य में अन्तिम सम्प्रभु कानून को ही माना है। किसी व्यक्ति को नहीं। चाहे वह व्यक्ति कितना ही गुणी क्यों न हो। श्रेष्ठ शासक भी कानून के अभाव में श्रेष्ठ शासक नहीं हो सकता है। इस तरह कानून एक निरपेक्ष सत्ता है। अतः विधि की सर्वोच्चता का सम्मान करना चाहिये। इस तरह अरस्तू के विचारों में भी विधि के शासन की चर्चा मिलती है।

विधि का शासन : ब्रिटिश संविधान व्यवस्था :-लार्ड हीवर्ट ने लिखा है कि कानून का शासन, स्वेच्छाचारिता से भिन्न कानून की सर्वोच्चता है तथा कानून रहित शक्ति का मनमाना प्रयोग है। संक्षेप में कानून के शासन का अभिप्राय एक ऐसे वैध शासन से है जिसमें अपनी शक्तियों का प्रयोग शासकों की इच्छानुसार नहीं, अपितु कानून के अनुसार किया जाता है। अन्ततः कानून का शासन, कानून का ही शासन है इससे सर्वोच्च कोई नहीं है।'' विधि के शासन का जनक वर्तमान युग में ब्रिटेन को माना जाता है ब्रिटेन का संविधान विश्व के संविधानों में सबसे प्राचीन संविधान माना जाता है। यह माना जाता है कि ब्रिटेन में कानून का शासन जनता की स्वतन्त्रताओं का संरक्षक है। ब्रिटेन में यह सिद्धान्त प्रो० डायसी ने प्रतिपादित किया था। इस शासन का अर्थ है, ''शासन की शक्तियों के प्रयोग पर कानून की मर्यादा रहेगी तथा नागरिक शासन की मनमानी इच्छा का शिकार नहीं होगा।

विधि के शासन का तात्पर्य ब्रिटेन में यह था कि वहाँ कानून ही देश का शासन करता है किसी व्यक्ति विशेष की इच्छा नहीं। कानून सर्वोच्च है, सभी नागरिक इसके समक्ष समान है। लार्ड हीवर्ट ने लिखा था कि, ''लोगों के अधिकारों के निर्णय में मनमाने ढ़ग से या ऐसे ही किसी अन्य प्रकार के ढ़ंग के स्थान पर, जो कानून नहीं कानून की सर्वोच्चता स्वीकार की जाय।''[1] विधि के शासन के तीन मुख्य अर्थ हैं-

1. विधि ही सर्वोच्च है। स्वेच्छाचारिता नाम की कोई चीज नहीं है। देश

का शासन विधि के अनुरूप हो।

2. प्रत्येक व्यक्ति विधि के अधीन है तथा सभी को इसका पालन करना चाहिये यह प्रत्येक व्यक्ति का कर्त्तव्य है। सभी व्यक्ति विधि के लिये समान है।

3. विधि का शासन संसद की सम्प्रभुता का आधार है। शासन की शक्ति सीमित है। यह शासक और शासित दोनों के आचरणों एवं व्यवहारों को नियन्त्रित करने की क्षमता रखती है। यह शासक और शासितों पर समान रूप से लागू होती है।

प्रो० डायसी ने विधि का शासन की व्याख्या करते हुये तीन विभिन्न परन्तु सजातीय विचार प्रस्तुत किये हैं-

1.''न तो किसी को दण्ड दिया जा सकता है न किसी को शारीरिक कष्ट अथवा हानि पहुँचायी जा सकती है जब तक कि कोई व्यक्ति स्पष्टतः विधि के विरुद्ध आचरण न करे और वह विधि-विरुद्ध आचरण देश के सामान्य न्यायालय में सिद्ध न हो जाय''[2]

इसका आशय यह है कि ब्रिटेन में किसी व्यक्ति को तब तक दण्डित नहीं कर सकते हैं जब तक कि यह स्पष्ट रूप से सिद्ध न हो जाय कि उसने देश के किसी कानून का उल्लंघन किया है अर्थात् इस शासन के अन्तर्गत मनमाने ढंग से न तो किसी की जान ली जा सकती है और न किसी की सम्पत्ति या स्वतन्त्रता का अपहरण किया जा सकता है और न नियम के विरुद्ध किसी को कारागृह में रखा जा सकता है। इसके लिए अतिरिक्त अभियोग की खुली सुनवाई होती है और अभियुक्त को अपने बचाव के लिए सफाई देने का पूरा अवसर दिया जाता है।

द्वितीय, विधि के शासन का अर्थ यह है कि ''कोई व्यक्ति कानून से ऊपर नहीं बल्कि प्रत्येक व्यक्ति, चाहे उसका पद और स्थिति कुछ भी हो, देश के सामान्य कानून से शासित होता है तथा सामान्य न्यायालयों के क्षेत्राधिकार के अन्तर्गत रहता है। जो चीज एक आदमी के लिए कानून है वह समस्त नागरिकों के लिए कानून है।''

दूसरे शब्दों में, देश का प्रत्येक नागरिक विधि के सम्मुख समान है और सबके लिए एक ही प्रकार की विधि है। राजा-रंक, अमीर-गरीब, ऊँच-नीच सभी विधि के समक्ष समान हैं। फ्रांस में सामान्य नागरिकों तथा प्रशासन के अधिकारों के लिए अलग-अलग विधियाँ तथा न्यायालय हैं। लेकिन इंग्लैण्ड में आम जनता तथा नीचे से ऊपर तक सभी अधिकारियों के लिए एक ही विधि तथा न्यायालय है। यदि शासन के अधिकारी किसी व्यक्ति के साथ अन्याय करते हैं अथवा विधि द्वारा

दी गयी शक्तियों का दुरुपयोग करते हैं तो उनके विरुद्ध सामान्य न्यायालय में सामान्य विधि के अनुसार दावा किया जा सकता है। प्रत्येक सरकारी कर्मचारी प्रधानमंत्री से लेकर सिपाही तक साधारण नागरिक की तरह अपने अवैध कार्य के लिए उत्तरदायी है।

तृतीय, "ब्रिटिश संविधान के सामान्य सिद्धान्त उन न्यायायिक निर्णयों के परिणाम हैं है जिनमें न्यायालय ने विशेष अभियोगों में साधारण नागरिकों के अधिकारों को शामिल किया है।"[2] इसका तात्पर्य यह है कि इंग्लैण्ड में नागरिकों की स्वतन्त्रता का अधिकार न्यायिक निर्णय है। न्यायाधीशों ने व्यक्तियों की स्वतन्त्रता तथा सुरक्षा में महत्वपूर्ण योग दिया है।

डायसी की व्याख्या के सम्बन्ध में आलोचना :- डायसी के विधि के शासन-सम्बन्धी विचारों की प्रबल आलोचना की गयी है। वेड, जेनिंग्स, रॉल्सन आदि लेखकों ने उसके विचारों को त्रुटिपूर्ण बतलाया है।

(1) प्रथम व्याख्या :- पहली व्याख्या के सम्बन्ध में यह कहा जा सकता है कि डायसी की व्याख्या स्वेच्छाचारी शक्ति (arbitrary power) और स्वविवेक की आलोचना के अधिकार (discretionary authority) के विभेद को स्पष्ट न कर सका, अपितु उसने इन दोनों शब्दों को उलझा दिया। वस्तुतः स्वविवेक शक्तियों का अर्थ स्वेच्छाचारी शक्ति नहीं है। स्वेच्छाचारी शक्ति का अर्थ अनुत्तरदायी तथा अनियन्त्रित शक्ति है। यह विधि के शासन का विरोधी है। लेकिन स्वविवेक शक्ति का प्रयोग आज अपरिहार्य है, जैसे कि प्रदत्त व्यवस्थापन (Delegated Legislation) के व्यवहार से स्पष्ट है। यदि स्वविवेकी शक्ति का प्रयोग विधि के शासन के विरुद्ध है तो विधि के शासन के लिए किसी भी आधुनिक शासन-व्यवस्था में नहीं।

(2) द्वितीय व्याख्या :- डायसी का द्वितीय अर्थ भी संदिग्ध है। शासन के अधिकारियों के पास कतिपय विशेषाधिकार एवं विमुक्तियाँ हैं, जिनसे सार्वजनिक अधिकारी लाभ उठा सकते हैं। अन्य सभ्य राष्ट्रों की तरह इंग्लैण्ड भी अपने शासकों तथा कूटनीतिक अधिकारियों को न्यायालयों की कार्य-प्रणाली, मुकदमा आदि के सम्बन्ध में कतिपय विमुक्तियाँ प्रदान करते हैं। ऐसे भी उदाहरण हैं जिनमें आंतरिक आवश्यकताओं के कारण विशेष विमुक्तियाँ देनी पड़ी थीं, जैसे- 1906 ई० में ट्रेड डिस्प्युट्स ऐक्ट (Trade Disputes Act) के अनुसार किसी व्यक्ति की शारीरिक या साम्पतिक हानि पर भी ट्रेड यूनियन के विरुद्ध अदालती कारवाई नहीं की जा सकती है। इसके अतिरिक्त आज प्रशासकीय विभागों को अपने क्षेत्र में न्यायालयों की तरह अन्तिम निर्णय देने का अधिकार दिया गया है, जैसे-गृहमन्त्री विदेशियों को स्वदेश के नागरिक का अधिकार प्रदान कर सकता है। अन्य विभागीय मन्त्री

या अधिकारी स्वास्थ्य मन्त्री, शिक्षा बोर्ड, व्यापार बोर्ड, यातायात मन्त्री आदि न्यायालयों की तरह झगड़ों का निबटारा करते हैं। इस प्रकार प्रशासनिक शक्ति के बँटवारा के कारण विधि के सिद्धान्त पर आज पर्याप्त मर्यादाएँ लग चुकी हैं।

(3) तृतीय व्याख्या :- अन्ततः डायसी केवल मौलिक और राजनीतिक अधिकारों को स्वीकार करता है, जिसके लिए न्यायालयों की शरण ली जा सकती है। वह संविधियों से प्राप्त अधिकारों की ओर ध्यान नहीं देता है। आज तो संविधि का क्षेत्र इतना व्यापक हो गया है कि सामान्य विधि द्वारा प्रदत्त अधिकारों वैयक्तिक स्वतन्त्रता का अधिकार, स्वरक्षा का अधिकार, विचार व्यक्त करने का अधिकार आदि को संविधि की शरण लेनी पड़ती है। सामान्य विधि का अंश होते हुए भी बन्दी प्रत्यक्षीकरण (Habeas Corpus) या अपमानजनक लेख की विधि (Law of Libel) को अधिनियमों का रूप दिया गया।

सैद्धान्तिक रूप में विधि के शासन की यह व्याख्या ठीक है, लेकिन परिवर्तित परिस्थितियों एवं आवश्यकताओं के अनुसार उसमें कतिपय संशोधन की आवश्यकता है। प्रथमतः, अनुत्तरदायी और स्वेच्छाचारी अधिकार तथा प्रदत्त विधायन के ऊपर पर्याप्त नियन्त्रण की आवश्यकता है। द्वितीयतः, स्वविवेकी शक्तियों के प्रयोग की सीमा निर्धारित कर देनी चाहिए। तृतीयतः, यदि किसी व्यक्ति-विशेष को विशेषाधिकार या उन्मुक्तियाँ मिलें तो वह स्तन्त्रता और निष्पक्ष न्यायालय द्वारा। चतुर्थतः मौलिक अधिकारों का आधार सामान्य विधि होना चाहिए। अन्ततः, शासनरूढ़ राजनीतिक दल का आचरण सौम्य तथा न्यायपूर्ण होना चाहिए।

कानून के शासन की अन्य प्रमुख परिभाषायें निम्नलिखित हैं :-

लार्ड हीवर्ट के अनुसार, ''कानून के शासन का अर्थ स्वेच्छाचारी शासन से भिन्न कानून की सर्वोच्चता है। इसमें वास्तविक अन्तर एक ओर तो कानून की सर्वोच्चता रहेगी तथा दूसरी ओर कानून रहित शक्ति के मनवाने का प्रयोग निहित होगा।''

ऑग के अनुसार,''ब्रिटिश न्याय पद्धति श्रेष्ठता, निष्पक्षता, कार्यों में शीघ्रता तथा प्रशासन में स्वतन्त्रता के लिये देश तथा विदेशों में प्रसिद्धी रही है। इसकी श्रेष्ठता का प्रमाण यह है कि अन्य राष्ट्रों ने भी कानून के शासन को बहुत अधिक सीमा तक अपनाया है।''

फिलिप्स के अनुसार, ''शासन की शक्तियों के प्रयोग पर विधि की सीमा रहेगी तथा नागरिक अपने शासक की मनमानी इच्छा का शिकार नहीं होगें।''

लास्की के अनुसार, ''कानून के शासन द्वारा प्रशासन में कार्यपालिका की

निरंकुशता के खतरों को दूर रखने का ही प्रयास नहीं किया गया है बल्कि इसमें नागरिकों के अधिकारों की सुनिश्चितता भी स्थापित होगी।''

इस तरह विभिन्न परिभाषाओं में कानून के शासन की अवधारणा यह है कि यह शासन नागरिकों में कानूनी समानता, दायित्वों की समानता के साथ न्यायिक समानता, स्थापित करता है। सभी नागरिकों को इसकी पालना करनी होती है साथ ही शासकों को भी इसकी पालना करनी होती है।

विधि के शासन के तत्त्व :- कानून के शासन के निम्नलिखित तत्त्व हैं:-

1. यह जन सामान्य के हित में शासन होता है, किसी व्यक्ति के हित में नहीं,
2. यह विधि सम्मत शासन है। इसमें शासक परम्पराओं का उल्लंघन नहीं करता है,
3. यह शासन शासितों की इच्छा के अनुकूल शासन होता है, शासकों अथवा शक्ति के आधार पर नहीं,
4. इस शासन का आधार जन सहमति है,
5. इसमें शासन व्यवस्था कानूनों पर आधारित होती है,
6. यह शासन जनता के प्रति उत्तरदायी होता है,
7. इसमें शासक निरंकुश नहीं हो सकता है,
8. शासन की शक्ति जनता द्वारा नियन्त्रित होती है,
9. शासन के जनहित में न रहने पर उसके विरुद्ध क्रान्ति का अधिकार जनता को है।

विधि के शासन की विशेषताएँ

वर्तमान में विधि के शासन की विवेचना ब्रिटेन में अधिक दिखाई देती है। वास्तव में विश्व में वर्तमान में विधि के शासन का श्रेष्ठ उदाहरण ब्रिटेन ही माना जाता है। प्रो० ए.वी.डायसी ने अपनी पुस्तक **इन्ट्रोडक्शन टू दि लॉ ऑफ दि कॉन्स्टीटयूशन** (Introduction to the Law of the constitution) में विधि के शासन का उल्लेख किया है। डायसी एवं अन्य विचारों के आधार पर इस सिद्धान्त की निम्नलिखित विशेषतायें स्पष्ट होती हैं-

1. विधि के शासन में विधि की सर्वोच्चता :- विधि के शासन व्यवस्था के अनुसार शासन व्यवस्था में विधि ही सर्वोच्च होती है। यह सिद्धान्त किसी भी व्यक्ति या संस्था या अधिकारी को श्रेष्ठ नहीं मानता है अर्थात् कानून के शासन में कोई भी व्यक्ति सत्ता का प्रयोग अपनी इच्छा से नहीं कर सकता है। सभी लोग इसका सम्मान करते हैं। विधि सर्वोच्च, सर्वोपरी एवं सर्वव्यापी होती है। **लार्ड हीवर्ट** की मान्यता है कि ,''व्यक्ति के अधिकार को निर्धारित करने या निपटने में मात्र स्वेच्छाचारिता

या इसी प्रकार के ढ़ंग की जगह विधि की सर्वोच्चता या प्रधानता को स्वीकार करना'' विधि के शासन की स्थापना करना है।

दूसरे शब्दों में यह कह सकते हैं कि विधि का शासन किसी भी व्यक्ति को सीमा में रहकर कार्य करने की अनुमति देता है। प्रशासन के लिये जरूरी है कि उनके द्वारा कार्य किये जाने के लिये कानून द्वारा अधिकार प्रदान किया जाना चाहिये। **हेगन तथा पावेल** की मान्यता है कि, ''जो लोग सरकार का गठन करते हैं। वे अपनी मनमर्जी से कार्य नहीं कर सकते हैं। उन्हें अपनी शक्ति संसद द्वारा निर्मित नियमों के अनुसार ही प्रयोग में लानी होती है।'' इस तरह विधि के शासन में शासक या सरकारी अधिकारियों को अपने तरीके से अपनी शक्तियों के प्रयोग का अधिकार नहीं है, उन्हें केवल विधि से ही शक्तियाँ मिलती हैं तथा इसी की सीमा में उनका प्रयोग किया जाता है। साथ ही अधिकारीगण किसी को कानून की अवज्ञा या उल्लंघन करने पर ही दण्डित कर सकते हैं। इस तरह कानून की सर्वोच्चता स्पष्ट होती है।

2. सबके के लिए समान विधि :- विधि के कानून की एक विशेषता यह भी है कि इसमें कानून के समक्ष सभी लोग समान होते हैं साथ ही सभी नागरिकों को विधि का समान संरक्षण भी मिलता है। विधि का शासन विभिन्न वर्गों के लोगों में अन्तर नहीं करता है। राज्य में विधि से श्रेष्ठ कोई नहीं होता है। सभी लोग विधि के समक्ष समान होते हैं। सभी लोग समान रूप में सामान्य न्यायालयों के अधीन रहते हैं। अर्थात् विधि के शासन में सभी नागरिक चाहे वे किसी भी वर्ग एवं जाति के हो समान माने जाते हैं, सभी लोग समान रूप से एक ही विधि के अधीन होते हैं तथा सभी लोग समान रूप से उसके प्रति उत्तरदायी माने जाते हैं। **प्रो० डायसी** ने लिखा है कि, हमारे लिये प्रधानमन्त्री से लेकर एक सामान्य सिपाही या कर एकत्रित करने वाले बाबू तक सभी अधिकारी अपने ऐसे कार्यों के लिये जो विधि की सीमा का उल्लंघन करते हों, विधि के समक्ष उतने ही जिम्मेदार माने जाते हैं जितना कोई दूसरा सामान्य नागरिक है। अर्थात् विधि का शासन, सामान्य विधि, सामान्य न्यायालय तथा सामान्य न्याय की माँग करता है। यह शासन व्यवस्था विशेष को कोई स्थान नहीं देती है। न्यायालय भी अपने निर्णय विधि के अनुरूप देते हैं, दूसरे शब्दों में विधि का शासन सामाजिक, आर्थिक, राजनीतिक एवं सांस्कृतिक रूप से एक कानूनी समानता स्थापित करता है। इसमें जाति, रंग, लिंग, पद, व्यवसाय आदि के आधार पर कोई अन्तर नहीं करता है। अतः इस शासन व्यवस्था में विधि के समक्ष समानता पायी जाती है।

3. विधि का शासन व्यक्ति के अधिकारों का रक्षक :- प्रो० डायसी ने

यह भी इस सिद्धान्त की प्रमुख विशेषता बताई है। उसके अनुसार, व्यक्ति के अधिकारों की घोषणा संविधान में की जाती है तथा संवैधानिक उपायों द्वारा उनकी सुरक्षा भी की जाती है। विधि का शासन नागरिक स्वतन्त्रताओं का संरक्षक है। यह शासन शासकों की स्वेच्छाचारिता से मुक्ति दिलाता है। विधि का शासन इसके अतिरिक्त पुलिस कानून से या पुलिस राज से भी छुटकारा दिलाता है। यह नियन्त्रित कार्यपालिका की माँग करता है। विधि के शासन में इस व्यवस्था में कुछ आधारभूत विचार निहित हैं। यथा नागरिकों के अधिकार, राजनीतिक समाज की स्थापना से पूर्व से ही लोगों को प्राप्त है तथा इन्हें किसी भी संविधान से श्रेष्ठ माना जाता है। इसलिये इन्हें न्यायालयों के अधीन नहीं माना जाता है। इन अधिकारों की व्याख्या स्वतन्त्र न्यायालयों द्वारा की जा सकती है। वास्तव में ब्रिटेन में विधि के शासन ने ही लोगों के अधिकारों की रक्षा शासन की सत्ता से की है। इसका उल्लेख करते हुये **प्रो० डायसी** ने लिखा है कि, ''केवल उस दशा को छोड़कर जब सामान्य न्यायिक विधि द्वारा यह सिद्ध कर दिया गया हो कि विधि का उल्लंघन किया गया है तब तक किसी भी व्यक्ति को दण्ड के योग्य नहीं माना जाता है अथवा उसे कानूनी आधार पर शारीरिक अथवा आर्थिक दण्ड नहीं पहुँचाया जा सकता है इस तरह विधि का शासन, शासन की ऐसी प्रत्येक प्रणाली का विरोधी है जो सत्ताधारियों को दूसरों पर शक्तिपूर्वक विभिन्न प्रतिबन्ध लगाने की शक्ति के व्यापक एवं स्वेच्छिक तथा स्वविवेकी शक्तियाँ देने में विश्वास करती हो।''

4. विधि का शासन किसी पूर्व व्यापी विधि की कल्पना नहीं :- विधि के शासन की मान्यता है कि किसी भी व्यक्ति को दण्ड किसी कानून के उल्लंघन पर ही दिया जा सकता है जिसे न्यायालय प्रमाणित करते हों।

संक्षेप में यह माना जाता है कि विधि का शासन विधि की सर्वोच्चता को स्वीकार करता है। इसमें सभी नागरिक समान होते हैं। यह सभी को विधि का समान संरक्षण प्रदान करता है तथा स्वेच्छाचारिता से भी छुटकारा दिलाता है। प्रशासनिक शक्तियों को निश्चित कर, उनके कार्यक्षेत्रों को निश्चित करता है। नागरिक स्वतन्त्रताओं की रक्षा करता है और न्यायपालिका को स्वतन्त्र, निष्पक्ष तथा कुशल बनाये रखने में सहायक होता है।

विधि के शासन के सिद्धान्त

विधि के शासन के निम्नलिखित प्रमुख सिद्धान्त मान्य हैं :-

कानून सर्वव्यापी :- विधि के शासन की मान्यता यह है कि यह सिद्धान्त सर्वव्यापी है। यह राज्य के क्षेत्र में पूरी तरह प्रभावी होता है। राज्य के अन्तर्गत आने वाली सभी संस्थायें, संघ, समुदाय, प्रशासन, व्यक्ति आदि सभी पर उसका

आधिपत्य होता है। इसकी शक्ति से कोई भी ऊपर नहीं होता है। कोई भी व्यक्ति इससे वंचित नहीं होता है। सभी लोग इसके प्रभाव क्षेत्र में पाये जाते हैं इसलिये कानून के शासन को सर्वव्यापी माना जाता है।

समान न्यायिक व्यवस्था :- कानून के शासन की व्यवस्था में न्यायालयों की व्यवस्था समान होती है। सभी न्यायालय विधि के शासन की स्थापना करते हैं तथा पालना करते हैं। दूसरे शब्दों में यह कह सकते हैं कि विधि के शासन में समान न्यायिक व्यवस्था की स्थापना की जाती है।

कानून का शासन ही संरक्षक :- विधि के शासन में कानून ही समस्त नागरिकों को संरक्षण प्रदान करते हैं। विधि का शासन नागरिकों की स्वतन्त्रता, सम्पत्ति, अधिकारों सुरक्षा एवं समानता को संरक्षण देता है। इस शासन में सभी लोगों को निष्पक्ष भाव से संरक्षण प्राप्त होता है।

कानून का शासन समानता युक्त :- विधि का शासन बिना किसी भेदभाव के सभी लोगों पर समान रूप से शासन करता है। यह सभी नागरिकों पर समान रूप से लागू होता है। कानून का शासन कानूनी समानता के आधार पर कार्य करता है कानून के शासन में सभी नागरिकों को न्यायिक संरक्षण भी समान रूप से प्राप्त होता है। इस तरह राज्य क्षेत्र के समस्त नागरिकों को यह शासन समान रूप से संरक्षण तथा समान कानून का अधिकार देता है।

कानून ही शासन करता है:- कानून का शासन ही वास्तव में शासक होता है। कानून को भी कानून के माध्यम से मर्यादाओं में बाँधकर सीमित रखा जाता है। इस शासन में व्यक्ति या शासक की इच्छा विशेष नहीं होती है। अन्ततः कानून के शासन में कानून ही शासन करता है शासक शासन नहीं करता है।

इस प्रकार विधि का शासन उपर्युक्त सिद्धान्तों के आधार पर कार्य करता है।

विधि के शासन की सीमाएँ :- विधि का शासन विभिन्न विचारकों की मान्यताओं के आधार पर ब्रिटेन से शुरू हुआ, लेकिन वहाँ पर संविधान तथा शासन में सिद्धान्त तथा व्यवहार में अन्तर देखा जा सकता है। यदि ब्रिटिश सैद्धान्तिक स्थिति को देखें तो ब्रिटेन में सैद्धान्तिक दृष्टि से विधि के शासन के अनुसार वहाँ का प्रत्येक नागरिक विधि की दृष्टि से समान है। ब्रिटेन में शीर्षस्थ व्यक्ति से लेकर निम्नतम व्यक्ति तक कानून के शासन के नियन्त्रण में शामिल होता है। वहाँ एक ही तरह के कानून है, एक से ही न्यायालय हैं लेकिन व्यावहारिक दृष्टि से देखें तो वहाँ अनेक तथ्य विधि के शासन से तालमेल नहीं बताते हैं। इससे सिद्ध होता है कि ब्रिटेन में विधि की सर्वोच्चता नहीं है। विधि के शासन की निम्नलिखित सीमायें हैं जो विधि

के शासन के अपवाद भी कहलाते हैं :-

अधिकारियों की विवेकपूर्ण शक्तियाँ :- प्रो० डायसी ने विधि के शासन की व्याख्या की तथा उन्होंने माना कि अधिकारियों को अपने विवेक से शक्तियों के प्रयोग का अधिकार नहीं होना चाहिये ऐसा होने पर वे स्वेच्छाचारी बन सकते हैं। इसलिये विधि का शासन अधिकारियों को ऐसी कोई शक्ति देने का पक्षधर नहीं है लेकिन लोककल्याणकारी राज्यों में ऐसा किया गया है। सार्वजनिक हितों की पूर्ति हेतु अधिकारियों को विवेकात्मक शक्ति लोक कल्याणकारी राज्यों में दी जाती है ताकि अधिकारीगण उसके कार्यों को प्रभावी ढ़ग से पूरा कर सकें। इन्हीं तथ्यों को ध्यान में रखकर ब्रिटेन में अधिकारीगणों को विवेकात्मक शक्तियाँ दी गयी हैं। परिणामस्वरूप वहाँ विधि के शासन की मूलभावना समाप्त हो जाती है। इसलिये भी ब्रिटिश में विधि के शासन की आलोचना की जाती है।

प्रदत्त व्यवस्थापन :- प्रो० डायसी ने विधि के शासन का जो अर्थ बताया है वह यह स्पष्ट करता है कि विधि के शासन में सामान्य विधि या संसद द्वारा निर्मित कानूनों के अनुसार ही शासन होना चाहिये। लेकिन वर्तमान में प्रचलित प्रदत्त व्यवस्थापन की प्रणाली विधि के शासन की इस मान्यता का उल्लंघन करती है। प्रदत्त व्यवस्थापन प्रणाली में कार्यपालिका के लोक सेवा अधिकारी विधि के निर्माण का काम करते हैं तथा अपने द्वारा निर्मित विधि के अनुसार शासन भी करते हैं। वर्तमान में लोककल्याणकारी राज्यों की कुन्जी प्रदत्त व्यवस्थापन प्रणाली को माना जाता है। साथ ही लोक कल्याणकारी भावना से राज्य के कार्य-क्षेत्रों में काफी व्यापकता आयी है। इसके लिये नवीन तकनीकियों तथा विधियों की जरूरत होती है। संसद ऐसी विधियों के निर्माण हेतु न तो पर्याप्त ज्ञान रखती है और नहीं पर्याप्त समय। इसलिये प्रदत्त व्यवस्थापन द्वारा विभागों के अधिकारीगण नियमों और उपनियमों द्वारा कार्य करते हैं। इस तरह विधि के शासन का इस प्रदत्त व्यवस्थापन से उल्लंघन होता है साथ ही लोक सेवा अधिकारियों की शक्ति में आशातीत वृद्धि करती है। इसी व्यवस्था को **लार्ड हेवर्ट** ने विधि के शासन के विरोध में नयी निरकुंशता बताया है।

विधि से उन्मुक्ति :- विधि के शासन की मान्यता है कि राज्य के सभी नागरिक इसके नियन्त्रण में होने चाहिये। इस शासन में कोई भी व्यक्ति कानूनों से मुक्त नहीं हो सकता है। लेकिन इस शासन व्यवस्था की स्थापना के बावजूद भी ब्रिटेन में अनेक श्रेष्ठ पदाधिकारियों और उच्च कुलीन लोगों को विशेष अधिकार दिये गये हैं। जैसे ब्रिटिश राजा या रानी पर कोई मुकदमा नहीं चल सकता है। उसे तो न्याय का स्त्रोत माना गया है इसी तरह विदेशी शासकों और राजदूतों के विरुद्ध भी

न्यायिक कार्यवाही नहीं की जा सकती है। इसी तरह अन्य अनेक ऐसे उदाहरण हैं जो ब्रिटेन में विधि से उन्मुक्तियों को स्पष्ट करते हैं। जैसे ब्रिटिश गृहमन्त्री को कुछ विशेषाधिकार दिये गये हैं। जिनसे सम्बन्धित कार्यों के लिये उस पर मुकदमा नहीं चलाया जा सकता है। अतः यह कह सकते हैं विधि के शासन के विरुद्ध ब्रिटेन में कुछ विशिष्ट लोगों को कुछ क्षेत्रों में विधि से उन्मुक्तियाँ दी गयी हैं।

सैनिक न्यायालय :- कुछ राष्ट्रों में सैनिक अपराधों के लिये सैन्य न्यायालय होते हैं। जिनसे साधारण नागरिक स्वतन्त्रत होते हैं। इसी तरह सैनिकों को सामान्य न्यायालयों से पृथक रखा जाता है। इससे नागरिकों तथा सैनिकों में अन्तर होता है। ऐसी स्थिति में कानून का शासन खण्डित होता है।

कानून का शासन विदेशी नागरिकों पर लागू नहीं :- विधि का शासन अपने नागरिकों पर ही लागू होता है। यह कानून का शासन विदेशी नागरिकों पर प्रभावी नहीं होता है। इस कारण भी विधि के शासन की आलोचना की जाती है। विधि के शासन में सभी नागरिकों के लिए समान विधि होती है लेकिन विभिन्न व्यवसायों तथा वर्गों से सम्बन्धित लोगों के लिए विशिष्ट विधियों की व्यवस्था दिखाई पड़ती है। जैसे सशस्त्र सेनाओं के सैनिक सैन्य न्यायालयों के अधीन आते हैं तथा सामान्य नागरिक सामान्य कानूनों से शासित होते हैं। यह व्यवस्था विधि के शासन के विरुद्ध है।

लोकसेवकों की विधिक सुरक्षा :- विधि के शासन में सभी नागरिकों को समान कानून संरक्षण मिलता है। इसमें नागरिकों तथा लोकसवेकों या कर्मचारियों के बीच अन्तर नहीं किया जाता है लेकिन ब्रिटेन में लोकसेवकों को कुछ विशिष्ट स्थिति दी गयी है। 1892 में वहाँ लोक अधिकारी संरक्षण अधिनियम पारित कर कर्मचारियों के विरुद्ध कोई भी कार्यवाही उसके द्वारा किये गये अपराध के छः महिने के अन्दर ही की जानी चाहिये अन्यथा कार्यवाही नहीं होती है। ब्रिटेन में व्यवस्था है कि यदि सरकारी कर्मचारी पर चलाया गया अभियोग गलत साबित हुआ तो अभियोग चलाने वाले व्यक्ति को उसका हर्जा खर्चा देना पड़ता है। इस कारण वहाँ सरकारी कर्मचारियों के विरुद्ध अभियोग कम ही चलाये जाते हैं। सरकारी अधिकारियों को कुछ सीमा तक प्राप्त इस स्थिति के कारण विधि के शासन की धारणा सीमित हो गयी है। इसे आधार मानकर भी ब्रिटिश विधि के शासन की आलोचना की जाती है।

निष्पक्ष रूप में यदि विधि के कानून का मूल्यांकन करें तो इसकी सीमाओं के बावजूद भी यह सिद्धान्त एक महत्त्वपूर्ण सिद्धान्त माना जा सकता है। वास्तव में विधि का शासन, शासन का बाह्य रूप है साथ ही यह शासन की आत्मा भी है।

इससे बाह्यता वाली बात इससे सिद्ध होती है क्योंकि राष्ट्र के समस्त नागरिकों के लिये एक ही प्रकार के कानूनों तथा न्यायालयों की व्यवस्था होती है। विधि के शासन को वहाँ काफी प्राचीन काल से अपनाते रहे हैं लेकिन अब परिस्थितियों में काफी बदलाव आ गया है इस कारण इसे उसी प्राचीन रूप में स्वीकार कर पाना पूरी तरह सम्भव नहीं है। इंग्लैण्ड जो विधि के शासन की जन्मस्थली माना जााता है वहाँ भी आज वास्तव में उस रूप में विधि का शासन नहीं पाया जाता है जिस रूप में प्रो० डायसी ने विधि के शासन को बताया है। धीरे-धीरे अब वहाँ प्रशासनिक न्यायालयों की स्थापना का प्रचलन बढ़ रहा है। इस तरह वास्तव में विधि के शासन को स्वीकार कर व्यवहार में लाना सम्भव नहीं है। लेकिन विधि के शासन की एक भावना, आत्मा तथा उसका एक उद्देश्य भी है। विधि के शासन की भावना तथा लक्ष्य, कानून के समक्ष सभी लोगों को समानता प्रदान करना है। इस शासन व्यवस्था में मनमाना शासन नहीं चलता है। ऐसी व्यवस्था जिसमें कानून ही सर्वोच्च हो, में यह विश्वास करता है। इस तरह यह शासन लोकतन्त्र को भी अपना लक्ष्य बनाये रखता है। इसी कारण आज भी ब्रिटेन में यह अत्यन्त प्रभावशाली तथा लोकप्रिय है। वर्तमान में विधि के शासन का लक्ष्य स्वेच्छाचारी शासन नहीं है वरन् नये ढ़ग से विधि के शासन को स्वीकार कर लोकहितकारी शासन को बढ़ावा देना है। कुछ विचारक तो यह भी मानने लगे हैं कि आज की परिस्थितियों में विधि के शासन का ह्रास हुआ है। लेकिन इससे इसके महत्त्व तथा आवश्यकता में कोई कमी नहीं आयी है। आज भी सामान्यता राष्ट्रों को विधि के शासन में विश्वास है ब्रिटेन तो आज भी विवेकाधिकार शक्तियों की युक्ति संगतता का ही समर्थन करता है। इस तरह अन्ततः विधि के शासन को एक श्रेष्ठ शासन व्यवस्था मौंना जा सकता है।

□□□

3

संत एक्विनास का कानून संबंधित विचार

प्रो. इबन्स्टीन के शब्दों में, "सभ्यता के भण्डार में मध्य युग का सबसे महान् योगदान जन समुदाय की परम्पराओं पर आधारित क़ानून की सर्वोच्चता की अवधारणा है। इस धारणा का स्रोत अंशतः यहूदी व ईसाइयों की (दैवीय) क़ानून को (मानवीय) क़ानून से उच्च मानने के सिद्धान्त तथा अंशतः स्टॉइक व रोमन विचारकों की विश्व को विवेक के आधार पर व्यवस्थित करने की चेतना थी प्रो. इबन्स्टीन के दृष्टिकोण को प्रो. डनिंग (Prof. Dunning) भी समर्थन देते हुए संत एक्विनास के संदर्भ में कहते हैं कि–"क़ानून व न्याय का उसका सिद्धान्त वह द्वार (Channel) है जिसके माध्यम से अरस्तू, स्टॉइक्स, सिसरो, रोमन साम्राज्यवादी विधि शास्त्रियों तथा संत आगस्टाइन की मान्यताएँ, एक 'पूर्ण' में सम्मिश्रित होकर (Blended into a Round Whole) आधुनिक युग को संप्रेषित होती हैं।" एक्विनास ने अपनी पुस्तक 'Summa Theologica' में क़ानून सम्बन्धित विचारों का प्रतिपादित किया है। वह अतीत में प्रचलित क़ानून की विभिन्न अवधारणाओं को मध्ययुगीन परिस्थितियों व आवश्यकताओं के साथ संयुक्त करता है। इस कार्य को वह इतने बेहतर तरीके से अंजाम देता है कि क़ानून के प्रति उसकी मान्यताएँ मध्ययुगीन चिन्तन की अति महत्वपूर्ण देन बन जाती है।

रोमन विधिशास्त्र में राजा क़ानून से स्वतंत्र और क़ानून से श्रेष्ठ स्थिति का धारक स्वीकार किया गया। रोमन राजनीतिक व विधिशास्त्रीय चिंतन में राज्य की सम्प्रभुता का आधार जनता को माना गया लेकिन समझौते के बाद जनता अपनी क़ानूनी शक्तियाँ सम्राट को प्रत्याोजित कर चुकी है। इसलिए राजा क़ानून का निर्माता है और उससे ऊपर भी है। इस प्रकार रोमन विधिशास्त्र क़ानून के पीछे एक व्यक्ति (सम्प्रभु शासक) की इच्छा (Will) को स्वीकार करता है।" अरस्तू, जिससे एक्विनास अत्यधिक प्रभावित है, मानता है कि "क़ानून वह विवेक है जो इच्छा से अप्रभावित

होता है (Law is a reason unaffected by desire)।'' वैयक्तिक मनोविकारों से मुक्त यह विधि ही राज्य में 'सर्वोच्च' होती है जिसका उद्देश्य सबका कल्याण (Common Good) है। जर्मन विधिवेत्ताओं ने कहा कि ''क़ानून रीति-रिवाजों में ढूँढ़े जाने चाहिए और वे किसी की भी इच्छा (Will) के आरोपण नहीं हो सकते। इस प्रकार प्रजा के साथ-साथ राजा भी क़ानून के अधीन है।

एक्विनास इन सभी तत्वों को समायोजित करने का प्रयास करता है। उसके शब्दों में, ''क़ानून सामान्य हित के लिए विवेक की वह व्यवस्था है जो किसी ऐसे व्यक्ति द्वारा उद्घोषित की जाती है जिसके हाथ में किसी समाज के देखभाल का अधिकार होता है (Law is an ordinance of reason for the common good, promulgated by him who has care of a community.)।'' इस प्रकार वह अरस्तू के 'विवेक' तत्व को रोमन विधि के 'वैयक्तिक पक्ष' के साथ समन्वित करता है जिसमें ईसाईवाद का 'सामान्य हित' भी सम्मिलित है। प्रो. मैक्सी ने प्रो. कोकर की पुस्तक 'Reading in Political Philosopy' में 'Summa Theologica' के विशेषज्ञों द्वारा व्यक्त विचारों को उद्धृत (Quote) करते हुए क़ानून की प्रकृति के सम्बन्ध में चार तर्कों का उल्लेख किया है–

(1) ''चूँकि क़ानून मानवीय आचरण का नियम व मापदण्ड होता है अतः यह आवश्यक रूप से विवेक से सम्बद्ध है ;''

(2) ''चूँकि क़ानून सार्वजनिक हित को निर्दिष्ट करता है अतः यह 'किसी' व्यक्ति के विवेक से नहीं बल्कि जन-समुदाय अथवा जन-समुदाय के लिए कार्य करने वाले शासक के विवेक से ही निर्मित किया जा सकता है। ;''

(3) ''चूँकि क़ानून मानवीय आचरण का नियम है, जिसका अन्तिम लक्ष्य सार्वजनिक प्रसन्नता (Common Happiness) है, अतः यह (क़ानून) आवश्यक रूप से सदैव सार्वजनिक हित (Common good) के लिए निर्दिष्ट होता है ;''

(4) ''चूँकि क़ानून उन लोगों पर लागू करने के लिए स्थापित किया गया है जिनसे यह सम्बन्धित होता है अतः बाध्यकारी शक्ति बनाने के लिए आवश्यक है कि इसे उद्घोषित (Promulgated) किया जाये तथा उन लोगों की जानकारी (Notice) में लाया जाए जो इस क़ानून के अधीन हैं।''

इस युग में यह विचार अति लोकप्रिय था कि 'सम्पूर्ण जगत् कानूनों के सतत् प्रवाह में निमग्न है।' वह इस प्रवाह में विधि (Law) के विविध रंगों को

देखता है और उन्हें अलग-अलग पहचानने की कोशिश करता है। किन्तु एक्विनास की क़ानून की अवधारणा की व्यापकता को समझना तब तक संभव नहीं हो सकता जब तक उसके द्वारा प्रतिपादित क़ानून के विविध प्रकारों का अध्ययन न किया जाए। एक्विनास मध्य युग का सच्चा प्रतिनिधि है। व्यक्ति का जीवन भी इसी सार्वभौम व्यवस्था का अभिन्न अंग है जो सांसारिक जीवन व्यतीत करते हुए 'ईश्वर के सान्निध्य' के लिए प्रयत्नशील है। अत: यह देखना आवश्यक तथा महत्वपूर्ण है कि ये विभिन्न क़ानून व्यक्ति व समाज के जीवन व उद्देश्यों को किस प्रकार प्रभावित व निर्देशित करते हैं। एक्विनास क़ानून को चार वर्गों में विभाजित करता है–

(1) शाश्वत क़ानून (Eternal Law)
(2) प्राकृतिक क़ानून (Natural Law)
(3) दैवीय क़ानून (Divine Law)
(4) मानवीय क़ानून (Human Law)

(1) शाश्वत क़ानून

प्रो. सेबाइन इसी तथ्य को ध्यान में रखते हुए लिखते हैं कि–"शाश्वत क़ानून, व्यावहारिक रूप से ईश्वर का विवेक ही है। यह दैवीय बुद्धिमता की वह चिरन्तन योजना है जिससे सम्पूर्ण सृष्टि निर्देशित होती है। अपने आप में यह क़ानून मनुष्य की भौतिक प्रकृति से ऊपर और अपनी सम्पूर्णता में मानवीय समझ से परे है, यद्यपि इस कारण से यह मानवीय विवेक के लिए अपरिचित्त या विरोधी नहीं है (The eternal law, is practically identical with the reason of God. It is the eternal plan of divine wisdom by which the whole creation is ordered. In itself then law is above the physical nature of man and in its entirely beyond human comprehension, though it is not for this reason foreign or contrary to human reason)।"[1] ईश्वर शाश्वत कानूनों का संकेत प्राकृतिक कानूनों के रूप में देता है। प्रो. मैक्सी के शब्दों में, "शाश्वत क़ानून वह क़ानून है जिसके द्वारा ईश्वर ब्रह्माण्ड (Universe) को संचालित करता है (Eternal law is a law by which god governs the universe)।" शाश्वत का तात्पर्य होता है चिर स्थायी (Everlasting)। इस प्रकार शाश्वत क़ानून वे अपरिवर्तनीय नियम हैं जो ईश्वर के मस्तिष्क में अन्तर्निहित है और जिसके द्वारा ईश्वर विश्व के समस्त जड़-चेतन के उत्पत्ति, विकास व विनाश को नियन्त्रित व निर्देशित करता है। यह चराचर जगत् ईश्वरीय विवेक की सुनियोजित योजना है व्यक्ति का जीवन भी इसी योजना के अधीन है लेकिन इसे समझ पाना मानवीय विवेक के सामर्थ्य के

बाहर है। फिर भी सभी व्यक्ति किसी न किसी रूप में इस शाश्वत क़ानून में सहभागिता निभाते हैं। अतः यह व्यक्ति के विवेक की सीमा में न होकर भी उसके अनुकूल है।

(2) प्राकृतिक क़ानून

एक्विनास भी प्राकृतिक कानूनों के प्रति रोमन दृष्टिकोण स्वीकार करता है किन्तु स्वयं इन कानूनों की शाश्वत कानूनों से सम्बद्ध कर देता है। शाश्वत क़ानून, जो कि ईश्वरीय विवेक के प्रतीक है, सहज बोधगम्य नहीं है लेकिन इन कानूनों को समझने की प्रक्रिया में कुछ नैतिक मान्यताएँ स्वतः ही सामने आ जाती हैं। चूँकि ये मान्यताएँ ईश्वरीय विवेक से उत्पन्न होती हैं अतः नैतिक होने के साथ-साथ विवेकपूर्ण भी होती हैं। यही विवेकपूर्ण नैतिक मान्यताएँ जो व्यक्ति के आचरण को नियमित व नियन्त्रित करती हैं प्राकृतिक विधियाँ कहलाती हैं। इन्हें नैतिक इसलिए कहा जाता है क्योंकि ये व्यक्ति व समाज के क्रियाकलापों के लिए उचित-अनुचित, सही-ग़लत व अच्छा-बुरा की कसौटी होती है।

प्राकृतिक कानूनों की अवधारणा यूनान के स्टॉइक (Stoic) विचारकों द्वारा प्रस्तुत की गई और रोमन विधिशास्त्रियों ने इसे व्यापक बनाया। सामान्य रूप से प्राकृतिक क़ानून 'विवेक के नियम (Rule of Reason)' माने जाते हैं जो स्वभावतः सर्वव्यापक व अपरिवर्तनीय होते हैं तथा राज्य के समस्त कानूनों के लिए मापदण्ड का कार्य करते हैं।

जिस प्रकार विज्ञान व गणित के कुछ सर्वमान्य व अपरिवर्तनीय नियम होते हैं, जिन्हें 'प्रथम सिद्धान्त' (First Principles) कहा जाता है, उसी प्रकार सामाजिक जीवन की कुछ सर्वमान्य अच्छाइयाँ होती हैं जो सबके लिए आवश्यक व लाभदायक समझी जाती हैं। जैसे-मानव का विवेक उसे बतलाता है कि-

(1) प्रत्येक व्यक्ति अपनी प्राकृतिक क्षमता के अनुरूप श्रेष्ठ जीवन जीना चाहता है;
(2) प्रत्येक व्यक्ति को 'आत्म-सुरक्षा' प्राप्त होनी चाहिए;
(3) सबमें संतानोत्पत्ति व उन्हें शिक्षित करने की अभिवृत्ति होती है;
(4) मनुष्य को बुराई से बचना चाहिए तथा अच्छाई का अनुकरण करना चाहिए;
(5) स्वतंत्रता व सम्पत्ति पर सबका समान हक़ है;
(6) सभी व्यक्ति सत्य की खोज करना तथा ईश्वर को जानना चाहते हैं, इत्यादि।

एक्विनास के शब्दों में-"सामान्य सिद्धान्तों की आवश्यकता के बावजूद जैसे-

जैसे हम विशेष सिद्धान्तों (Particular Principles) की तरफ बढ़ते हैं वैसे-वैसे हमारा सामना दोषों (Defects) से होने लगता है।" फलतः प्राकृतिक कानूनों में संशोधन की परिस्थितियाँ उत्पन्न हो जाती हैं। स्पष्ट है कि प्राकृतिक क़ानून मानवीय विवेक की वे प्रस्थापनाएँ हैं जो सामान्य सिद्धान्तों (General Principles) के रूप में सबके लिए समान (Same for All) होती हैं। समस्या उस समय उत्पन्न होती है जब विभिन्न समाजों में इन प्राकृतिक नियमों के सामान्य सिद्धान्तों के आधार पर विशिष्ट मानवीय कानूनों को निर्मित किया जाता है। व्यवहार में ऐसे अनेक उदाहरण देखे जा सकते हैं। जैसे-सम्पत्ति का समान स्वामित्व व स्वतंत्रता एक प्राकृतिक क़ानून है किन्तु समाजों ने निजी सम्पत्ति व प्रतिबंधित स्वतंत्रता को मानवीय कानूनों द्वारा वैध घोषित किया है।

इस प्रकार 'प्राकृतिक क़ानून' जैसा कि प्रो. मैक्सी कहते हैं, "विवेक का वह नियम है जिसे व्यक्ति शाश्वत क़ानून में सहभागिता द्वारा विकसित करता है (Natural law is the rule of reason which man evoles by participating in eternal law.)।" इसके निर्देशन में ही विधि-निर्माता अपने-अपने समाजों के लिए विशिष्ट विधिक सिद्धान्तों की स्थापना करते हैं। अतः प्राकृतिक कानूनों में परिवर्तन हो सकता है लेकिन परिवर्तन का तात्पर्य प्राकृतिक कानूनों की मूल भावना को ही बदल देना नहीं है। व्युत्पन्न सिद्धान्तों (Derived Principles) का आधार प्रथम सिद्धान्त (First Principles) ही होने चाहिए। उदाहरण के लिए 'हत्या करना अपराध है' यह क़ानून के लिए 'प्रथम सिद्धान्त' है। कोई समाज हत्या को 'अच्छाई' घोषित नहीं कर सकता। ऐसा करना प्राकृतिक कानूनों की 'हत्या' करने के समान होगा। लेकिन प्रत्येक सामाजिक परिस्थितियों के अनुरूप हत्या के अपराध का दण्ड (Punishment) अलग-अलग निर्धारित कर सकते हैं (ऐसा ही होता है) और यह प्राकृतिक कानूनों का उल्लंघन भी नहीं है।

(3) दैवीय क़ानून

दैवीय क़ानून वे ईश्वरीय उद्घाटन (Revelation) हैं जिनकी अभिव्यक्ति ओल्ड टेस्टामेण्ट व न्यू टेस्टामेण्ट (Old Testament and New Testament) के रूप में होती है। इन पवित्र धर्मग्रन्थों में संगृहीत ईश्वर-प्रेम, मानवीय विवेक का विषय नहीं है, इन्हें आत्मसात् करने के लिए अन्तर्ज्ञान (Intuition) व श्रद्धा (Faith) की आवश्यकता होती है। प्राकृतिक क़ानून इस उद्देश्य की पूर्ति के लिए व्यक्ति की सहायता नहीं कर सकता। फिर भी एक्विनास प्राकृतिक कानूनों व दैवीय कानूनों में किसी प्रकार का अन्तर्विरोध (Contradiction) नहीं देखता। यहाँ भी वह विद्वतावादी दर्शन (Scholastic Philosophy) का सहारा लेता है और प्रतिपादित

करता है कि मानवीय विवेक, वास्तविक सत्य व न्याय (Truth and Justice) को समझने का न तो एकमात्र (Sole) और न ही सर्वाधिक विश्वसनीय पथ प्रदर्शक है (Man's reason is neither the sole nor the most reliable guide to his apprehension of truth and justice)। सत्य व न्याय का अन्तिम ज्ञान ईश्वरीय आशीर्वाद के प्रतीक धर्मग्रन्थों की शिक्षाओं (दैवीय कानूनों) के माध्यम से ही हो सकती है। इस प्रकार दैवीय क़ानून प्राकृतिक क़ानून को पूर्णता प्रदान करता है। इन दोनों में कोई संघर्ष नहीं है। मध्ययुगीन अनेक विचारकों में प्राकृतिक कानूनों को ही दैवीय कानूनों के रूप में समझने की प्रवृत्ति पाई जाती है परन्तु एक्विनास इन कानूनों में अन्तर करता है। प्राकृतिक क़ानून मानव विवेक का प्रतीक है जिसे शाश्वत कानूनों को समझने की प्रक्रिया में प्राप्त किया जाता है।

लेकिन प्राकृतिक क़ानून अपर्याप्त होते हैं। क्यों? एक्विनास मध्य युग के सर्वाधिक चर्चित तर्क का सहारा लेता है। उसके अनुसार व्यक्ति के जीवन के दो लक्ष्य होते हैं–लौकिक सुख व पारलौकिक सुख। पारलौकिक सुख ही व्यक्ति का 'अन्तिम ध्येय' है। प्राकृतिक क़ानून लौकिक सुख में सहायक होते हैं लेकिन 'अन्तिम ध्येय' की प्राप्ति के लिए 'विवेक' से 'कुछ अधिक' की आवश्यकता होती है, अर्थात् धर्मग्रन्थों की शिक्षाएँ। ईश्वरीय स्नेह के प्रतीक तथा पारलौकिक सुख को संभव बनाने वाली इन पवित्र शिक्षाओं को ही दैवीय क़ानून कहते हैं। फिर भी दैवीय कानूनों की आवश्यकता केवल इसी कारण नहीं है कि 'अन्तिम ध्येय' की उपलब्धि, इनके अभाव में असंभव है बल्कि अन्य अनेक कारणों से भी दैवीय कानूनों का मार्ग-दर्शन अपरिहार्य हो जाता है। जैसे–

मानवीय क़ानून कुछ परिभाषित आदेशों के उल्लंघन पर दण्ड का प्रावधान करते हैं। इनके द्वारा सभी प्रकार के अपराधों के लिए दण्ड की व्यवस्था करना संभव नहीं है। उदाहरण के लिए 'पाप' के लिए मनुष्यों को दण्डित करना मानवीय कानूनों की क्षमता से परे है लेकिन यदि 'पाप' करने वालों को दण्डित नहीं किया गया तो यह ईश्वरीय इच्छा का अपमान होगा क्योंकि ईश्वर प्रत्येक 'बुराई' को दण्डित करना चाहता है। दैवीय क़ानून ईश्वर की 'इस' इच्छा की पूर्ति करता है। अत: सिबली के शब्दों में, "दैवीय क़ानून उन आदेशों व वर्जनाओं को लागू करता है जिन्हें मानवीय क़ानून सज़ा नहीं दे पाता।" एक्विनास यहाँ तक कहता है कि यदि मानवीय क़ानून सभी प्रकार की बुराइयों को रोकने का प्रयत्न करेगा तो इसमें उसे न केवल असफलता हाथ लगेगी अपितु इससे सामान्य हित को भी हानि पहुँचेगी।

प्राकृतिक कानूनों पर आधारित मानवीय क़ानून व्यक्ति के बाहरी गतिविधियों

(आचरण) को नियन्त्रित करते हैं; मनुष्य की आन्तरिक गतिविधियों या अभिवृत्तियों (Internal Movements or Inclinations) अर्थात् नैतिकता (Morality) को नियंत्रित करने में मानवीय क़ानून असमर्थ हैं। इसके लिए दैवीय क़ानून जरूरी हैं। एक्विनास के शब्दों में, ''मनुष्य उन्हीं वस्तुओं के सम्बन्ध में क़ानून बना सकता है जिसके बारे में वह निर्णय कर सकता हो, परन्तु आन्तरिक कर्मों के संदर्भ में मनुष्य निर्णय नहीं कर सकता क्योंकि ये अगोचर होते हैं।''

दैवीय कानूनों की अनिवार्यता इस कारण से भी हो जाती है क्योंकि प्राकृतिक कानूनों से सम्बन्धित मूलभूत सिद्धान्तों को विशिष्ट परिस्थितियों में लागू करते समय मनुष्य की निर्णय बुद्धि अनिश्चित होती है। एक्विनास के अनुसार, ''अस्थायी व तदर्थ (Adhoc) विषय इस अनिश्चितता को और भी बढ़ा देते हैं।'' फलत: ''मानवीय गतिविधियों के सम्बन्ध में भिन्न-भिन्न लोगों के निर्णय भिन्न-भिन्न होते हैं।'' ऐसी स्थिति में दैवीय क़ानून लोगों को असंदिग्ध रूप से यह बताता है कि उन्हें क्या करना चाहिए और क्या नहीं करना चाहिए?

(4) मानवीय क़ानून

एक्विनास के अनुसार व्यक्ति स्वभावत: सद्गुण-सम्पन्न जीवन जीना चाहते हैं। इस उद्देश्य की पूर्ति के निमित्त प्रकृति ने मानव को विवेक रूपी अमूल्य गुण भी प्रदान किया है। किन्तु यह 'विवेक' जहाँ उच्चतर लक्ष्यों की ओर अग्रसर करता है वहीं इसकी सहायता से व्यक्ति अपनी क्षुद्र वासनाओं व प्रलोभनों को भी संतुष्ट करने का प्रयास करते हैं जो अपराध के रूप में सामने आता है। ऐसी गतिविधियों को प्रतिबन्धित करने के लिए विभिन्न राज्य कुछ नियमों को निर्मित करते हैं जिन्हें मानवीय क़ानून कहा जाता है। इन प्रतिबन्धों में ही मानव समाज तथा व्यक्ति का हित (Good) अन्तर्निहित है। इस प्रकार मानवीय कानूनों का उद्देश्य सामान्य हित (Common Good) का संपादन करना है।

शाश्वत कानूनों को समझने की प्रक्रिया में कुछ मूलभूत सिद्धान्तों की खोज होती है जिन्हें प्राकृतिक क़ानून कहा जाता है। मानवीय आचरण को नियमित व नियंत्रित करने के लिए जब इन प्राकृतिक कानूनों के आधार पर नियम बनाये जाते हैं तो ऐसे नियम ही मानवीय क़ानून कहलाते हैं। प्रो. मैक्सी (Maxey) के शब्दों में, ''मानवीय क़ानून वह प्राकृतिक क़ानून हैं जो मानवीय विवेक के अनुप्रयोग द्वारा सांसारिक मामलों (Earthly Affairs) में लागू किया जाता है।''[1] इस प्रकार मानवीय कानूनों का स्रोत प्राकृतिक क़ानून हैं। चूँकि प्राकृतिक क़ानून 'विवेक की प्रकल्पनाएँ' हैं अत: मानवीय क़ानून भी स्वाभाविक रूप से विवेक सम्मत होते हैं।

प्रो. सिबली के शब्दों में-''प्राकृतिक क़ानून यह बतला सकता है कि मानवीय

आचरण की प्रत्येक विकृति के लिए दण्ड मिलना चाहिए किन्तु यह निश्चित सज़ा क्या होगी यह उस समाज के सांस्कृतिक विकास के स्तर पर निर्भर करेगा।'' सभी मानवीय क़ानून, प्राकृतिक कानूनों से जन्म लेते हैं। सभी मानवीय कानूनों का लक्ष्य अन्ततः सामान्य हित का प्रतिपादन होता है, तो क्या सभी राज्यों के मानवीय क़ानून एक समान होते हैं? एक्विनास का उत्तर नकारात्मक है। वह मानता है कि प्राकृतिक कानूनों की सार्वभौमिकता (Universality) स्वयं-सिद्ध है किन्तु जब इन सिद्धान्तों को सांसारिक मामलों में प्रयोग करने का प्रयास किया जाता है तो इनका स्वरूप भिन्न-भिन्न राज्यों में अलग-अलग हो जाता है क्योंकि प्रत्येक समाज की अपनी विशिष्ट सामाजिक, सांस्कृतिक व आर्थिक परिस्थितियाँ होती हैं। उदाहरण के लिए प्राकृतिक क़ानून का सिद्धान्त है कि हमें 'दूसरों' की वस्तुओं का अपहरण नहीं करना चाहिए। इस सिद्धान्त को सभी समाज मानते हैं कि चोरी करना अपराध है लेकिन जब चोरी करने वाले को दण्डित करने का प्रश्न आता है तो इस बिन्दु पर मानवीय क़ानून अलग-अलग हो जाते हैं।

मानवीय कानूनों के सम्बन्ध में एक्विनास ने अपनी पुस्तक 'Summa Theologica' में एक अति महत्वपूर्ण प्रश्न को भी उठाया है। प्रश्न यह है कि ''क्या मानवीय क़ानून व्यक्ति की चेतना को बाँधते हैं? (Whether 'Human Law' binds a man in conscience?)'' उसका उत्तर सीधा नहीं है। वह कहता है कि '' मनुष्य द्वारा निर्मित क़ानून या तो न्यायपूर्ण होते हैं या अन्यायपूर्ण (Laws framed by man are either just or unjust)।'' मानवीय चेतना के लिए वही क़ानून बाध्यकारी हो सकते हैं जो न्यायपूर्ण हो। कोई भी क़ानून दो आधार पर न्यायपूर्ण हो सकता है–

(1) उसका उद्देश्य सामान्य हित (Common Good) हो।

(2) वह क़ानून निर्माता (Law Giver)की शक्ति से बाहर नहीं हो।

यदि क़ानून निर्माता कोई ऐसा क़ानून घोषित करता है जो उसकी शक्ति या सीमा में नहीं आता या वह क़ानून प्रजा के सामान्य हित के प्रतिकूल है तो ऐसा क़ानून व्यक्तियों की चेतना (Conscience) को बाँध नहीं सकता। दूसरे शब्दों में, अन्यायपूर्ण कानूनों को मानने के लिए जनता बाध्य नहीं है। यहाँ पर एक्विनास अपने पूर्ववर्ती संत आगस्टाइन की उस मान्यता का ही प्रतिपादन कर रहा है जिसमें उसने कहा है कि–''अन्यायपूर्ण क़ानून, क़ानून नहीं हो सकता (A law that is unjust seems to be no law.)।'' इसके अतिरिक्त वे मानवीय क़ानून जो व्यक्ति के पारलौकिक सुख के विरुद्ध है व्यक्तियों से आज्ञा पालन की अपेक्षा नहीं रख सकते। इसका अर्थ यह है कि दैवीय कानूनों के विरुद्ध उद्‌घोषित किए जाने वाले मानवीय

क़ानून अन्यायपूर्ण माने जायेंगे।

इस प्रकार एक्विनास की मान्यता यह है कि मानवीय कानूनों को दैवीय व प्राकृतिक कानूनों के अनुरूप होना चाहिए। लेकिन यदि ये क़ानून अन्यायपूर्ण हैं तो जनता का कर्त्तव्य क्या है? एक्विनास अन्यायपूर्ण कानूनों की पालना से व्यक्तियों को स्वतंत्र करना चाहता है किन्तु उसे संभावित अव्यवस्था व अशान्ति का डर भी सता रहा है। अत: वह अत्यन्त सतर्क होकर मत प्रकट करता है। उसके शब्दों में, "ऐसे मामलों में व्यक्ति आज्ञापालन करने के लिए बाध्य नहीं है बशर्ते वह कुप्रचार (Scandal) या और अधिक गंभीर हानि (More Grievous Hurt) होने से बचाता हो (Neither in such matters is man bound to obey a law, provided he avoid giving scandal or inflicting a more grievous hurt)।" जहाँ कानूनों को तोड़ने से कानूनों के पालन करने की तुलना में अधिक हानि या अव्यवस्था की आशंका हो वहाँ वह चाहता है कि व्यक्ति मानवीय कानूनों का पालन करे, भले ही ये क़ानून अन्यायपूर्ण क्यों न हो। वह बाईबिल का एक उद्धरण (Quotation) भी अपने समर्थन में प्रस्तुत करता है जिसमें कहा गया है कि "यदि कोई व्यक्ति आपका कोट छीन ले तो उसे अपना बड़ा कोट भी दे दीजिए; यदि कोई आपको एक मील चलने के लिए बाध्य करे तो उसके साथ दो मील और चलिए ।"

एक्विनास यही चाहता है कि मानवीय कानूनों को सार्वजनिक हित का संरक्षक होना चाहिए। अन्यायपूर्ण (Unjust) कानूनों की अनुपालना जनता दण्ड के भय या अपेक्षाकृत अधिक हानि की आशंका से कर सकती है किन्तु नैतिक दृष्टि से वह ऐसे कानूनों को न मानने के लिए स्वतंत्र है। इस बात का ध्यान रखना आवश्यक है कि क़ानून की जो सामान्य परिभाषा एक्विनास द्वारा प्रस्तुत की गई है वह वस्तुतः मानवीय क़ानून पर ही लागू होती है। जिसका तात्पर्य यह है कि मानवीय कानून–

(1) विवेकपूर्ण होते हैं;
(2) इनकी उद्घोषणा होती है;
(3) यह उद्घोषणा एक निश्चित व्यक्ति (शासक) करता है;
(4) यह निश्चित व्यक्ति स्वयं प्राकृतिक व दैवीय कानूनों के अधीन होता है;
(5) उद्घोषित कानूनों का लक्ष्य उन लोगों का कल्याण करना है जिन पर इन्हें लागू किया जाता है;
(6) इनकी अनुपालना से व्यक्ति सांसारिक सुखों की प्राप्ति करते हैं;

(7) मानवीय कानूनों में सर्वव्यापक समानता का अभाव होता है। सामाजिक परिस्थितियों की विभिन्नता के कारण इनके व्यावहारिक स्वरूप में भिन्नता आ जाती है;

(8) मानवीय क़ानून प्राकृतिक व दैवीय कानूनों के प्रतिकूल नहीं हो सकते;

(9) मानवीय कानूनों की स्थिति शाश्वत, प्राकृतिक व दैवीय कानूनों से निम्न (Inferior) है।

एक्विनास भी मानवीय कानूनों को प्राकृतिक कानूनों के अधीन रखना चाहता है। शासक को राज्य के कानूनों (माननीय कानूनों) की उद्घोषणा के समय इस सिद्धान्त को ध्यान में रखना चाहिए कि वे प्राकृतिक कानूनों के विपरीत न हों क्योंकि–"मनुष्य लौकिक शासकों की आज्ञा का पालन करने के लिए वहीं तक बाध्य है जहाँ तक न्याय की माँग भी वही हो। अतः यदि उनकी सत्ता न्याय पर आधारित न हो, बल्कि उन्होंने इसे अन्यायपूर्वक हस्तगत कर लिया हो, या यदि वे ऐसा आदेश दें जो अन्यायपूर्ण हो तो उनकी प्रजा उनकी आज्ञा का पालन करने के लिए बाध्य नहीं है; पर यदि उसे बदनामी या ख़तरे से बचने के लिए संयोगवश उनकी आज्ञा माननी पड़े तो बात दूसरी है।"

प्राकृतिक व मानवीय कानूनों के संदर्भ में एक्विनास का दृष्टिकोण बारहवीं शताब्दी के विधिवेत्ता रफीनस के विचारों से काफी समानता रखता है। उसका कहना था कि–"जो भी प्रथागत या संवैधानिक नियम प्राकृतिक क़ानून के विपरीत हों–चाहे वे विधिपरक हों या निषेधपरक, उन्हें शून्य व अकृत समझा जाना चाहिए। हमारे प्रभु ने कहा भी है कि 'मै सत्य हूँ।' यह नहीं कहा कि 'मैं कोई प्रथा या संविधान हूँ।' उनका पालन करना मनुष्य का कर्त्तव्य नहीं है। इतना ही नहीं, अन्य तर्कबुद्धि सम्पन्न प्राणियों के साथ-साथ वह (मनुष्य) भी एक उच्च क़ानून के अधीन है जो उसे साधारण नियमों की अवहेलना करने को बाध्य कर सकता है।"

जैसा पहले कहा गया है, ऐक्विनास ने अपने विचारों की अभिव्यक्ति ईसाई धर्म के माध्यम से व्यक्त ईश्वरीय इच्छा पर आधारित विश्वास तथा अरस्तू द्वारा व्यक्त राज्य सम्बन्धी तार्किक विचारों का सामंजस्य करते हुए की है। ऐसा करने में उन्होंने विधि के सम्बन्ध में एक अपना ही सिद्धान्त प्रतिपादित किया है। उनका विचार है कि सम्पूर्ण विश्व का नियमन विधियों की एक क्रमिक श्रृंखला के द्वारा होता है तथा राज्य की विधि उस श्रृंखला की ही एक सहायक कड़ी है। विधियों की इस क्रमिक श्रृंखला के विषय के विचार व्यक्त करते हुए उन्होंने निम्न तीन प्रकार की विधियों का अस्तित्व माना है, जिनके स्तर का क्रम उनके अनुसार निम्न प्रकार है :

(1) शाश्वत विधि (E ternal Law);

(2) प्राकृतिक विधि (Natural Law); तथा

(3) मानवीय विधि (Human Law);।

विधि के उक्त तीन प्रकारों के अतिरिक्त उन्होंने एक अन्य प्रकार की विधि भी बतायी है, जिसे उन्होंने ईश्वरीय विधि (Divine Law) की संज्ञा दी है। इस प्रकार की विधि का अस्तित्व उन्होंने उक्त तीन प्रकार की मानव विधियों से पृथक माना है।

विधि सम्बन्धी विवेचन में ऐक्विनास ने एक विशिष्ट शैली का प्रयोग किया है। इस शैली में उन्होंने पहले उन सम्भावित आपत्तियों का वर्णनकिया है, जो प्रत्येक प्रकार की विधि के अस्तित्व के विरुद्ध उठायी जा सकती हैं। उसके बाद उन्होंने अपनी ओर से उन आपत्तियों का उत्तर दिया है तथा निष्कर्ष में यह सिद्ध किया है कि उनका अस्तित्व किस प्रकार से उचित है।[1]

शाश्वत विधि

शाश्वत विधि को ऐक्विनास ने विधियों की शृंखला में उच्चतम माना है। पहले उसके विरुद्ध सम्भावित आपत्तियों व उसके बाद उनके समाधान को प्रस्तुत करते हुए उन्होंने उसके रूप का विवेचन किया है।

शाश्वत विधि की धारणा के विरूद्ध सम्भावित आपत्तियाँ-इसके विरुद्ध जो सम्भावित आपत्तियाँ हो सकती हैं, उन्हें ऐक्विनास ने निम्न प्रकार रखा है :

(1) विधि के लिए ऐसी प्रजा का होना आवश्यक है, जिस पर उसके लागू किया जा सके और चूँकि कोई भी प्रजा शाश्वत नहीं हो सकती, अतः कोई विधि शाश्वत नहीं हो सकती।

(2) विधि के लिए आवश्यक है कि वह किसी के द्वारा लागू की जाय और चूँकि कोई भी लागू करने वाला प्राधिकारी शाश्वत नहीं हो सकता, अतः कोई विधि शाश्वत विधि नहीं हो सकती।

(3) विधि सोद्देश्य होती है और चूँकि अन्तिम उद्देश्य (The Ultimate End) के अतिरिक्त कोई उद्देश्य शाश्वत नहीं हो सकता, अतः कोई विधि शाश्वत नहीं हो सकती।

शाश्वत विधि की धारणा के विरुद्ध आपत्तियों का समाधान-इन आपत्तियों का उत्तर देते हुए ऐक्विनास ने मत व्यक्त किया है कि विधि का शाश्वत रूप इस कारण है कि सर्वोपरि विवेक है तथा सर्वोपरि विवेक ईश्वर की इच्छा होने के कारण अपरिवर्तनीय तथा निर्विकार और इसलिए शाश्वत होता है। शाश्वत विधि इस प्रकार ईश्वर के मस्तिष्क की उपज है, जो सारे संसार पर शासन करता है। चूँकि ईश्वर शाश्वत है, अतः वह विधि भी शाश्वत है, जो उसके मस्तिष्क की उपज है। शाश्वत विधि के विरुद्ध आपत्तियों के उत्तर में उन्होंने निम्नलिखित तर्क दिये हैं :

(1) शाश्वत विधि के अस्तित्व के विषय में की जाने वाली इस आपत्ति के विरुद्ध कि प्रजा के अशाश्वत होने के कारण कोई वह विधि भी शाश्वत नहीं हो सकती, जो उस प्रजा पर लागू की जाये, ऐक्विनास का कहना है कि चूँकि सम्पूर्ण विश्व ईश्वर की कृति है, अतः इसका अर्थ यह है कि उस प्रजा का अस्तित्व भी ईश्वर के मस्तिष्क में रहा होगा, जिस पर लागू होने के लिए उसने शाश्वत विधि का निर्माण किया होगा। अतः इस आधार पर शाश्वत विधि के अस्तित्व को

अस्वीकार नहीं किया जा सकता। ईश्वर ने शाश्वत विधि का निर्माण उन सब वस्तुओं के लिये किया होगा, जिनकी सृष्टि उसने करनी चाही होगी।

(2) शाश्वत विधि के अस्तित्व के विषय में की जाने वाली इस आपत्ति के विरूद्ध कि लागू करने वाले प्राधिकारी की नश्वरता के कारण कोई विधि शाश्वत नहीं हो सकती, ऐक्विनास का कहना है कि शाश्वत विधि का लागू करने वाला ईश्वर स्वयं है। विश्व के रचयिता होने के नाते, ईश्वर ने कुछ ऐसे नियम बनाये हैं, जिनमे तब तक कोई परिवर्तन नहीं हो सकता, जब तक वह परिवर्तन ईश्वर द्वारा न किया जाय। जो कुछ ईश्वर की वाणी है, वह शाश्वत है और वही शाश्वत विधि है।

(3) शाश्वत विधि के अस्तित्व के विषय में की जाने वाली इस आपत्ति के विरुद्ध कि उद्देश्यों की नश्वरता के कारण कोई भी विधि सोद्देश्य शाश्वत विधि नहीं हो सकती, ऐक्विनास का कहना है कि ईश्वरीय शासन का उद्देश्य स्वयं ईश्वर है तथा उसकी विधि भी ईश्वर ही है। शाश्वत विधि इस प्रकार कोई साधारण विधि नहीं है तथा वह स्वयं साधन व साध्य दोनों ही है। उसका स्रोत ईश्वर का मस्तिष्क है तथा वही उसका अन्त भी है। स्पष्टीकरण करते हुए थॉमस ऐक्विनास ने कहा है कि शाश्वत विधि ईश्वर के मस्तिष्क की उपज होने के कारण ईश्वरीय विवेक का प्रतिरूप है तथा ईशरीय विवेक की वह शाश्वत योजना है, जिसके अन्तर्गत सम्पूर्ण सृष्टि व्यवस्थित है।

इस प्रकार ऐक्विनास के अनुसार शाश्वत विधि मनुष्य की भौतिक प्रकृति से परे की वस्तु है और वह उसे पूरी तरह से समझ नहीं सकता। फिर भी उन्होंने यह कहा है कि शाश्वत विधि मनुष्य के विवेक के लिए पूर्णतः बोधगम्य न हो, ऐसी बात नहीं है। मनुष्य अपनी सीमित प्रकृति के अनुसार शाश्वत विधि को समझता है और जिस सीमा तक वह शाश्वत विधि को समझता है, वह ईश्वरीय विवेक व कल्याणक शक्ति का भागीदार होता है। पर व्यक्ति की समझने की शक्ति चूँकि सीमित होती है, वह ईश्वरीय पूर्णता: को कुछ न कुछ विकृत रूप से ही ग्रहण कर पाता है तथा इस विकृति को शुद्ध करने के लिए ईश्वरीय विधि का सहारा लेना पड़ता है।

प्राकृतिक विधि (Natural Law)

विधि के चतुर्वर्ग में प्राकृतिक विधि का दूसरा स्थान है। थॉमस ऐक्विनास के अनुसार प्राकृतिक विधि मनुष्य की प्राकृतिक अन्तर्वृत्ति का परिणाम होती है। अन्तर्वृत्ति के अनुसार मनुष्य स्वयं अपने विवेक से ही प्राकृतिक विधि का पालन करता है। प्राकृतिक विधि द्वारा व्यक्ति अपने विवेक के माध्मय से अच्छे व बुरे में भेद कर सकता है। जैसा सैबाइन ने कहा है, "**प्राकृतिक विधि की परिभाषा कदाचित् सृष्टि में उस ईश्वरीय विवेक की छाया के रूप में की जा सकती है,**" जो जीव को "**ऐसा पूर्णतामय जीवन व्यतीत करने के लिए प्रेरित करता है, जो उसकी प्राकृतिक प्रतिभा के अनुकूल हो।**"[1] अरस्तू की भाषा में इसका अर्थ ऐसा जीवन व्यतीत करना है, जिसमें व्यक्ति का विवेकी व्यक्तित्व प्राप्त किया जा सके। जैसा सैबाइन ने कहा

है, थॉमस ऐक्विनास के अनुसार प्राकृतिक विधि मनुष्य की उस आन्तरिक **प्रवृत्ति का नियमन** करती है, जिसके कारण "**वह समाज में रहता है, अपने जीवन की रक्षा करता है, सन्तान की उत्पत्ति व उसकी शिक्षा-व्यवस्था करता है, सत्य की प्राप्ति व बुद्धि का विकास करता है।**"[2]

प्राकृतिक विधि की धारणा के विरुद्ध सम्भावित आपत्तियाँ-विवेचन की अपनी सामान्य शैली के अनुसार, प्राकृतिक विधि के सम्बन्ध में भी ऐक्विनास ने उन आपत्तियों का वर्णन किया है, जो शाश्वत विधि के होते हुए उसके अस्तित्व के औचित्य के विरुद्ध उठायी जा सकती है। ऐक्विनास द्वारा वर्णित आपत्तियाँ निम्न प्रकार हैं :

1. ईश्वर की इच्छा को चूँकि सर्वोच्च माना जाता है, अतः उससे उत्पन्न विधि शासन के अधीन लोगों के लिए भी पर्याप्त होनी चाहिए और इस कारण प्राकृतिक विधि की कोई आवश्यकता प्रतीत नहीं होती। प्रकृति वस्तुओं का निर्माण अनावश्यक रूप से नहीं करती। अतः प्राकृतिक विधि जैसी कोई वस्तु नहीं हो सकती।

2. मनुष्य अन्तर्वृत्ति से काम नहीं करता। प्रत्येक कार्य करने से पहले वह अपने विवेक से निर्णय करता है तथा अपनी इच्छा व विवेक के अनुसार वह कुछ उद्देश्यों की प्राप्ति करता है। अतः उसके कार्यों के लिए कोई प्राकृतिक विधि नहीं हो सकती।

3. पशुओं के विपरीत मनुष्य स्वतन्त्रता प्रेमी होता है। उसकी वृत्ति ही अपनी स्वतन्त्रता पर किसी प्रकार का बन्धन न मानने की होती है। अतः उसके लिए वह स्वाभाविक है कि वह अपने ऊपर किसी प्राकृतिक विधि का बन्धन स्वीकार न करे, विशेष रूप से जब उस बन्धन को पशु भी स्वीकार नहीं करते।

प्राकृतिक विधि की धारणा के विरुद्ध आपत्तियों का समाधान-(1) उपर्युक्त आपत्तियों का उत्तर एक-एक करके देते हुए ऐक्विनास ने कहा है कि अपनी विवेकयुक्त क्षमता और आन्तरिक प्रवृत्ति के अनुसार मनुष्य चूँकि, चाहे विकृत रूप में ही सही, शाश्वत विधि को समझ सकता है, अतः अपनी अन्तर्वृत्ति के कारण या प्राकृतिक विधि के कारण मनुष्य शाश्वत विधि का ही पालन करते हैं। इस प्रकार शाश्वत विधि व प्राकृतिक विधि में कोई समता नहीं है और न प्राकृतिक विधि को अनावश्यक ही कहा जा सकता है।

(2) वस्तुतः अन्तर्वृत्ति से निकली हुई प्राकृतिक विधि के माध्यम से ही मनुष्य को शाश्वत विधि का ज्ञान, चाहे अपूर्ण रूप से ही सही, नहीं होता है। वरन् मनुष्य को उस ईश्वरीय इच्छा के निकट लाने का कार्य प्राकृतिक विधि व शाश्वत विधि दोनों के ही द्वारा होता है, जिसे एक सर्वोच्च विवेक या 'सत्यम्, शिवम्, सुन्दरम्' कहते हैं। प्राकृतिक विधि एक आवश्यक वस्तु है।

(3) इस प्रकार मनुष्य को शाश्वत विधि का ज्ञान जब प्राकृतिक विधि के माध्यम से होता है, तो उसका प्रवेश व्यापकतर स्वतन्त्रता के एक ऐसे क्षेत्र में हो जाता है, जिसे उद्देश्य की प्राप्ति के लिए मनुष्य का विवेक उसे प्रेरणा देता है तथा उसकी अन्तर्वृत्ति उसे प्रोत्साहित करती है। इस

प्रकार प्राकृतिक विधि से स्वतन्त्रता पर प्रतिबन्ध नहीं लगता, वरन् उसे वह और अधिक अर्थपूर्ण व प्राप्य हो जाती है। अतः प्राकृतिक विधि की वांछनीयता पर कोई आपत्ति नहीं की जा सकती।

मानवीय विधि

विधियों के वर्गीकरण के क्रम में तीसरे स्थान पर मानव विधि आती है। जिस मानव विधि को सन्त अगस्तीन ने पार्थिव विधि (Temporal Law) की संज्ञा दी थी और हेय माना था, थॉमस ऐक्विनास ने उस मानव-विधि को संसार में मनुष्य के व्यवहार के नियमन के लिए अत्यावश्यक माना है। इस विधि को उन्होंने मनुष्य के लिए विशेष रूप से बनी हुई कहा है ,जिसका कार्य मनुष्य की जाति विशेष के कर्म का नियमन करना है। उनके अनुसार मानव विधि वह मनुष्य निर्मित विधि है, जिसका निर्माण मनुष्य के प्राकृतिक विधि के अनुसार चलकर सर्वसाधारण के हित साधन के उद्देश्य की प्राप्ति की दृष्टि से अपने जीवन का नियमन करने के लिए किया है। मानव-विधि के निर्माण व क्रियान्वय के पीछे विवेक की शक्ति होती है तथा वह उन मानकों का निर्धारण करती है, जिनके अनुसार मनुष्य कार्य करता है अथवा कार्य करने से रुकता है। इस प्रकार वह विचारशीलता जो मानव प्राणियों की विशेषता है, उन्हें सामाजिक बनाती है, जिसके कारण विवेक पर आधारित मानव-विधि का निर्माण वह व्यक्तिगत अथवा वर्गगत हित साधन के लिए नहीं वरन् सामान्य हित-साधन के मानकों की स्थापना के लिए करता है। इस प्रकार थॉमस ऐक्विनास के अनुसार, **''मानव विधि सामान्य हित के लिए दिया गया विवेक का वह आदेश होता है, समाज का रक्षक जिसका निर्माण करता है और वही जिसे लागू करता है।''** इसमें कोई सन्देह नहीं कि मानव विधि से ऐक्विनास का तात्पर्य राज्य के शासक द्वारा बनायी हुई तथा लागू की हुई विधियों से ही है, पर उसका यह अर्थ स्पष्ट है कि मानव-विधि का स्रोत प्राकृतिक विधि है, जो स्वयं मनुष्य की उस अन्तर्वृत्ति का परिणाम है, जिसके कारण मनुष्य शाश्वत विधि को आत्मसात करना चाहता है। इस प्रकार ऐक्विनास के मतानुसार मानव विधि ईश्वरीय सत्य के मार्ग से विचलित नहीं हो सकती, वरन् उसे उस सत्य की प्राप्ति का साधन होना चाहिए।

मानवीय विधि की धारणा के विरुद्ध सम्भावित आपत्तियाँ-अपने द्वारा प्रयुक्त विधि के अनुसार थॉमस ऐक्विनास ने उन आपत्तियों का वर्णन किया है, जो मानव विधि के औचित्य के विरुद्ध उठायी जा सकती हैं। वे औचित्य निम्न प्रकार से हैं :

(1) चूँकि जीवन शाश्वत व प्राकृतिक विधि की मान्यताओं के अनुसार पूर्णतः व्यवस्थित है, अतः मानव विधि की कोई आवश्यकता प्रतीत नहीं होती।

(2) चूँकि विधि स्वयं मनुष्य के सब कार्यों का नियमन करती है, अतः मनुष्य का विवेक उसका स्रोत नहीं हो सकता।

(3) विधि की मुख्य विशेषता यह होती है कि वह निश्चित व निर्धारित होती है। मनुष्य का विवेक चलायमान होता है। **''नश्वर जीवों के विचार अनिश्चित होते हैं। अतः हमारे उपाय**

स्वभावत: असफल होने वाले होते हैं।'' ऐसी दशा में विधि के स्रोत के रूप में मानव विवेक पर कोई विश्वास नहीं कर सकता।

मानवीय विधि की धारणा के विरुद्ध आपत्तियों का समाधान-थॉमस ऐक्विनास ने इन आपत्तियों को नहीं माना है तथा उन्होंने मानव विधि के अस्तित्व व औचित्य में पक्का विश्वास व्यक्त किया है। आपत्तियों के विरुद्ध उन्होंने निम्न तर्क दिये हैं :

(1) प्राकृतिक विधि को व्यक्ति पूरी तरह से समझ नहीं सकता। अत: यह वांछनीय व आवश्यक है कि मानवीय दृष्टिकोण के अनुसार उसे मूर्तरूप दिया जाय। मानव विधि प्राकृतिक से निकली है। दूसरे शब्दों में वह स्पष्ट मानवीय भाषा में परिभाषिक प्राकृतिक विधि ही है, जिससे उसे सरलता से समझा जा सके और मनुष्य द्वारा उसका पालन किया जा सके।

(2) यह ठीक है कि मनुष्य का विवेक त्रुटिपूर्ण हो सकता है और इसलिये उसे मानव विधि का आधार माना जा सकता है, फिर भी प्राकृतिक विवेक की जड़ें भी बहुत गहरी होती हैं और उसके द्वारा मनुष्य उन सामान्य सिद्धान्तों को समझ सकता है, जिनके अनुसार मनुष्य अपने व्यावहार को प्राकृतिक व शाश्वत विधि के अनुकूल बना सकता है।

(3) यह ठीक है कि मानव विवेक दोषपूर्ण होता है तथा मानव विधि समय व स्थान के अनुसार परिवर्तनीय होती है, तथापि मानव-विधि वस्तुत: उस प्राकृतिक विवेक की अभिव्यक्ति होती है, जिससे मनुष्य को ईश्वरीय सत्य की प्राप्ति की प्रेरणा मिलती है।

ईश्वरीय विधि

ऐक्विनास के एक अन्य प्रकार की विधि का भी प्रतिपादन किया है, जिसे उन्होंने विधियों के क्रम में न मानते हुए भी उनसे सम्बद्ध माना है तथा जिसे उन्होंने ईश्वरीय विधि अथवा ईश्वरीय ज्ञान की संज्ञा दी है। ईश्वरीय विधि वह शाश्वत विधि है, जिसे ईसाई धर्म ने संसार के समक्ष प्रकट किया है तथा जिसका पालन चर्च द्वारा किया जाता है। इसका उद्देश्य दोष रहित ढंग से मनुष्य को उस ईश्वरीय सत्य की ओर ले जाना है, जिसे शाश्वत कल्याण या मुक्ति अथवा मोक्ष कहा जाता है। ईश्वरीय विधि **''प्राकृतिक विवेक की खोज का परिणाम न होकर ईश्वरीय कृपा का अनुदाय है।''** पर थॉमस ऐक्विनास के मतानुसार ईश्वर प्रदत्त ज्ञान तथा प्राकृतिक विवेक-जन्य ज्ञान में कोई विरोध नहीं हो सकता। ईश्वरीय ज्ञान वस्तुत: विवेक को समृद्ध बनाता है, वह उसे नष्ट नहीं करता। अत: ईश्वरीय विधि व मानव विधि परस्पर विरोधी नहीं वरन् पूरक हैं तथा ईश्वरीय विधि के पालन से मानव विधि अशक्त नहीं होती, वरन् सशक्त होती है।

ईश्वरीय विधि के औचित्य के विरुद्ध इस सम्भावित आपत्ति के विषय में कि शाश्वत विधि होने के कारण उसका अस्तित्व अनावश्यक है, थॉमस ऐक्विनास का मत है कि वह आवश्यक है, क्योंकि मनुष्य का उद्देश्य ईश्वरीय कृपा अर्थात मोक्ष प्राप्त करना है और उसकी प्राप्ति वह अपने विवेक की प्रतिभा से ही नहीं कर सकता। शाश्वत विधि या ईश्वरीय इच्छा की अभिव्यक्ति उस ईश्वरीय विधि के माध्यम से होती है, जिससे व्यक्ति अपने दोषों को दूर करने में समर्थ होता है

तथा शाश्वत कल्याण की दिशा में बढ़ सकता है। ईश्वरीय विधि इसलिए भी आवश्यक है, क्योंकि वह मनुष्य को अच्छे व बुरे तथा न्याय व अन्याय में भेद करने की क्षमता उत्पन्न करती है। यह सत्य है कि मानव विधि और प्राकृतिक विधि दोनों ही शाश्वत विधि के मार्गदर्शक हैं, पर यह भी सत्य है कि वे अधूरे मार्गदर्शक हैं। ईश्वरीय विधि इस पृथ्वी पर ईश्वर की आवाज है। अतः वह गलत नहीं हो सकती और भ्रम की स्थिति में उसे अन्तिम रूप से सत्य माना जाना चाहिए। ईश्वरीय विधि इस प्रकार एक प्रकाश-पुंज है, जो मोक्ष के मार्ग को प्रकाशित करता है। मानव विधि को व्यक्तियों द्वारा अलग-अलग समझा जा सकता है, पर ईश्वरीय विधि के विषय में ऐसा नहीं हो सकता, क्योंकि स्पष्ट व शाश्वत होती है।

ईश्वरीय विधि का एक महत्वपूर्ण पक्ष और भी है तथा वह यह है कि वह मनुष्य की आत्मा को प्रभावित करती है। मानव विधि ऐसा नहीं करती और मनुष्य की आत्मा पर उसका कोई नियन्त्रण नहीं होता। ईश्वरीय विधि सर्वव्यापक है, क्योंकि कोई भी वस्तु ईश्वर की दृष्टि से परे नहीं है। मनुष्य ने कुछ पाप मानव विधि की दृष्टि से बच सकते हैं, पर वे ईश्वरीय विधि की परिवीक्षा से नहीं बच सकते।

चार प्रकार की विधियों का पारस्परिक सम्बन्ध एवं राज्य व चर्च

चारों विधियाँ एक शृंखला की कड़ियाँ-ऐक्विनास द्वारा चारों प्रकार की विधियों के मध्य जिस प्रकार के पारस्परिक सम्बन्ध की विवेचना की गयी है, उससे यह स्पष्ट है कि शाश्वत विधि की शिक्षा मनुष्य को प्राकृतिक विधि के माध्यम से स्वभाव की क्षमता के माप के अनुसार होती है। मानव विधि प्राकृतिक विधि की मूर्त अभिव्यक्ति है, यद्यपि प्राकृतिक विवेक के अनुकूल चलने की मनुष्य की क्षमता के अनुसार समय व स्थान के हिसाब से उसमें अन्तर हो सकता है। ईश्वरीय विधि मनुष्य को अन्तिम एवं महान प्राकृतिक उद्देश्य की ओर ले जाने का उच्चतर साधन है तथा वह शाश्वत विधि के पूर्ण पालन में सहायक होती है।

शाश्वत व प्राकृतिक दोनों ही प्रकार की विधियाँ निश्चित विधियाँ नहीं हैं, क्योंकि उनका निर्माण किसी निश्चित समय पर नहीं हुआ है। शाश्वत विधि का निर्माण ईश्वर द्वारा नहीं किया गया है। वह उसका विवेक है और प्राकृतिक विधि भी मनुष्य निर्मित न होकर उसकी अन्तर्वृत्ति मात्र है। इसके विपरीत, मानव व ईश्वरीय विधियाँ निश्चयात्मक विधियाँ हैं, क्योंकि उनका निर्माण या उनकी अभिव्यक्ति का एक निश्चित समय होता है। शाश्वत व प्राकृतिक विधियाँ चूँकि मनुष्य की बुद्धि के पूर्णतः या आंशिक रूप से परे हैं, अतः कुछ ऐसे नियम व विनियमों का होना अवश्य है, जिनसे समाज प्राकृतिक विवेक व ईश्वरीय इच्छा द्वारा निर्धारित मार्ग पर चल सके। इस प्रकार निश्चयात्मक विधियाँ निश्चित ही शाश्वत विधि के अधीन हैं, मानव विधि का प्राकृतिक विधि के अनुकूल होना आवश्यक है तथा ईश्वरीय विधि शाश्वत विधि से टकरा नहीं सकती।

राज्य व चर्च क्रमशः मानवीय व ईश्वरीय विधि के वाहन-ऐक्विनास द्वारा प्रतिपादित

विधियों की क्रमिक शृंखला को यदि राज्य व चर्च के सम्बन्ध पर लागू किया जाय, तो यह स्पष्ट हो जाता है कि राज्य वह वाहन है, जिसके द्वारा मानव विधि का संचालन होता है, जबकि चर्च ईश्वरीय विधि की मान्यताओं का क्रियान्वय करता है। पर ये दोनों ही संस्थाएँ उस शाश्वत विधि के अधीन है, जिसका पार्थिव रूप ईश्वरीय विधि में निहित ज्ञान है। इस प्रकार एक तरह से राज्य चर्च के अधीन हो जाता है, यद्यपि जब तक राज्य उस मानव विधि में निहित प्राकृतिक विवेक के सिद्धान्तों पर चलता है, जिनके माध्यम से प्राकृतिक विधि अपनी अभिव्यक्ति करती है, राज्य व चर्च के बीच किसी प्रकार के विरोध की सम्भावना नहीं है। सन्त थॉमस ऐक्विनास के अनुसार सांसारिक शासक जहाज के एक बढ़ई के समान होता है, जबकि चर्च उसका चालक है, जो मार्ग में उसका संचालन करता है और यात्रा पूरी करता है।

❑❑❑

4

संत एक्विनास का सामाजिक व आर्थिक चिन्तन

दासता (Slavery)—आगस्टाइन ने प्राकृतिक दासता का खण्डन किया। उसके अनुसार मनुष्य के पतन (Fall of Man) के पूर्व की निर्दोष अवस्था (State of Innocence) में मनुष्य का मनुष्य पर प्रभुत्व (Domination) नही था। उनका "स्वामित्व विवेकहीन पशु-पक्षियों पर ही था; मनुष्यों पर नहीं।" 'पतन' के बाद दासता का जन्म वस्तुतः 'पाप' के दण्ड के रूप में हुआ है। संक्षेप में आगस्टाइन के अनुसार दासता नैसर्गिक (Natural) नहीं है। एक्विनास का दासता सम्बन्धित विचार अरस्तू व आगस्टाइन की मान्यताओं का समन्वय है। ये दोनों विचारक दास-प्रथा पर परस्पर विरोधी दृष्टिकोण रखते हैं। अरस्तू ने दासता को 'विवेक' के आधार पर प्राकृतिक कहा है। उसका कहना है कि प्रकृति ने कुछ लोगों को 'विवेक सम्पन्न' बनाया है तथा कुछ लोगों को 'बुद्धिहीन'। प्रथम वर्ग के व्यक्ति प्रकृति से स्वामी हैं और द्वितीय वर्ग के लोग स्वाभाविक दास (Natural Slaves)।

एक्विनास अपना मत आगस्टाइनवादी मान्यताओं के साथ प्रारम्भ करता है। वह आगस्टाइन द्वारा प्रयुक्त किये गये शब्द प्रभुत्व (Domination) की व्याख्या करते हुए कहता है कि-"प्रभुत्व या स्वामित्व के दो अर्थ हैं-एक अर्थ में इसका सम्बन्ध दासता से है। इसके तहत एक मनुष्य को दूसरे का स्वामी तब कहा जाता है जब दूसरा दास के रूप में उसके अधीन हो।"

एक्विनास ने स्वामी का दास के ऊपर प्रभुत्व को राजा का प्रजा के ऊपर शासन से भिन्न माना है। यह अन्तर अरस्तू भी करता है। एक्विनास के अनुसार-शासक (राजा) का प्रजा पर शासन का उद्देश्य सर्वहित (Common Good) होता है जबकि स्वामी निजी लाभ (Private Interest) के लिए दासों पर शासन करते हैं। राजा का प्रजा के ऊपर शासन नैसर्गिक (Natural) है जबकि स्वामी का दास पर नियंत्रण अप्राकृतिक (Unnatural) है। एडम व ईव के 'मौलिक पाप' से पूर्व

इस प्रथा का अभाव था। 'पाप-कर्म' होने के बाद ही ईव से कहा गया कि-"तुम्हारा पति तुम पर शासन करेगा।" दूसरे अर्थ का सम्बन्ध शासन से है। इसमें जो व्यक्ति स्वतंत्र मनुष्यों पर शासन व उनके निर्देशन का उत्तरदायित्व संभालता है, उसे उनका स्वामी कहा जाता है। निष्पाप दशा (State of Innocence) में दूसरे अर्थ के अनुरूप 'प्रभुत्व' था। सबके स्वतंत्र होने के बावजूद कुछ लोग ज्ञान व न्यायपरायणता की दृष्टि से दूसरों से श्रेष्ठ थे और ये दूसरों (Others) को नियन्त्रित करते थे। किन्तु निष्पाप अवस्था में दासता संभव नहीं थी क्योंकि सभी लोग स्वतंत्र थे और स्वतंत्र होने के कारण स्वयं में साध्य (End) थे जबकि दास अपने स्वामी का साधन (Mean) होता है। कोई भी व्यक्ति किसी दूसरे व्यक्ति का दास तब तक नहीं बनता जब तक कि उसे किसी 'दण्ड' के तहत दास बनने के लिए बाध्य न कर दिया जाए। मौलिक पाप (Original Sin) के बाद कुछ लोग दासता के दण्ड के भागी बने। अत: दासता प्राकृतिक नहीं है। पतन के पूर्व ईश्वर के निष्पाप साम्राज्य में मनुष्य का मनुष्य पर प्रभुत्व नहीं था। इसका आगमन 'पाप' के कारण होता है। 'पाप' करने वाले व्यक्तियों को ईश्वर 'दास' बनाकर दण्डित करता है।

सम्पत्ति

अरस्तू निजी सम्पत्ति को सीधे प्रकृति से जोड़ देता है जबकि एक्विनास का कहना है-"प्रकृति में निजी सम्पत्ति जैसी कोई संस्था नहीं है।" फिर भी वह मानता है कि प्रत्येक व्यक्ति को निजी सम्पत्ति रखने का अधिकार है क्योंकि प्राकृतिक क़ानून यदि प्रत्यक्ष रूप से निजी सम्पत्ति का समर्थन नहीं करते तो वे इसका विरोध भी नहीं करते हैं। मानवीय विवेक प्राकृतिक क़ानून में वैयक्तिक सम्पत्ति की धारणा को जोड़ देता है ।" 'इस प्रकार निजी स्वामित्व की धारणा प्राकृतिक क़ानून से उत्पन्न नहीं है किन्तु उससे असंगत भी नहीं है। यह मानवीय कानूनों के क्रियान्वयन द्वारा अस्तित्व में आती है अरस्तू ने निजी सम्पत्ति (Private Property) को प्राकृतिक मानते हुए इसे व्यक्ति के आत्मानुभूति (Self-realization) तथा व्यक्तित्व के विकास के लिए आवश्यक घोषित किया है। उसके लिए वैयक्तिक सम्पत्ति व्यक्ति के लिए अपरिहार्य होने के कारण स्वाभाविक है। एक्विनास सम्पत्ति के निजी स्वामित्व का समर्थन करता है लेकिन उसका दृष्टिकोण अरस्तू से भिन्न है।

मानवीय कानूनों द्वारा निजी सम्पत्ति को निम्नलिखित आधारों पर स्वीकृति प्रदान की गई है-

राज्य में शान्ति की स्थापना के लिए भी निजी सम्पत्ति की संस्था उपयोगी सिद्ध होती है क्योंकि वस्तुओं के सामूहिक स्वामित्व (Common Possession) से विवादों (Quarrels) के उत्पन्न होने की आशंका अधिक होती है।

प्रत्येक व्यक्ति सिर्फ़ अपने लिए वह सब कुछ अधिक मात्रा में एकत्रित करना चाहता है जो अधिकांश या सबके लिए एक जैसा न हो।[2]

अधिकांश या सबके लिए समान (Common) वस्तुओं की तुलना में व्यक्ति उन वस्तुओं की अधिक देखभाल करता है जो सिर्फ़ उससे सम्बद्ध होती हैं।

मानवीय सम्बन्धों (Human Affairs) में सुव्यवस्था के लिए आवश्यक है कि प्रत्येक व्यक्ति विशिष्ट वस्तुओं (Particular Things) के संरक्षण की ज़िम्मेदारी को महसूस करे। जहाँ प्रत्येक व्यक्ति से प्रत्येक वस्तु के संरक्षण की अपेक्षा की जाती है वहाँ व्यवस्था के स्थान पर अस्तव्यवस्तता (Confusion) की स्थिति उपस्थित होती है।

यहाँ इस तथ्य को ध्यान में रखना आवश्यक है कि एक्विनास ने अरस्तू के समान ही निजी स्वामित्व के साथ सार्वजनिक उपभोग के विचार का समर्थन किया है। प्रकृति में किसी भी वस्तु का अभाव नहीं है अतः कोई भी व्यक्ति अभावग्रस्त नहीं रहना चाहिए। दूसरे शब्दों में प्रत्येक व्यक्ति की आवश्यकताएँ पूरी होनी चाहिए। उसके शब्दों में–''अति आवश्यकता की स्थिति में सभी वस्तुएँ सबकी होती हैं ।इसका तात्पर्य यह है कि निजी सम्पत्ति के धारकों को समाज के अन्य लोगों की आवश्यकताओं का भी ध्यान रखना चाहिए।

युद्ध एवं शांति

संत आगस्टाइन ने कहा है कि ''शांति साध्य है और समस्त मनुष्य एवं अन्य प्राणी अपनी सत्ता के प्राकृतिक नियम से प्रेरित होकर इसी साध्य की सिद्धि के लिए प्रयत्नशील होते हैं। .... युद्ध का ध्येय भी शान्ति ही है।'' मध्यकालीन चिन्तन में युद्ध व शान्ति का प्रश्न एक राजनीतिक प्रश्न से कहीं अधिक है। शान्ति एक निरपेक्ष अच्छाई है और प्रत्येक व्यक्ति इस अच्छाई की व्यावहारिक उपलब्धि चाहता है। फिर भी सामान्य रूप से ईसाई विचारकों का दृष्टिकोण युद्ध विरोधी ही रहा है। ग्रिगरी सप्तम (पोप) युद्धों में होने वाली हत्याओं के लिए सांसारिक राजाओं की आलोचना करता है। चतुर्थ शताब्दी AD तक तो ईसाइयों में युद्ध व सैनिक सेवा से दूर रहने की प्रवृत्ति सामान्य रूप से दृष्टिगत होती है। इसका सबसे बड़ा कारण यह था कि 'युद्ध' ईसा मसीह के 'प्रेम व बंधुत्व' के सिद्धान्त के सर्वथा प्रतिकूल था। रोमन सम्राट कांस्टेनटाइन (324-37 AD) द्वारा ईसाई धर्म को अंगीकार (Adopt) कर लेने के बाद ईसाई समाज का युद्ध के प्रति व्यवहार व विचार, दोनों में ही, बदलाव आने लगा। संत आगस्टाइन ने दासता के समान ही युद्ध को 'पाप' से जोड़कर इसका सापेक्ष औचित्य प्रमाणित किया। उसके अनुसार इस पापग्रस्त संसार में युद्ध न्याय प्राप्त करने का एक साधन है।

संत एक्विनास भी अपने पूर्ववर्ती आगस्टाइन की विचारधारा का अनुकरण करता है। 'सुम्मा थियोलोजिका' में वह कहता है कि-"अनिवार्य रूप से सभी युद्ध इसलिए लड़े जाते हैं कि पूर्व स्थापित शान्ति की तुलना में अधिक पूर्ण व सार्थक शांति की स्थापना की जा सके।"[1] इस कथन से दो महत्वपूर्ण निष्कर्ष निकलते हैं-

(1) शांति दो प्रकार की होती है-अपूर्ण शांति व पूर्ण शांति।

(2) युद्ध स्वयं में साध्य नहीं बल्कि वास्तविक शांति स्थापित करने का एक साधन है।

ईश्वर तक पहुँचने का मार्ग, प्रेम का मार्ग है। अत: ईश्वरीय प्रेम पर आधारित शांति ही वास्तविक शांति है। जहाँ तक पूर्ण या सार्थक शान्ति का प्रश्न है, इसकी व्याख्या करते समय एक्विनास धर्मशास्त्रीय दृष्टिकोण अपनाता है और ऐसा करते वक़्त वह संत आगस्टाइन के विचारों के अति-निकट आ जाता है। उसका मानना है कि अपने विभिन्न स्वार्थों को पूरा करने के उद्देश्य से सम्बन्धों का सामंजस्य स्थापित करना वास्तविक शांति नहीं है। पूर्ण या वास्तविक शांति की स्थापना के लिए आवश्यक है कि व्यक्ति अपनी स्वार्थपूर्ण इच्छाओं की अनेकता या विविधता का उन्मूलन कर उसे एक श्रेष्ठ बिन्दु पर संकेन्द्रित करे। यह श्रेष्ठ बिन्दु है- ईश्वर।

शाश्वत शांति ही व्यक्ति, समाज व राज्य का आदर्श है फिर युद्ध को साधन के रूप में भी क्यों स्वीकार किया जाए? एक्विनास का कहना है कि यद्यपि सभी व्यक्ति शांति चाहते हैं लेकिन यह भी सत्य है कि 'पाप' व्यक्तियों की आत्माओं को 'दूषित' कर देता है जिसके कारण मानव जीवन के उद्देश्यों की व्याख्या को लेकर मतभेद उत्पन्न होता है, और यह मतभेद आपसी संघर्ष को जन्म देता है। वह कहता है कि कुछ लोग स्वभाव से ही लड़ाकू (Belligerent) होते हैं। अवसर मिलने पर ये असत्य बोलने व अपने वचनों (Promises) को तोड़ने के लिए सदैव ही तत्पर रहते हैं। ऐसी स्थिति में युद्ध-विराम (Cease Fire) या शांति के लिए बातचीत (Negotiation) करना असंभव होता है क्योंकि ऐसी बातचीत धोखा देने वाली (Deceptive) होती है। अत: एक सीमा तक युद्ध व समझौता करने का अधिकार होना चाहिए (Certain rights of war and covenants, which ought to be observed) ताकि असत्य पर आधारित वचनों व समझौतों को तोड़कर वास्तविक शांति की स्थापना की जा सके।

अब यहाँ एक विशिष्ट समस्या उत्पन्न होती है-क्या शासक वर्ग अपने द्वारा घोषित प्रत्येक युद्ध को इस आधार पर उचित सिद्ध करने का प्रयास नहीं करेगा कि 'अमुक युद्ध' का ध्येय 'वास्तविक शांति' को स्थापित करना है? एक्विनास का कहना है कि 'युद्ध को न्यायपूर्ण होना चाहिए'। युद्ध की न्यायपूर्णता के लिए वह तीन शर्तें

प्रतिपादित करता है।[1]

(1) युद्ध की उद्घोषणा सम्प्रभु सत्ता के द्वारा की जानी चाहिए,
(2) युद्ध का एक न्यायसंगत लक्ष्य होना चाहिए,
(3) युद्धकर्ताओं की प्रेरणा (Motive) अच्छाई को समृद्ध करना होना चाहिए।

एक्विनास के चिन्तन का अन्तिम उद्देश्य ईसाई धर्म व चर्च की सत्ता के औचित्यपूर्ण सर्वोच्चता को स्थापित करना था। इसके लिए उसने वैचारिक दृष्टि से सबसे कठिन रास्ते का चयन किया। अरब व अरस्तू के जिस विवेकवादी दर्शन को ईसाई मान्यताओं के सर्वाधिक प्रतिकूल समझा जा रहा था, उसी विवेक व दर्शन को एक्विनास ने एक सीढ़ी के रूप में प्रयोग करके धर्मशास्त्र को सबसे ऊपर प्रतिष्ठित कर दिया, वह भी नितान्त तार्किक ढंग से। ऐसा करते समय एक्विनास रक्षात्मक है। वह अरस्तूवाद को ध्वस्त करना नहीं चाहता बल्कि ईसाईवाद को सुरक्षित करना चाहता है। इतिहास साक्षी है कि विवेक व श्रद्धा का समन्वयकर्ता यह संत अपने उद्देश्य में पूर्णतः सफल रहा। आगे आने वाले ईसाई विचारकों व श्रद्धालुओं के लिए एक्विनास का दर्शन एक आश्चर्य (Miracle) से कम नहीं था जिसमें दो परस्पर विरोधी तत्व (विवेक व श्रद्धा) विलक्षण समरसता के साथ एक-दूसरे को सशक्त कर रहे हैं। एक्विनास सच्चे अर्थों में विद्वतावादी दर्शन (Scholastic Philosophy) का सर्वश्रेष्ठ प्रतिनिधि है।

ऊपरी तौर पर ऐसा लगता है मानो वह धर्मशास्त्र, आस्था व चर्च संगठन की सर्वोच्चता स्थापित कर दर्शन, तर्क व राज्य की सत्ता के विकास को प्रतिबन्धित करना चाहता है किन्तु वास्तविकता कुछ अलग ही है। दर्शन व तर्क को आधार मानने के उपरान्त अब तार्किक दृष्टि से विज्ञान के विकास को प्रतिबन्धित नहीं किया जा सकता था क्योंकि विज्ञान, विवेक का प्रतीक है और एक्विनास ने विवेक को ईश्वर प्राप्ति में सहायक माना। परिणामस्वरूप एक्विनास के महत्व को स्वीकृति प्राप्त होते ही विज्ञान के प्रति मध्ययुग व विशेषतः चर्च की विरोधी दृष्टि में भी बदलाव आ गया। आधुनिक युग के आगमन में विज्ञान की भूमिका को समझने के बाद एक्विनास का यह योगदान और अधिक गरिमापूर्ण हो जाता है। इसी प्रकार चर्च को सर्वोच्च मानते हुए भी एक्विनास ने राज्य को सांसारिक मामले में व्यापक स्वायत्ता का समर्थन किया। यह राष्ट्रीय राज्य (Nation State) की अवधारणा के लिए प्रस्थान बिन्दु के रूप में स्वीकार किया जाना चाहिए जिसे मैकियावेली स्पष्ट स्वरूप प्रदान करता है।

पोप लियो तेरहवाँ (Leo XIII) ने 04 अगस्त, 1879 को एक आदेश जारी करते हुए कहा कि–"एक्विनास की अवधारणाएँ कैथोलिक चर्च की प्रमुख

संरक्षक तथा शान हैं अत: उन्हें समस्त शिक्षालयों व विद्यालयों में पढ़ाया जाना चाहिए। बाद में लियो ने एक अन्य आदेश में कहा कि–''यदि दूसरे लेखक व धर्मशास्त्री एक्विनास के विचारों से मतभेद रखते हैं तो उन्हें स्वयं को उसके समक्ष बलिदान (Sacrifice) कर देना चाहिए।'' किन्तु निश्चित रूप से एक्विनास का सर्वाधिक प्रभाव ईसाई धर्म पर ही पड़ा। उसने स्वयं अपने सिद्धान्तों को अरस्तू की मान्यताओं पर विकसित किया। अनेक स्थानों पर वह अरस्तू के वयक्तव्यों को 'प्रमाण' के रूप में भी प्रस्तुत करता है। यही कारण है कि उसे मध्य युग का अरस्तू (Aristotle of Middle Age) भी कहा जाता है। किन्तु कालान्तर में उसकी मान्यताएँ थामसवाद (Thomism) के रूप में स्थापित हुईं और इसे चर्च व ईसाई समाज का प्रामाणिक निदेशक स्वीकार किया गया।

लियो तेरहवाँ का यह आदेश मध्य युग के बाद भी एक्विनास के प्रभाव को प्रमाणित करता है। परन्तु इसका अर्थ यह नहीं है कि आधुनिक युग में एक्विनास महत्वहीन हो गया। एम.जी.ओकशाट की पुस्तक (Social and Political Doctrines of Contemporary Europe (1939) के तथ्यों के आधार पर प्रो. एम.बी. फॉस्टर कहते हैं कि–'एक्विनास का दर्शन सम्पूर्ण आधुनिक काल में रोमन कैथोलिक चर्च का मान्य दर्शन रहा है और अब भी है।''[2]

एक्विनास बलपूर्वक इस बात का प्रतिपादन करता है कि क़ानून का उद्देश्य सदैव सार्वजनिक हित (Common Good) होना चाहिए। क़ानून का यह सिद्धान्त किसी भी युग में महत्वहीन नहीं हो सकता। फलत: संत एक्विनास द्वारा प्रतिपादित क़ानून की अवधारणा की महत्ता न सिर्फ़ वर्तमान बल्कि आगे आने वाले समाज में भी कायम रहेगी। आधुनिक युग शाश्वत व दैवीय कानूनों को अस्वीकार करता है। फिर भी इस बात में संदेह नहीं किया जा सकता कि मानवीय क़ानून को नैतिक मान्यताओं का उल्लंघन नहीं करना चाहिए क्योंकि धर्म अब भी मानवीय जीवन का अभिन्न अंग बना हुआ है।

निश्चित रूप से एक्विनास को इस बात के लिए विशेष तौर पर याद रखा जायेगा कि उसने मध्ययुग के आध्यात्मिक परिवेश में अरस्तू के वैज्ञानिक चिन्तन को स्थान दिया। एक्विनास का मूल उद्देश्य चर्च की सर्वोच्चता को सिद्ध करना था इसलिए उसने धर्मग्रन्थों को सबसे ऊपर रखा। फिर भी वह अपने प्रत्येक अवधारणा की शुरुआत अरस्तू की मान्यताओं से ही करता है। इस लिए भी इस संत को 'मध्ययुग का अरस्तू' कहा जाता है। उसे यह उपाधि प्रदान करने का कारण यह है कि वह अरस्तू की पद्धति के साथ-साथ उसके अध्ययन वस्तु (Content) को भी अपनाता है। इसलिए दोनों के विचारों में व्यापक समानता है। उदाहरण के लिए–

एक्विनास भी यह मानता है कि व्यक्ति स्वभाव से ही सामाजिक व राजनीतिक प्राणी है।

अरस्तू के समान एक्विनास भी राज्य को एक प्राकृतिक संस्था मानाता है।

दोनों का राज्यों का वर्गीकरण पूरी तरह समान है। अरस्तू की भाँति एक्विनास भी उस शासन को सही शासन मानता है जो सार्वजनिक हित (Common Good) के लिए कार्य करे।

एक्विनास ने अरस्तू के समान ही क़ानून को विवेक (Reason) से सम्बद्ध किया है। दोनों विचारक मानते हैं कि राज्य का उद्देश्य सद्‌जीवन (Good Life) की प्राप्ति है जिसके लिए शासन को 'सद्‌गुण' पर आधारित होना चाहिए।

समन्वय-अरस्तूवाद का धर्मशास्त्र से-के लिए एक्विनास की प्रशंसा की जाती है वही इस संत की सबसे बड़ी सीमा (Limit) भी बन जाती है। उसके चिन्तन पर अरस्तू का व्यापक प्रभाव एक्विनास की मौलिकता को धूमिल करता है। मध्य युग में रहते हुए भी मध्य युग की सामान्य चिन्तन परम्परा से मौलिक रूप से अलग विचार प्रस्तुत करने का श्रेय मैकियावेली को प्राप्त है।

समाज के अर्थ को स्पष्ट करते हुए कहा है कि "समाज ऐसे व्यक्तियों का संग्रह है, जो कुछ संबंधो अथवा व्यवहार की विधियों द्वारा संगठित है तथा उन व्यक्तियों से भिन्न है जो इस प्रकार के संबंधो द्वारा बंधे हुए नहीं है अथवा जिनके व्यवहार उनसे भिन्न हैं।"[2]

उपर्युक्त परिभाषा में जिन्सबर्ग ने स्पष्ट किया कि सभी समाज एक जैसे नहीं होते। इसका कारण यह है कि समाज संबंधों की भिन्नता विभिन्न समाजों को एक-दूसरे से पृथक करती हैं। समाज व्यक्तियों का संग्रह नहीं बल्कि समाज व्यक्तियों के बीच पाये जाने वाले सम्बन्धों की व्यवस्था हैं।

गिलिन ने समाज के अर्थ को स्पष्ट करते हुए लिखा है कि, "समाज तुलनात्मक रूप से सबसे बड़ा और स्थायी समूह हे जो सामान्य हितों, सामान्य भू-भाग, सामान्य रहन-सहन तथा पारस्परिक सहयोग अथवा अपनत्व की भावना से युक्त हे और जिसके आधार पर वह अपने को बाहर के समूहों से पृथक रखता है।"[2]

गिलिन ने समाज के अर्थ को स्पष्ट करने के लिए जो परिभाषा दी वह वास्तव में समाज के अर्थ की बजाय समुदाय के अर्थ को स्पष्ट करती है इसलिए ये परिभाषा सही नहीं मानी जाती।

रयूटर ने समाज को परिभाषित करते हुए लिखा है कि, "समाज एक अमूर्त धारणा है जो एक समूह के सदस्यों के बीच पाए जाने वाले

पारस्परिक संबंधों की सम्पूर्णता का बोध करती है।"[3]

उपर्युक्त परिभाषा में समाज के निर्माण के लिए व्यक्तियों के बीच पाये जाने वाले संबंध तथा अन्त:क्रिया को महत्वपूर्ण बताया हैं। ये अन्तक्रियां ही समाज को जीवित करती है, जैसी अन्तक्रिया होगी वैसा ही समाज होगा।

समाज की प्रमुख विशेषताएं (लक्षण)

समाज की प्रकृति को किसी एक परिभाषा के आधार पर स्पष्ट नहीं किया जा सकता क्योंकि इसकी प्रकृति अत्यन्त जटिल हैं। अत: समाज की प्रकृति को निम्नलिखित विशेषताओं के आधार पर स्पष्ट किया जा सकता है जो निम्नलिखित हैं-

समाज अमूर्त है - समाज की प्रथम महत्वपूर्ण विशषता यह है कियह अमूर्त धारणा हैं। समाज सामाजिक सम्बन्धों का जाल है जिन्हें आंखा द्वारा देखा नहीं जा सकता और न ही हाथों के द्वारा स्पर्श किया जा सकता हैं। अत: अमूर्त सामाजिक सम्बन्धों के समग्र निर्मित समाज भी अमूर्त हैं। इस प्रकार यह स्पष्ट है कि समाज कोई प्रत्यक्ष आकारयुक्त वस्तु नहीं है। समाज की अमूर्त प्रकृति पर प्रकाश डालते हुए रयूटर ने लिखा है कि, "जिस प्रकार जीवन एक वस्तु नहीं प्रत्युत जीवित रहने की एक प्रक्रिया है उसी प्रकार समाज भी एक वस्तु नहीं प्रत्युत सम्बन्ध स्थापित करने की एक प्रक्रिया है।"[1] अत: स्पष्ट है कि समाज एक अमूर्त धारणा है।

पारस्परिक अनुभूति -समाज का अस्तित्व वहीं संभव है जहां सामाजिक प्राणी एक-दूसरे के साथ इस प्रकार से व्यवहार करते हैं जो उनके पारस्परिक ज्ञान से निर्धारित होते हैं। पारस्परिक अनुभूति के अभाव में न तो कोई सामाजिक सम्बन्ध बन सकता है और न कोई समाज ही। अत: सामाजिक सम्बन्धों के लिए एक मनोवैज्ञानिक स्थिति का होना अत्यावश्यक है।

समाज में समानता और भिन्नता दोनों सन्निहित हैं -जिन व्यक्तियों के पारस्परिक सम्बन्ध द्वारा समाज का निर्माण होता है, उनमें समानता और भिन्नता दोनों का रहना आवश्यक है यद्यपि तार्किक दृष्टि से समानता और भिन्नता दोनों एक-दूसरे से सम्बन्धित हैं। वास्तव में समानता तथा भिन्नता को समझना एक-दूसरे के प्रति सम्बन्ध क् बोध पर निर्भर करता है। इन दोनों के सम्बन्ध को परिवार के उदाहरण द्वारा भली-भांति स्पष्ट किया जा सकता है। मनुष्य के सामाजिक जीवन का प्रारम्भ परिवार के द्वारा ही हुआ है। संभवत: यही मानव समाज का आदि रूप है। स्त्री-पुरुष जो

समाज का निम्र्राण करते हैं, वे एक-दूसरे के समान भी होते हैं और साथ ही भिन्न भी हैं। पुरुष अन्य पुरुष के साथ मिलकर परिवार नहीं बना सकता है और न स्त्री ही स्त्री के साथ मिलकर पारिवारिक सम्बन्ध स्थापित कर सकती है। अतः परिवार रूपी समाज की रचना हेतु यह परमावश्यक है कि उसकी रचना करने वाले पुरुष और स्त्री दोनों ही हैं। स्पष्ट है कि समानता तथा भिन्नता दोनों ही समाज के लिए आवश्यक तत्व हैं जिनका पृथक-पृथक विवेचना करना अधिक उपयुक्त है।

समाज में समानता

समानता तथा समानता की भावना के अभाव में साथ होने की भावना की पारस्परिक मान्यता नहीं हो सकती और जहां साथ होने की भावना का नीतान्त अभाव है वहां समाज की सीापना नहीं हो सकती। मैकाइवर के अनुसार, "समाज का अस्तित्व उन्हीं लोगों में होता है जो एक-दूसरे से शरीर या मस्तिष्क में किसी अंश के समान है और जो इस तथ्य को जानने के लिए पर्याप्त निकट अथवा बुद्धिमान हैं।" गिडिंग्स के अनुसार, "समाज का आधार सजातीयता की भावना है। इसी सजातीयता की भावना के कारण पारस्परिक सामाजिक सम्बन्धों का निर्माण होता है। सामाजिक सम्बन्धों के समग्र को ही हम समाज कहते हैं। प्रारम्भिक या आदिम समाजों में इस समानता की मूलभूत धारणा जो आदिवासी मनुष्य के लिए रक्त सम्बन्ध में थी आज भी राष्ट्रीय एकता जैसे व्यापक सिद्धान्त में निहित है।" मैकाइवर का मत है कि यदि एक विश्व के सिद्धान्त की विजय हो सकती है तो वह समस्त मानव जाति के मूलभूत समानता की मान्यता पर ही आधारित होगी।

समाज में भिन्नता

समाज में सृजन में समानता ही सब कुछ नहीं है, यही एक मात्र आवश्यक तत्व नहीं है। समाज में यदि समानता ही हो तो सामाजिक व्यवस्था अक्षुण्य नहीं रहेगी और समाज का अस्तित्व स्वयं खतरे में पड़ जाएगा और समाज की निरन्तरता अवरुद्ध हो जाएगी। मैकाइवर और पेज ने लिखा है कि यदि लोग एक-दूसरे के समान ही होते तो प्रायः चीटियों या मधुमक्खियों की भांति उनके सामाजिक संबंध भी बहुत सीमित रहते। उनमें पारस्परिक आदान-प्रदान की क्रिया अविा पारस्परिक सहयोग नहीं के बराबर होता। वे एक-दूसरे को बहुत कम सहयोग कर पाते। अतएव समाज समानता और भिन्नता दोनों पर आधारित है। भिन्नता समाज के अस्तित्व के लिए

परमावश्यक है। जब भिन्नता समानता का आश्रय लेती है तब दोनों में आदान-प्रदान होता है और इस आदान-प्रदान से समाज की गाड़ी आगे बढ़ती है। समाज में समान व्यक्ति अपनी तरह-तरह की विषमताओं के कारण ही मिलते हैं। परिवार में स्त्री-पुररुष मिलते हैं उनकी विषमता जैवकीय है। एक पत्नी है दूसरा पति है, व्यापार में एक धनी परन्तु क्रियाहीन और दूसरा निर्धन परन्तु क्रियाशील व्यक्ति मिलते हैं। उनकी विषमता आर्थिक और सामर्थ्य सम्बन्धी है। इसी प्रकार शक्ति, सामर्थ्य, रुचि आदि विषमताओं के कारण मनुष्यों का मेल होता है, आदान-प्रदान होता है और समाज आगे-आगे कदम बढ़ाता जाता है। इसी समानता और भिन्नता के कारण श्रम विभाजन का उदय होता है। श्रम विभाजन के अन्तर्गत प्रत्येक व्यक्ति अपनी योग्यता और अभिरुचि के अनुसार कोई कार्य करता है। इस श्रम विभाजन से समाज उन्नति के पथ पर अग्रसरित होता है। अतएव समाज की आधारभूत विशेषताओं में समानता और भिन्नता इन दोनों का होना अत्यावश्यक है।

समाज में भिन्नता समानता के अधीन है -यद्यपि समाज के लिए समानता तथा विभिन्नता दोनों ही अनिवार्य है पर इसमें समानता का स्थान मुख्य और भिन्नता का स्थान गौण है। समाज में श्रम का विभाजन, विभाजन के पूर्व सहयोग है। ऐसा इसलिए होता है क्योंकि लोगों की आवश्यकताएं समान प्रकार की होती है। अतएव वे समान कार्यों को करने में परस्पर सहयोग करने लगते हैं। उदाहरणस्वरूप, व्यापारिक साझेदारी के निर्माण का आधार लोगों में लाभ कमाने की इच्छा है। परिवारों के निर्माण का आध ाार प्राय: घर और स्नेह की सामान्य अभिलाषा होती है। **मैकाइवर** ने लिखा है कि ''सामाजिक संगठन के विभेदीकरण के पूर्व मनुष्यों की आवश्यकताओं की समानता आवश्यक है।'' इससे स्पष्ट होता है कि समाज के निर्माण में समानता का महत्व भिन्नता से अधिक है।

समाज में सहयोग और संघर्ष -यद्यपि सहयोग और संघर्ष दोनों एक-दूसरे के विपरीत प्रक्रियाएं हैं जिसमें केवल सहयोग ही हो और संघर्ष बिल्कुल ही नहीं हो। वास्तव में सहयोग और संघर्ष बिल्कुल नहीं हो। वास्तव में सहयोग और संघर्ष दोनों ही प्रक्रियाएं समाज में साथ-साथ चलती हैं वस्तुत: सहयोग और संघर्ष मानव समाज में सार्वभौमिक प्रक्रियाएं हैं। मैकाइवर के अनुसार जैसे भौतिक जगत में आकर्षण और विकर्षण की शक्तियां हैं, जो कि सामाजिक जगत में सहयोग और संघर्ष का एक संयोग होता है जो मनुष्यों के और समूहों के सम्बन्ध को प्रकट करता है। चार्ल्स कूले के अनुसार

इस संयोग के बारे में जो जितना अधिक सोचता है उसे उतना ही अधिक दिखाई देता है कि सहयोग और संघर्ष अलग करने योग्य वस्तुएं नहीं है किन्तु एक ही प्रक्रिया की अवस्थाएं हैं जिसमें दोनों के कुछ अंश सदैव ही सम्मिलित रहते हैं। इन दोनों के पृथक-पृथक विवेचन से इस तथ्य का स्पष्टीकरण किया जा सकता है।

सहयोग समाज का मुख्य और आवश्यक तत्व है। सहयोग के अभाव में किसी भी समाज के अस्तित्व की कल्पना भी नहीं की जा सकती है। प्रारम्भ काल से ही मानव आवश्यकताओं की पूर्ति नहीं कर सकता। यह एक आम कहावत है कि सहयोग सफलता की कुंजी है। अतएव सहयोग मानव समाज की एक महत्वपूण्र विशेषता है।

सामान्यत: समाज में दो प्रकार के सहयोग पाए जाते हैं-प्रत्यक्ष सहयोग और अप्रत्यक्ष सहयोग।

प्रत्यक्ष सहयोग -जब कुछ व्यक्ति प्रत्यक्षत: मिलकर किसी समान उद्देश्य की पूर्ति के लिए एक समान कार्य करें तो उसे प्रत्यक्ष सहयोग कहा जाता है। उदाहरणार्थ एक साथ पूजा या आराधना करना, एक साथ खेल खेलना, किसी व्यापार में उसके शेयर होल्डर्स या साझेदारों का सहयोग आदि प्रत्यक्ष सहयोग के अन्तर्गत आ सकते हैं।

अप्रत्यक्ष सहयोग -जब कुछ लोग निश्चित रूप से एक ही उद्देश्य की पूर्ति के लिए असमान कार्य करते हैं तो उसे परोक्ष अथवा अप्रत्यक्ष सहयोग कहा जाता है। श्रम विभाजन परोक्ष सहयोग का एक उत्तम उदाहरण है। इसका स्पष्टीकरण हम एक उदाहरण के आधार पर कर सकते हैं जैसे-जूता बनाने वाली फैक्ट्री में पृथक-पृथक क्षेत्रों में कार्य करने वाले व्यक्तियों का जूता उत्पादन के लिए किया जाने वाला सहयोग।

इस प्रकार स्पष्ट है कि प्रत्यक्ष अथवा अप्रत्यक्ष दोनों ही प्रकार के सहयोग समाज के निर्माण के लिए आवश्यक हैं। फिर भी सरल समाजों में प्रत्यक्ष सहयोग और जटिल समाजों में अप्रत्यक्ष सहयोग की प्रधानता होती है।

सहयोग की भांति भी मानव जीवन में सार्वभौमिक तत्व है। समाज में संघर्ष की अभिव्यक्ति अनेक प्रकारों, विभिन्न अंशों और प्रत्येक मानवीय संपर्क के क्षेत्र में होती है। उसके रूप सदैव परिवत्रनशील सामाजिक, सांस्कृतिक स्थितियों के साथ बदलते रहते हैं। वस्तुत: सामाजिक संघर्ष में वे सभी कार्यकलाप सम्मिलित हैं जिनमें मनुष्य किसी भी उद्देश्य की पूर्ति

के लिए एक-दूसरे के विरुद्ध संघर्ष करते हैं। संघर्ष के दो मुख्य रूप हैं-प्रत्यक्ष संघर्ष और अप्रत्यक्ष संघर्ष।

प्रत्यक्ष संघर्ष -जब व्यक्ति या समूह विशेष किसी उद्‌देश्य की पूर्ति के प्रयत्न में एक-दूसरे से प्रत्यक्षत: संघर्ष करते हैं तो उसे प्रत्यक्ष संघर्ष कहा जाता है। दो विरोधी दलों, दो विरोधी व्यक्तियों या समूहों के बीच मारपीट या दो सेनाओं के बीच लड़ाई आदि प्रत्यक्ष संघर्ष के उदाहरण हैं।

अप्रत्यक्ष संघर्ष -जब व्यक्ति या समूह विशेष किसी उद्‌देश्य की पूर्ति के प्रयत्न में एक-दूसरे के प्रयासों में अप्रत्यक्ष रूप से रुकावट डालते हैं तो उसे अप्रत्यक्ष संघर्ष कहा जाता है। प्रतिस्पर्धा अप्रत्यक्ष संघर्ष का एक उदाहरण है।

इस प्रकार स्पष्ट है कि समाज में प्रत्यक्ष तथा अप्रत्यक्ष दोनों प्रकार के संघर्ष होते हैं। वास्तव में जहां कहीं समाज है, सामाजिक संघर्ष, चाहे मनुष्य का मनुष्य के विरुद्ध हो, चाहे समाज का समाज के विरुद्ध हो, स्वयं ही प्रकट होता है तथापि सहयोग संघर्ष की अपेक्षा अधिक मात्रा में नहीं हो तो समाज टिक नहीं सकता। अत: स्पष्ट होता है कि समाज के विशाल प्रांगण या क्षेत्र में सहयोग तथा संघर्ष साथ-साथ विद्यमान है। चार्ल्स कूले ने लिखा है कि यह प्रतीत होता है कि अन्य लोगों के साथ-साथ हमारे सम्बन्धों में सदैव संघर्ष साथ-साथ तत्व का रहना अनिवार्य है और वैसे ही परस्पर सहायता का भी, जीवन की समूची योजना उसकी अपेक्षा करती है, हमारा स्वयं मुख लक्षण उसे प्रतिबिम्बित करता है और प्रेम व कलह मनुष्य के मस्तक पर साथ-साथ जगह रखते हैं।

समाज में अन्योन्याश्रितता-अन्योन्याश्रितता मनुष्य की स्वभाविक प्रवृत्ति है। मनुष्य अपनी आवश्यकताओं की पूर्ति हेतु समाज के अन्य व्यक्तियों पर आश्रित होता है। व्यक्ति स्वयं अपनी समस्त आवश्यकताओं की पूर्ति स्वतंत्र रूप से कभी भी नहीं कर सकता। वास्तव में सामाजिक अन्योन्याश्रितता की आवश्यकता व्यक्ति को अपने जन्म से ही हो जाती है। बाल्यावस्था में व्यक्ति को परिवार के अन्य लोगों पर आश्रित रहना पड़ता है। इतना ही नहीं अपितु प्राणीशास्त्रीय कार्यों जैसे-स्त्री-पुरुष द्वारा यौन सम्बन्ध, संतान की उत्पत्ति, सामाजिक कार्यों एवं सांस्कृतिक कार्यों की पूर्ति के लिए व्यक्ति परस्पर एक-दूसरे पर निर्भर रहता है। इस प्रकार स्पष्ट है कि अन्योन्याश्रितता मानव जीवन का आधार है, सभ्यता का रक्षक है और प्रगति का मूलक है। अत: अन्योन्याश्रितता समाज की एक आवश्यक

विशेषता है।

समाज एक परिवर्तनशील जटिल व्यवस्था है –समाज सामाजिक सम्बन्धों का ताना–बाना है जो सदैव परिवर्तित होता रहता है। उदाहरणार्थ, प्रारम्भिक या आदिम समाज तथा वर्तमान समाज में काफी अंतर है। यह अंतर परिवर्तनों का ही परिणाम है। इन परिवर्तनों को लाने के लिए विभिन्न प्रकार के कारक उत्तरदायी हैं जैसे–जैविकीय, भौगोलिक, सांस्कृतिक एवं प्राविधिक आदि। आज से पांच शताब्दील पूर्व जो सामाजिक संरचना थी वह आज नहीं है और जैसी सामाजिक संरचना आज है वह आने वाली शताब्दियों में नहीं रहेगी। एक समय भारत में अस्पृश्यता के नियमों का पालन अब उतनी कठोरता से नहीं किया जा रहा है। एक समय था जब सती प्रथा, देवदासी प्रथा, संयुक्त परिवार प्रथा भारतीय सामाजिक–सांस्कृतिक व्यवस्था के प्रतिमान थे परन्तु आज सती प्रथा और देवदासी प्रथा का कहीं नामोनिशान नहीं है और यदि कहीं है तो उसे निकृष्ट रूप से देखा जाता है। इसी तरह संयुक्त परिवारों का स्थान केन्द्रीय परिवार लेते जा रहे हैं। इस प्रकार स्पष्ट है कि सामाजिक संगठनों और सामाजिक सम्बन्धों आदि में सतत् परिवर्तन होते रहते हैं।

समाज केवल मनुष्यों तक ही सीमित नहीं है –"जहां कहीं जीवन है वहीं समाज है।" मैकाइवर के इस वक्तव्य में सत्यता दर्शित होती है। इससे स्पष्ट होता है कि समाज न केवल मानव प्राणियों में ही पाया जाता है बल्कि अन्य जीवित प्राणियों में भी पाया जाता है उदाहरणार्थ पशु समाज के अतिरिक्त चींटी और मधुमक्खी जैसे कीड़े–मकोड़ों में भी सामाजिक संगठन परिलक्षित होते हैं तथापि जीवन की निम्नतम अवस्थाओं में जो भी सामाजिक अनुभूति विद्यमान है वह अत्यन्त धुंधली है और सामाजिक सम्बन्ध बहुधा अत्यन्त अल्पकालीन होते हैं। कम से कम उच्चतर पशुओं में पूर्णतया निश्चित समाज होता है जिसका प्रादुर्भाव पशुओं की प्राकृतिक अवस्थाओं और जाति संरक्षण के लिए अपेक्षित परिस्थितियों से होता है परन्तु जिस समाजशास्त्र का हम विवेचन कर रहे हैं, उसमें हम मानव समाज तक ही अपने को सीमित रखेंगे। सम्पूर्ण प्राणी जगत को अपने अध्ययन का विषय नहीं बनाएंगे।

समाज पर मैकाइवर–पेज के विचार

मैकाइवर ने भी समाज की व्याख्या सामाजिक सम्बन्धों के ताने–बाने अथवा जाल के रूप में करने का प्रयत्न किया है, लेकिन इसकी व्याख्या

में अनेक ऐसे तत्वों का समावेश है जिस पर अलग से विचार किया जाना आवश्यक है। इसके अनुसार, "समाज चलनों और कार्यविधियों की, अधिकार, सत्ता और पारस्परिक सहायता की, अपने समूहों और श्रेणियों की, मानव व्यवहार के नियंत्रणों और स्वतंत्रताओं की एक व्यवस्था है।"[1] समाज सामाजिक सम्बन्धों का एक ऐसा ताना-बाना है जो सदैव बदलता रहता है। यह एक जटिल व्यवस्था है जो सदैव परिवर्तित होती रहती है।

सामाजिक सम्बन्धों के अर्थ को स्पष्ट करने के लिए मैकाइबर ने सामाजिक और भौतिक सम्बन्धों में अंतर किया है। एक मेज और उस पर रखी किताबों, पैन, टाइपराइटर के बीच सम्बन्ध है और उसी प्रकार पृथ्वी और सूर्य, आग और धुआं, किन्हीं दो रासायनिक पदार्थों के बीच भी एक प्रकार का सम्बन्ध पाया जाता है। इन पदार्थों में से प्रत्येक पर एक-दूसरे के अस्तित्व का प्रभाव पड़ता है। किन्तु इनके बीच के सम्बन्ध को सामाजिक सम्बन्ध नहीं कहा जा सकता। इसका कारण यह है कि इनके बीच मनोवैज्ञानिक दशा का अभाव है, जो बौद्धिक अर्थों में एक-दूसरे की उपस्थिति से परिचिति नही है, उनके पारस्परिक सम्बन्ध का निर्धारण अनुभूति से नही होता है और इस प्रकार की अनुभूति या परिचय के बिना न किसी प्रकार का सामाजिक सम्बन्ध ही स्थापित हो सकता है और न किसी प्रकार का समाज ही बन सकता है।

हम प्रतिदिन के व्यवहार में अनेक प्रकार के सामाजिक सम्बन्धों की चर्चा करते हैं। कुछ को हम आर्थिक, कुछ को राजनीतिक, कुछ को वैयक्तिक और कुछ को अवैयक्तिक मित्रतापूर्ण और विरोधपूर्ण सम्बन्ध कहते हैं, परन्तु सभी प्रकार के ये सामाजिक सम्बन्ध तभी सामाजिक हो सकते हैं जब उनका आधार पापरस्परिक जागरुकता हो। मैकाइवर और पेज के सामाजिक सम्बन्धों के जाल (समाज) को निम्न चित्र द्वारा आसानी से समझा जा सकता है।

सामाजिक सम्बन्धों के इस जाल को मैकाइवर और पेज ने निम्नलिखित आधारों से स्पष्ट किया है-

1. रीतियां अथवा चलन -समाज का प्रमुख आधार उसकी रीतियां अथवा चलन है। समाज व्यवस्था के लिए एक महत्वपूर्ण भूमिका निभाती है। रीतियां वे कार्य करने के तरीके हैं, जिनका समूह या समुदाय में लम्बे समय से प्रचलन है। ये रीतियां मानव व्यवहार के हर क्षेत्र में पाई जाती है जैसे-खान-पान, विवाह, वेशभूषा. शिक्षा आदि। ये रीतियां व्यक्ति को एक

विशेष प्रकार के व्यवहार को करने को प्रेरित करती है। अगर कोई व्यक्ति इन रीतियों के अनुकूल आचरण नहीं करे तो उसे अन्य लोगों की आलोचना का शिकार बनना पड़ता है अर्थात उसकी निन्दा होती है। कभी-कभी ऐसा भी होता है कि इनके विरुद्ध आचरण करने पर लोगों द्वारा दंड भी दिया जाता है। रीतियां पीढ़ी-दर-पीढ़ी हस्तांतरित होती है।

2. कार्यप्रणाली -कार्यप्रणाली का भी समाज का एक महत्वपूर्ण आधार माना है। सामूहिक रूप से कार्य करने की प्रणालियां संस्थाएं कहलाती हैं। इन्हीं संस्थाओं के माध्यम से व्यक्ति अपनी आवश्यकताओं की पूर्ति करते हैं। व्यक्तियों द्वारा की जाने वाली क्रियाएं इन कार्यप्रणालियों के अनुरूप होती है। क्रियाएं इन कार्यप्रणालियों से नियंत्रित होती है। प्रत्येक समाज की आवश्यकताएं भिन्न-भिन्न होती है इसलिए उनकी कार्यप्रणालियों में भी भिन्नता दिखाई देती है जैसे-हिन्दुओं के विवाह की कार्यप्रणालियां मुसलमानों की कार्यप्रणाली से भिन्न है।

3. अधिकार -अधिकार को भी समाज का प्रमुख आधार माना है। प्रत्येक समाज में सामाजिक सम्बन्धों को व्यवस्थित करने के लिए अधिकार की व्यवस्था होती है। समाज में व्यक्तियों के व्यवहार पर अंकुश दिए जाते हैं, जिससे समाज में शांति स्थापित की जा सके। गांव में सरपंच, परिवार में मुखिया के पास, राज्य में राजा के पास अधिकार होता है। आधुनिक जटिल समाजों में यह सत्ता (अधिकार) कार्यपालिका तथा न्यायपालिका के पास होती है जिससे यह राज्य में व्यवस्था को सही तरह से संचालित कर सके।

4. पारस्परिक सत्ता -समाज एक ऐसी व्यवस्था है जो पारस्परिक सहायता पर ही आधारित है। इसलिए इसे महत्वपूर्ण आधार माना है। मनुष्य आवश्यकताओं का गुलाम है और वह अपनी आवश्यकताओं की पूर्ति के लिए एक-दूसरे से सहायता प्राप्त करता है। इसलिए समाज में जितनी अधिक मात्रा में यह सहायता होगी उतनी ही समाज की प्रगति अधिक होगी, आज पारस्परिक सहयोग का दायरा बढ़ जाने से समाज का आकार भी काफी बढ़ गया है।

5. समाज और विभाग -समाज कोई अखंड व्यवस्था नहीं है बल्कि समाज अनेक समूहों और विभागों से मिलकर बनी व्यवस्था है। इन समूहों, समितियों, संगठनों आदि के द्वारा व्यक्ति अपनी विभिन्न आवश्यकताओं की पूर्ति करता है। मैकाइवर के अनुसार ये समूह और विभाग परिवार, क्रीड़ा, स्कूल आदि हैं जिनसे समाज बनता है। ये जितने अधिक संगठित होंगे, समाज

उतना ही संगठित होगा।

6. मानव व्यवहार के नियंत्रण –समाज में मानव व्यवहार और सामाजिक सम्बन्धों के नियंत्रण की व्यवस्था भी होती है जिससे समाज स्थिरता प्राप्त करता है। इसलिए व्यक्तियों और समूहों के व्यवहार पर नियंत्रण रखना अत्यन्त आवश्यक होता है। अगर समाज में व्यक्तियों को स्वच्छन्द स्वतंत्र छोड़ दिया जाए तो कल्पना की जा सकती है कि फिर समाज नहीं होगा, कुश्ती का मैदान बन जाएगा। व्यक्ति-व्यक्ति के मार्ग में रुकावट डालेगा इसलिए स्वतंत्र व्यवहार पर अंकुश लगाने के लिए नियंत्रण आवश्यक है। यह नियंत्रण दो प्रकार से किया जा सकता है-एक औपचारिक नियंत्रण जिसमें कानून और शिक्षा के माध्यम से नियंत्रण किया जाता है। दूसरा औपचारिक नियंत्रण जिसमें परिवार, धर्म, प्रथाएं, परम्पराएं, रूढ़ियां आदि से नियंत्रण किया जाता है। जिससे मानव के सामाजिक सम्बन्धों को व्यवस्थित किया जा सकता है।

7. स्वतंत्रता –मैकाइवर के अनुसार समाज निर्माण में स्वतंत्रता का भी महत्वपूर्ण स्थान है। एक तरफ समाज में व्यक्तियों के स्वच्छन्द व्यवहार पर अंकुश लगाने के उद्देश्य से नियंत्रण आवश्यक है वहीं दूसरी ओर समाज में संगठन, उन्नति और विकास की दृष्टि से स्वतंत्रता का भी अत्यधिक महत्व है। उदाहरण के रूप में समाज में मौलिक अधिकारों के रूप में व्यक्तियों को अपने विचार प्रकट करने की स्वतंत्रता, अपने इच्छा के अनुरूप व्यवसाय चुनने की स्वतंत्रता आदि। परन्तु स्वतंत्रता का यह अर्थ नहीं है कि एक व्यक्ति अपनी इचछा की पूर्ति के लिए दूसरों के मार्ग में बाधा प्रस्तुत करे।

मैकाइवर के अनुसार उपयुक्त सात तत्व समाज के मुख्य आधार हैं जो सामाजिक सम्बन्धों के निर्माण और विकास के लिए आवश्यक है। मैकाइवर ने समाज को सामाजिक सम्बन्धों की एक जटिल व्यवस्था बताया है जो स्थिर नहीं है बल्कि सतत परिवर्तनशील है। इनमें होने वाले परस्पर परिवर्तन से सामाजिक सम्बन्धों में परिवर्तन होते हैं जिससे समाज में भी तेजी से परिवर्तन होने लगते हैं।

समाज और एक समाज

समाज और एक समाज शब्द को समाजशास्त्र में भिन्न अर्थो में प्रयुक्त किया गया है। समाज को समाजशास्त्र में सामाजिक सम्बन्धों के जाल के रूप में स्पष्ट किया गया है। समाज को समाजशास्त्र में सामाजिक सम्बन्धों के जाल के रूप में स्पष्ट किया गया है। इसके विपरीत जब समाज

की व्याख्या व्यक्तियों के समूह या संग्रह के रूप में की जाती है तो वह एक समाज कहलाता है जैसे भारतीय समाज, गुजराती समाज आदि। यहां पर समाज से हमारा तात्पर्य भारत या गुजरात में रहने वाले एक विशेष व्यक्तियों के समूह से है।

एक समाज के अर्थ को निम्न प्रमुख विद्वानों ने अपनी परिभाषाओं के द्वारा इस प्रकार स्पष्ट किया है-

रयूटर लिखते हैं कि समाज से भिन्न एक समाज कोई भी ऐसा संगठन है जिसके माध्यम से व्यक्ति अपना जीवन व्यतीत करते हैं।''

मेंजर ने भी लगभग इसी अर्थ में एक समाज की व्याख्या की है वे कहते हैं कि एक समाज को व्यक्तियों का ऐसा समूह समझा जा सकता है जो कुछ सामान्य क्रियाओं में जागरुक होकर भाग लेते हैं।''[2]

गिन्सबर्ग के अनुसार एक समाज कुछ सम्बन्धों और व्यवहारों के द्वारा सम्बन्धित व्यक्तियों का ऐसा संग्रह है जो उनको कुछ ऐसे व्यक्तियों से पृथक करता है जो इन सम्बन्धों से सम्बन्धित नहीं है अथवा जिनका व्यवहार इनसे भिन्न है।''

ग्रीन ने भी एक समाज के अर्थ को स्पष्ट करते हुए कहा है कि, ''एक समाज वह सबसे बड़ा समूह है जिसका कोई भी व्यक्ति सदस्य होता है। एक समाज, एक जनसंख्या, संगठन, समय, स्थान और अभिरुचि से बना होता है।''

उपर्युक्त परिभाषाओं के आधार पर समाज और एक समाज के अर्थ को स्पष्ट करने के लिए इनमें अंतर किया जा सकता है। अंतर करने के प्रमुख आधार निम्नलिखित हैं-

समाजों का वर्गीकरण

समाजशास्त्र समाज का अध्ययन करता है और समाज का कोई भी अध्ययन तब तक अधूरा है जब तक कि हम समाज के प्रकारों के बारे में जानकारी प्राप्त नहीं कर लें। विभिन्न विद्वानों ने समाज का विभिन्न प्रकार से वर्गीकरण प्रस्तुत किया है। यहां हम कुछ वर्गीकरणों का संक्षेप में उल्लेख कर रहे हैं-

समुदाय

प्रत्येक मनुष्य समाज का सदस्य अवश्य है लेकिन उसका सामाजिक व्यवहार किसी न किसी समुदाय के अन्तर्गत ही होता है। कुछ लोग समाज और समुदाय को एक समझते हैं और इसमें कोई भेद नहीं करते। इसलिए

वे समाज के स्थान पर समुदाय शब्द का प्रयोग करने में संकोच नहीं करते हैं लेकिन समुदाय समाज नहीं है। समुदाय समाज का एक संकुचित रूप है जिसमें व्यक्ति के जीवन का केवल एक ही भाग बीतता है। उसकी सम्पूर्ण संस्कृति का भी केवल एक ही भाग सामुदायिक जीवन में स्पष्ट हो पाता है। इसके विपरीत समाज में सम्पूर्ण जीवन बीतता है। इस प्रकार हम कह सकते हैं कि समाज, समुदायों का एक जटिल रूप है। समाज समुदायों के मिलने से बनता है लेकिन व्यक्ति का समाजीकरण, सामाजिक व्यवहार और सामाजिक नियंत्रण समुदाय में होते हैं।

दुर्खीम का विचार था कि प्राचीन समाज सजातीय होते थे और इनमें समुदाय नहीं पाए जाते थे लेकिन मैलिनोवस्की तथा लोवी ने अपने अध्ययनों से यह सिद्ध कर दिया है कि प्राचीन समाजों में भी समुदाय थे जैसे-स्त्री समुदाय, पुरुष समुदाय, आयु समुदाय और धार्मिक समुदाय।

समुदाय क्या है?

समुदाय से अभिप्राय एक ऐसे व्यक्ति समूह से है जो सामान्य जीवन व्यतीत करने के लिए किसी निश्चित भूभाग पर संगठित किया गया हो। जब हम समुदाय शब्द का प्रयोग करते हैं तो हमारा संकेत उन व्यक्तियों की ओर होता है जो प्राथमिक रूप से तो समाज के सदस्य और उसका निर्माण करने वाले होते हैं, लेकिन सामाजिक जीवन में उनका सम्पूर्ण समय एक विशेष प्रकार के समूह में बीतता है। यह विशेष प्रकार का समूह ही समुदाय है जो समाज का एक अंग है। इसी प्रकार जब हम मनुष्य का मनुष्य के साथ क्या सम्बन्ध है? इसका उल्लेख करते हैं जिनके बीच एक विशेष प्रकार के सम्बन्धों का स्वरूप पाया जाता है तब हम समुदाय शब्द का प्रयोग करते हैं। एक गांव में या एक शहर में या एक कबीले में या एक राष्ट्र में जितने भी व्यक्ति होते हैं वे सब मिलकर एक समुदाय का निर्माण करते हैं, जैसे-ग्रामीण समुदाय, शहरी समुदाय, कबीला समुदाय या भारतीय समुदाय।

समाज में प्रत्येक व्यक्ति का जीवन समुदाय से इस तरह जुड़ा होता है कि व्यक्ति उसी में पैदा होता है और उसी में मर जाता है। समुदाय के सदस्य न किसी विशेष उद्‌देश्य के लिए अपना संगठन बनाते हैं और न किसी विशेष उद्‌देश्य की पूर्ति के लिए कार्य करते पाए जाते हैं। समुदाय तो एक ऐसी सामाजिक इकाई है जो स्वतः ही किसी विशेष स्थान पर बन जाती है और इसके सदस्य सामान्य जीवन व्यतीत करते पाए जाते हैं।

इस प्रकार जब किसी विशेष सीान पर कुछ व्यक्ति सामान्य जीवन व्यतीत करने लगते हैं तो व्यक्तियों का यह समूह समुदाय कहलाने लगता है। इस समुदाय में व्यक्ति की सभी आवश्यकताएं पूरी होती रहती हैं। इनमें लोगों का जीवन सामान्य तथा विभिन्न पहलुओं में एकरूपता पाई जाती है जिसके कारण इनके व्यक्तियों के बीच एक मनोवैज्ञानिक कड़ी भी बन जाती है। यह मनोवैज्ञानिक कड़ी समुदाय के सदस्यों के आचरण को नियंत्रित करती रहती है जिससे धीरे-धीरे समुदाय के व्यक्तियों में हम की भावना का विकास हो जाता है जिसे सामुदायिक भावना भी कहते हैं। इस भावना के परिणामस्वरूप ही यदि बाहरी व्यक्ति इनके सामुदायिक जीवन में बाधा उत्पन्न करने का प्रयास करता है तो ये सब उसका सामूहिक रूप से विरोध करते हैं। कभी-कभी ये सामूहिक भावना बड़े-बड़े गुटों का कारण भी बन जाती है।

समुदाय का विचार पड़ौस से प्रारम्भ होता है और अंत में सम्पूर्ण विश्व तक पहुंच जाता है। इसका कारण बोगार्डस ने अपनी पुस्तक 'सोशियोलॉजी' में स्पष्ट किया है कि प्रारम्भ में व्यक्ति जब जन्म लेता है तो समुदाय की अवधारणा से परिचित नहीं होता। जब वह चलने-फिरने लगता है तो आस-पड़ौस से परिचय बढ़ाता है। इस परिचय से ही उसे धीरे-धीरे समुदाय का अनुभव होने लगता है। बुद्धि और शरीर से विकास के साथ-साथ उसे अधिक बड़े समुदायों के बारे में पता चलता रहता है और इस प्रकार उसकी जानकारी सम्पूर्ण विश्व तक फैल जाती है।

बोडिन ने समुदाय के बारे में विचार व्यक्त किया है कि समुदाय, सभ्यता की सच्ची नैतिक इकाइयां है, क्योंकि इसके अन्तर्गत व्यक्तियों के व्यवहारों पर सीधा नियंत्रण होता है। उसकी भावनाओं का विकास होता है और सामूहिक आदर्शों के प्रति सदस्यता के दृष्टिकोण का निर्माण होता है।

समुदाय का अर्थ और परिभाषा

समुदाय शब्द अंग्रेजी के कम्यूनिटी शब्द का हिन्दी अनुवाद है। यह शब्द दो लैटिन भाषा के शब्द तथा से बना है। का अर्थ तथा का अर्थ अर्थात एक साथ सेवा करने से लगाया जाता है। अतः समुदाय का अर्थ व्यक्तियों के ऐसे समूह से है जो एक निश्चित भू-भाग पर निवास करते हैं तथा अपने सभी लक्ष्यों की पूर्ति के लिए साथ-साथ मिलकर कार्य करते हैं।

किंग्सले डेविस ने समुदाय के अर्थ को स्पष्ट करते हुए कहा है कि समुदाय सबसे छोटा वह क्षेत्रीय समूह है जिसके अंदर सामाजिक जीवन के सभी पहलू आ सकते हैं।"

डेविस ने समुदाय की इस परिभाषा में तीन आधारों की व्याख्या की है–1. व्यक्तियों के समूह, 2. निश्चित भौगोलिक क्षेत्र, 3. सामाजिक जीवन के समस्त पहलू।

मैकाइवर और पेज ने समुदाय के अर्थ को स्पष्ट करते हुए कहा है कि जहां कहीं भी किसी छोटे या बड़े समूह के सदस्य इस प्रकार रहते हो कि वे किसी विशेष हित में भाग नहीं लेकर सामान्य जीवन की आधारभूत दशाओं में भाग लेते हैं तो हम उस समूह को समुदाय कहते हैं। आगे इन्होंने स्पष्ट किया है कि व्यक्ति के सम्पूर्ण जीवन का जो महत्वपूर्ण भाग होता है वह समुदाय में ही बीतता है। व्यक्ति के सम्पूर्ण सामाजिक सम्बन्ध इसी के अन्तर्गत पाए जाते हैं। इन्होंने लिखा है कि समुदाय सामाजिक जीवन का ऐसा क्षेत्र है जिसमें सामाजिक सम्बद्धता कुछ मात्रा में पाई जाती है।

ऑगबर्न और निमकॉफ ने लिखा है कि एक सीमित क्षेत्र में सामाजिक जीवन के सम्पूर्ण संगठन को समुदाय कहा जाता है।

बोगार्डस ने कहा है कि एक समुदाय एक ऐसा सामाजिक समूह है जिसमें कुछ अंशों में हम की भावना पाई जाती है तथा जो एक निश्चित क्षेत्र में रहता है।

किम्बाल यंग के अनुसार समुदाय एक ऐसा समूह है जो एक ही संस्कृति के अधीन एक स्थान अथवा क्षेत्र में रहता है और अपनी प्रमुख क्रियाओं के लिए एक सामान्य भौगोलिक क्षेत्र से ही प्रभावित होता है।

उपयुक्त परिभाषाओं के आधार पर यह कहा जा सकता है कि समुदाय व्यक्तियों का एक विशिष्ट नाम वाला ऐसा समूह है जो किसी एक निश्चित भौगोलिक क्षेत्र में स्वत: ही अंकुरित होता है जिसके सदस्य आपस में घनिष्ठतापूर्वक सम्बद्ध हों, एक सामान्य जीवन व्यतीत करते हुए समूह के सांस्कृतिक और आध्यात्मिक जीवन में पारस्परिक ढंग से भाग लेते हुए हम की भावना विकसित करते हैं।

समुदाय के आवश्यक तत्व

मैकाइवर और पेज ने समुदाय के दो प्रमुख आधारों पर चर्चा की है वे हैं–

1. स्थानीय क्षेत्र
2. सामुदायिक भावना

उपर्युक्त परिभाषाओं की व्याख्या के आधार पर समुदाय के तीन प्रमुख तत्वों को स्पष्ट किया जा सकता है जो निम्न है–

1. व्यक्तियों का समूह
2. निश्चित भौगोलिक क्षेत्र
3. सामुदायिक भावना

1. व्यक्तियों का समूह -समुदाय का प्रमुख आधार व्यक्तियों का समूह है। कोई भी समुदाय उस समय तक समुदाय नहीं कहलाएगा जब तक कि उसमें व्यक्तियों का संग्रह नहीं हो।

2. निश्चित भौगोलिक क्षेत्र -समुदाय के लिए निश्चित भौगोलिक क्षेत्र का होना भी आवश्यक है। बिना निश्चित भौगोलिक क्षेत्र के समुदाय नहीं कहा जाता। एक निश्चित क्षेत्र के कारण ही उस पर रहने वालों में एकता और संगठन पाया जाता है। आज विकास के साथ-साथ व्यक्तियों का पूर्ण रूप से एक ही स्थान पर बंधे रहना संभव नहीं है। सभ्यता और बाहरी निर्भरता के कारण छोटे-छोटे समुदाय बहुत कुछ टूटते जा रहे हैं परन्तु इसके बावजूद भी इसमें स्थानीयता का अभाव नहीं है। यह तो सिर्फ क्षेत्र की सीमाओं का टूटना मात्र है। इस प्रकार आज भी समुदाय की ये विशेषताएं समुदाय की मौलिक विशेषता रही है। गांव, नगर, महानगर, कस्बा, जनजानि, राष्ट्र आदि का अपना एक निश्चित भौगोलिक क्षेत्र है। यद्यपि अनेक ऐसी जनजातियां हैं जो एक स्थान पर स्थाई नहीं रहती उनका स्थान परिवर्तित होता रहता है परन्तु यह परिवर्तन भी एक निश्चित क्षेत्र के भीतर ही होता है इसलिए ऐसे जनजातीय समूह को पृथक समुदाय ही कहा जाएगा।

3. सामुदायिक भावना -स्थानीय निवास के अलावा सामुदायिक भावना भी समुदाय के निर्माण के लिए महत्वपूर्ण है। इस सामुदायिक भावना का अर्थ हम सभी एक है, यह समुदाय हमारा है, हमारा समुदाय अन्य समुदायों से भिन्न है आदि से है। एक निश्चित भौगोलिक क्षेत्र पर निवास करने, समान आवश्यकता रखने, एक ही प्रकार के उत्सवों, त्यौहारों में भाग लेने तथा सामान्य जीवन के समान मूल्यों के कारण ही समुदाय में रहने वालों में एकता की भावना पाई जाती है। इसी भावना को सामुदायिक भावना कहते हैं। छोटे समुदायों में जैसे गांव आदि में लोग एक साथ लम्बे समय तक निवास करते हैं उनके बीच परस्पर अन्तक्रिया नियमित होती रहती है। एक-दूसरे के सुख-दुःख में भाग लेते हैं तथा समान संस्कार होने के कारण उनमें सामुदायिक भावना इतनी दृढ़ नहीं होती फिर भी वे यह जरूर अनुभव करते हैं कि हम सब एक स्थान पर रहने वाले हैं यह घनिष्ठता उस समय स्पष्ट परिलक्षित होती है जब जोधपुर के दो व्यक्ति बम्बई में मिल जाते

हैं या सूरत में। वे दोनों भले ही एक-दूसरे को नहीं भी जानते हों फिर भी एक ही स्थान के होने के कारण उनमें अपनेपन की भावना जागृत हो जाती है। यही बात एक राष्ट्र के दो व्यक्तियों पर भी लागू होती है जो दूसरे राष्ट्र में मिलते हैं। राष्ट्र के प्रति यह भावना कहलाती है।

सामुदायिक भावना की अभिव्यक्ति समुदाय के लोगों द्वारा तीन तरह से की जाती है- 1. हम की भावना की अभिव्यक्ति

2. दायित्व की भावना

3. निर्भरता की भावना

हम की भावना ही व्यक्तियों को एक-दूसरे के साथ उनके सुख-दुख में सहभागी होने को प्रेरित करती है। जैसे-कई बार यह सुनने को मिलता है कि यह हमारा गांव है, इस गांव के सभी सदस्य हमारे अपने हैं। यह राष्ट्र हमारा है और ये सब हमारे हैं। अगर किसी समुदाय के लोगों पर संकट आ जाता है तब यह भावना और प्रबल हो जाती है और व्यक्ति अपने समुदाय के लिए बड़े से बड़ा त्याग कर देता है।

हम की भावना के अलावा दूसरा तत्व है योगदान की भावना। इसका तात्पर्य है कि एक समुदाय के अन्तर्गत रहने वाले यह महसूस करते हैं कि सभी के प्रति, सुदाय के प्रति उनकी भी कुछ जिम्मेदारी है। इसी के कारण समुदाय के कार्यों में भाग लेते हैं और दूसरे सदस्यों की मदद करना अपना उत्तरदायित्व समझते हैं।

निर्भरता की भावना सामुदायिक भावना का एक और महत्वपूर्ण तत्व है। एक समुदाय के सभी सदस्य एक-दूसरे पर निर्भर रहते हैं और वे सभी आवश्यकताओं की पूर्ति के लिए समुदाय पर निर्भर रड़ते हैं। यह निर्भरता की भावना अन्ततोगत्वा सामुदायिक भावना को बढ़ाती है।

जैसे-जैसे राष्ट्र में औद्योगीकरण, नगरीकरण की प्रक्रिया तीव्र हो रही है, संचार के साधनों का विकास हो रहा है, वैसे-वैसे आज सामुदायिक भावना में भी परिवर्तन दृष्टिगत हो रहा है। व्यक्तिवादिता पनप रही है। व्यक्तिगत स्वार्थ अधिक महत्वपूर्ण हो रहे हैं। समुदाय के लोगों के पारस्परिक सम्बन्ध कम होने के साथ समुदायों के पारस्परिक सम्बन्ध बढ़ने लगे हैं। समुदाय में निर्भरता की भावना में भी कमी आई है जिसका अर्थ यह है कि सामुदायिक भावना कम हो रही है।

समुदाय की विशेषताएं (लक्षण)

विभिन्न विद्वानों की समुदाय से सम्बन्धित परिभाषाओं तथा विचारों

के निष्कर्ष के आधार पर समुदाय की निम्नलिखित प्रमुख विशेषताएं स्पष्ट कर सकते हैं-

1. व्यक्तियों का समूह -अधिकांश विद्वानों का यह मत है कि समुदाय की पहली विशेषता का लक्षण व्यक्तियों का एक समूह होना है। जैसे ही हम समुदाय शब्द का प्रयोग करते हैं वैसे ही हमारे समक्ष उनके आपसी सम्बन्धों की बात नहीं आती, बल्कि हम उन मनुष्यों के बारे में सोचते हैं कि जो किसी प्रकार के सामाजिक सम्बन्धों को जन्म देते हैं या किसी विशेष प्रकार के व्यवहार करते पाए जाते है। यदि हम समुदाय शब्द से किसी विशेष स्थान या क्षेत्र का बोध करें तब भी हमें व्यक्तियों के समूह को समुदाय का आवश्यक तत्व मानना पड़ेगा क्योंकि जब तक व्यक्ति नहीं होंगे तब तक उस स्थान या क्षेत्र का कोइ महत्व नहीं होगा।

2. स्थानीयता -यह समुदाय की दूसरी प्रमुख विशेषता है। स्थानीयता का अभिप्राय किसी निश्चित भूभाग या क्षेत्र से है। मैकाइवर ने स्थानीयता को समुदाय की आवश्यक विशेषता तथा तत्व मानते हुए कहा कि किसी स्थान विशेष का वहां के निवासियों के जीवन पर विशेष प्रभाव पड़ता है। यदि हम यह मानते है कि समुदाय के व्यक्तियों का जीवन एक सा होता है और वे एक निश्चित व्यवस्था में बंधे रहते हैं तो हमें यह भी मानना होगा कि वे एक निश्चित भूभाग में रहते है क्योंकि एक सा जीवन, एक सी प्रथाएं, एक से विचार, एक सी संस्कृति ये सभी बातें एक सामान्य भौगोलिक क्षेत्र पर रहकर ही संभव हो सकती हैं।

मैकाइवर ने स्थानीयता की महत्ता पर प्रकाश डालते हुए कहा कि विस्तृत रूप में समुदाय की धारणा का महत्व यह है कि यह सामाजिक संयोग और भौगोलिक क्षेत्र के बीच आवश्यक सम्बन्ध स्थापित कर देती है। सामाजिक सम्बन्धों और प्रादेशिक निवास के सम्बन्ध में सभ्यता कैसे भी परिवत्रन क्यों न ला दे लेकिन फिर भी स्थानीयता के आधारभूत तत्व को भुलाया नही जा सकता है।

3. सामान्य जीवन -समुदाय की तीसरी विशेषता सामान्य जीवन है। एक समुदाय के व्यक्ति सामान्य जीवन व्यतीत करते हैं। एक समुदाय का जीवन सम्पूर्ण संस्कृति का ही भाग होता है। समुदाय के वयक्ति सम्पूर्ण समाज की संस्कृति के अनुरूप ही अपने व्यवहार को ढालते हुए एक विशेष प्रकार का जीवन व्यतीत करते है। इस जीवन में व्यक्तिगत विशिष्टता नहीं

होती बल्कि सभी सदस्यों का जीवन सामान्य होता है। व्यक्ति स्वतः ही समुदाय की व्यवस्था अनुभव करते हैं और उसको बनाए रखने के लिए स्वभाविक रूप से व्यवहार करते हैं और उसको बनाए रखने के लिए स्वभाविक रूप से व्यवहार करते हैं। समुदाय का महत्वपूर्ण जीवन बिना किसी योजना के ही गतिशील रहता है। समुदाय का महत्वपूर्ण जीवन बिना किसी योजना के ही गतिशील रहता है। समुदाय के व्यक्तियों में ऊंच-नीच की भावना नहीं पनपती। सभी व्यक्ति अपने को एक समुदाय का अंग मानते हुए समुदाय को बनाए रखने के लिए उसी प्रकार कार्य करते हैं जैसे दूसरे सदस्य कार्य करते हैं। ग्रीन ने इस विशेषता को समुदाय का आधारभूत तत्व माना है।

4. सामुदायिक भावना -सामुदायिक भावना का होना ही समुदाय की प्रमुख विशेषता है। केवल व्यक्तियों का एक स्थान पर निवास करना ही समुदाय नहीं कहलाएगा, जब तक कि उसमें हम की भावना या सामुदायिक भावना उपस्थित नहीं हो। एक समुदाय के सदस्यों का जीवन तभी सामान्य कहा जाएगा जब उसमें एक-दूसरे के साथ मिलकर काम करने, एक-दूसरे के सुख-दुःख में भाग लेने की प्रवृत्ति पाई जाए। इसी भावना के आधार पर उनके सामुदायिक जीवन में दृढ़ता आती है। समुदाय को हानि पहुंचाने वाले तत्वों का मिलकर बलपूर्वक सामना करते हैं।

वास्तव में सामुदायिक भावना हम भावना ही वह आधार है जिसके ऊपर समुदाय का वास्तविक स्वरूप निर्मित किया जाता है। इस भावना के अभाव में सब कुछ होते हुए भी व्यक्तियों के समूह को समुदाय नहीं कहा जा सकता। मैकाइवर और बोगार्डस ने हम की भावना को समुदाय की आध ारभूत विशेषता माना है।

5. स्वतः जन्म -समुदाय की एक विशेषता ये भी है कि इसका जन्म स्वतः होता है न कि किसी योजना या समझौते के द्वारा। प्रारम्भ में कुछ व्यक्ति किसी विशेष स्थान पर आकर बस जाते हैं। धीरे-धीरे वहां कुछ और व्यक्ति भी आकर बस जाते हैं। सभी व्यक्ति एक-दूसरे के सुख-दुःख में भाग लेते हैं और सामान्य जीवन व्यतीत करते हैं। कुछ समय बाद उनमें सामुदायिक भावना का विकास हो जाता है। इस प्रकार इस व्यक्ति समूह को समुदाय कहते हैं। इसके सदस्य इस समुदाय में ही जन्म लेकर इसी में मर जाते हैं। गांव, नगर, राष्ट्र, समुदाय के ऐसे उदाहरण है जिनका जन्म स्वतः हुआ है न कि इन्हें जानबूझकर बनाया गया है।

6. विशिष्ट नाम –एक समाज में अनेक समुदाय होते है, लेकिन एक समुदाय दूसरे समुदाय से भिन्न होता है तथा इन्हें विशिष्ट नामों से पहचाना जाता है। नाम रखने की परम्परा ने समुदाय की सामुदायिक भावना को दृढ़ करने में काफी मदद की है। समुदाय का नाम ले4ते ही उसमें एक विशेष प्रकार का उद्वेग पैदा हो जाता है जो कि समुदाय में सर्वत्र पाया जाता है। समुदाय के विशिष्ट नाम में एक ऐसी शक्ति छिपी होती है जो अदृश्य रूप में समुदाय के व्यक्तियों को एक सूत्र में बांधती रहती है। उदाहरणार्थ यदि एक समुदाय का व्यक्ति **किसी** अज्ञात प्रदेश में जाए तो वहां अपने समुदाय का नाम बताए तो उस समुदाय के अन्य व्यक्ति उस समुदाय का नाम समुनते ही उस व्यक्ति को गले लगाते है और उसे हर प्रकार की सुविधाएं प्रदान करके समुदाय के प्रति अपने अपनत्व का परिचय देते है।

समुदायों के कुछ उदाहरण

जहां तक किसी गांव, कस्बा, नगर या महानगर, राष्ट्र या जनजाति को समुदाय कहना हो तो बड़ी सुगमता के साथ हम यह कह देते है कि वे सभी समुदाय है लेकिन कई बार हमारे सामने कुछ ऐसे समूह भी आते हैं जिन्हें देखकर यह भ्रम उत्पन्न होता है कि क्या इन्हें समुदाय कहें या नहीं? ऐसे ही कुछ समूहों का वर्णन नीचे दिया गया है-

क्या पड़ौस एक समुदाय है?

पड़ौस के प्रायः दो प्रकार होते हैं एक तो वे पड़ौस जो गांवों और आदिम समाजों में पाए जाते हैं जबकि दूसरे वे पड़ौस जो आधुनिक नगरों में देखने को मिलते है। गांवों और जनजातीय समुदाय में पाए जाने वाले पड़ौस में स्थानीयता के साथ परस्पर भागीदारी, सामुदायिक भावना आदि समुदाय के तत्व पाए जाते हैं इसलिए ऐसे पड़ौस को समुदाय कह सकते है लेकिन नगरों, महानगरों में पाए जाने वाले पड़ौस में स्थानीयता तो होती है परन्तु वहां के लोग एक-दूसरे को जानते तक नहीं इसलिए न तो सामाजिक जीवन में भागीदारी होती है और न ही सामुदायिक भावना ही। यहां तक कि एक-दूसरे के सुख-दुःख में भाग तक नहीं लेते। इसलिए नगरीय पड़ौस को समुदाय नहीं माना जा सकता।

क्या जाति एक समुदाय है

प्रायः बोलचाल में जाति को एक समुदाय माना जाता है। इसका कारण यह है कि इसमें समुदाय की कुछ विशेषता जैसे हम की भावना पाई जाती है। जाति व्यक्तियों का एक समूह, जाति किसी विशिष्ट उद्देश्य को

लेकर भी नहीं बनती, जाति में पारस्परिक भागीदारी होती है लेकिन इतनी विशेषताओं के बावजूद समुदाय का एक तत्व निश्चित भूभाग का इसमें अभाव होता है। जाति के सभी सदस्य एक ही स्थान पर रहते हों ऐसा आवश्यक नहीं है बल्कि एक ही जाति के सदस्य अलग-अलग क्षेत्रों में रहते हैं। इस कारण से जाति एक समुदाय नहीं है। मैकाइवर ने भी जाति को समुदाय नहीं माना है।

क्या जेल एक समुदाय है

समाजशास्त्रियों में जेल को लेकर मतभेद है। कुछ समाजशास्त्री जैसे मैकाइवर और पेज जेल को समुदाय मानते हैं। वे कहते हैं कि जेल व्यक्तियों का एक समूह है, जो एक निश्चित भौगोलिक क्षेत्र में रहते हैं, सामुदायिक भावना भी होती है। इनका बहुत कुछ जीवन भी एक सा होता है ये एक से नियमों का पालन करते हैं। इसलिए मैकाइवर जेल को समुदाय मानते हैं। जबकि कुछ ऐसे भी समाजशास्त्री हैं जो जेल को समुदाय नहीं मानते हैं जबकि कुछ ऐसे भी समाजशास्त्री हैं जो जेल को समुदाय नहीं मानते है वे कहते है कि जेल का कार्य क्षेत्र बहुत सीमित होता है। इसका निर्माण स्वतः नहीं होता बल्कि योजनाबद्ध तरीके से यह बनाया जाता है। जेल में व्यक्ति के जीवन के सभी पक्षों की अभिव्यक्ति भी संभव नहीं है इसलिए इसे समुदाय नहीं माना जा सकता है। जेल तो समुदाय का एक अंग है।

समुदाय और समाज में अंतर

साधारणतया समुदाय और समाज दोनों को एक मान लिया जाता है लेकिन ये सही नहीं है। समाज और समुदाय की व्यवस्था के बाद इन्हें एक-दूसरे को समान मानना गलत है क्योंकि इनमें मौलिक भेद है। उन्हें निम्न आधारों पर स्पष्ट किया जा सकता है-

1. समाज और समुदाय दोनों का निर्माण पारस्परिक सम्बन्धों से होता है लेकिन समाज के सम्बन्धों में समरूपता और विषमरूपता दोनों ही तत्व पाए जाते हैं और संस्थाओं को भी सम्मिलित करते हैं, जो परस्पर विरोधी हों। जबकि समुदाय के सम्बन्धों में केवल समरूपता का गुण ही होता है तथा इसमें परस्पर विरोधी व्यक्तियों और संस्थाओं को सम्मिलित नहीं किया जाता है।

2. समाज के सदस्यों का जीवन सामान्य भी हो सकता है और विशिष्ट भी।समुदाय के व्यक्तियों का जीवन आवश्यक रूप से सामान्य ही होता है।

3. समाज के एक या अनेक उद्देश्य हो सकते है जिनको समाज के सदस्य चेतन तथा अचेतन दोनों रूपों में पूरा करते हैं। जबकि समुदाय का एक समान उद्देश्य होता है जिसको समुदाय के सदस्य अचेतन रूप में पूर्ण करते दिखाई देते हैं।

4. समाज के निर्माण के लिए किसी निश्चित भूभाग की आवश्यकता आवश्यक शर्त नहीं है।एक समुदाय के निर्माण के लिए निश्चित भूभाग एक आवश्यक कार्य है।

5. समाज में यदि सामुदायिक भावना के नहीं रहने पर भी कुछ व्यक्ति सामाजिक सम्बन्धों को स्थापित करके समाज का निर्माण करते हैं। लेकिन समुदाय में सामुदायिक भावना अनुपस्थित हो तो समुदाय के अस्तित्व की कल्पना ही नहीं कर सकते।

6. समाज में संगठन होता है लेकिन यह आवश्यक नहीं कि ये संगठन समाज के सभी व्यक्तियों को एक सूत्र में पिरो दे क्योंकि एक-दूसरे के शत्रु भी समाज रूपी संगठन के अंग होते हैं। लेकिन समुदाय में संगठन का होना अति आवश्यक है क्योंकि इस संगठन के द्वारा ही समुदाय के सदस्य सामान्य जीवन और सामुदायिक भावना के आधार पर परस्पर सम्बद्ध होते हैं।

7. समाज में मनुष्य का समस्त जीवन व्यतीत होता है तथा समाज में मनुष्य समाज की सम्पूर्ण संस्कृति में भाग लेता है। जबकि समुदाय में मनुष्य के जीवन का केवल कुछ भाग व्यतीत होता है और इसमें संस्कृति का केवल एक भाग ही स्पष्ट हो पाता है।

8. समाज एक विस्तृत तथा व्यापक धारणा है तथा समाज में एक से अधिक समुदाय होते हैं। जबकि समुदाय एक संकुचित और सीमित धारणा है जिसमें केवल एक ही समुदाय होता है।

9. प्रत्येक समाज समुदाय नहीं बन सकता। जबकि प्रत्येक समुदाय समाज बन सकता है।

10. समाज का निर्माण संसार में पहले हुआ है। जबकि समुदाय का निर्माण समाज के बाद होता है।

11. समाज शब्द में जिन बातों का बोध होता है वे अमूर्त हैं। इसलिए समाज एक अमूर्त अवधारणा है। जबकि समुदाय शब्द से जिन बातों का बोध होता है वे मूर्त हैं क्योंकि समुदाय व्यक्तियों के एक विशेष संगठन की ओर संकेत करता है अतः समुदाय एक मूर्त अवधारणा है।

5

संत एक्विनास का राजनीतिक मूल्यांकन

थॉमस ऐक्विनास का मुख्य योगदान इस बात में है कि उन्होंने ईसाई धर्म में अरस्तू की तार्किकता का प्रवेश किया। अरस्तू के तर्क व बौद्धिकता द्वारा प्रकाशित होकर, धार्मिक विश्वास और अधिक विश्वसनीय व स्वीकार्य बना और इस प्रकार वे सब सन्देह समाप्त हो गये, जो बारहवीं शताब्दी के अन्त के बुद्धिजीवियों को उद्वेलित कर रहे थे। परन्तु थॉमस ऐक्विनास राजनीतिक विचारशैली की दो प्रवृत्तियों में सामंजस्य स्थापित करने से आगे नहीं बढ़ सके तथा राज्य व सरकार विषयक किसी सिद्धान्त का प्रतिपादन उन्होंने नहीं किया। फिर भी वे ईसाई धर्म के और अधिक प्रबल समर्थक के रूप में उदित हुए तथा राज्य के विरुद्ध चर्च के हित की रक्षा की। कोई साधारण सफलता नहीं थीं, क्योंकि चर्च व राज्य के विवाद में चर्च की हार हो रही थी। यूरोप की राजनीति में चर्च की पुनर्मान्यता मुख्यत: ऐक्विनास के कारण हुई। धार्मिक व राजनीतिक अधिकारियों के बीच के विवाद में उन्होंने बीच की स्थिति अपनायी तथा वे एक मध्यमार्गी पोपवादी के रूप में रहे। वास्तव में राजनीतिक अधिकार के बढ़ते हुए प्रभाव तथा चर्च के अधिकार के विरुद्ध उसे प्राप्त जन-समर्थन को वे समझते थे। अत: अरस्तू के राजनीतिक दर्शन का प्रयोग करके उन्होंने अत्यन्त शान्त ढंग से राज्य को चर्च के अधीन करने में सफलता प्राप्त की। इसमें उन्हें सफलता इसलिए मिली क्योंकि, "**उन्होंने ईश्वर, प्रकृति तथा मनुष्य की एक ऐसी तर्कपूर्ण व्यवस्था की सृष्टि की, जिसमें समाज व नागरिक अधिकार को उचित स्थान मिलना सम्भव था।**" मध्यकाल की राजनीतिक विचार-शैली की मूल बातों को उन्होंने नहीं बदला, पर उन्हें लोगों के लिए स्वीकार्य बना दिया और इस प्रकार यूरोप में राजनीतिक विचारधारा के विकास का मार्ग प्रशस्त किया।

थॉमस ऐक्विनास का महानतम योगदान विधि के क्षेत्र में हुआ है। यद्यपि इस क्षेत्र में भी यह नहीं कहा जा सकता कि उन्होंने किसी नये सिद्धान्त का प्रतिपादन किया, फिर भी भौतिक व आध्यात्मिक विधियों में उचित सम्बन्ध स्थापित करने में उन्होंने सफलता अवश्य प्राप्त की । इस सम्बन्ध में यह आलोच्य है कि उनके द्वारा 'प्रकृति' शब्द का प्रयोग भ्रमोत्पादक ढंग से हुआ है। प्राकृतिक विधि का कोई सम्बन्ध प्रकृति के नियमों से नहीं है, पर अनेक स्थानों पर ऐसा प्रतीत होता है कि उसका संकेत उन भौतिक नियमों से है, जो मनुष्य के नियन्त्रण से पूरी तरह बाहर होते

हैं। उनके द्वारा किया हुआ शाश्वत विधि व ईश्वरीय विधि का समर्थन किसी धर्मभक्त को स्वीकार्य हो सकता है, पर किसी तार्किक मस्तिष्क के लिए किसी पुजारी के शब्दों को ईश्वर की इच्छा मानना कठिन होगा।

ऐक्विनास का प्रभाव

ऐक्विनास ने यूरोप के राजनीतिक चिन्तन में अरस्तू को पुन: प्रविष्ट किया तथा इससे इन्कार नहीं किया जा सकता कि बाद की यूरोप की राजनीतिक विचारधारा पर अरस्तू की बौद्धिकता तथा इसके संवैधानिक दृष्टिकोण का प्रभाव स्पष्ट दिखाई देता है। उन्होंने विधि के औचित्य की पुनर्स्थापना की तथा विधि के औचित्य का उनका समर्थन उसके क्रमिक शृंखलाबद्ध वर्गीकरण के अतिरिक्त भी राजनीतिक चिन्तन के लिए उनकी एक महान देन है। उन्होंने वस्तुतः प्राचीन व अर्वाचीन के बीच की एक वास्तविक विभाजन रेखा प्रस्तुत की। उन्होंने निश्चय ही अगस्तीन प्रेरित ईसाई धर्म को अरस्तू प्रेरित बनाया। इस सम्बन्ध में उन्होंने पहला काम विश्वास व विवेक का पृथक्करण किया और दूसरा इन्द्रियों को मानव ज्ञान का स्रोत घोषित किया और यह उन्होंने अरस्तू के प्रभाव के परिणामस्वरूप ही किया। विश्वास व विवेक तथा मानव ज्ञान व ईश्वरीय ज्ञान के बीच सामंजस्यपूर्ण सम्बन्ध स्थापित करके, थॉमस ऐक्विनास ने मध्यकालीन राजनीतिक चिन्तन के लिए ऐसा मार्ग प्रशस्त कर दिया, जिससे बाद में वह आधुनिक विचारों तक आ सका। वस्तुस्थिति यह होते हुए भी यह स्मरणीय है कि उनके समय में अथवा उसके बाद तुरन्त उनके विचारों को लोगों ने स्वीकार नहीं किया और राज्य व चर्च दोनों के समर्थकों द्वारा उस पर वैचारिक आक्रमण किया गया, यद्यपि बाद में यही उनके विचारों की स्वीकृति का मूल आधार बना।

एक्विनास के अनुसार मनुष्य की प्रकृति

एक्विनास की रचनाओं का एक विशेष उद्देश्य एक शक्तिशाली निरंकुश राजतन्त्र का औचित्य सिद्ध करना था। उन्होंने इस उद्देश्य की सिद्धि के लिये एक नवीन ढंग अपनाया। उन्होंने मनोवैज्ञानिक आधार पर मनुष्य की प्रकृति का अध्ययन करके यह प्रतिपादित किया कि उसकी प्रकृति के अनुसार उसका कल्याण एक शक्तिशाली निरंकुश राजतन्त्र में रहने से ही हो सकता है। 'लेवियेथन' के प्रथम चार अध्यायों में उन्होंने मनुष्य के स्वभाव का ही विवेचन किया है।

मानव प्रकृतिक के विकृत पक्ष का प्रतिपादन– एक्विनास ने मनुष्य के स्वभाव के विषय में कहा है कि स्वार्थी, दुष्ट, युद्ध-प्रिय तथा भीरु प्राणी होता है। इसमें सन्देह नहीं कि एक्विनास ने मानव प्रकृति के विकृत पक्ष को ही उसकी प्रकृति का मुख्य पक्ष बताया है पर एक्विनास ने अपने तार्किक मनोवैज्ञानिक विचारों के आधार पर यह सिद्ध करने का प्रयत्न किया है कि मनुष्य की प्रकृति का यही सही पहलू है। उन्होंने यह कहा है कि मनुष्य के स्वभाव का इस प्रकार का वर्णन उन्होंने इसलिए नहीं किया है कि मनुष्य जाति से उन्हें कोई द्वेष है, वरन् उनका कहना था कि मनुष्य प्रकृति वस्तुतः ऐसी ही है तथा किसी भी व्यक्ति द्वारा निष्पक्ष अध्ययन किये जाने पर निष्कर्ष यही निकलेगा।

एक्विनास का प्रतिपादन है कि मनुष्य के सब कृत्यों के मूल में भय तथा स्वार्थ ही प्रेरक शक्ति होते हैं। इस दृष्टि से मनुष्य पशुओं जैसा ही होता है। पर उसमें चूँकि विवेक होता है, अत: उन कार्यों से बचता है, जिनके कारण उसे भयभीत होना पड़े तथा वह उन कार्यों को करता है, जिनसे उनका स्वार्थ पूरा हो। एक्विनास ने मनुष्य के कृत्यों को 'प्रयत्न' कहकर पुकारा है तथा यह कहा है, "**यह प्रयत्न जब उस वस्तु की (प्राप्ति की) ओर होता है, जिसके कारण वह प्रयत्न होता है, तो उसे वासना या इच्छा (आकर्षण) कहा जाता है तथा जब वह प्रयत्न उस वस्तु के विपरीत ओर होता है, तो उसे घृणा (या विकर्षण) कहा जाता है।**"[1] मनुष्य को संसार के पदार्थ या तो आकर्षित करते हैं या वे उसे विकर्षित करते हैं तथा आकर्षण को मनुष्य की इच्छा कहा जाता है और विकर्षण को घृणा कहा जाता है। एक्विनास का मत है कि मनुष्य के सब कार्यों के मूल में उसका यह आकर्षण व विकर्षण होता है। वह सामान्यत: उन कार्यों को करना चाहता है, जिनकी ओर वह आकर्षित होता है अर्थात जिनका करना उसे अच्छा लगता है तथा वह उन कार्यों के करने से बचना चाहता है, जिनसे उसे विकर्षण होता है अर्थात जिनके करने में उसे घृणा का अनुभव होता है। एक्विनास के स्वयं के शब्द इस सम्बन्ध में ये हैं कि "**जो वस्तुएँ उसकी इच्छा की पूर्ति करने वाली होती हैं, उन्हें वह अच्छा कहता है तथा जिन वस्तुओं से उसे घृणा होती है या जिनसे वह बचता है, उन्हें वह बुरी कहता है।**"[2] अच्छे या बुरे की इन्हीं भावनाओं व संवेगों के कारण मनुष्य कुछ न कुछ करते हुए गतिशील बना रहता है। अपने कार्यों द्वारा इच्छित वस्तु को प्राप्त कर लेने से मनुष्य को आनन्द की प्राप्ति होती है तथा इस प्रकार प्राप्त आनन्द स्थायी बना रहे, इसके लिए वह अपनी इच्छा की वस्तु को प्राप्त करके उसे सदा अपने पास रखने के लिए प्रयत्नशील रहता है।

एक्विनास ने मनुष्य को आसूरी वृत्ति वाला प्राणी माना है और यह प्रतिपादित किया है कि (1) प्रकृतित: वह स्वार्थी होता है, (2) उसकी इच्छाएँ अनन्त होती हैं, (3) उसमें अन्यों से भयभीत रहने की प्रवृत्ति होती है, (4) उसमें बड़ी प्रबल अहं भावना होती है, (5) वह आत्म रक्षा के लिए सदा चिन्तित रहता है, (6) उसके लिए अपने को सबसे अधिक शक्तिशाली बनाने का इच्छुक रहता है, और (7) अपने को सबसे अधिक शक्तिशाली बनाने के अपने उद्देश्य की पूर्ति के लिए ऐसी ही प्रकृति वाले अन्य मनुष्यों के साथ संघर्षरत रहता है। एक्विनास ने मनुष्य में दया जैसे एकाध दैवी गुणों का अस्तित्व भी माना गया है, पर इसका कारण भी एक्विनास ने मनुष्य की स्वार्थ भावना को माना है। उनके अनुसार मनुष्य जब किसी दु:खी व्यक्ति को देखता है, तो उसके हृदय में यह भय उत्पन्न होता है कि कहीं उसकी भी वैसी ही दशा न हो। इस भय से अपने भीतर क्लेश का अनुभव होता है और यही उसकी दशा का मूल होता है। धर्म का पालन भी एक्विनास के अनुसार मनुष्य इसलिए करता है, क्योंकि उसे उसके पालन में अपने स्वार्थ की भावना की सम्भावना दिखाई देती है। एक्विनास के विचार के अनुसार इस प्रकार मूल रूप से मनुष्य स्वार्थी व आसुरीवृत्ति वाला है तथा अपने स्वार्थों की सिद्धि के उद्देश्य के हेतु शक्ति संचय

करने की उसकी इच्छा इतनी प्रबल होती है कि उसके कारण उसकी शान्तिप्रियता समाप्त हो जाती हैं। शक्ति संचय की उसकी इच्छा ऐसी होती है कि उसकी समाप्ति केवल मनुष्य की मृत्यु के साथ ही होती है। एक्विनास के मतानुसार, इस प्रकार सभी मनुष्य मुख्यत: स्वार्थी, अहंकारी, ले तथा एक-दूसरे के प्रतिद्वन्द्वी होते हैं तथा दया, सहानुभूति, प्रेम, परोपकार तथा सहयोग आदि सद्‌गुणों का साधारणत: उनमें अभाव होता है और कभी भी यदि सद्‌गुणों का उनमें उदय होता भी है, तो वह उनके किसी स्वार्थ की सिद्धि के उद्देश्य से ही होता है।

एक्विनास के अनुसार मनुष्य की प्राकृतिक अवस्था

एक्विनास ने मनुष्य की प्रकृति की जो कल्पना की है, उसके प्रसंग में एक स्वाभाविक प्रश्न उठता है कि मनुष्य का जीवन क्या हो सकता है, जिसमें वह अपनी उस प्रकृति के अनुसार रहे, जिसकी कल्पना एक्विनास ने की है। मनुष्य के जीवन की उस दशा को, जिसमें किसी सर्वमान्य शक्ति के अस्तित्व के कारण मनुष्य की प्राकृतिक प्रवृत्तियों को अनियन्त्रित रूप से खुलकर खेलने का अवसर मिले, एक्विनास ने प्राकृतिक अवस्था (The State of Nature) कहा है, जिसकी प्रमुख विशेषताएँ उनके अनुसार निम्न प्रकार से हैं :

1. सबके द्वारा मनमानी करने की स्थिति-इस अवस्था में एक्विनास के अनुसार परिस्थितियाँ ऐसी होती हैं कि एक मनुष्य को एक दूसरे मनुष्य का अस्तित्व असह्य होता है, क्योंकि उसके कारण उसे अपनी इच्छाओं को पूरी तरह सन्तुष्ट करने का अवसर प्राप्त नहीं होता। एक्विनास के अनुसार इस अवस्था में स्थिति ऐसी होती है कि प्रत्येक मनुष्य वही चाहता है, जो दूसरा मनुष्य चाहता है और इस कारण सब मनुष्य एक दूसरे से आगे बढ़कर अपनी-अपनी इच्छाओं व आवश्यकताओं को पूरा करना चाहते हैं। इस स्थिति की यह विशेषता होती है कि उसका सम्बन्ध किसी एक समय विशेष से नहीं होता, वरन् उसका रूप एक स्थायी स्थिति का होता है, क्योंकि मनुष्य की इच्छाओं की असीमितता के कारण उनकी पूर्ति के प्रयत्नों की प्रक्रिया भी अनवरत होती है। एक्विनास का मत है कि मनुष्य एक दूसरे को नीचा दिखाने का प्रयत्न करते हैं, क्योंकि, **''मनुष्य अपनी तुलना दूसरे मनुष्यों से करने में बड़ा आनन्द लेता है और वह अपनी प्रसिद्ध के अतिरिक्त और कुछ भी पसन्द नहीं करता।''** अनवरत प्रतियोगिता, घृणा व युद्ध की स्थिति में अग्रणी होने की यह इच्छा एक्विनास के अनुसार, मनुष्य में, **''सम्मान धन व अधिकार की एक स्थायी आकांक्षा उत्पन्न कर देती है।''** तथा उसका परिणाम यह होता है कि **''मानव सम्मान के लिए मनुष्यों में लगातार एक प्रतियोगिता चलती रहती है तथा उस आधार पर मनुष्यों में प्रतिस्पर्धा होती है, घृणा होती है और अन्त में लड़ाई होती है।''** मोटे रूप में मनुष्यों की शक्ति प्राय: समान होती है, क्योंकि कोई यदि बौद्धिक रूप से अधिक शक्तिशाली होता है, तो कोई शारीरिक रूप से अधिक शक्तिशाली होता है। इस सबका अनिवार्य परिणाम यह होता है मनुष्य एक स्थायी भय, प्रतियोगिता एवं युद्ध की स्थिति में रहता है। एक्विनास ने इस सम्बन्ध में कहा है कि **''मानव सम्मान के लिए मनुष्यों में लगातार एक प्रतियोगिता चलती रहती है**

तथा उस आधार पर मनुष्यों में प्रतिस्पर्धा होती है, घृणा होती है और अन्त में लड़ाई होती है।'' मोटे रूप में मनुष्यों की प्राय: समान होती हैं, क्योंकि यदि बौद्धिक रूप से अधिक शक्तिशाली होता है, तो कोई शारीरिक रूप से अधिक शक्तिशाली होता है। इस सबका अनिवार्य परिणाम यह होता है कि मनुष्य एक स्थायी भय, प्रतियोगिता एवं युद्ध व स्थिति में रहता है। एक्विनास ने इस सम्बन्ध में कहा है कि **''उस समय में जब मनुष्य एक सर्वमान्य शक्ति के बिना रहते हैं, जो उन्हें भयभीत बनाये रख सके, वे उस अवस्था में होते हैं जिसे युद्ध कहा जाता है तथा वह ऐसा युद्ध होता है, जिसमें प्रत्येक मनुष्य प्रत्येक दूसरे मनुष्य के विरुद्ध युद्ध करता है। युद्ध के समय में जब प्रत्येक मनुष्य प्रत्येक दूसरे मनुष्य का शत्रु होता है, जो परिणाम होता है, वही परिणाम उस समय होता उसी समय होता है वही परिणाम यह समय होता है। जब मनुष्य अपनी स्वयं की शक्ति एवं स्वयं की खोज के सहारे के अतिरिक्त अन्य किसी सुरक्षा के बिना रहता है। ऐसी दशा में उद्योग का कोई स्थान नहीं होता, क्योंकि उसके फल का कोई निश्चय नहीं होता। पृथ्वी पर कोई उत्पादन कार्य नहीं होता हे, कोई नौ-चालन नहीं होता और न उन वस्तुओं का प्रयोग होता है; यातायात के कोई यन्त्र नहीं होते और अधिक शक्ति शक्ति से उठायी जाने वाली वस्तुओं का यातायात नहीं होता भूमण्डल का कोई ज्ञान नहीं होता समय को कोई ज्ञान नहीं होता कोई कला नहीं होती, कोई साहित्य नहीं होता, कोई समाज नहीं होता, तथा जो सबसे बुरी बात होती है, वह स्थायी भय तथा भयानक मृत्यु होती है, तथा मनुष्य का जीवन एककी, दीन, घृणित, पाशविक एवं क्षणिक होता है।''**[1]

2. असामाजिकता व अराजकता की स्थिति- एक्विनास ने इस प्रकार जिस प्राकृतिक अवस्था की कल्पना की है, वह वस्तुत: एक असामाजिकता एवं अराजकता की अवस्था है, जिसमें मनुष्य जो चाहे सो कर सकने के लिए, जो चाहे उसे झपट सकने के लिए तथा अपने स्वार्थ की सिद्धि के लिए, जिसे चाहे उसे मार डालने तक के लिए स्वतन्त्र रहते हैं। इस अवस्था में उचित-अनुचित, न्याय-अन्याय, अच्छे-बुरे अथवा सत्य-असत्य का कोई प्रश्न नहीं उठता तथा इन सबका मापदण्ड व्यक्तिगत स्वार्थ की सिद्धि होता है। इस अवस्था में लोगों के अधिकारों और कर्तव्यों के विषय में जो कुछ कहा जाय वही अच्छा है। एक्विनास के अनुसार इस अवस्था में प्रत्येक व्यक्ति अपने में स्वतन्त्र होता है और अपनी स्वतन्त्रता का उपयोग अपने हितों की साधनों के लिए करता है। मनुष्य अपना जीवन पशुओं के समान अपने में ही केन्द्रित होकर व्यतीत करते हैं तथा वे भूखे भेड़िये की तरह अपने साथी मनुष्यों को फाड़ खाने के लिए तैयार करते हैं। जैसा वेपर ने कहा है, एक्विनास ने अनुसार, **''यही वह प्राकृतिक अवस्था है, (जिस अराजक दशा में) मनुष्य रहता है। इसमें उचित-अनुचित, न्याय अन्याय का कोई स्थान नहीं होता। शक्ति और धोखाधड़ी (अवस्था) के मुख्य गुण होते हैं तथा एकमात्र नियम, जिसे लोग स्वीकार करते हैं, वही अच्छा नियम, सीधी-सादी योजना का है कि जिसमें**

शक्ति हो, वह प्राप्त करे तथा जो रख सके, वह रखे।''[2]

प्राकृतिक अवस्था अनैतिहासिक किन्तु तर्कसंगत- एक्विनास के द्वारा प्रतिपादित प्राकृतिक अवस्था के विषय में एक प्रश्न अवश्य उठता है तथा वह प्रश्न है कि उसकी प्राकृतिक अवस्था सम्बनधी कल्पना की ऐतिहासिकता क्या है? अर्थात् उसकी इस कल्पना को क्या इतिहास में ऐसी अवस्था का अस्तित्व कभी भी नहीं मिलता, वरन् इसके विपरीत जैसा जोन्स ने कहा है **''मानव इतिहास में जिने भी अतीत में हम जा सकते हैं, हम सामाजिक व सामुदायिक जीवन का ही सबूत पाते हैं।''[1]** गार्नर ने भी इसी तथ्य की पुष्टि की है **''वे परिस्थितियाँ, जिनमें आदिम मनुष्यों ने सर्वप्रथम राजनीतिक चेतना का प्रकाश देखा और वे किसी प्रकार के राजनीतिक संगठन के रूप में एकत्रित हुए, ऐसे तथ्य हैं, जो यदि पूर्णतः नहीं तो अधिकतःअस्पष्टता के कोहरे में ढके हुए हैं।''[2]** इस प्रकार इतिहास से यह बात स्पष्ट ज्ञान नहीं होती कि मानव जीवन कब सामाजिक से राजनीतिक हुआ। ऐसी दशा में प्रतीत यह होता है कि एक्विनास ने कल्पना के सहारे उस स्थिति का चित्रण करने का प्रयत्न किया है, जिसमें मनुष्य उस समय रहा होगा या रहता है, जब कोई सर्वमान्य सर्वोच्च सत्ता उसके जीवन का नियमन करने के लिए नहीं होती। उसका वह चित्रण इस दृष्टि से ठीक भी है, क्योंकि किसी भी समाज व राष्ट्र में जब कोई सर्वमान्य सर्वोच्च सत्ता नहीं होती अथवा जब वह सत्ता अशक्त होती है, तो मनुष्य का जीवन जिसकी लाठी उसकी भैंस के आधार पर ही चलता है और वह जीवन वस्तुतः मनष्य का जीवन न होकर '**पाशविक**' जीवन ही होता है।

प्राकृतिक अवस्था की अनैतिहासिकता के प्रति एक्विनास वस्तुतः स्वयं भी सचेत थे। पर वह मानने पर दृढ़ थे कि नियमन के अभाव में जब मनुष्य को मनमानी करने का अवसर मिलता है, तो उसकी स्वार्थ वृत्ति तथा स्वयं की अपनी सम्पत्ति की रक्षा की चिन्ता उसे अन्य मनुष्यों के साथ संघर्षरत रहने के लिए विवाद कर देते हैं। एक्विनास ने इस प्रसंग में यह माना है कि मनुष्य विवेकशील होता है। पर उसका यह मत है कि विवेक भी वासना का दास व उसका खिलौना मात्र है तथा प्राकृतिक अवस्था में अनियन्त्रित मनुष्य के क्रियाकलाप का प्रेरक तत्त्व मनुष्य का विवेक न होकर उसका वासना का भाव होता है। इस कारण एक्विनास का निष्कर्ष यह है कि विवेक को जगाकर स्वार्थान्ध मनुष्य को पारस्परिक सहयोग के लिए प्रेरित नहीं किया जा सकता, वरन् इसके लिए आवश्यकता कसी ऐसी व्यवस्था की होती, जिसका उद्देश्य मनुष्य के स्वार्थों की साधनों तथा जिसक आधार ऐसी सर्वमान्य सत्ता की शक्ति हो, जो बलपूर्वक मनुष्य की वासनाओं पर नियन्त्रण रख सके तथा उनका नियमन कर सके। एक्विनास ने संविदा द्वारा जिस राजनीतिक सत्ता की स्थापना का प्रतिपादन किया है, उसका रूप एक ऐसी ही सत्ता का है।

एक्विनास के अनुसार प्राकृतिक अवस्था की विधि

मनुष्य की प्राकृतिक अवस्था के साथ-ही-साथ हाब्स ने उस विधि का भी प्रतिपादन किया है, जिसके अनुसार मनुष्य का जीवन प्राकृतिक अवस्था (The State of Nature) में चलता है

तथा जिसे उसने प्राकृतिक विधि (The Law of Nature)का नाम दिया है। इस प्रसंग में एक्विनास ने प्रकृति के अधिकार (The Rights of Nature) अर्थात प्राकृतिक अधिकारों (Natural Rights) की चर्चा की है तथा यह प्रतिपादित किया है कि मनुष्य के प्राकृतिक अधिकारों की रक्षा प्राकृतिक अवस्था की विधि के कुछ उन नियमों पर चलने से हो सकती है, जिन्हें उन्होंने प्राकृतिक विधियाँ (Natural Laws) कहकर पुकारा है।

प्राकृतिक अधिकार - प्राकृतिक अधिकार के रूप में एक्विनास ने मनुष्य की प्रकृति से जोड़ा है, जिसका तात्पर्य यह है कि जिससे मनुष्य की प्रकृति (अर्थात जीवन) की रक्षा हो, वह मनुष्य का प्राकृकि अधिकार है। एक्विनास ने इस सम्बन्ध में कहा है कि, **"प्रकृतिक का अधिकार (जिसे लेखक सामान्यतः जैसे नैचुरल कहते हैं) प्रत्येक व्यक्ति को प्राप्त वह स्वतन्त्रता है जिसके कारण सब मनुष्य अपनी प्रकृति अर्थात अपने जीवन की रक्षा के लिए अपनी इच्छानुसार अपी शक्ति का प्रयोग कर सकता है। इसके परिणामस्वरूप व्यक्ति वह प्रत्येक कार्य कर सकता है जो उसके निर्णय व विवेक के अनुसार उसके जीवन की रक्षा का सबसे अधिक उचित साधन प्रतीत हो।"**[1] एक्विनास के अनुसार प्राकृतिक अधिकार का अर्थ उन सब कार्यो के करने की स्वतन्त्रता है, जो मनुष्य अपनी रक्षा के लिए करना आवश्यक समझें। इस प्रकार के अधिकारों की मान्यता का अर्थ व्यवहार में मनमाना करना भी हो सकता है, क्योंकि जीवन की रक्षा के लिए क्या करना उचित है, इस निर्णय व्यक्ति पर छोड़ दिया गया है तथा उस के द्वारा अपने अधिकारों के प्रयोग पर किसी प्रकार का कोई बन्धन नहीं रखा गया है। इस प्रकार अधिकारों के प्राकृतिक रूप के अन्तर्गत मानव जीवन की जो स्थिति बनती है, उसमें किसी का भी जीवन सुरक्षित नहीं हो सकता। ऐसी स्थिति में एक्विनास ने कहा है, **"प्रत्येक वस्तु यहाँ तक कि एक दूसरे के शरीर पर भी प्रत्येक मनुष्य का अधिकार होता है तथा जब तक प्रत्येक वस्तु पर प्रत्येक मनुष्य का यह प्राकृतिक अधिकार चलता है, तब तक किसी मनुष्य के (चाहे वह कितना ही शक्तिशाली या कितना ही बुद्धिमान क्यों न हो) उतने समय तक जीवित रहने की कोई सुरक्षा नहीं है, जितना समय प्रकृति उसे जीने के लिए देती है।"**[1]

प्राकृतिक विधि -ऐसी स्थिति में भी मानव जीवन सम्भव होता है। इसके लिए एक्विनास का प्रतिपादन यह है कि मनुष्य स्वतः ही कुछ ऐसे नियमों का पालन करने लगता है, जिन्हें वह अपने विवेक के अनुसार मनुष्यों में पारस्परिक शान्ति बनाये रखने के लिए आवश्यक समझता है। ऐसे नियमों को एक्विनास ने प्राकृतिक व्यवस्था के नियम अथवा प्राकृतिक विधि (Natural Law or The Law of Nature) कहकर पुकारा है। **"प्राकृतिक विधि"** की परिभाषा एक्विनास ने **"विवेक द्वारा खोजे गये उस सिद्धान्त अथवा सामान्य नियम के रूप में की है, जिसके द्वारा मनुष्य के लिए वे कार्य निषिद्व होते हैं. जो उसके जीवन के लिए विनाशकारी हों या जिनसे जीवन के रक्षा के साधनों का हरण होता हो और जिसके द्वारा उसके लिए उन कार्यों का न करना निषिद्ध होता है, जिनसे जीवन की रक्षा होती है।"**[2]

प्राकृतिक विधि की परिभाषा इस प्रकार करते हुए एक्विनास ने ऐसी उन्नीस विधियों की चर्चा की है, जिन्हें उसने शान्ति की धाराएँ (Laws of Peace) कहा जाता है तथा जो निम्न प्रकार से है : ''

(1) ''प्रत्येक मनुष्य को शान्ति के लिए वहाँ तक प्रयत्न करना चाहिए, जहाँ तक सफलता की आशा हो और यदि वह उसे प्राप्त नहीं कर सकता हो, तो उसे युद्ध का उपयोग करना चाहिए।''[3] इस प्रकार शान्ति की प्राप्ति एवं उसकी रक्षा के लिए युद्ध इस नियम का सार है।

(2) ''यदि दूसरे तैयार हों, तो शान्ति तथा आत्म-रक्षा के लिए जहाँ तक वह आवश्यक समझे, प्रत्येक मनुष्य को अपने अधिकारों को त्याग देना चाहिए और दूसरों के विरुद्ध उसे अपनी ही स्वतन्त्रता से सन्तुष्ट रहना चाहिए, जितनी वह दूसरों को अपने विरुद्ध देने के लिए तैयार हों।''[1] इस नियम का सार यह है कि तुम दूसरों के साथ वेसा ही करो, जैसा अपने लिए उनसे चाहते हो।[2]

(3) ''मनुष्यों के समझौते का पालन करना चाहिए,''[3] क्योंकि बिना पालन किये समझौते व्यर्थ होते हैं।

(4) ''जिस मनुष्य को दूसरे की कृपा से कोई लाभ प्राप्त नहीं होता है, उसे चाहिए कि उस मनुष्य को जिसे लाभ हुआ है, ऐसा न्यायोचित अवसर न दे कि उसे अपनी सद्‌भावना के लिए पश्चात्ताप करना पड़े।''[4] कहने का तात्पर्य यह है कि मनुष्य को कृतघ्न नहीं होना चाहिए।

(5) '' प्रत्येक व्यक्ति को अन्य लोगों के साथ निभकर चलना चाहिए।''[5]

(6) ''भविष्य का ध्यान में रखते हुए, प्रत्येक मनुष्य को उन अन्य मनुष्यों की पिछली त्रुटियों को क्षमा कर देना चाहिए, जो पश्चात्ताप करके क्षमा चाहते हैं।''[6]

(7) ''बदला लेने में मनुष्यों की बीती हुई बुराई की महत्ता को नहीं, बल्कि, भविष्य में उससे होने वाली अच्छाई की महत्त्व को देखना चाहिए।''[7]

(8) ''किसी व्यक्ति को कर्म, शब्द या संकेत से दूसरे के प्रति घृणा नहीं करनी चाहिए।''[8]

(9) ''प्रत्येक व्यक्ति को दूसरे व्यक्ति को प्राकृतिक रूप से समान समझना चाहिए।''[9]

(10) ''शान्ति की शर्तों को मानने के समय किसी व्यक्ति को अपने लिये ऐसा कोई अधिकार सुरक्षित नहीं रखना चाहिए, जिसे वह प्रत्येक अन्य व्यक्ति के लिए सुरक्षित नहीं रहने देना चाहता।''[1]

(11) ''मनुष्य व मनुष्य के बीच न्याय करने के लिए यदि किसी मनुष्य का विश्वास किया जाय, तो उसे उन दोनों को समान समझना चाहिए।''[2]

(12) ''उन वस्तुओं का उपभोग,जिन्हें बाँटा न जा सके, सम्मिलित रूप से किया जाना चाहिए, यदि ऐसा सम्भव हो तथा यदि उनकी मात्रा इतनी हो कि ऐसा बिना तोड़-फाड़ के हो सके, अन्यथा उनका उपभोग उन लोगों के द्वारा अनुपात से किया जाना चाहिए, जो लोग उनके

उपभोग के अधिकारी हों।"[3]

(13) "उन वस्तुओं के विषय में जिन्हें न तो बाँटा जा सकता है और न सम्मिलित रूप से जिनका उपभोग किया जा सकता है, प्रकृति का नियम औचित्य की व्यवस्था करते हैं, जिनके अनुसार पूरा अधिकार अथवा वैकल्पिक प्रयोग के अन्तर्गत पहले अधिकार का निर्धारण लाटरी द्वारा होना चाहिए।"[4]

(14) "उन सब लोगों की सुरक्षा की व्यवस्था होनी चाहिए, जो शान्ति के लिए मध्यस्थता करें।"[5]

(15) "उन लोगों को जिनमें मतभेद हो, अपने निर्णय का अधिकार किसी पंच को सौंप देना चाहिए।"[6]

(16) "अपने ही मामलें में कोई मनुष्य सही पंच नहीं हो सकता।"[7]

(17) "किसी भी मामले में ऐसे किसी व्यक्ति को पंच नियुक्त नहीं किया जाना चाहिए, जिसे किसी एक पक्ष की विजय से अधिक लाभ, सम्मान व आनन्द प्राप्त होना हो।"[1]

(18) "किसी तथ्य सम्बन्धी मतभेद में यदि न्यायाधीश एक को दूसरे से अधिक मान्यता नहीं दे सकता, तो उसे तीसरे, चौथे आदि को मान्यता देनी चाहिए।"[2]

(19) "दूसरे के साथ वह मत करो, जिसे तुम अपने साथ न होने देना चाहो।"[3] यह वस्तुत: ऐसा नियम है, जो सब प्राकृतिक विधियों का सार है तथा अपने कार्यों का मूल्यांकन करने में सभी स्तर के लोग इससे अपना मार्ग दर्शन प्राप्त कर सकते हैं।

उपर्युक्त के उन्नीस नियम हैं, जिन्हें एक्विनास ने प्राकृतिक विधियाँ कहा है, क्योंकि मनुष्य अपने जीवन की प्राकृतिक अवस्था में इन विधियों का पालन अपनी प्रकृति अर्थात् अपने जीवन की रक्षा के उद्देश्य से स्वत: करता है तथा प्राकृतिक अवस्था में न तो कोई सत्ता इन नियमों का निर्माण कराने वाली होती है और न कोई सत्ता दण्ड व्यवस्था द्वारा इनका पालन कराने वाली होती है। ऐसी स्थिति में मनुष्य द्वारा इन नियमों का पालन चूँकि उसकी इच्छा पर निर्भर रहता है। अत: वह उनका पालन केवल तभी तक करता है, जब तक ऐसा करने से उनके स्वार्थ की सिद्धि होती है। स्वार्थ सिद्धि की इस प्रकार की प्रतियोगिता के परिणामस्वरूप मनुष्य के जीवन सफल नहीं होने पाता है। जैसा वेपर ने कहा है, "**प्राकृतिक अवस्था वह दुर्व्यवस्था है, जिसमें मनुष्य अपनी प्रकृति के कारण हरने को विवश होता है, तथा एक्विनास की समस्या यह है कि उस स्थिति में से उसे कैसे निकाला जाय।**"[4]

राज्य की उत्पत्ति

एक्विनास ने अपनी उक्त समस्या के हल करने व मनुष्य को प्राकृतिक अवस्था की दुर्व्यवस्था से निकालने के उद्देश्य से ही राज्य की उत्पत्ति के विषय में उस सिद्धान्त का प्रतिपादन किया है, जिसे **सामाजिक संविदा सिद्धान्त** (Social Contract Theory) कहा जाता है तथा जिसके अनुसार राज्य की उत्पत्ति मनुष्यों के द्वारा किये गये एक ऐसे सामाजिक समझौते के

परिणामस्वरूप हुई मानी जाती है, जिसके द्वारा वे एक सर्वोच्च अथवा संप्रभुत्ता (Sovereignty) की स्थापना करते हैं।

राज्य की उत्पत्ति का कारण

एक्विनास ने मनुष्य की जिस प्राकृतिक अवस्था का निर्माण किया है, उसमें मानव जीवन दीन, घृणित, पाशविक एवं क्षणिक होने के कारण एक अरक्षा की स्थिति थी, लोग प्राकृतिक विधि के अनुसार जीवन व्यतीत करते थे, पर उस विधि का न कोई व्याख्याकार था, न उसे पालन कराने वाली कोई सत्ता थी और न कोई दण्ड की व्यवस्था थी। ऐसी दशा में अरक्षा की स्थिति के निवारण के लिए, विधि व्याख्याकार, विधि के पालन कराने वाली सत्ता तथा दण्ड व्यवस्था की स्थापना के लिए एक्विनास के अनुसार मनुष्यों में एक समझौता हुआ, जिसे उसने सामाजिक समझौता (Social Contract) कहा है तथा जिसके परिणामस्वरूप सम्प्रभुत्व सम्पन्न राज्य अस्तित्वमें आया है।

राज्य की उत्पत्ति का आधार-भय

संप्रभुसत्ता की स्थापना के प्रसंग में एक्विनास ने उन दो विधियों का वर्णन किया है, जिनके द्वारा उनके अनुसार संप्रभुसत्ता (Sovereieign power) की स्थापना हो सकती है। पहली विधि, एक्विनास ने पाशविक बल प्रयोग के विधि बतायी है। इस सम्बन्ध में उसने कहा है कि उस विधि उसी तरह की है, जिस तरह मनुष्य अपने बच्चों को अपने अधीन बना लेता है, तथा अपना शासन मानने के लिए उन्हें इसलिए बाध्य कर लेता है, क्योंकि उनके द्वारा उसके शासन की अवहेलना होने पर उन्हें बरबाद करने की स्थिति में होता है; अथवा युद्ध द्वारा वह अपने दुश्मनों को अपनी इच्छा के अनुकूल चलने के लिए इसलिए बाध्य कर देता है, क्योंकि वह उनका जीवन बना रहने देता है। राज्य की स्थापना की दूसरी विधि एक्विनास के अनुसार उस सम्झौते की विधि है, जिसके अन्तर्गत मनुष्य स्वेच्छा से अपने को किसी मनुष्य या मनुष्यों की किसी सभी के अधीन इस विश्वास के कारण बना लेता है कि उससे अन्य सबके विरुद्ध उसकी रक्षा हो सकेगी। राज्य की स्थापना की पहली विधि द्वारा स्थपित राज्य को एक्विनास ने अधिगृहीत राज्य तथा दूसरी विधि द्वारा अस्तित्व में आये हुए राज्य को राजनीतिक अथवा स्थापित राज्य कहा है।[1]

उक्त दोनों विधियों के मूल में, जिनके द्वारा संप्रभुसत्ताधारी राज्य की स्थापना हो सकती है, एक्विनास के अनुसार, मनुष्य के भय की भावना है। अधिगृहीत राज्य की स्थापना में यह भय उस व्यक्ति का होता है, जिसकी अधीनता मनुष्य उसके भय के कारण स्वीकार करने के लिए बाध्य होता है तथा स्थापित राज्य के सन्दर्भ में वह भय एक-दूसरे का होता है तथा पारस्परिक भय की उस स्थिति से छुटकारा पाने के लिए मनुष्य समझौते द्वारा स्थापित एक सत्ता की अधीनता स्वीकार करते हैं। इस प्रकार किसी प्रकार की राजनीतिक सत्ता की अधीनता मनुष्य चूँकि भय के कारण ही स्वीकार करने पर बाध्य होते हैं, राज्य का रूप भय पर आधारित एक संस्था का है। इसके अतिरिक्त इसका निर्माण मनुष्य द्वारा एक उद्देश्य की सिद्धि के लिए चूँकि उसी प्रकार किया गया

है, जिस प्रकार किसी कार्य विशेष के किये जाने के लिए किसी यन्त्र का निर्माण किया जाता है, राज्य का रूप एक्विनास के अनुसार मनुष्य द्वारा निर्मित एक यन्त्र का है।

सामाजिक समझौते द्वारा राज्य की उत्पत्ति

प्राकृतिक अराजक अवस्था से छुटकारा पाने के उद्देश्य से, एक्विनास के अनुसार मनुष्यों ने आपस में एक समझौता, संविदा, अनुबन्ध अथवा करार (Contract) करके अराजक दशा का अन्त किया है। इस अनुबन्ध के अन्तर्गत मनुष्यों ने अपने सब अधिकारों व शक्तियों को एक व्यक्ति अथवा व्यक्तियों की एक सभा को दे दिया है। जो सबकी स्वीकृति से स्थापित होकर सब की इच्छा के प्रतिनिधि के रूप में कार्य करते हुए उसकी आन्तरिक तथा बाह्य सुरक्षा का अनुरक्षण इस प्रकार करता है कि सब मनुष्य संघर्ष की स्थिति में रहें और अपने उद्योग से जीवन के सुखों को प्राप्त कर सकें और उनका भोग कर सकें। एक्विनास के अनुसार इस समझौते का रूप इस प्रकार का था, जिसमें प्रत्येक मनुष्य ने प्रत्येक अन्य व्यक्ति से मानो यह कहा हो कि **''अपना शासन स्वयं करने के अपने अधिकार को मैं इस एक मनुष्य को या मनुष्यों की इस एक सभा को इस शर्त पर अधिकृत व समर्पित करता हूँ कि तुम भी अपना अधिकार उसी प्रकार एक मनुष्य या मनुष्यों की सभा को समर्पित कर दो तथा उसके कृत्याह्यं को उसी प्रकार अधिकृत कर दो।''**[1] एक्विनास ने कहा है कि **''ऐसा करके असंख्य लोग जिस एक व्यक्ति के रूप में एक हुए, उसे राज्य (लेटिन भाषा में सिविटास) कहा जाता है तथा यह उस महामानव की उत्पत्ति जिसके कारण हमारी शान्ति व प्रतिरक्षा बनी रहती है।''** हाब्स के अनुसार **''इस प्रकार जब अधिकांश लोग परस्पर सहमति से किसी व्यक्ति या व्यक्तियों की सभा को अपने-अपने ऊपर शासन करने के अपने-अपने अधिकार को समर्पित कर देते हैं। अथवा यों कहना चाहिए कि उसे अपना-अपना प्रतिनिधि बना देते हैं, तो राज्य की स्थापना हो जाती है तथा फिर उसके कार्य उन सब लोगों के कार्य हो जाते हैं, जो उसके पक्ष में रहे हों या उसके विपक्ष में रहे हों, क्योंकि उस सबका उद्देश्य आपस में शान्तिपूर्वक रहना तथा अन्य लोगों से अपने को सुरक्षित बनाये रखना है।''**[1]

राज्य का स्वरूप

हाब्स के सामाजिक समझौते द्वारा स्थापित सम्प्रभु सत्ता की विशेषताएँ

एक्विनास द्वारा प्रतिपादित सामाजिक समझौते द्वारा एक ऐसी सत्ता की स्थापना की जाती है, जो समाज में सम्प्रभु (Sovereign) होती है तथा उसके जोड़ की और कोई सत्ता समाज में नहीं हो सकती। एक्विनास के अनुसार राज्य के प्रत्येक व्यक्ति के द्वारा जो प्राधिकार उस सत्ता को प्रदान किया जाता है, उसके कारण उसे इस बात की सर्वोच्च शक्ति प्राप्त हो जाती है कि आन्तरिक शक्ति तथा बाह्य सुरक्षा बनाये रखने के सम्बन्ध में वह उनकी इच्छा का प्रतिनिधत्व करे तथा समझौते के परिणामस्वरूप प्राप्त अधिकार का प्रयोग समझौता करने वालों की शान्ति व सुरक्षा के हित में जिस प्रकार वह चाहे करे। इस सम्बन्ध में एक्विनास ने कहा है कि, **''राज्य के**

प्रत्येक व्यक्ति विशेष द्वारा प्रदत्त प्राधिकार द्वारा उसे इतनी अधिक शक्ति व इतना अधिक बल प्राप्त हो जाता है कि उनके भय से वह आन्तरिक शान्ति और बाह्य शत्रुओं के विरुद्ध पारस्परिक सहायता के लिए उन सब की इच्छा का गठन कर सकता है।"[2] एक्विनास का मत, जैसा उन्होंने आगे कहा है, इस सम्बन्ध में स्पष्ट है कि "**उसमें ही राज्य का सार निहित होता है तथा उसकी परिभाषा उस एक व्यक्ति के रूप में की जा सकती है, जिसे अगणित मनुष्यों के परस्पर किये गये समझौते से प्रत्येक की और से इस उद्देश्य से कार्यकर्ता बना दिया जाता है कि उन सब की शक्ति व उनके साधनों का प्रयोग वह जिस प्रकार उचित समझे, उनकी शान्ति व सम्मिलित प्रतिरक्षा के लिए कर सके।"**[1]

एक्विनास द्वारा प्रतिपादित सामाजिक समझौते द्वारा जिस समप्रभुसत्ता की स्थापना की जाती है, उसकी कुछ प्रमुख विशेषताएँ हैं तथा वे निम्न प्रकार से हैं :

1. सम्प्रभु सत्ता अनन्य होती है–उसकी इस विशेषता का तात्पर्य यह है कि वह समाज में कवेल एक ही होती है तथा उसके जोड़ की अन्य कोई सत्ता नहीं हो सकती। एक्विनास के मतानुसार सामाजिक अनुबन्ध में बँधने वाले मनुष्य न तो किसी पूर्व अनुबन्ध से बँधे होते हैं, जिसके अन्तर्गत स्थापित किसी अन्य सत्ता को मानने के लिए वे बाध्य हों, और न वे भविष्य में कोई ऐसा वैध न समझौता कर सकते हैं, जिसके अन्तर्गत स्थापित किसी भी सत्ता को माना उनके लिए आवश्यक हो सके। अत: ऐसा अनुबन्ध केवल एक हो सकता है तथा उसके द्वारा स्थापित संप्रभु सत्ता भी सदा के लिए केवल एक ही हो सकती है।

2. सम्प्रभु सत्ता निरंकुश होती है– एक्विनास द्वारा प्रतिपादित सामाजिक समझौता प्रत्येक मनुष्य द्वारा प्रत्येक अन्य मनुष्य के साथ किया जाता हे तथा उस समझौते के परिणामस्वरूप सम्प्रभु सत्ता की स्थापना होती है। इस सम्बन्ध में ध्यान देने की बात यह है कि संप्रभु सत्ता समझौते में किसी भी पक्ष के रूप में सम्मिलित नहींहै। अत: समझौते के उद्देश्य के अनुसार कार्य करने तथा उसकी किन्हीं शर्तों के पालन करने के लिए वह किसी तरह बाध्य नहीं होती है। दूसरे शब्दों में वह जो कुछ भी करती है, उसके लिए वह किसी के प्रति उत्तरदायी नहीं होती तथा वह पूर्णत: निरंकुश होती है। इस सम्बन्ध में एक्विनास ने स्पष्ट कहा है कि "**सम्प्रभु बनाये हुए को सबके व्यक्तित्व को वहन करने का अधिकार किसी के भी साथ सम्प्रभु द्वारा किये हुए अनुबन्ध से नहीं वरन् प्रत्येक व्यक्ति द्वारा अन्य व्यक्ति के साथ किये हुए अनुबन्ध के परिणामस्वरूप होता है, अतः सम्प्रभु द्वारा अनुबन्ध का उल्लंघन कभी नहीं हो सकता।........यदि कोई व्यक्ति अथवा कुछ व्यक्ति स्थापना के बाद सम्प्रभु द्वारा अनुबन्ध को हड़प जाने का बहाना करे, तथा अन्य लोग या अन्यों में से कुछ लोग या वह अकेला यह कहे कि ऐसा कोई उल्लंघन नहीं हुआ है, तो ऐसी स्थिति में वाद का निर्णय करने के लिए कोई न्ययाधीश नहीं होता, तथा उसका निर्णय फिर तलवार से ही होता है।"**[1]

3. संप्रभु सत्ता सर्वव्यापक होती है– एक्विनास के अनुसार समाज के सभी व्यक्ति सम्प्रभु

की सत्ता के अधीन होते हैं, चाहे वे उसके अस्तित्व व अधिकार के पक्ष में हों या विपक्ष में। समप्रभु के आदेश उसके पक्षधरों व उसके विपक्षियों सभी पर समान रूप से लागू होते हैं तथा उन्हें मानने के लिए दोनों ही पक्षों के लोग समान रूप से बाध्य होते हैं। एक्विनास का मत है कि **''संप्रभु की घोषणा चूँकि एक बड़े भाग के सहमतिपूर्ण स्वर से होती है, अतः उसे भी ,जो उससे असहमत हो, शेष से सहमत होना चाहिए अर्थात् उसे सम्प्रभु के सब कार्यों से सहमत होना चाहिए अन्यथा एक न्याय होगा कि शेष उसे नष्ट कर दें।''**[2] इसके लिए एक्विनास का तर्क यह है कि **''यदि स्वेच्छा से वह उन जन समूह में सम्मिलित हुआ, जो (सम्प्रभु सत्ता की स्थापना करने के लिए) एकत्रित हुआ, तो इसका अर्थ यह हुआ कि उसने उस सबके लिए अपनी स्वीकृति व्यक्त की और अप्रत्यक्ष रूप से अपने को अनुबन्धित किया, जिसका निश्चय जन समूह के बड़े भाग ने किया। (ऐसी दशा में) यदि वह उसे मानने से इन्कार करता है अथवा उसके आदेशों में से किसी का प्रतिरोध करता है, तो यह उसके अनुबन्ध के प्रतिकूल और इस कारण अन्यायपूर्ण है।''**[3]

4. सम्प्रभु सत्ता का कोई कार्य कभी अन्यायपूर्ण नहीं हो सकता- एक्विनास का मत है कि सम्प्रभु सत्ता के कोई भी कार्य अन्यायमुक्त अथवा प्रजा के किसी व्यक्ति के लिए हानिकारक नहीं होते, क्योंकि वह उन सब वयक्तियों की प्रतिनिधि होतीहै तथा उसमें उन सब व्यक्तियों के हित निहित होते हैं, जिन्होंने परस्पर समझौता करके उसकी स्थापना की होती है। राज्य सत्ता के किसी कार्य से यदि किसी व्यक्ति को कष्ट पहुँचता है, तो उसमें उसका (राजसत्ता का) कोई दोष नहीं होता, क्योंकि जो कुछ वह करती है, उसके करने का अधिकार उसे उस व्यक्ति की ओर से भी होता है, जिसे कोई कष्ट पहुँचता है। एक्विनास ने यह माना है कि सम्प्रभुसत्ताधारी अनौचित्य कर सकता है, पर सही अर्थ में अन्याय या हानि नहीं कर सकता है। एक्विनास के स्वयं के शब्दो में, **''जो कुछ वह (अर्थात सम्प्रभुसत्ताधारी) करता है, उसे उसकी प्रजा के किसी भी व्यक्ति के लिए हानिकाकर नहीं कहा जा सकता है, और न उनमें से किसी के द्वारा उस पर अन्याय का आरोप ही लगाया जा सकता है, क्योंकि वह जो किसी के अधिकार द्वारा कुछ करता है, उस व्यक्ति को कोई घात नहीं पहुँचा सकता है जिसके प्राधिकार से वह कार्य करता है।.......यह ठीक है कि वे जिनमें सम्प्रभुसत्ता निहित होती है, अनौचित्य कर सकते हैं, पर वे सही अर्थ में अन्याय या घात नहीं कर सकते।''**[1]

5. सम्प्रभु सत्ताधारी कभी दण्ड का पात्र नहीं होता-सम्प्रभु सत्ताधारी के विरुद्ध चूँकि कोई आरोप नही लगाया जा सकता, उसे किसी प्रकार का दण्ड दिया जाना भी न्याय नहीं कहा जा सकता। एक्विनास ने इस सम्बन्ध में कहा है कि **''किसी उस व्यक्ति का, जिसे सम्प्रभु सत्ता प्राप्त हो, वध किया जाना न्याय नहीं हो सकता और न उसे उसकी प्रजा द्वारा किसी प्रकार के दण्ड ही दिया जा सकता है।''**[2]

6. सम्प्रभु सत्ता मतों व नीतियों की निर्णायक एवं नियन्त्रक होती है- एक्विनास के

अनुसार सम्प्रभु शक्ति का अधिकार व्यक्ति के शरीर पर ही नहीं होता, वरन् उसके विचारों पर विश्वासों पर भी होता है, क्योंकि उनके मतानुसार लोगों के विचार व विश्वासों पर भी बहुत कछ समाज की वह शान्ति व व्यवस्था निर्भर होती है, जिसे बनाये रखना उसका एकमात्र उद्देश्य मात्र होता है। जैसे एक्विनास ने कहा है, "**मनुष्य के कार्य उनके विचारों के अनुसार होते हैं तथा मनुष्य के विचारों के उचित नियमन में ही उसके उन कार्यों का उचित नियमन निहित रहता है, जिनसे उनकी शान्ति व सुव्यवस्था बनी रह सकती है।......अत: यह उसका काम है, जो सम्प्रभु सत्ताधारीयों का है कि वह स्वयं उन मतों व नीतियों का निर्णायक बने या उनसे सम्बन्धित निर्णय करने के लिए निर्णायक की नियुक्ति करे, जो शान्ति के लिए आवश्यक हों तथा जिनमें संघर्ष व गृह युद्ध को रोका जा सके।**"[1]

7. सम्प्रभु सत्ता मनुष्य के सम्पत्ति सम्बन्धी अधिकारों व कार्यों का नियमन करती है- सम्प्रभु सत्ता की स्थापना एक्विनास के अनुसार इस प्राकृतिक अवस्था का अन्त करने के उद्देश्य से की गयी है,जिसमें प्रत्येक वस्तु पर प्रत्येक वस्तु का अधिकार था तथा जिसमें कोई भी मनुष्य कुछ भी करने के लिए स्वतन्त्र था, पर जिसमें सभी का जीवन, "**एकाकी, दीन, घृणित, पाशविक एवं क्षणिक था।**" अत:समझौते के परिणामस्वरूप स्थापित सम्प्रभु सत्ता के समझौते द्वारा यह अधिकार सौंपा जाना भी स्वाभाविक है कि वह मनुष्य के सम्पत्ति सम्बन्धी अधिकार व कार्यों के नियमन करे, जिससे इस कारण से परस्पर संघर्ष ने हो सके।

8. सम्प्रभु सत्ता को न्याय करने का अधिकार प्राप्त होता है-सम्प्रभु सत्ता की स्थापना का वह कारण, यह भी होता है कि उस संघर्ष का अन्त किया जा सके, जो पारस्परिक विवादों के कारण सम्प्रभु सत्ता के अनस्तित्व की स्थिति में होता है। अत: इस कारण के निवारण के लिए सम्प्रभु सत्ता को इस बात का अधिकार प्रदान किया जाता है कि वह उन विवादों से सम्बन्धित न्याय कार्य कर सके, क्योंकि उसके बिना यदि लोग अपने विवादों का निर्णय अपने आप करेंगे, तो फिर उस स्थिति उस संघर्ष की हो जायेगी, जिसके अन्त करने के लिए सम्प्रभु सत्ता की स्थापना की जाती है।

9. सम्प्रभु सत्ता को युद्ध, सन्धि व करारोपण करने का अधिकार प्राप्त होता है- एक्विनास के अनुसार समप्रभु सत्ता का यह एक महत्त्वपूर्ण अधिकार है कि वह आवश्यकतानुसार विदेशों से युद्ध का आरम्भ करे, उसका संचालन करे तथा उचित समय पर उनसके सन्धि करे। इसी प्रसंग में एक्विनास ने राज्य सत्ता के करारोपण के अधिकार का भी समर्थन किया है।

10. सम्प्रभु सत्ता को राज्य के अधिकारियों के चयन का अधिकार होता है- एक्विनास ने इस बात का भी प्रतिपादन किया है कि राज्य के पार्षद (Counsellors), मन्त्रिगण, दण्डाधिकारी व अधिकारी आदि के चयन का सम्प्रभु सत्ता का अधिकार अन्तिम होता है, क्योंकि शान्ति व व्यवस्था बनाये रखने के लिए उसे इस अधिकार का प्राप्त होना भी आवश्यक है।

11. सम्प्रभु सत्ता अविभाज्य (Indivisible) व अपृथक्करणीय (inalienable)

होती है- एक्विनास के अनुसार सम्प्रभु सत्ताधारी की शक्ति को विभाजित नहीं किया जा सकता और न उसे या उसके किसी भाग को सम्प्रभु के अतिरिक्त किसी अन्य में निहित किया जा सकता है। उसके विधि अधिकारों के प्रयोग की अन्तिम शक्ति उसी में निहित हो सकती हैं, क्योंकि ऐसा न होने से शासन कार्य का सुचारु संचालन सम्भव नहीं हो सकता है। इस सम्बन्ध में एक्विनास ने एक व्यावहारिक बात कही है कि "**यदि वह (अर्थात समप्रभु सत्ताधारी) सेना के प्रबन्ध को (किसी और को) हस्तान्तरित तक दे, तो न्याय कार्य को अपने पास रखना व्यर्थ है क्योंकि फिर विधि क पालन नहीं हो सकेगा, या वह करोरापण की शक्ति को (किसी और को) प्रदान कर दे, तो सेना व्यर्थ हो जात है, अथवा वह यदि विचारों का नियमन छोड़ दे तो लोग प्रेतों के भय से उपद्रव करने लगेंगे। अतः यदि हम उक्त अधिकारों में से किस एक बात सोचें, तो हम तुरन्त हम देखेंगे कि शान्ति व न्याय की रक्षा के जिस उद्देश्य के लिए राज्यों की स्थापना होती है। उसकी सिद्धि की दृष्टि से अन्य अधिकारों के के पास रहने का कोई प्रभाव नहीं होगा। इन अधिकारों का विभाजन जैसा ही विभाजन होता है, जिसके विषय में यह कहा जाता है कि अपने आप में विभाजित राज्य स्थिर नहीं रह सकता।**"[1]

संप्रभु सत्ता की शक्ति एवं व्यक्ति की स्वतन्त्रता व उसके अधिकार

एक्विनास के समझौते द्वारा स्थापित राज्य-सत्ता व व्यक्ति की स्वतन्त्रता व उसके अधिकारों पर आधारित दोनों के सम्बन्ध विषयक उनके विचारों का विवेचन निम्न शीर्षकों के अन्तर्गत किया जा सकता है :

1. स्मप्रभु सत्ता के विरूद्ध व्यक्ति के अधिकारों का अनस्तित्व

एक्विनास द्वारा सामाजिक समझौते के अन्तर्गत जिस प्रकार की सम्प्रभु सत्ता की स्थापना का प्रतिपादन किया गया है, उसके सन्दर्भ में व्यक्ति की कोई स्वतन्त्रता नहीं हो सकती। एक्विनास की रचना का उद्देश्य एक निरंकुश राज्य-शक्ति का प्रतिपादन करना था। इस कारण से उसने सामाजिक समझौते के एक ऐसे रूप का प्रतिपादन किया है, जिसमें राज्य सत्ता कोई भी पक्ष नहीं है और न समझौते के भीतर उसका कोई दायित्व है। जैसा सैबान ने कहा है, "**बल का औचित्य सिद्ध करने के लिये एक्विनास ने संविदा की पुरानी पद्धति को बनाये रखा, यद्यपि उसने चतुरतापूर्वक संविधान को शासक के ऊपर लागू नहीं किया। उन्होंने उसे व्यक्तियों के बीच हुए एक ऐसे समझौते का रूप दिया, जिसमें सब आत्म-सहायता को छोड़ देते हैं और अपने को एक सम्प्रभु के अधीन कर लेते हैं।**"[1] इस प्रकार समझौते की जो कल्पना एक्विनास ने की है, उसके अन्तर्गत सब व्यक्तियों ने अपने अधिकारों का समर्पण राज्य सत्ता को किया है। अत: यह स्वाभाविक है कि राज्य सत्ता के विरुद्ध व्यक्तियों के अधिकार नहीं हो सकते तथा व्यक्तियों के प्रति राज्य सत्ता के कोई दायित्व नहीं हो सकते। राज्य सत्ता की शक्ति तथा व्यक्ति

की स्वतन्त्रता के सम्बन्ध में विषय में इस प्रकार एक्विनास का प्रतिपादन स्पष्ट है कि राज्य सत्ता के विरुद्ध व्यक्ति के कोई अधिकार नहीं हो सकते।

2. जीवन के अधिकार का अपवाद

फिर भी एक्विनास ने अपने विचारों में एक स्थान पर सम्प्रभु सत्ता की निरंकुश शक्ति पर एक प्रतिबन्ध लगाया है और व्यक्ति को यह अधिकार प्रदान किये जाने का समर्थन किया है कि वह अपने जीवन की रक्षा सम्प्रभु के विरुद्ध भी कर सके। इस सम्बन्ध में एक्विनास ने कहा है कि, **''प्रत्येक व्यक्ति को सम्प्रभु सत्ता की आज्ञा का उल्लंघन करने का अधिकार है, यदि वह (अर्थात सम्प्रभु सत्ता) उसे (व्यक्ति को) अपने को मारने, घायल करने अथवा पंगु बनाने की आज्ञा दे अथवा अपने को आघात पहुँचाने वालों का विरोध न करने की आज्ञा दे अथवा भोजन, आवास, औषधि या ऐसी ही उन वस्तुओं के प्रयोग की मनाही करे, जिनके बिना व्यक्ति जीवित नहीं रह सकता।''**[2] व्यक्ति के इस प्रकार के अधिकार के समर्थन का कारण एक्विनास ने यह बताया है कि सम्प्रभुसत्ता की स्थापना का उद्देश्य ही व्यक्ति के जीवन की रक्षा होना होता है। अत: किसी भी स्थिति में उसे उद्देश्य ही व्यक्ति के जीवन की रक्षा होना होता है। अत: किसी भी स्थिति में उसे उद्देश्य के विपरीत व्यक्ति के जीवन को नष्ट करने का अधिकार प्रदान नहीं किया जा सत्ता त्था व्यक्ति को सम्प्रभु की उस आज्ञा तक को मानने से इनकार करने का अधिकार प्राप्त है, जिसमें **''उसे सैनिक के रूप में क्षेत्र से लड़ने के लिए कहा गया हो।''**[3] एक्विनास का मत इस सम्बन्ध में यह है कि **''चूँकि आज्ञापालन का उद्देश्य ही रक्षा है, अतः सम्प्रभु के प्रति प्रज्ञा का दायित्व केवल उसी समय तक ही और अधिक नहीं माना जाता है, जब तक उसमें प्रजा की रक्षा की शक्ति रहे।''**[1]

3. निरंकुश राज्य सत्ता के विरुद्ध व्यक्ति के जीवन का अधिकार-एक असंगति

इस प्रसंग में यह प्रश्न उठाना स्वाभाविक है कि सम्प्रभु सत्ता की जिस निरंकुश शक्ति का समर्थन एक्विनास ने किया है, उसके संदर्भ में व्यक्ति को उसके जीवन की रक्षा के नाम पर उस प्रकार के अधिकार का प्रतिपादन कहाँ तक उचित कहा जा सकता है, जिसके अनतर्गत व्यक्ति सैनिक बनने की आज्ञा को मानने या न मानने के लिए स्वतन्त्र हो अथवा किसी अपराध के दण्ड में भी राज्य व्यक्ति को मृत्यु दण्ड न दे सके। यह वस्तुत: एक असंगति है, जिसको सुलझाने के लिए एक्विनास ने यह प्रतिपादित किया है कि **''यदि कोई अपराधी अपने जीवन को बचा सके, तो उसे अपे जीवन का अधिकार है, जबकि इसके विपरीत व्यक्ति को दण्डित करने का सम्प्रभुत्ता का अधिकार केवल तभी है, यदि वह उसके पकड़ सके।''**[2] सीधे-सादे शब्दो में यदि हम इस तथ्य को रखें, तो केवल यही कहा जा सकता है कि एक्विनास ने राज्य-सत्ता व व्यक्ति दोनों के एक दूसरे के विरुद्ध टकराने वाला अधिकार प्रदान कर दिया है तथा एक्विनास द्वारा प्रयुक्त शाब्दिक जाल के बावजूद भी असंगति असंगति ही रही है। इस सम्बन्ध में जैसा जोन्स ने कहा है, वास्तविक स्थिति यही है कि ''सम्प्रभु के विरुद्ध प्रजा का अधिकार या तो हो सकता

है या नहीं हो सकता है। यदि उसका अधिकार नहीं है, तो एक्विनास को यह नहीं कहना चाहिए कि उसे ऐसा अधिकार है। दूसरी और यदि उसका कोई अधिकार है, तो एक्विनास की यह प्रमुख मान्यता कि सम्प्रभु सत्ता निरंकुश होती है, और होनी चाहिए, त्रुटिपूर्ण है। एक्विनास की दोनों बातें एक साथ सही नहीं हो सकतीं। यदि सम्प्रभु की शक्ति निरंकुश है, तो उस पर कोई प्रतिबन्ध नहीं हो सकता, और उसकी शक्ति पर यदि किसी प्रकार का प्रतिबन्ध अथवा नियन्त्रण है, तो वह निरंकुश नहीं हो सकती।''[3]

4.राज्य सत्ता की निरंकुशता व व्यक्ति के जीवन के अधिकार का एक्विनास द्वारा सामंजस्य

पर इस सब के होते हुए भी एक्विनास ने यदि राज्य सत्ता की निरंकुशता तथा जीवन विषयक व्यक्ति की सुरक्षा के अधिकार का प्रतिपादन किया है, तो उसका कारण यह है कि व्यक्ति को प्राकृतिक अवस्था से निकालकर शान्ति व सुरक्षा बनाये रखने के लिए यदि एक सर्वशक्तिशाली सम्प्रभु सत्ता की स्थापना की आवश्यकता है, तो शान्ति व सुरक्षा के उद्देश्य की सिद्धि के मार्ग से विचलित संप्रभुत्ता के अनाचार व अत्याचार से बचे के लिए जीवन रक्षा के व्यक्ति के अधिकार की मान्यता की भी आवश्यकता है। राज्य सत्ता की निरंकुशता व सर्व शक्ति-सम्पन्नता तथा किसी भी दशा में व्यक्ति द्वारा उनका उल्लंघन-दोनों एक दूसरे के विरोधी विचार हैं, पर एक्विनास दोनों के सामंजस्य को ही उचित मानते हैं, क्योंकि प्रथम की आवश्यकता प्राकृतिक अवस्था की संघर्ष की दशा का अन्त करके शान्ति व सुरक्षा की स्थापना के लिए अनिवार्य है, तो दूसरे का समर्थन इसलिए आवश्यक है कि उसकी व्यवस्था के बिना व्यक्तियों के जीवन की रक्षा से सम्बन्धित सम्प्रभु सत्ता की स्थापना का उद्देश्य ही नष्ट हो जाती है।

राज्य का वर्गीकरण

वर्गीकरण का आधार

एक्विनास ने राज्य के लिए कॉमनवेल्थ (Common wealth) शब्द का प्रयोग किया है। अतः राज्यों के वर्गीकरण का विवेचन करते हुए उन्होंने कहा है कि ''**कॉमन वेल्थ अर्थात राज्यों का अन्तर सम्प्रभु अथवा सब जनता या उसके प्रत्येक व्यक्ति के प्रतिनिधि व्यक्ति के अन्तर में निहित होता है।**''[1] अतः यह स्पष्ट है कि राज्यों के वर्गीकरण के आधार एक्विनास ने संप्रभुत्व शक्ति का अधिवास (Location of Sovereignty) को माना है तथा उसी के आधार पर राज्यों का वर्गीकरण किया है।

राज्यों के विविध प्रकार

संप्रभुता के अधिवास के आधार पर एक्विनास ने अरस्तू की तरह राज्यों के तीन प्रकारों का प्रतिपादन किया है तथा कहा है कि ''जब प्रतिनिधि एक व्यक्ति होता है तो राज्य राजतन्त्र (Monarchy) होता है, जब प्रतिनिधित्व सब की पूरी सभा करत है, तो वह केवल लोकतन्त्र (Democracy) अथ्वा जन राज्य होता है तथा जब जनता के कुछ भाग की सभा प्रतिनिधि होती

है, तब उसे कुलीनतन्त्रीय (Aristocracy) कहा जाता है।"[1] इस प्रकार एक्विनास ने राज्यों के केवल तीन प्रकारों-राजतन्त्र, लोकतन्त्र व कुलीनतन्त्र का ही प्रतिपादन किया है, क्योंकि उनका मत था कि "**सम्प्रभु शक्ति केवल एक, एक से अधिक या सब में ही निहित हो सकती है।**"

राज्यों के उक्त तीन प्रकारों के अतिरिक्त एक्विनास ने निरंकुशतन्त्र (Tyranny) गुटतन्त्र (Oligarchy) एवं अराजकतन्त्र (Anarchy) नामक राज्य के अन्य रूपों का भी उल्लेख किया है, पर उन्हें राज्य के प्रकारों के रूप में नहीं माना है। इस सम्बन्ध में उन्होंने कहा है कि "**वे शासन के प्रकारों के नाम नही हैं, पर वे उन्हीं के अवांछनीय रूप हैं, क्योंकि वे लोग, जो राजतन्त्र में असन्तुष्ट होते हैं, उसे निरंकुशतन्त्र कहते हैं, तथा वे जो कुलीनतन्त्र के अप्रसन्न होते हैं उसे गुटतन्त्र कहते हैं। इसी प्रकार वे लोग जो लोकतन्त्र में दुखी होते हैं, उसे अराजकतन्त्र कहते हैं, (जिसका अर्थ शासन का अनस्तित्व होता है।)**"[2]

शासन का सर्वोत्तम प्रकार-राजतन्त्र

एक्विनास ने राजतन्त्र को शासन का सर्वोत्तम प्रकार माना है तथा के उन्होंने निम्नलिखित आधार बताये हैं :

1. राजतन्त्र में राजा का हित तथा प्रजा का हित परस्पर अत्यधिक सम्बद्ध होता है। अत: राजा अपने हिंत की साधना के साथ-साथ जनता का भी हित साधन पूरी तरह से करता है। एक्विनास के अनुसार लोकतन्त्र व कुलीनतन्त्र में ऐसा नहीं होता, क्योंकि उसमें शासकों व जनता के हित अलग-अलग होते हैं।

2. राजतन्त्र में राजा योग्य से योग्य व्यक्तियों के परामर्श के शासन चला सकता है। अत: शासन कुशल होता है। एक्विनास के अनुसार यह लोकतन्त्र व कुलीनतन्त्र में नहीं होता, क्योंकि उनमें परामर्शदाता निश्चित होते हैं, जिन्हें आवश्यकतानुसार बदला नहीं जा सकता तथा जो प्राय: ज्ञानवान न होकर धनवान होते हैं।

3. राजतन्त्र में जो विनिश्चय किये जाते हैं, वे अन्तिम होते हैं, जिससे शासन में क्षमता आती है। एक्विनास के अनुसार लोकतन्त्र व कुलीनतन्त्र में विनिश्चयों में शिथिलता चलती रहती है तथा शासन अक्षम रहता है।

4. राजतन्त्र में राजा ईर्ष्या अथवा हितों की भिन्नता के कारण अपने से ही असहमत नहीं हो सकता। पर लोकतन्त्र व कुलीनतन्त्र में शासक समूह अपने में ही विभाजित हो सकता है, जिसके कारण गृह-युद्ध तक हो सकते हैं।

5. एक्विनास ने यह माना है कि राजतन्त्र में शक्ति के एक व्यक्ति में निहित होने के कारण उसका प्रयोग किसी एक व्यक्ति के लाभ के लिए इस प्रकार किया जा सकता है, जिससे अन्य किसी व्यक्ति या व्यक्तियों को हानि होती हो। पर एक्विनास का मत है कि यह दोष लोकतन्त्र व कुलीनतन्त्र में और भी अधिक होता है, क्योंकि उनमें शासकों को राजा से अधिक बहुसंख्यक लोगों की परवाह करनी होती है। इस सम्बन्ध में एक्विनास ने कहा है कि "**राजाओं के**

कृपापात्र कम होते हैं और न उन्हें केवल अपने हितैषियों का ही हित साधन करना होता है, जबकि राजाओं की तुलना में किसी सभा के कृपापात्र बहुसंख्यक होते हैं और उनके हितैषी और भी अधिक बहुसंख्यक होते हैं।"[1]

राजतन्त्र एंव उत्तराधिकार की समस्या

एक्विनास के अनुसार राज्यतन्त्र में उत्तराधिकार की समस्या का समाधान सरलता से नहीं होता। इस दृष्टि से एक्विनास ने कुलीनतन्त्र व लोकतन्त्र को श्रेष्ठ माना है। लोकतन्त्र में उनके अनुसार उत्तराधिकार की कोई समस्या नहीं होती, क्योंकि उसमें संप्रभुत्व प्रतिनिधि सभा में निहित होता है, जिसका अन्त नहीं होता। कुलीनतन्त्र के विषय में उन्होंने कहा है कि उसमें प्रतिनिधि संस्था में से किसी की जब मृत्यु हो जाती है, संस्था का पुनः निर्वाचन कर लेती है। पर राजतन्त्र में उत्तराधिकार के सम्बन्ध में अत्यधिक कठिनाई होती हे, क्योंकि राजतन्त्र में उत्तराधिकार के निर्णय का अधिकार यदि जनता को प्राप्त माना था, तो राजा के मरते ही जनता पुनः बिना संप्रभु के हो जाती है तथा फिर स्थिति वही हो जाती हे, जो संप्रभु की स्थापना के पहले थे। अतः एक्विनास का प्रतिपादन है कि "**राजतन्त्र की संस्थापना द्वारा उनकी उत्तराधिकारी की व्यवस्था करना सदा वर्तमान अधिकारी के निर्णय व उसकी इच्छा पर छोड़ दिया जाता है।**"[2] एक्विनास के अनुसार उत्तराकिार की यह प्रथा इसी कारण प्रचलित है कि उत्तराधिकार वंशक्रमानुगत होना चाहिए। एक्विनास ने इस सम्बन्ध में स्पष्ट कहा है कि "**वह शासन पूर्ण नहीं होता, जिसमें उत्तराधिकार की व्यवस्था करने का अधिकार वर्तमान संप्रभ में निहित नहीं हो।**"[1]

एक्विनास ने राजतन्त्र को सर्वोत्तम क्यों माना है?

एक्विनास ने राज्य की उत्पत्ति का उद्देश्य शान्ति व सुरक्षा को माना है तथा यह प्रतिपादित किया है कि मनुष्य के सवार्थी स्वभाव के कारण मनुष्य-समाज में शान्ति व सुरक्षा तभी बनाये रखी जा सकती हैं, जब राज-सत्ता निरंकुश हो तथा राज सत्ता की निरंकुशता की व्यवस्था चूँकि राजतन्त्रों में ही सबसे अच्छी हो सकती है, अतः एक्विनास ने राजतन्त्र को ही शासन का सर्वोत्तम प्रकार माना है। यही कारण है कि जोन्स ने कहा है कि, "**मानव स्वभाव के विषय में एक्विनास की मान्यताओं को यदि हम सही मान लें, तो यह बात निःस्संदेह सही प्रतीत होती है कि सम्प्रभुता एक व्यक्ति के हाथ में होना ही सबसे अच्छी बात है अथवा अधिक शुद्धता के साथ यह कहा जा सकता है कि वह सबसे कम बुरा विकल्प है।**"[2]

नागरिक विधि

एक्विनास द्वारा प्रतिपादित नागरिक विधि की प्रमुख विशेषताएँ निम्न प्रकार से हैं

1. नागरिक विधि सम्प्रभुसत्ता की आज्ञा होती है-

एक्विनास के मतानुसार नागरिक विधि (Civil Law) का तात्पर्य उन विधियों के समूह से हैं, जिसका निर्माण सामाजिक अनुबन्धों द्वारा आविर्भूत सामाजिक दशा में मनुष्यों के पारस्परिक

सम्बन्धों के नियमन के लिए सामाजिक अनुबन्धों द्वारा स्थापित सम्प्रभु सत्ता द्वारा किया जाता है। नागरिक विधियों के निर्माण का अधिकार केवल संप्रभु सत्ता का है तथा नागरिक विधि क्या होनी चाहिए, इसका निर्धारण करने का अन्तिम अधिकार भी केवल संप्रभुता सत्ता का है। उनके अनुसार, "**विधि सदा व केवल वही होती है, जो संप्रभु की आज्ञा हो।**" विधि को विधि कहे जाने के लिए केवल यही आवश्यक है कि वह सम्प्रभु की आज्ञा हो तथा यह आवश्यक नहीं है कि आज्ञा नैतिक अथवा उस न्याय पर आधारित हो, जिसे लोग न्याय समझें।

2. सम्प्रभु विधि के ऊपर होता है

एक्विनास की मान्यता के अनुसार सम्प्रभु विधियों का एकमात्र स्रोत होता है, वह उनका एकमात्र व्याख्याकार होता है, पर ह उनके अधीन व से बँधा हुआ नहीं होता है। जैसा वेपर ने कहा है कि, " एक्विनास के लिए उस मध्यकालीन परम्परागत विचार का कोई मूल्य नहीं नही है, जिसके अनुसार राजा पर कई विधियों के पालन का प्रतिबन्ध माना जाता है। उसके लिए उस मौलिक विधि का भी कोई मूल्य नहीं है, जिसके विषय में यह कहा जाता है कि उस परिवर्तित नहीं किया जा सकता है।.......लेवियेथन अधिकार व न्याय के नियामक है। अत: उसके आवेश व कानून कभी अन्यायपूर्ण व अनैतिक नहीं हो सकते।.....विधियाँ अनुचित व अनावश्यक हो सकती है। यदि वे प्राकृतिक विधियों अर्थात् शान्ति की धाराओं की विरोधी होंगी, तो वे अनुचित कही जायेंगी। यदि वे उन कार्यों की मनाही करने वाली होंगी, जिनसे शान्ति के लिए एक कोई खतरा न हो, तो वे अनावश्यक होंगी। परन्तु फिर भी वे विधियाँ होंगी, क्योंकि सदा व केवल वही होती है, जो सम्प्रभु की आज्ञा हो।"[1]

3. विधि द्वारा विनियमित क्षेत्र के अतिरिक्त व्यक्ति स्वतन्त्र होता है

संप्रभु की पूर्ण निरंकुशता का समर्थन करते हुए भी एक्विनास ने यह माना है कि पूर्ण निरंकुश संप्रभु के अधीन व्यक्ति की कोई स्वतन्त्रता ही न हो, ऐसी बात नहीं है। जैसा वेपर ने कहा है, "लेवियेथन ऐसा नहीं है, जो किसी भी प्रकार की स्वतन्त्रता को सहन न कर सके। उसके अधीन स्वतन्त्रता होती है तथा वह उन सब बातों में होती है, जिनके विषय में विधियाँ मौन हों। लेवियेथन अनावश्यक हस्तक्षेप करने का आकांक्षी नहीं है, क्योंकि विधियों का प्रयोग लोगों को उनकी इच्छा के सब कार्यों के करे से रोकने के लिए नहीं किया जाता, वरन् उनका प्रयोग उनका मार्गदर्शन करने एंव उन्हें इस प्रकार सक्रिय रखने के लिए किया जाता है कि अपनी महत्त्वकांक्षी, उद्देश्यों एवं अविवेक के कारण वे अपने लिए ही हानि न पहुँचा लें। यह उसी प्रकार से है कि जिस प्रकार झाड़ियाँ लोगों के रोकने के लिए नहीं, वरन् उन्हें रास्ते पर बनाये रखने के लिए लगायी जाती हैं।"[2]

यही कारण है कि एक्विनास ने मनुष्य के सब कुछ कायों को राज्य की विधियों के क्षेत्र के बाहर की वस्तु माना है। उदाहरणार्थ, बुद्धि व आत्मा को उन्होंने राज्य की विधियों से बाहर की वस्तु माना है। उनके अनुसार राज्य अपनी विधियों द्वारा व्यक्ति के बाह्य व्यवहार का नियमन कर

सकता है, पर व्यक्ति के विश्वास व उसके विचारों को राज्य की विधियों द्वारा नियन्त्रित नहीं किया जा सकता। राज्य की विधियाँ व्यक्ति के विचारों व विश्वासों का नियमन नहीं कर सकती, इसको एक्विनास ने यह कहकर दर्शाया है कि "**लेवियेथन लोगों को किसी अमुक ढंग से विश्वास करने के लिए बाध्य नहीं कर सकता**" तथा विचार स्वतन्त्र होता है।[1]

राज्य व धर्म का सम्बन्ध

इस सम्बन्ध में एक्विनास ने उस परम्परा का पालन किया है, जिसका प्रारम्भ पडुआ के मार्सीलिओ (Marsigleo of Pauda) ने किया था तथा जिसके अनुसार धर्म को राज्य की सत्ता के अधीन माना गया था। एक्विनास का मत है कि अराजकता व अव्यवस्था का एक महत्त्वपूर्ण कारण यह भी होता है कि धार्मिक संस्थाएँ धर्म के क्षेत्र में अपने को राज्य की सत्ता स्वतन्त्र मानती है और यदि राज्य की सत्ता से स्वतन्त्र मानती है और यदि राज्य सत्ता उनकी किसी मनमानी में कोई हस्तक्षेप करती है, तो वे राजसत्ताधारी को सत्ता से हटाने के लिए विद्रोह करती हैं। एक्विनास के इस विचार का आधार वह रक्तपातपूर्ण विद्रोह नहीं था, जो फ्रांस के कैथोलिक व प्रोटेस्टेण्ट लोगों में हुआ था तथा जिसने फ्रांस को तबाह कर दिया था तथा यही कारण है कि उन्होंने धर्म व धार्मिक संस्थाओं को राज्य की अधीनता में ही रखना श्रेयस्कर मानते हुए दोनों का सम्बन्ध का प्रतिपादन निम्नलिखित आधारों पर किया है :

1. धर्म दर्शन की वस्तु न होकर विधि की वस्तु है- एक्विनास ने धर्म को राज्य सत्ता के अधीन करने के लिए यह प्रतिपादित किया है कि धर्म दर्शन (Philsophy) की वस्तु न होकर विधि (Law) की वस्तु है तथा उसके सिद्धान्तों का नियमन राज्य सत्ता की विधियों के द्वारा होना चाहिए। एक्विनास ने राज्य की विधि के क्षेत्र में प्रसंग में यह प्रतिपादित किया है कि व्यक्ति के विश्वास व विचार उसके अन्तर्गत नहीं आते और उनका नियमन राजकीय विधियों द्वारा नहीं किया जा सकता। राज्य व धर्म तथ चर्च के सम्बन्ध में प्रसंग में भी वे स्वीकार करते हैं कि व्यक्तियों के धार्मिक विश्वासों पर कोई राजकीय नियन्त्रण नहीं हो सकता। पर साथ ही साथ उनकी मान्यता यह है कि धर्म का पालन व्यक्ति का एक बाह्य कृत्य है तथा उसका नियमन राज्य की विधि द्वारा किया जा सकता है। सैबाइन के शब्दों में एक्विनास के अनुसार, "**(किसी के) विश्वास पर बल नहीं चल सकता, पर विश्वास पर चलना एक बाह्य कृत्य होता है तथा इसलिए वह विधि के क्षेत्र में आता है। जहाँ तक बाह्य परिणामों का सम्बन्ध है, विश्वास की स्वतन्त्रता का कोई क्रियान्वन नहीं हो सकता। सब (धार्मिक) नीतियों व द्योषणाओं, धार्मिक पुस्तकों के सिद्धान्तों, धार्मिक तत्त्वों तथा चर्च-शासन को यदि कोई सत्ता प्राप्त होती है, तो वह संप्रभु द्वारा प्राधिकृत होती है। धार्मिक सत्यता के विषय में चूँकि कोई वस्तुपरक मानक नहीं है, अतः किसी धर्म अथवा उपासना-पद्धति के स्थापना संप्रभु की इच्छा पर आधारित होनी चाहिए।**"[1]

2. चर्च राज्य के अधीन एक निगम-चर्च को एक्विनास ने एक निगम माना है तथ कहा

है कि प्रत्येक निगम की तरह उसका भी एक अध्यक्ष होता है तथा वह अध्या संप्रभु होता है। सैबाइन के शब्दों में एक्विनास अनुसार, "**वह लोगों का एक ऐसा संस्थान है, जिसका संगठन सम्प्रभु के व्यक्तित्व के प्रमुख लोगों के अधीन होता है और इसलिए उसे राज्य से भिन्न नहीं किया जा सकता।**"[2] चर्च का सही कार्य सही शिक्षा देना है और वह शिक्षा केवल वही होनी चाहिए, जो सम्प्रभु द्वारा स्वीकृत व प्राधिकृत हो। धर्म के विषय में कोई सार्वजनिक विवाद नहीं होने दिया जाना चाहिए तथा संप्रभु द्वारा जिस धर्म को उचित समझा जाय, उसे लोगों द्वारा पूरी तरह से मनवाया जाना चाहिए। जनता द्वारा धर्म के विषय में किये जाने वाले वाद-विवाद को एक्विनास रोगी द्वारा दवा की किसी गोली के निगलने के बजाये चबाये जाने जैसा समझता है, जो उनके मतानुसार रोगी को लाभकरारी नहीं होती। धर्म की तुलना दवा की ऐसी गोली से करते हैं, जिससे जनता उनके मतानुसार तभी लाभन्वित हो सकती है, जब वह उसके उनके राज्य द्वारा निर्धारित पूर्ण रूप से ही सेवन करे। इस सम्बन्ध में उन्होंने कहा है कि "**हमारे धर्म के रहस्यों का स्थिति रोगियो के लिए दी जाने वाली ऐसी स्वास्थ्यप्रद गोलियों जैसी है, जिन्हें पूरा निगलने से स्वास्थ्य लाभ होता है तथा जिन्हें यदि चबा लिया जाय, तो जो बिना किसी प्रभाव के बाहर निकल जाती हैं।**"[3]

इस प्रकार एक्विनास ने चर्च को पूरी तरह राज्य के अधीन माना है तथा धर्म के रूप में निर्धारण के विषय में अन्तिम निर्णायक भी राज्य को माना है, क्योंकि ऐसा न होने के धर्म के विषय में लोग एकमत न हो सकेंगे औ र राज्य की एकता व दृढ़ता को सदा भय बना रहेगा। एक्विनास ने इस विचार को यह कहकर दर्शाया है कि "**यदि लोग अपने स्वप्न व अपनी कल्पनाओं अथवा व्यक्तिगत स्वप्न व कल्पनाओं को ईश्वर की आज्ञाएं मानने के लिए स्वतन्त्र होंगे तो किन्हीं भी दो में इस सम्बन्ध में एकमत नहीं हो सकेगा कि ईश्वर की आज्ञा क्या है? तथा उनके सम्बन्ध में प्रत्येक व्यक्ति राज्य की आज्ञाओं का अनादर करेगा।**"[1]

एक्विनास के दर्शन का मूल्यांकन

राजनीतिक दार्शनिकों में एक्विनास का क्या स्थान है तथा उसके राजनीतिक विचारों का क्या मूल्य व महत्व है, इस सम्बन्ध में लेखकों ने परस्पर विरोधी विचार व्यक्त किये हैं। एक ओर कुछ लेखक हमें ऐसे मिलते हैं, जिनके अनुसार राजनीत दर्शन के विकास की दृष्टि से एक्विनास के दर्शन कोई महत्त्व नहीं है और न उस पर उसका कोई महत्त्वपूर्ण प्रभाव ही पड़ा प्रतीत होता है। सी.ई बांघा ने ऐसा ही मह व्यक्त किया है और कहा है कि "**जहाँ तक राजनीतिक विचारधारा के महत्त्वपूर्ण विकास का सम्बन्ध है, लेवियेथन का कोई प्रभाव व परिणाम न हुआ और न होना चाहिए था, (क्योंकि) उसका रूप ऐसा वर्णशंकरीय था कि अपनी जाति का विस्तार करने की क्षमता उसमें नहीं थी।**"[2] मरे के एक्विनास की महत्त्वहीनता यह कहकर दर्शायी है कि "**एक्विनास के जीवनीकार को समर्थक कोई विरला ही मिल सकता था, यद्यपि उनके विरोधियों की संख्या अगणित थी।**"[3] इसके विपरीत कुछ लेखक ऐसे भी हैं,

जिनके अनुसार राजनीतिक विचारों के विकास की दृष्टि से एक्विनास का एक अत्यन्त विशिष्ट स्थान है। उदाहरण के लिए, हम सैबाइन को ले सकते हैं, जिन्होंने एक्विनास के दर्शन के विषय में कहा है कि **"उनका दर्शन बेकन के इस कथन की सार्थकता सिद्ध करता है कि सत्य भ्रम की अपेक्षा भूल से अधिक आसानी से निकलता है। इस स्पष्टता के कारण तथा अपनी शैली के बाँकेपन के कारण एक्विनास अंग्रेजी भाषी जनता के सबसे महान राजनीतिक दार्शनिक थे।"**[1] इसी प्रकार वेपर ने भी एक्विनास के कृतित्व के महत्त्व का प्रतिपदन किया है और यह कहा है कि **"राजनीतिक विचार के इतिहास में उनका कृतित्व पूर्ण सम्प्रभुता की पहली व्याख्या है।"**[2] इस प्रकार हम देखते हैं कि उनके विषय में लेखकों के विचार परस्पर विरोधी हैं तथा उनके दो स्पष्ट पक्ष हैं। उन दोनों पक्षों को हम एक-एक करके देख सकते हैं।

एक्विनास के विचारोंकी आलोचना

एक्विनास के विचारों की आलोचना में जो कुछ कहा जाता है, उसे हम निम्न प्रकार रख सकते हैं :

1. एक्विनास का मानव प्रकृति सम्बन्धी विचार एकांगी है- एक्विनास ने मनुष्य को प्रकृतित: स्वार्थी, दुष्ट, युद्धप्रिय तथा भीरू प्राणी माना है तथा यह प्रतिपादित किया है कि मनुष्य की प्रकृति का सही रूप यही है। उनके अनुसार मनुष्य में प्रधानता आसुरी लक्षणों की होती है तथा उसके व्यवहार में यदि किन्हीं दैवी लक्षणों का प्रभाव दिखाई देता है तो वह केवल इसलिए दिखाई देता है कि उसे उसके किसी स्वार्थ की सिद्धि होती है। पर एक्विनास का यह विचार त्रुटिपूर्ण है। मनुष्य के उपरोक्त अवगुणों की अपेक्षा सद्‌गुण अधिक होते हैं, जिन्हें सज्जनता, शान्तिप्रियता, निर्भीकता तथा त्याग आदि कहा जाता है। मनुष्य में स्वार्थ की अपेक्षा त्याग व परमार्थ की भावना अधिक होती है। तथा उसी के कारण वह अन्य व्यक्तियों की की सेवा करने के लिए प्रेरित होता है। पुत्र के प्रति माता का स्नेह स्वार्थ के स्थान पर त्याग गर्व परमार्थ की भावना से अधिक प्रेरित होता है, जिसके कारण वह अपार दुखों को सहन करके भी पुत्र का लालन-पालन करती है। माता के हृदय की इस ममता की भावना से ही वसतुत: समाज की नीवं पड़ती है। मनुष्य स्वभावत: केवल भीरु ही नहीं होता, वरन् वह निर्भी व साहसी भी होता है। किसी मकान में आग लग जाने पर, वे लोग जिनका उस मकान वालों से कोई सम्बन्ध नहीं होता, जब अपनी जान की बाजी लगाकर आग में फँसे व्यक्तियों को निकालकर उनकी प्राणरक्षा का प्रयत्न करते हैं ,तो उसका कारण उनका कोई स्वार्थ नहीं होता, वरन् पदार्थ होता है तथा ऐसा वे भयभीत होकर नही ,वरन् निर्भीक होकर व उच्चकोटि के साहस की भावना की प्रेरणा के अधीन करते हैं। इसी प्रकार उन देशों में भूकम्प आदि आने पर जिनके, निवासियों से अन्य देशों का कोई सवार्थगत सम्बन्ध नहीं होता और न जिनके निवासियों से अन्य देशों कोई भय होता है, जब अन्य देशों के लोग विधि प्रकार की सहायता पहुंचाते हें, तो ऐसा लोग स्वार्थ व भय के कारण नहीं ,वरन् अपनी परमार्थ की भावना के कारण करते हैं। इस प्रकार, एक्विनास द्वारा किया हुआ

मानव प्रकृति का चित्रण एकांगी है तथा उसमें उसके विकृत पक्ष पर अनावश्यक बल दिया गया है।

2. राज्य की उत्पत्ति मनुष्य के स्वभाव के विकृत पक्ष के कारण नहीं हो सकती- मानव स्वभाव के जिस विकृत पक्ष को एक्विनास ने राज्य की उत्पत्ति का करण माना है, उसके अनुसार मनुष्य को दुष्ट, स्वार्थी, युद्धप्रिय तथा भीरू माना है। मनुष्य की स्वार्थ भावना उसे केवल अपने हितों के प्रति ही सजग रहने के लिए प्रेरित करती है। स्वार्थ भावना के कारण वह केवल अपने अधिकारों को ही अधिकार समझता है। अपने स्वार्थों की सिद्धि के लिये वह अपने पास अधिक से अधिक शक्ति का संचय भी करना चाहता है तथा अपने स्वार्थों की रक्षा के लिए वह अन्यों से संघर्ष करने से भी नहीं चूकता है। पर इस सम्बन्ध में यह विचारणीय है कि यदि मनुष्य के स्वभाव का केवल उक्त विकृत पक्ष ही प्रधान है, तो क्या यह सम्भव है कि वह किसी ऐसे समझौते द्वारा राज्य की स्थापना करने की बात सोचें, जिसमें उसे अपने अधिकार व अपनी शक्तियों को छोड़ देना पड़े। एक्विनास की यह कल्पना वस्तुतः तर्कसंगत नहीं है कि मनुष्य के स्वभाव में प्रधानता विकृत पक्ष की है और उसके परिणामस्वरूप हुए सामाजिक समझौते के द्वारा राज्य की उत्पत्ति होती है। इसके विपरीत तथ्य के निकट यह अधिक प्रतीत होता है कि मनुष्यों की सज्जनता की प्रवृति उन्हें परस्पर समीप लाती है तथा पारस्परिक संघर्ष व घृणा के बजाय पारस्परिक सहयोग व प्रेम उनमें सामाजिकता की उस भावनों को उत्पन्न करते हैं, जिनके कारण राज्य अस्तित्व में आता है। स्वार्थी मनुष्य सामाजिक हों और वह समाज व राज्य की स्थापना इसलिए करें कि उनके स्वार्थों की सिद्धि पर अंकुश लगे, यह एक्विनास के विचारों की एक गम्भीर असंगति है। लॉक ने एक्विनास के विचारों की इस असंगति की आलोचना बड़े आलंकारिक ढंग से की है और कहा है कि "**इसका अर्थ मनुष्यों को इतना मूर्ख मानना है कि वे उन परेशानियों से तो बचना चाहते हैं, जो उनके लिए लोमड़ी व चूहों द्वारा पैदा की जा सकती है, पर उन्हें इस बात से सन्तोष है और वे इसे सुरक्षा समझते हैं कि उन्हें शेर खा जाएँ।**"[1]

3. एक्विनास की प्राकृतिक अवस्था व प्राकृतिक व्यवस्था की कल्पना अनैतिहासिक- एक्विनास ने राज्य विहिनता की एक दशा की कल्पना की है तथा उसे उन्होंने प्राकृतिक अवस्था (The State of Nature) की संज्ञा दी है। प्राकृतिक अवस्था के समय के लिए उन्होंने एक प्राकृतिक अवस्था (The Law of Nature) की भी कल्पना की है। उन्होंने यह प्रतिपादित किया है कि इस अराजक और (राज्य विहीन) दशा की असुविधाओं का निवारण करने के लिए मनुष्यों ने राज्य की स्थापना की। एक्विनास के उक्त प्रतिपादन का अर्थ यह हो जाता है कि मानव इतिहास को दो कालों में बाँटा जा सकता है, जिनमें से एक को राज्य विहिनता का काल तथा दूसरे को राज्य के अस्तित्व का काल कहा जा सकता है। पर क्या इतिहास में ऐसा कोई का रहा है, जिसमें मनुष्य अराजक एवं असामाजिक अथवा प्राकृतिक अवस्था में रहा हो? विश्व के किसी देश के इतिहास में हमें यह ज्ञात नहीं होता कि किसी समय कहीं भी एक्विनास द्वारा

कल्पित अराजक अथवा राज्य विहीनता की दशा रही हो। अतः इस दृष्टि से एक्विनास की यह मान्यता कि राज्य की स्थापना से पहले की प्राकृतिक अवस्था का अन्त होकर मनुष्यों की सहमति से राज्य की स्थापना हुई, आलोच्य है।

4. प्राकृतिक अवस्था में राजनीतिक चेतना की मान्यता असंगत है- एक्विनास के विचार के अनुसार प्राकृतिक अवस्था मनुष्य की एक ऐसी दशा है, जिसमें उसका रूप एक ऐसी असामाजिक प्राणी का रहता है, जो केवल अपनी ही स्वार्थों की सिद्धि में रत रहते हुए प्रत्येक अन्य व्यक्ति से अपने स्वार्थों की रक्षा के लिए संघर्षरत रहता है। पर इसके साथ ही एक्विनास ने यह भी प्रतिपादित किया है कि उन्हीं असामाजिक मनुष्यों द्वारा सहमति से एक राजनीतिक समाज की स्थापना की जा सकती है। यह वस्तुतः एक्विनास के विचारों की एक असंगति है, प्राकृतिक अवस्था में रहने वाले उस मनुष्य से जो पूर्णतः असामाजिक व राजनीतिक हो, यह आशा करना असंगत है कि यकायक उसमें सामाजिकता व राजनीतिकता की भावना उदय हो और वह अन्य सब मनुष्यों के साथ इस बात के लिए सहमत हो जाय कि प्राकृतिक अवस्था का अन्त करके सामाजिक व राजनीतिक अवस्था की स्थिति को अस्तित्व में लाया जाय।

5. प्राकृतिक अवस्था के प्राकृतिक **अधिकारों की मान्यता असंगत है**- एक्विनास ने यह भी प्रतिपादित किया है कि प्राकृतिक अवस्था में व्यक्ति को कुछ अधिकार भी प्राप्त होते हैं, जिनका रूप प्राकृतिक होता है। अराजकतापूर्ण प्राकृतिक अवस्था में व्यक्ति का कोई अधिकार हो सकता है, यह न कहा जाना ठीक है। अराजकता की प्राकृतिक अवस्था वस्तुतः एक ऐसी स्थिति ही हो सकती हैं, जिसमे मात्सनयाय हो तथा जिसकी लाठी उसकी भैंस हो। व्यक्ति के अधिकार वस्तुतः उनकी माँगे होती हैं, जिनमें सामाजिक उपयोगिता के आधार पर समाज मान्यता प्रदान करता है और राज्य उनका संरक्षण करता है। अतः एक्विनास की यह कल्पना असंगतिपूर्ण है कि प्रयोग सामाजिक एवं अराजक समाज में भी व्यक्ति के कोई अधिकार थे, जिन्हें समर्पित करके उसने राज्य की स्थापना की हो।

6. एक्विनास द्वारा प्रतिपादित समझौता विधि की दृष्टि से आपत्तिजनक है-कोई भी समझौता साधारणतः दो पक्षों में होता है। वे दोनों पक्ष समझौते के अनुसार आचरण करने के लिए विधि द्वारा बाध्य होते हैं तथा कोई न कोई व्यवस्था ऐसी अवश्य होती है, जिसके अन्तर्गत दोनों पक्ष किसी भी किये हुए समझौते से पृथक हो सकते है। इसके अतिरिक्त प्रत्येक समझौते में कोई व्यवस्था इस प्रकार की भी होती है कि यदि कोई पक्ष समझौते की शर्तों पर है, तो ऐसी दशा में क्या होगा। दूसरे शब्दों में कोई एक वैद्य सत्ता प्रायः ऐसी होती है, जो उल्लंघन करन वाले पक्ष को उचित दण्ड-व्यवस्था के द्वारा समझौते का पालन करने के लिए तत्पर रख सके। एक्विनास द्वारा प्रतिपादित समझौता इन सभी दृष्टियों से आपत्तिपूर्ण है। एक्विनास का समाजिक समझौता ऐसा है, जिसमें उन्होंने सभी मनुष्यों को-न मनुष्यों को भी जो उसके विरोधी हों-सम्मिलत हों-सम्मिलित माना है तथा कहा है कि समझौता सभी के लिए अनिवार्य रूप से मान्य है तथा उसका

उल्लंघन दण्डनीय है। इस सम्बन्ध में एक्विनास का कहना है कि **"संप्रभु की घोषणा चूँकि एक बड़े भाग के सहमतिपूर्ण स्वर से होते है, अतः उसे भी जो उससे असहमत हो, शेष से सहमत होना चाहिए, अन्यथा यह न्याय्य होगा कि शेष उसे नष्ट कर दें।"**[1] इस प्रकार एक बार समझौता होने के बाद वह सभी लोगों के लिए सदा के लिए अनिवार्य हो जाता है, जो किसी विधिपूर्वक किये गये समझौते में प्रायः नही होता। इसके अतिरिक्त एक्विनास का समझौता समय होता है, जिस समय कोई सत्ता उसका पालन कराने वाली नहीं होती, क्योंकि राज्य सत्ता की स्थापना समझौते के बाद होता है तथा विधि की दृष्टि से यह आपत्तिपूर्ण है।

7. एक्विनास के समझौते के परिणामस्वरूप राज्य का आधार अवांछनीय व उसका उद्देश्य हेय हो होता है- एक्विनास के अनुसार मनुष्यों ने समझौता इसलिए किया कि वे अराजक दशा के जीवन से भयभीत थे तथा उस दशा के भय से छुटकारा पाने के स्वार्थ के कारण उन्होंने समझौता किया। एक्विनास के विचार के अनुसार राज्य सत्ता की स्थापना इस प्रकार भय व स्वार्थ साधना के आधार पर हुई मानी गयी है, जो अनुचित है। समाज व राज्य का आधार भय व स्वार्थ नहीं है, वरन् उनका आधार सद्भावना, सहयोग व सामाजिक हित की भावना है तथा जैसा अरस्तू ने कहा है उनका अस्तित्त्व अच्छे (नैतिक) जीवन के लिए है।

8. उद्देश्य के अनुसार राज्य के कार्य भी निम्न कोटि के ही हो जाते हैं- एक्विनास के अनुसार, राज्य की उत्पत्ति के कारण लोगों का पारस्परिक भय माना गया है। अतः उसी के अनुसार राज्य का कार्य भी केवल निषेधात्मक (negative) हो जाता है। एक्विनास की धारणा के अनुसार राज्य केवल एक पुलिस राज्य ही हो सकता है। नैतिक अथवा भौतिक विकास, शिक्षा एवं संस्कृति की उन्नति आदि से उसका कोई सम्बन्ध नहीं हो सकता। जैसा गूच ने कहा है, **"लेवियेथन केवल महा मानवाकार का एक पुलिस का सिपाही है, जो अपने हाथ में दण्ड लिये है।.....उसका राज्य एक आवश्यक बुराई व दबाव का यन्त्र है। वह स्वतन्त्र व विकासशील सभ्यता की प्राप्ति का कोई अपरिहार्य साधन नही है।"**[1]

9. एक्विनास द्वारा प्रतिपादित समझौते के परिणामस्वरूप स्थापित शासन का रूप एक अत्यधिक स्वेच्छाधारी व निरंकुश शासन का होता है-राज्य की स्थापना समझौते द्वारा व्यक्ति की सुरक्षा के लिए की गयी है। पर इसके लिए उसे इतना अधिक अधिकार प्राप्त होता है कि वह भयंकरता की सीमा तक पहुँच गया है। एक्विनास के द्वारा स्थापित शासन पर किसी प्रकार का कोई नियन्त्रण नहींहै। वह पूरी तरह से निरंकुश है। उस पर न तो कोई कानून का अंकुश है, न व्यक्ति के मौलिक अधिकारों का कोई अंकुश है। उसके आदेश न तो कोई कानून कभी भी अन्यायपूर्ण नहीं मान जा सकते। प्राकृतिक विधि (Nature of Law) का भी उसके ऊपर कोई प्रतिबन्ध नहीं हो सकता। ईश्वरीय विधि (The Law of God) भी उस पर कोई अंकुश नहीं लगा सकती। एक्विनास के लेवियेथन के विरुद्ध विवेक का भी कोई बन्धन नहीं हो सकता। इस प्रकार एक्विनास के अनुसार राज्य के सम्बन्ध में व्यक्ति की स्थिति केवल उसके दास

की है और उसका अपना कोई स्वतन्त्र व्यक्तित्व नहीं है।

10. राज्य व सरकार का अन्तर एक्विनास के मस्तिष्क के ओझल हो गया है-राज्य की सत्ता की सर्वोच्चता का प्रतिपादन करते हुए एक्विनास ने सरकार की सत्ता की सर्वोच्चता का प्रतिपादन कर दिया है तथा इस सम्बन्ध में उन्होंने राज्य व सरकार में कोई अन्तर नहीं रहने दिया। व्यक्ति द्वारा राज्य का कोई विरोध नहीं होना चाहिए, इसका प्रतिपादन करते हुए उन्होंने यह भी प्रतिपादित कर दिया है कि व्यक्ति द्वारा सरकार का भी कोई विरोध नहीं होना चाहिए। राज्य के कुछ उद्देश्य होते हैं तथा सरकार राज्य का वह यन्त्र होता है, जिसके द्वारा राज्य के उद्देश्यों की सिद्धि के लिए कार्य किया जाता है। यदि कोई सरकार उस प्रकार कार्य करने में असमर्थ रहे, जिस प्रकार राज्य के उद्देश्यों की सिद्धि होती हो तो सरकार की स्थापना करने वाले व्यक्ति का अधिकार व कर्तव्य की सिद्धि होती है कि वह उस सरकार का विरोध करे और उसे बदल कर ऐसी सरकार की स्थापना करे, जो राज्य के उद्देश्यों की सिद्धि करने में सक्षम है। ऐसी दशा में एक्विनास का यह प्रतिपादन कि व्यक्ति सरकार का भी विरोध नहीं कर सकता, त्रुटिपूर्ण है तथा जैसा वेपर ने कहा है, **"वे सरकार का अन्तर समझने में सफल रहे हैं, उन्होंने राज्य की विधि सम्बन्धी निरंकुशता को सरकार की निरंकुशता बना दिया है तथा वे यह नहीं समझ सके हैं कि सरकार के रूपों के परिवर्तन का अर्थ राज्य को भंग करना नहीं होता।"**[1]

एक्विनास के विचारों का महत्त्व

एक्विनास के विचारों की आलोचना में जो कुछ ऊपर कहा गया है, उसके होते हुए भी राजनीति दर्शन के विकास की दृष्टि से उनके विचारों का बड़ा महत्त्व है राजनीतिक दर्शन के क्षेत्र में उनके अनुदाय को हम निम्न प्रकार रख सकते हैं :

1. एक्विनास ने राजनीति विचार-शैली को वैज्ञानिक बनाया-माध्यमिक काल में राज्य व चर्च के विवाद से राजनीतिक विचारधारा का विकास एक प्रकार से कुठिंत हो गया था। चर्च व राज्य दोनों की प्रतियोगिता के कारण दोनों के ही पक्ष धर अपने-अपने संस्थान को मनुष्य की भक्ति का पात्र सिद्ध करने लगे हुए थे। धर्म व चर्च के पक्षधरों के अनुसार चर्च की सत्ता राज्य की सत्ता से ऊपर थी क्योंकि उनके अनुसार धर्म व चर्च की सत्ता ईश्वरीय थी राज्य का अस्तित्व मनुष्य को उसके पापों का दण्ड देकर उसे पाप कर्म से अलग रखने के लिए था। राज्य के विरुद्ध चर्च के समर्थकों के अनसार राज्य के अन्तर्गत रहना तथा उसकी अधीनता स्वीकार करना मनु के पतन का परिणाम था तथा उस पतन से उठाने के काम चूँकि चर्च कर सकता था, उसकी सत्ता राज्य की सत्ता उच्चतर थी। इसके विपरीत राज्य की सत्ता की सर्वोच्चता के समर्थकों का प्रतिपादन यह था कि चर्च के धर्म का सम्बन्ध व्यक्ति के पारलौकिक जीवन से हो सकता था तथा मनुष्य के जीवन के उस पक्ष का नियमन चर्च कर सकता था। पर शान्ति व व्यवस्था की उन परिस्थितियों की रक्षा, जिनमें धर्म का आचरण व चर्च का कार्य सम्भव हो सकता थ, चूँकि राज्य ही कर सकता था, अतःउसकी सत्ता चर्च की सत्ता से भी उच्चतर थी। इस प्रकार दोनों ही पक्षों के दावे

अपने-अपने पक्ष के अवश्य थे, पर दोनों ही द्वारा उनके लिए कोई वैज्ञानिक आधार प्रस्तुत नहीं किया गया था। राज्य का व्यक्ति के जीवन से क्या सम्बन्ध है, उसका वह सम्बन्ध क्यों है तथा उसका क्या उद्देश्य है, तथा ऐसे ही अन्य पश्नों उत्तरों का कोई वैज्ञानिक आधार तत्कालीन राजनीतिक विचारधारा में नहीं मिलता था। अतः एक्विनास ने राजनीतिक विचारशैली में वैज्ञानिकता प्रविष्ट करके वैज्ञानिक भौतिकवाद (Scientific materialsm) के आधार पर यह प्रतिपादित किया कि सामाजिक संसार में होने वाली प्रत्येक क्रिया-प्रतिक्रिया किसी निश्चित गति का परिणाम होती है और इस आधार पर व्यक्ति के सामाजिक कृत्यों की गति के प्रसंग में कार्य-कारण सम्बन्धों की खोज की जा सकती है तथा उसके परिणामों की सहायता से उन्हें विनियमित व नियन्त्रित किया जा सकता है।

अपनी उक्त मान्यता के आधार पर उन्होंने मनुष्य के स्वभाव के वैज्ञानिक अध्ययन द्वारा यह परिणाम निकलता है कि वह स्वभावतः स्वार्थी, असामाजिक, आत्मरक्षक, झगड़ालू, अविश्वासी, असहयोगी, युद्ध-प्रिय, लोभी, अंहकारी एवं स्वार्थी होता है, इसी प्रकार के स्वभाव के कारण पास्परिक कटुता के परिणामस्वरूप उसका जीवन "**एकाकी, दीन, घृणित, पाशविक एवं क्षणिक**" हो जाता है तथा इस प्रकार के जीवन से छुटकारा पाने के लिए वह राज्य की स्थापना करता है।

इस प्रकार एक्विनास ने राज्य का आधार ढूँढ़े जाने की उस प्रथा से हटकर, जिसमें उसे धार्मिक अन्धविश्वास अथवा ईश्वरीय इच्छा के परिणाम के रूप में समझा जाता था, एक ऐसी परिपाटी का प्रारम्भ किया, जिसमें राज्य के आधार को मनुष्य के स्वभाव के वैज्ञानिक अध्ययन द्वारा निकाले गये परिणामों के माध्यम से खोजने का प्रयत्न किया गया था।

2. हॉबस ने राजनीतिशास्त्र को असीमित व निरंकुश संप्रभुता का विचार दिया- एक्विनास ने राजनीति शास्त्र को असीमित व निरंकश संप्रभुता का विचार प्रदान किया है। अमरीका के राजनेता अलेक्जैण्डर है मिल्टर ने "**फैडरलिस्ट**" में लिखा था कि "**ऐसे किसी शासन की स्थापना करने में, जिसमें मनुष्य-मनुष्य पर शासन करे, सबसे बड़ी कठिनाई इस बात की होती है कि पहले शासन को इस योग्य बनाया जाय कि वह शासितों पर नियन्त्रण रख सके और फिर उसे बात बात के लिए बाध्य किया जाय कि वह स्वयं नियन्त्रित रह सके।**" शासन की स्थापना विषयक इस कठिनाई को करने में प्रयत्न समय-समय पर किये जाते रहे हैं। तथा इस सम्बन्ध में संप्रभुसत्ता की सर्वोच्चता तथा उस पर किन्हीं मर्यादाओं का प्रतिपादन किया जाता रहा है। उदाहरणार्थ, मध्ययुगीन विचारकों के अनुसार संप्रभुसत्ता की निरपेक्षता का विचार अमान्यप्राय तथा दैवीय विधि, प्राकृतिक विधि, परम्परागत विधि आदि राजा की शक्ति से ऊपर माना जाता है। राज्य उनका उल्लंघन का विरोध करे, यह भी उचित नहीं समझा जाता था। बोदां ने भी एक्विनास से पहले संप्रभुता का प्रतिपादन किया था और कहा था कि "**समप्रभुता राज्य में जारी आदेश जारी करने की निरंकुश व स्थायी शक्ति होती है।**" पर

साथ ही साथ उन्होंने इस सम्बन्ध में यह भी कहा था कि **''इस शक्ति पर ईश्वरीय विधि या प्रकृत द्वारा लगाये गये प्रतिबन्धनों को छोड़कर अन्य कोई प्रतिबन्ध व शर्त नहीं होते।''**[1] बोदां के इस कथन से यह स्पष्ट है कि संप्रभुता पर ईश्वरीय विधि अथवा प्राकृतिक विधि का प्रतिबन्ध होना चाहिए। पर एक्विनास ने सम्प्रभुता के विषय में यह विचार जगत के सम्मुख रखा कि राज्य की सम्प्रभुता निरंकुश तथा प्रतिबनधित होनी चाहिए। वस्तुत: जैसा वैपर ने कहा है, **''न्याय की उत्पत्ति विधि द्वारा होता है और विधि न्याय का प्रतिबिम्ब नहीं होती, उसका प्रतिपादन करना तथा राज्य का निरंकुश व प्रतिबन्ध रहित सम्प्रभुता का प्रचार करना हॉबस का कार्य रहा।''**[1]

3. एक्विनास ने राजसत्ता के मानवीय स्वरूप का प्रतिपादन किया- एक्विनास ने कदाचित सर्वप्रथम इस तथ्य का जगत के समक्ष प्रस्तुत किया कि राज्य संस्था ईश्वरीय व दैवी न होकर मानवीय है तथा उसका निर्माण ईश्वर द्वारा न होकर मनुष्य द्वारा किसी निश्चित उद्देश्य की पूर्ति के लिये हुआ है। वेपर ने इस सम्बन्ध में कहा है, **'' एक्विनास ने यदि लेवियेथन को सर्वशक्तिमान बना दिया है, तो वे यह नहीं भूले हैं कि वह एक निर्मित वस्तु है।''**[2] राज्य का निर्माण समझौते के परिणामस्वरूप हुआ बताकर उन्होंने राज्य के विषय में प्रचलित उस रहस्य को समाप्त कर दिया था, जिसके कारण उसे ईश्वरीय संस्था तथा शासक कोई ईश्वर का प्रतिनिधि माना जाता था। इसका एक लाभ यह हुआ कि जैसे ही लोगों ने यह माना कि राज्य उनकी अपनी बनाई हुई वस्तु है,उन्होंने यह भी सोचना प्रारम्भ किया के वे राज्य के रूप को आवश्यकतानुसार और अच्छा भी बना सकते हैं तथा राज्य के अच्छे या बुरे होने का दायित्व मनुष्य का अपना दायित्व है। एक्विनास द्वारा प्रदत्त इस विचार को बाद में आने वाले लोकतन्त्र के विचार का मूल माना जा सकता है।

4. एक्विनास ने अपनी विचारधारा में व्यक्तिवाद का भी समर्थन किया- एक्विनास के विषय में यह प्राय: यह कहा जाता है कि उन्होंने सम्प्रभुता की निरंकुशता का समर्थन किया है तथा उनकी विचारधारा के राज्य में व्यक्ति व उसके अधिकारों का कोई स्थान नहीं है, क्योंकि उन्होंने राज्य की निरंकुश असीमित सत्ता का प्रतिपादन किया है। पर यदि बारीकी से देखा जाय, तो उनके चिन्तन में व्यक्तिवाद का भी समर्थन मिलता है। राज्य की निरंकुशता एवं व्यक्ति की महत्ता दोनों ही ऐसे विचार हैं, जिनका सामंजस्य साधारतणत: नहीं हो सकता। पर एक्विनास ने अपनी विचार अभिव्यक्ति के चमत्कार से दोनों परस्पर विरोधी विचारों में सामंजस्य स्थापित कर दिया है। उन्होंने राज्यसत्ता को जो निरंकुशता प्रदान की है,वह निरंकुशता, निरंकुशता के ही लिए नहीं है, वरन् वह व्यक्ति के कल्याण के उद्देश्य की सिद्धि के लिये है। एक्विनास के राज्य की निरंकुशता का प्रतिपादन करते हुए भी एक्विनास ने यह याद बनाये रखा है कि राज्य का अस्तित्व व्यक्ति की आवश्यकताओं की पूर्ति करने के लिए होता है तथा उसका अधिकार शासितों की अनुमति पर आधारित होता है।

फिर भी व्यक्ति की आवश्यकताओं की पूर्ति अथवा उसके कल्याण का रूप एक्विनास के चिन्तन में लोकतान्त्रिक अथवा सामाजिक नहीं है, वरन् वह पूर्णत. व्यक्तिवादी है, क्योंकि उसके अनुसार राज्य स्वयं व्यक्ति का उद्देश्य नहीं है, वरन् व्यक्ति राज्य का उद्देश्य है। यही कारण है कि वेपर ने इस सम्बन्ध में कहा है कि, "**लेवियेथन सम्प्रभुता के सिद्धान्त तथा राज्य के नियन्त्रक रूप का शक्तिशाली स्पष्टीकारण ही नहीं है, वरन् वह व्यक्तिवाद का भी एक सशक्त प्रतिपादन है।......... एक्विनास न तो उदारवादी है और न लोकतन्त्रवादी, वरन् हैं एक व्यक्तिवाद हैं।.......उनके लिए जनता जैसी कोई वस्तु नहीं है, सामान्य इच्छा नहीं है, कोई साधारण इच्छा नहीं है और न कोई सामान्य हित है।....राज्य व्यक्ति के उद्देश्य नहीं है वरन् व्यक्ति अवश्य ही राज्य का उद्देश्य है।**"[1]

5. एक्विनास ने राज्य के उपयोगितावादी हितकारी स्वरूप का भी प्रतिपादन किया - एक्विनास के विचारों के विश्लेषण में हम देख चुके हैं कि वह व्यक्तिवादी है और राज्य के अस्तित्व का आधार व्यक्ति के लिए उसकी उपयोगिता है। अत: यदि व्यक्ति के हितों की रक्षा की दृष्टि से राज्य का कोई उपयोग नहीं है, पर व्यक्ति तो राजसत्ता को प्रदत्त अपनी सहमति को वापस ले सकता है, क्योंकि यही उसकी सहमति का मूल आधार है। इस दृष्टि से एक्विनास की विचारधारा का महत्त्व इस कारण भी है कि उनका प्रभाव उसके बाद की राजनीतिक विचारधारा पर पड़ा। उपयोगितावादी विचारक जर्मी बेन्थम ने हॉबस की विचारधारा से देखा कि उन्होंने व्यक्ति को स्वभावत: एक स्वार्थी प्राणी माना है। इससे उन्होंने यह निष्कर्ष निकाला ह कि अपनी स्वार्थी प्रकृति के कारण वह वही कार्य करता है, जो उसके लाभप्रद हो अथवा दुखप्रद हो। दूसरे शब्दों में, उससे यह निष्कर्ष निकाला कि एक्विनास द्वारा प्रतिपादित व्यक्ति स्वभावत: उपयोगितावादी है। अत:उन्होंने राज्य के विषय में उपयोगितावादी का प्रतिपादन किया है और कहा हे कि राज्य का उद्देश्य '**अधिकतम संख्या का अधिकतम हित**' है। वेपर ने इसे बेन्थम पर एक्विनास के प्रत्यक्ष प्रभाव का परिणाम माना है और कहा है कि "**यह कोई संयोग की बात नहीं है कि कोई जर्मी बेन्थम इस (राज्य के उपयोगितावादी रूप के) सम्बन्ध में एक्विनास का ऋणी उसी प्रकार है, जिस प्रकार वह उसके सुख विषयक विचारों के सम्बन्ध में है।**"[2]

एक्विनास के विचारों के उपर्युक्त मूल्यांकन से जैसा हमने देखा, मानव प्रकृति के एकांगी चित्रण के कारण, उनके द्वारा चित्रित प्राकृतिक अवस्था एवं प्राकृतिक व्यवस्था की अनैतिहिासिकता के कारण, प्राकृतिक अवस्था में राजनीतिक चेतना की मान्यता के कारण, विधि की दृष्टि से समझौते के आपत्तिजनक होने के कारण, राज्य के हेय उद्देश्य के प्रतिपादन के कारण, राज्यसत्ता की निरंकुशता के प्रतिपादन के कारण तथा राज्य व सरकार के अन्तर को न समझ सकने के कारण एक और एक्विनास की जहाँ कड़ी आलोचना की गयी ,वहाँ दूसरी और राजनीतिक शैली को वैज्ञानिक बनाने के लिए, राजनीतिक शास्त्र को असीमित व निरंकुश संप्रभुता का विचार प्रदान करने के लिए,राजसत्ता के मानवीय स्वरूप के प्रतिपादन के लिए, व्यक्ति की महत्ता के

प्रतिपादन के लिए तथा राज्य के उपयोगितावादी रूप के प्रतिपादन के लिए उसे श्रेय भी दिया है। यही कारण है कि वेपर एक्विनास का मूल्यांकन यह कह कर किया है कि "**बाद के युग के लोग साधारणतः उससे सहमत नहीं हुए, पर यह कहना कोई अतिशयोक्ति नहीं होगी कि उनके विचारों में उन्हें उनके काम की एक ऐसी खान मिल गयी है, जिसमें पाये जाने वाले खनिज को समृद्ध बनाने के लिए वे काम कर सकते हैं।**"

❑❑❑

6

संत एक्विनास का वैचारिक दृष्टिकोण

एक्विनास के विचारों पर जिन परिस्थितियों का प्रभाव पड़ा, उनका पारिवारिक सामाजिक तथा सामान्य समकालीन विवेचन हम निम्न शीर्षकों के अन्तर्गत कर सकते हैं :

1. पारिवारिक जीवन

मनुष्य अच्छे प्रवृत्ति का प्राणी होता है, एक्विनास में इस प्रकार की धारणा के उत्पन्न करने में उसके पारविारिक जीवन का भी बड़ा प्रभाव पड़ा। उन पर सबसे पहला प्रभाव उनके पिता के युक्तिसंगत व प्रेमपूर्ण व्यवहार पर पड़ा। उनके पिता उनके बचपन में उनके साथ यदि कुछ कठोरता से पेश आये, तो इसलिए कि एक्विनास भय के कारण अपने को अच्छा बना सकें, क्योंकि उस समय उनमें समझने कि शक्ति नहीं थी। पर ज्यों ही एक्विनास बड़े हुआ और उनकी समझने की शक्ति विकसित हुई, उन्होंने एक्विनास के प्रति ढील बरतना प्रारम्भ कर दिया और फिर एक्विनास पिता के साथ मित्रवत रहा। एक्विनास की जीवनी लिखने वाली महिला मैशम ने इस सम्बन्ध में लिखा है ''**उनके पिता ने उनकी युवावस्था में उनके साथ ऐसा व्यवहार किया कि बाद में उन्होंने अपने पिता की बड़ी प्रशंसा की। जब वे बालक थे, उन्हें भयभीत व दूर रखने के लिए वे उनके साथ कठोरता का व्यवहार करते थे। पर जैसे-जैसे बढ़ते हुए वे पूरे आदमी होते गये, धीरे-धीरे वे तक तक ढील बरतते गये, जब तक वे योग्य होने पर उनके साथ पूरी तरह से मित्र की तरह न रहने लगे।**''[1] इतने विचारशील पिता के पुत्र होने के नाते एक्विनास के लिए यह स्वाभाविक था कि उनका ध्यान मनुष्य के स्वभाव के सद्वृत्तिपूर्ण पक्ष की ओर आकृष्ट होता।

2. सामाजिक जीवन

एक्विनास जहाँ कहीं भी रहे, उन्हें अच्छे मित्रों के साथ रहने का अवसर प्राप्त हुआ और उस स्थिति से एक्विनास के हृदय में मनुष्य के स्वभाव के सहानुभूतिपूर्ण पक्ष के लिए स्वाभाविक स्थान बना। इस सम्बन्ध में जैसा जोन्स ने कहा है, ''**वेस्टमिन्सटर स्कूल, क्राइस्ट चर्च, आक्सफोर्ड, जहाँ उन्होंने शिक्षा पायी और उसके बाद शिक्षण का कार्य किया, शेफ्टसबरी की सेवा के अपने लम्बे समय में, जिसने उसे अपना वेतनभोगी कर्मचारी ही नहीं समझा, वरन् अपन मित्र व विश्वस्त भी समझा, हालैण्ड में जहाँ अपने प्रवास का समय व्यतीत किया तथा**

मैशम के स्था ओट्स में जहाँ उन्होंने अपने जीवन के अन्तिम वर्ष घनिष्ठ मित्रों से घिरे रहकर प्रसन्नता व शान्ति के साथ व्यतीत किये-सब जगत जहाँ वे गये, उन्हें मित्र मिलते रहे''[1] इसमें कोई सन्देह नहीं कि इस प्रकार की घनिष्ठ एवं स्थाायी मित्र मण्डली का अस्तित्व उनमें मानव स्वभाव के प्रति सहानुभूतिपूर्ण दृष्टिकोण विकसित करने में सहायक हुआ।

3. सामान्य समकालीन परिस्थितियाँ

एक्विनास जब केवल लगभग 10 वर्ष के थे, तभी इंगलैण्ड में एक गृहयुद्ध छिड़ गया था, जिसमें एक ओर राजा की निरंकुश सत्ता के समर्थक और दूसरी ओर जनता की प्रतिनिधि संस्था संसद की सत्ता के समर्थक थे। गृहयुद्ध के परिणामस्वरूप प्रजा के पक्ष की विजय हुई तथा सत्ता क्रामवेल के हाथों में आयी। उसकी अध्यक्षता में जनता की विजय के प्रतीक स्वरूप एक गणतन्त्र की स्थापना हुई। पर उसने राजसत्ता का प्रयोग अत्यन्त निरंकुश ढंग से किया, जिससे गृहयुद्ध में फैली अव्यवस्था को भी समाप्त किया जा सके।

इस प्रकार क्रामवेल के निरंकुश शासन में शान्ति अवश्य रही, पर वह शान्ति व्यक्ति की स्वतन्त्रता के मूल्य पर बनाये रखी। परिणामस्वरूप जब सन् 1658 में क्रामवेल की मृत्यु हुई तथा निर्वासित स्टुअर्ट वंश के उत्तराधिकारी को चार्ल्स द्वितीय के नाम से पुनः इंगलैण्ड का सम्राट बनाया गया, तो उसके उत्तराधिकारी जेम्स द्वितीय से फिर संसद के अधिकारों के विषय में विवाद हुआ तथ जनता के अधिकारों की प्रतिनिधि संसद के अधिकार की स्थापना हो सके। इसके लिए हॉलैण्ड के राजकुमार ऑरेन्ज के विलियम (William of orange) को राजा बनाया तथा उसके राजा बनाये जाते ससंद ने एक ही अधिकार-पत्र (Wills of Rights) पारित करके राजा के अधिकार सीमित कर दिये तथा वैयक्तिक अधिकारों को सुरक्षित कर दिया। इस प्रकार एक्विनास ने उस घटना को देखा, जिसे इंगलैण्ड के इतिहास में 1688 को गौरवपूर्ण रक्तहीन क्रान्ति (Glorious Bloodless Revolution of 1688) कहा जाता है तथा जिसमें राजा द्वारा बिना किसी रक्तपात के सत्ता का हस्तान्तरण जनता की प्रतिनिधि संसद को कर दिया। इंगलैण्ड के राजसिंहासन के अधिकारी के परिवर्तन की इस घटना से उनका यह विचार और भी दृढ़ हो गया कि मनुष्य सहानुभूतिशील व सामाजिक होता है। इंगलैण्ड की जनता ने एक राजा को अकर्मण्यता के कारण सिंहासन से हटा दिया तथा दूसरे ऐसे राजा को चुन लिया, जिससे उन्हें यह आशा थी, वह अपने कर्तव्यों का पालन भली प्रकार से करेगा और उनके अधिकारों व सुविधाओं को सुरक्षित रखेगा। एक राजा का पदच्युत किया जाना तथा दूसरे का सिंहसन पर बैठाया जाना, दोनों ही कार्य जनता की इच्छा के बिना किसी रक्तपातपूर्ण उथल-पुथल के हो गये थे। अतः विलियम व मेरी का राजसिंहासन पर आरूढ़ होना लोकतन्त्र की विजय तथा इस बात का प्रतीक था कि शासक प्रजा की सहमति से तथा उसके लाभ के लिए ही शासन करते हैं। इससे एक्विनास की इस धारणा की सत्यता सिद्ध हुई कि जनता में स्वयं शासन करने तथा अपने लिए उपयुक्त शासक के चयन की क्षमता होती है। इससे मनुष्य के विषय में एक्विनास का यह विचार

एक्विनास की दृष्टि से असत्य सिद्ध हो गया कि वह पूर्णत: अविवेकी तथा अत्यन्त संकुचित रूप से स्वार्थी होता है। इसके विपरीत इससे यह स्पष्ट हो गया कि लोगों में एक ऐसी सामाजिक भावना होती है, जो उन्हें स्वाभाविक रूप से इकट्ठा कर देती है तथा उन्हें एक-दसरे से सुरक्षित रखने के लिए शक्ति की आवश्यकता नहीं होती। यह इस बात का जीता-जागता सबूत था कि मनुष्य इतना विवेकशील होता है कि वह यह देख सके कि पारस्परिक व शान्तिपूर्ण सहयोग से ही उसके सर्वोत्तम हितों की साधना होती तथा उसमें इस बात की इच्छा होती है कि वह जो कुछ हितकारी हैं, उसके लिए कार्य कर सके।

इस प्रकार हम देखते हैं कि पारिवारिक व समाकि जीवन के अनुभव से उत्पन्न मानव सहृदयता ने, जिसका सत्यापन एक्विनास ने इंगलैण्ड की गौरवपूर्ण रक्तहीन क्रान्ति में होता देखा, लाँक को यह प्रतिपादन करने के लिए प्रेरित किया कि मनुष्य स्वभावत: सहृदय, सहानुभूतिशील व सामाजिक होता है तथा उसके इसी स्वभाव के कारण राज्य का निर्माण उसकी सहमति से उस उद्देश्य की सिद्धि के साधन के रूप में होता है कि उसके माध्य से मनुष्य की स्वतन्त्रता की रक्षा होते हुए सार्वजनकि हित की साधना होती रहे तथा राज्य के माध्यम से यदि ऐसा नहीं होता तो मनुष्य को यह अधिकार होता है कि वह ऐसे राज्य के शासन को बदल डाले।

एक्विनास के सामाजिक समझौते की विशेषताएँ

एक्विनास द्वारा प्रतिपादित समाजिक समझौते के विषय मेंजो कुछ ऊपर कहा गया है, उसके अग्र विशेषताएँ स्पष्ट हो जाती हैं :

1. एक्विनास का समझौता सामाजिक व राजनीतिक दोनों ही प्रकार का है-एक्विनास के अनुसार प्राकृतिक अवस्था की कठिनाइयों से छुटकारा पाने के लिए मनुष्य समाज में प्रवेश करते हैं और उनके ऐसा करने से एक शासन की स्थापना होती है। अत: एक्विनास के सामाजिक समझौते की एक मुखय विशेषता यह है कि वह समाजिक व राजनीतिक दोनों ही प्रकार का है।

2. एक्विनास का समझौता सर्वसम्मत है-एक्विनास के जिस ढंग से समझौते का प्रतिपादन किया है, उसके अनुसार वह समझौता केवल सर्वसम्मत ही हो सकता है। इस सबन्ध में वेपर ने कहा है कि "**वह एक ऐसा करार है, जिसके लिए सभी को समत होना चाहिए। फिर भी यद्यपि वह सर्वसम्मत है ,सब पक्षों को बहुमत के निर्णय को मानने के लिए सहमत होना चाहिए, क्योंकि जब तक लोग बहुमत के शासन के लिए सहमत नहीं होंगे, निर्णय नहीं किये जा सकते और राज्य चल नहीं सकता।**"[1]

3. एक्विनास का समझौता सर्वकालिक है-एक्विनास का समझौता एक स्थायी प्रकार का समझौता है और उससे कोई कभी भी अलग नहीं हो सकता। "**एक्विनास के मतानुसार समझौते को स्वीकार करने के बाद कोई भी फिर प्राकृतिक अवस्था में स्वतन्त्रता में नहीं रह सकता।**" पर एक्विनास के इस प्रतिपादन के विषय में एक असंगति है। एक्विनास ने जहाँ एक और समझौते की सार्वकालिकता की बात कही है, उसने यह भी कहा है कि "**कोई बच्चा**

किसी देश या शासन की प्रजा के रूप में जन्म नहीं लेता'' तथा इसका अर्थ यह है कि से यह पूरा अधिकार होता है कि बड़ा होकर वह अपनी इच्छा के समाज व राज्य को अपनाये तथा राज्य की उत्पत्ति प्रत्येक पीढ़ी के बार बार-बार हो।

4. एक्विनास के समझौते से केवल सीमित शासनतन्त्र की स्थापना होती है-एक्विनास द्वारा प्रतिपादित सामाजिक समझौते के अन्तर्गत मनुष्य प्राकृतिक अवस्था के अन्तर्गत प्राप्त अपने अधिकारों को राज्य को समर्पित नहीं कर देता तथा राज्य की शक्ति असीमित नहीं हो जाती। इसके विपरीत, जैसा वेपर ने कहा है, **''जिस करार को वे करते हैं, वह ऐसा करार है, जिसके अन्तर्गत वे प्राकृतिक अवस्था में प्राप्त अपने सब अधिकारों को नहीं, जैसा एक्विनास ने चाहा था, वरन् कुछ अधिकारों को ही छोड़ते हैं।......अतः समझौते के अनुसार केवल कुछ अधिकारों व शक्तियों का ही समर्पण होता है, जिससे मनुष्य के शेष अधिकारों की सुरक्षा व अनुरक्षा हो सके। इस प्रकार वह (समझौता) शक्तियों का सामान्य समर्पण नहीं ,वरन् एक सीमित व निश्चित समर्पण है।''**[2] एक्विनास ने स्वयं इस बात को यह कहकर दर्शाया है कि **''मनुष्य जब समाज में प्रवेश करते है, तो वे प्राकृतिक अवस्था में प्राप्त अपनी समानता, स्वतन्त्रता तथा शासन के अधिकार को समाज के हाथों में दे देते हैं। फिर भी वे ऐसा चूँकि अपनी स्वतन्त्रता व सम्पत्ति को और अधिक सुरक्षित रखने के दृष्टि से करते हैं, समाज अथवा उसके द्वारा निर्मित विधायिका की शक्ति सामान्य हित की साधना के आगे नहीं बढ़ सकती, वरन् उसका यह दायित्व है कि वह प्रत्येक की सम्पत्ति, (जिसमें एक्विनास व्यक्ति के जीवन, उसकी स्वतन्त्रताओं को भी सम्मिलित है) की सुरक्षा की व्यवस्था करे।''**[1]

5. एक्विनास के समझौते से प्राकृतिक विधि की मान्यताएँ समाप्त नहीं होती-एक्विनास के द्वारा प्रतिपादित समझौते के द्वारा प्राकृतिक अवस्था (State of Nature) का अन्त होता है, पर इसके द्वारा प्राकृतिक विधि (Law of Nature) की मान्यताएँ समाप्त नहीं होती। एक्विनास ने इस सम्बन्ध में स्पष्ट कहा है कि **''प्राकृतिक विधि के दायित्व समाज में समाप्त नहीं हो जाते।''**

6. एक्विनास के समझौते द्वारा एक न्यास की स्थापना होती है-एक्विनास द्वारा प्रतिपादित समझौते के परिणामस्वरूप एक ऐसे न्यास (Trust) की स्थापना होती है जिसका एक निश्चित उद्देश्य होता है तथा समाज में यह शक्ति समझौते के बाद भी निहित रहती है कि वह न्याय द्वारा उस उद्देश्य की पूर्ति की व्यवस्था पर अपना अंकुश बनाये रखे, जिसकी पूर्ति के लिए उस न्यास की स्थापना की जाती है। इस प्रकार एक्विनास के प्रतिपादन में समाज स्थापित न्यास का संस्थापक भी होता है तथा उससे प्राप्त होने वाले लाभों का प्राप्तकर्ता होता है।

वेपर ने ऐसा ही विचार व्यक्त किया है और कहा है, **''समाज न्यास का संस्थापक व उसके लाभों का प्राप्तकर्ता दोनों ही है। यह ठीक है कि न्यास संस्थापक के रूप में समाज**

के लिए यह कहा जाता है कि उसने न्यासी व सरकार के साथ समझौता किया है, पर न्यास के लाभों के प्राप्तकर्ता के रूप में समाज ने न्यासी के साथ कोई समझौता नहीं किया है तथा उस (न्यासी) का दायित्व एकपक्षीय है। साथ ही साथ सरकार द्वारा न्यास की स्वीकृति का अर्थ यह है कि वह न्यास द्वारा निर्धारित सीमाओं का उल्लंघन नहीं कर सकती है।"[2]

इस प्रकार हम यह देखते हैं कि एक्विनास का प्रतिपादित समाजिक समझौते के अन्तर्गत समझौते के परिणामस्वरूप सरकार को किसी प्रकार की मौलिक शक्ति प्राप्त नहीं होती, वरन् उसके अन्तर्गत उसकी शक्ति केवल प्रदत्त शक्ति होती है, जो अन्तिम रूप से समाज में निहित रहती है इस प्रसंग में यह स्मरणीय है कि रूसो (जिसके विचारों का अध्ययन हम अगले अध्याय में करेंगे) का प्रतिपादन भी इस प्रसंग में लगभग ऐसा ही है तथ एक्विनास ने यदि उस सर्वोच्च शक्ति की बात कही है, जो सरकार की स्थापना के बाद भी जनता में निहित रहती है, तो रूसो ने जनता की ऐसी प्रभुसत्ता की बात कही है, जिसे उसने अपृथक्करणीय माना है।

राज्य का स्वरूप

प्राकृतिक अवस्था की मनुष्य की जिन कठिनाइयों की चर्चा ऊपर की गयी है। उनके निवारण के लिए स्थापित राज्य के लिये यह आवश्यक है कि उसका स्वरूप ऐसा हो, जिसमें मनुष्य उन कठिनाइयों से छुटकारा पा सके। प्राकृतिक अवस्था में एक निशचित विधि, निश्चित न्यायाधीश तथा किसी निर्धारित प्रशासन की सत्ता की कभी थी तथा उस कभी को व्यवस्थापिका, न्यायपालिका व कार्यपालिका-तीनों अंगों सहित एक राज्य की स्थापना दूर किया जा सकता था। एक्विनास ने जिस प्रकार के राज्य की स्थापना को प्रतिपादित किया है, उसमें उन्होंने राज्य के उक्त अंगों की ही बात कही है, तथा उन्होनें व्यवस्थापिका को राज्य की सर्वोच्च सत्ता तथा कार्यपालिका को ऐसी सत्ता माना है, जिसमें न्यायिक शक्ति भी निहित है इसके साथ ही साथ उन्होंने यह भी प्रतिपादित किया है कि व्यावस्थापिका व कार्यपालिका दोनों पृथक-पृथक हों, तो अधिक अच्छा है, क्योंकि दोनों को एक ही हाथ में रहने का परिणाम के अनुसार यह हो सकता है कि विधि निर्माण व उसके क्रियान्वन दोनों ही कि शक्ति किसी एक व्यक्ति या व्यक्ति समूह में केन्द्रित हो जाये और व्यक्ति की वह स्वतन्त्रता ही खतरे में पड़ जाये, जिसको और अधिक सुरक्षित करने के लिए वह राजनीति व समाज के निर्माण के लिए सहमत होता है। एक्विनास के व्यावस्थापिका एवं कार्यपालिका सम्बन्धी राज्य की शक्तियों के अतिरिक्त एक अन्य प्रकार की शक्ति की भी चर्चा की है, जिसे उन्होंने परराष्ट्र सम्बन्धों के संचालन की शक्ति कहा है, यद्यपि सामान्यत: इस शक्ति को कार्यपालिका शक्ति में ही सम्मिलित माना जाता है :

एक्विनास के सामाजिक समझौते द्वारा स्थापित राज्य की विशेषताएँ

एक्विनास द्वारा प्रतिपादित राज्य के स्वरूप को समझने के लिए उसकी कुछ प्रमुख विशेषताओं को समझना आवश्यक है, जो निम्न प्रकार से हैं :

1. राज्य के लोकहित का साधन होता है-एक्विनास के अनुसार राज्य लोकहित का साधन होता है। उसके अनुसार राज्य स्वयं साध्य न होकर सार्वजनिक हित का साधनमात्र होता है तथा उसको व्यक्ति को दण्ड देने की जो शक्ति भी प्राप्त होती है, वह केवल इसलिए होती है कि उससे सार्वजनिक हित की साधना होती रहे। एक्विनास ने अपने सम्पूर्ण प्रतिपादन में इस बात पर बल दिया है कि "**शासन का उद्देश्य समाज का हित है।**" इस सम्बन्ध में उन्होंने कहा है कि "**उन विधियों के निर्माण का अधिकार, जिससे मृत्यु अथवा उससे क किसी दण्ड की व्यवस्था सम्पत्ति की रक्षा व उसके नियमन के लिए हो सके, तथा ऐसी विधियों के क्रियान्वन एवं बाह्य आघात से राज्य की प्रतिरक्षा के लिए समाज की शक्ति का प्रयोग का अधिकार और यह सब केवल सार्वजनिक हित-साधन के लिए होना ही राजनीतिक सत्ता का अर्थ है।**"[1]

2. राज्य का आधार सहमति होता है-इस सम्बन्ध में एक्विनास का मत है कि जन-सहमति का अर्थ बहुमत होता है तथा व्यवहार में अल्पमत को बहुमत के साथ चलना होता है। एक्विनास ने यह भी माना है कि प्रतिनिधि की सहमति उस जनता की सहमति होती है, जिसका वह प्रतिनिधि होता है तथा किसी राज्य की सीमाओं में रहने मात्र से यह मान लिया जाता है कि वह उसके शासन-कार्य से सहमत है, पर इस सबके होते हुए भी वह इस बात पर बल देना नहीं भूलता कि व्यक्ति राज्य के शासन स मति अपने हित-साधन के उद्देश्य ही करता है तथा यदि राज्य में कोई कार्य ऐसे होते हैं, जो उसके विपरीत हों, तो उनके लिए जनता की सहमति नहीं मानी जा सकती तथा जनता को यह अधिकार प्राप्त रहता है कि वह राज्य के लिए प्रदत्त अपना समर्थन वापस ले ले।

3. राज्य का रूप एक संवैधानिक संस्था का होता है-एक्विनास के अनुसार राज्य का शासन विधि पर आधारित होना चाहिए और उसमें किसी को अपनी मनमानी करने का अधिकार प्राप्त नहीं होना चाहिए। एक्विनास के स्वयं के शब्दों में "**वह (राज्य) जनता के उच्च जीवन व उनकी सम्पत्ति पर मनमानी नहीं चला सकता।......विधायिका या सर्वोच्च सत्ता अपने लिए ऐसी कोई शक्ति प्राप्त नहीं कर सकती, जिसके अन्तर्गत वह ऐसी आज्ञाओं के द्वारा शासन कर सके, जो पूर्व निर्धारित न होकर मनमानी हों, वरन् वह इस बात के लिए प्रतिबन्धित होती है कि वह विधिवत लागू की स्थायी विधियों एवं विधिवत् नियुक्त व अधिकृत न्यायाधीशों के माध्यम से न्याय-कार्य करे और प्रजा के अधिकारों का निर्णय करे।**"[2]

4. राज्य व्यक्ति की सम्पत्ति का रक्षक होता है-इस सम्बन्ध में एक्विनास का प्रतिपादन है कि राज्य की सर्वोच्च सत्ता किसी व्यक्ति से उसकी सम्पत्ति का कोई अंश उसकी सहमति के बिना नहीं ले सकती। एक्विनास के अनुसार "**यह समझना गलत है कि किसी राज्य की विधायिका अथवा सर्वोच्च सत्ता प्रजा की सम्पत्ति के विषय में जो चाहे सो कर सकती है**

और उसे जैसे चाहे प्रयोग में ला सकती है या अपनी इच्छा के अनुसार उसके किसी अंश को ले सकती है।''[1] एक्विनास ने यह माना है कि राज्य को कर लगाने का अधिकार है, पर उसा मत यही है किउसके लिए जन-स्वीकृति का होना आवश्यक है। इस प्रकार ''**यदि कोई सत्ता मनमाने ढंग से व जन-स्वीकृति के बिना करारोपण करती है, तो वह सम्पत्ति विषयक मौलिक अधिकार का उल्लंघन करती है तथा सरकार के उद्देश्य के ही विरुद्ध कार्य करती है, क्योंकि ऐसी सम्पत्ति को सम्पत्ति नहीं समझा जा सकता, जिसे दूसरा कोई जब चाहे तक ले ले।''**[2]

5. राज्य की सत्ता पूर्ण न होकर सीमित होती है-एक्विनास के अनुसार राज्य की सत्ता का रूप पूर्ण सत्ता का न होकर सीमित सत्ता का होता है तथा उसकी सत्ता पर अग्रलिखित रहते हैं :

(i) राज्य अपनी राज-सत्ता का प्रयोग केवल उस उद्देश्य की पूर्ति के लिए ही कर सकता है, जिसकी पूर्ति के लिए उसकी स्थापना जन-सहमति से की जाती है। राजकीय विधि (जिसे एक्विनास ने मानवीय विधि (Human Law) (Natural Law) का बन्धन रहता है तथा वह कभी भी प्राकृतिक विधि का विरोधी नहीं हो सकती। प्राकृतिक विधि, उसके अनुसार,उस राजनीतिक समाज में भी लागू रहती है, जिसकी स्थापना उसके द्वारा प्रतिपादित सामाजिक समझौते द्वारा होती है। जैसे एक्विनास ने कहा है ''**प्रकृति की विधि का दायित्व समाज में समाप्त नही हो जाते, वरन् अनेक विषयों में वे और अधिक निकट हो जाते हैं तथा मानवीय विधि के द्वारा उनके साथ निश्चित दण्ड जोड़ दिये जाते हैं, जिससे लोग उनके पालन के लिए बाध्य हो सकें।''**[3]

(ii) राज्य की विधायक अंग अपनी सत्ता को स्वयं ही प्रयोग में ला सकता है वह अन्य किसी संस्था को उसे हस्तान्तरित नहीं कर सकता। यदि किसी प्रकार वह अपनी सत्ता के प्रयेग करने में अयोग्य अथवा असमर्थ सिद्ध हों, तो वह अधिकार पुन: उस जनता को प्राप्त हो जाता है, जिससे राज्य को वह प्राप्त होता है। इस सम्बन्ध में एक्विनास ने कहा है ''**विधायिका की शक्ति, जो एक निश्चित ऐच्छिक स्वीकार कृति व संस्थापना के द्वारा जनता से प्राप्त होती है, वह उसके अतिरिक्त और कुछ नहीं हो सकती, जो स्पष्ट स्वीकृति द्वारा प्रदान की जाती है तथा जो विधि निर्माताओं के निर्माण के लिए नहीं, वरन् केवल विधि के निर्माण के लिए होती है। अत: विधायिका को अपने विधि निर्माण के प्राधिकार को हस्तान्तरित करने और किसी और के हाथों में दे देने का अधिकार प्राप्त नहीं हो सकता है।''**[1]

6. राज्य की व्यवस्थापिका व कार्यपालिका शक्ति पृथक-पृथक होती है-एक्विनास ने इस सम्बन्ध में कहा है कि, ''**सुव्यवस्थित राज्यों में जिनमें सम्पूर्ण का हित अपरिहार्य समझा जाता है, विधायिका शक्ति विविध प्रकार के लोगों के हाथों में रखी जाती है, जिन्हें विधिवत एकत्रित होकर विधि निर्माण करने का अधिकार होता है।.....तथा जब वे ऐसा**

कर लेते हैं, तो अलग होकर वे भी स्वयं उन विधियों के अधीन हो जाते हैं।.....पर विधियाँ चूँकि किसी एक व थोड़े से समय में बनाई जाती हैं, पर उनका प्रभाव लगातार व स्थायी रूप से रहता है और उसका क्रियान्वय व उनकी देखभाल लगातार किया जाना आवश्यक है, अतः यइ आवश्यक है कि एक ऐसी सत्ता सदा बनी रहे,जो उन विधियों का क्रियान्वय करे, जो बनायी जाती है और जो लागू की जाती है। इस प्रकार विधायिका व कार्यपालिका सत्ता प्रायः पृथक पृथक होती है।''[2]

7. राज्य के शासक को विवेक से भी कार्य करने का अधिकार होता है-इस सम्बन्ध में एक्विनास का विचार है कि "**जहाँ व्यवस्थापिका व कार्यपालिका शक्ति अलग-अलग हाथों में होती है,.....वहाँ समाज के हित के लिए यह आवश्यक है कि ऐसी बातें उस व्यक्ति के विवेकाधिकार पर छोड़ दी जायें, जिसके पास कार्यपालिका शक्ति है।.....विधि की व्यवस्था के बिना और कभी-कभी उसके विरुद्ध भी सार्वजनिक हित के लिए विवेक से कार्य करने का यह अधिकार वह अधिकार है, जिसे विशेषाधिकार कहा जाता है।**''[1]

8. राज्य की अन्तिम सत्ता जनता में निहित होती है-एक्विनास के अनुसार शासन को शासन व्यवस्था का कार्य एक न्यास (Trust) के रूप में दिया जाता है। तथा जनता को सदा यह अधिकार प्राप्त रहता है कि वह यह देखे की शासन उन उद्देश्यों की पूर्ति के लिये कर रहा है या नहीं, जिनकी पूर्ति के लिए उसकी स्थापना की गई थी और उसे यह अधिकार भी प्राप्त होता रहता है कि वह उस शासन को बदल दे, जो उस न्यास के उद्देय की सिद्धि करने में असफल रहे। जैसा जोन्स ने कहा है "**शासन उन उद्देश्यों की पूर्ति कर रहा है, जिनकी पूर्ति के लिए उसकी स्थापना की गई थी, यह देख का अधिकार तथा अकुशल अथवा भ्रष्ट शासन को हटा देने ओर उसके स्थान पर दूसरे शासन की स्थापना करने का अधिकार जनता ने अपने लिए सुरक्षित कर रखा है।**''[2] राज्य की अन्तिम सत्ता की स्वामिनी जनता है और वह किसी परिस्थिति में शासन में निहित नहीं हो सकती, इस बात के प्रति एक्विनास सदा सजग रहे हैं और नागरिक शासन के निबन्धों (Treatises on Civil Government) में संप्रभुता (Sovereignty) शब्द का प्रयोग उनके द्वारा कभी भी नहीं किया गया। राज्य की अन्तिम सत्ता जनता में निहित होती है तथा शासन की सत्ता पर सदा उस उद्देश्य की पूर्ति की शर्त रहती है, इस तथ्य को एक्विनास ने बड़े प्रभावशाली ढंग से व्यक्त किया है। उन्होंने कहा है कि "**एक उद्देश्य की पूर्ति के लिए न्यास के रूप में दी हुई शक्ति उस उद्देश्य द्वारा सीमित होने के कारण होने के कारण, जब कभी भी उद्देश्य की स्पष्ट उपेक्षा अथवा उसके विरोधी हो, न्यास आवश्यक रूप से छिन जाना चाहिए और शक्ति उन हाथों में आ जानी चाहिए, जिन्होंने दी थी, तथा जो उस शक्ति को फिर उसे उसे देख सकते हैं, जिसे देना वे अपनी सुरक्षा के लिए सर्वोत्तम समझें।......इस प्रकार समाज को सदैव एक ऐसी सर्वोच्च्य शक्ति प्राप्त रहती है कि वह अपने को किसी के भी, यहाँ तक कि विधायकों के भी ऐसे प्रयत्नों और कुष्टेचाओं से बचा सके, जो प्रजा की**

स्वतन्त्रता व सम्पत्ति के विरुद्ध चेष्टाओं के करने की मूर्खता अथवा नीचता करे।......जब कभी भी कोई उन्हें दासता की स्थिति में ले जाने का प्रयत्न करे, उन्हें सदा यह अधिकार होगा कि वे अपने को उनसे मुक्त कर सकें, जो आत्मरक्षा के उस मौलिक, पवित्र एवं अपरिवर्तनीय नियम पर आक्रमण करें जिसके हेतु वे समाज में सम्मिलित हुए थे।"[1]

इस प्रकार एक्विनास ने सामाजिक समझौते के सिद्धान्त के प्रतिपादन में राज्य के ऐसे स्वरूपों का समर्थन किया है, जो लेकहित का साधन होता है, जिनका आधार जन-सहमति होता है, जिसका रूप एक संवैधानिक संस्था का होता है, जो व्यक्ति की सम्पत्ति का रक्षक होता है तथा जिसमें समष्टि रूप से समाज में निहित रहती है तथा उसे शासन के कार्यों पर नियन्त्रण रखने और यदि उससे जनहित की सिद्धि न हो, तो उसे बदल देने की शक्ति निहित रहती है।

राज्य की सत्ता एवं व्यक्ति की स्वतन्त्रता व उसके अधिकार

अपने सम्पूर्ण विवेचन में एक्विनास ने जिस बात पर लगातार बल दिया है, वह यह है कि व्यक्तियों द्वारा सहमति से राज्य की स्थापना का मुख्य उद्देश्य जीवन, स्वतन्त्रता एवं सम्पत्ति के अपने उन अधिकारों को और अधिक सुरक्षित बनाना है, जिन्हें उन्होंने व्यक्तियों को प्राकृतिक अवस्था में प्राप्त तथा इस कारण के व्यक्ति के प्राकृतिक अधिकार माना है। व्यक्ति के अधिकारों को प्राकृतिक मानकर एक्विनास ने अधिकारों के सम्बन्ध में जिस सिद्धान्त का प्रतिपादन किया है ,वह सामाजिक समझौते के एक अन्य प्रतिपादक रूसो द्वारा अधिकारों के सम्बन्ध में प्रतिपादित उस सिद्धान्त से जिन्हे, जिसके द्वारा यह माना गया है कि व्यक्ति के अधिकार समाज की सत्ता द्वारा स्थापित होते हैं तथा उनका अस्तित्व उस सत्ता द्वारा उन्हें प्रदत्त मान्यता पर आधारित होता है। इस सम्बन्ध में एक्विनास के विचार उस सिद्धान्त के अनुकूल हैं जिसे प्राकृतिक अधिकारों का सिद्धान्त (Theory of Natural Rights) कहा जाता है।

अधिकारों के प्राकृतिक रूप की मान्यता के सम्बन्ध में एक्विनास का विचार है कि राज्य की स्थापना से पहले प्राकृतिक अवस्था में व्यक्ति को जीवन, स्वतन्त्रता व समपत्ति के अधिकार प्राप्त थे, जिनका उपयोग वह प्राकृतिक व्यवस्था (Law of Nature) के अनुसार करता था। राजनीतिक समाज की स्थापना के लिये मनुष्य केवल इसलिए सहमत होते हैं कि उनके उक्त प्राकृतिक अधिकारों की सुरक्षा और अधिक अच्छी तरह से हो सके। इस प्रकार मनुष्य राजनीतिक समाज में आने के समय कुछ ऐसे प्राकृतिक अधिकारों को अपने साथ लाता है, जिनके सम्बन्ध में राज्य का यह अधिकार नहीं है कि वह उन्हें व्यक्ति से छीन सके, वरन् उसका यह कर्तव्य है कि वह सुरक्षा और अधिक अच्छी तरह से कर सके।

सम्पत्ति के अधिकार विषयक एक्विनास के विचार

सम्पत्ति के अधिकार के विषय में एक्विनास के विचारों का विवेचन निम्न शीर्षकों के अन्तर्गत किया जा सकता है:

1. सम्पत्ति का अधिकार क्यों? व्यक्ति के अधिकारों के विवेचन में एक्विनास ने सम्पत्ति

के अधिकार पर आत्यधिक बल दिया है तथा इस बात पर बड़ा तर्कसंगत विवेचन किया है कि व्यक्ति की सम्पत्ति का अधिकार किस प्रकार उतपन्न होता है। इस प्रसंग में एक्विनास ने कहा है कि **''उस ईश्वर ने, जिसने मनुष्यों को सम्मिलित रूप से संसार दिया है, उन्हें जीवन व सुविधाओं के सर्वोत्तम हित में उसके प्रयोग करने का भी विवेक दिया है। उनकी जाति के निर्वाह व सुविधा के लिए पृथ्वी और उनमें जो कुछ है, मनुष्यों को दिये जाने वाले गये हैं तथा प्राकृतिक रूप से उसमें जो कुछ पैदा होता है, वह और वे पशु जो उस पर चलते हैं, सम्मिलित रूप से मनुष्य जाति के हैं, क्योंकि वे प्रकृति की दया से उत्पन्न होते हैं और उनमें से किसी पर शेष मनुष्य जाति को छोड़कर किसी व्यक्ति का एक्विनास के अनुसार इस प्रकार मूल रूप से प्रकृति की सम्पूर्ण देन पर सम्पूर्ण मनुष्य जाति का अधिकार होता है, पर यदि कोई व्यक्ति उस पर परिश्रम करे, तो उसके परिणामस्वरूप वह अपनी व्यक्तिगत सम्पत्ति पैदा कर सकता है तथा यही कारण है कि व्यक्ति का सम्पत्ति का अधिकार मान्य समझा जाता है। मूल अधिकार नहीं हाता......यद्यपि भूमि व सब छोटे जीवधारी सम्मिलित रूप से सब मनुष्यों के होते हैं, तथापि अपना व्यक्तित्व प्रत्येक व्यक्ति की अपनी सम्पत्ति होता है। इस प्रकार हम कह सकते हैं कि उसके शरीर का श्रम व उसके हाथों का कार्य ही वस्तुतः उसके होते हैं। अतः प्रकृति द्वारा जो स्थिति प्रदान की गयी है या उसने जो कुछ उसमें छोड़ रखा है, उसमें से वह जो कुछ अलग कर लेता है, उमसें वह अपना श्रम मिला देता है और उसके साथ एक ऐसी वस्तु जोड़ देता है, जो उसकी अपनी होती है तथा इस प्रकार वह उसी अपनी सम्पत्ति बना लेता है।''**[1] एक्विनास के अनुसार इस प्रकार मूल रूप से प्रकृति की सम्पूर्ण देन पर सम्पूर्ण मनुष्य जाति का अधिकार होता है, पर यदि कोई व्यक्ति उस पर परिश्रम करे, तो उसके परिणामस्वरूप वह अपनी व्यक्तिगत सम्पत्ति पैदा कर सकता है तथा यही कारण है कि व्यक्ति का सम्पत्ति का अधिकार मान्य समझा जाता है।

2. सम्पत्ति का अधिकार असीमित व अनियन्त्रित नहीं–एक्विनास के अनुसार सम्पत्ति का अधिकार असीमित व अनियन्त्रित नहीं हो सकता। इस सम्बन्ध में उसके विचार गाँधी जी द्वारा व्यक्त अपरिग्रह सम्बन्धी विचारों में मिलते-जुलते हैं। गाँधीजी का मत है कि प्रकृति स्वयं उतना उत्पन्न करती है, जितना सृष्टि के लिए आवश्यक होता है। अतः प्रत्येक को उसमें से केवल अपनी आवश्यकता भर के लिए लेना चाहिए। एक्विनास के विचार भी इस सम्बन्ध में कुछ ऐसे ही हैं। भूमि के सम्बन्ध में उन्होंने कहा है कि, **''उतनी भूमि जितनी को कोई जोतता है, जितनी पर कोई बुवाई करता है, जितनी को कोई उन्नत बनाता है, जितनी पर कोई कृषि करता है तथा जितनी की पैदावार को कोई स्वयं प्रयोग में ला सकता है, उसकी सम्पत्ति होती है''**[2] उदाहरणार्थ फलों के विषय में उसने कहा है कि **''यदि पृथ्वी के फलों को एकत्रित करना उनका (मनुष्यों का) अधिकार है, तो क्या कोई भी उन्हें जितना चाहे उतना इकट्ठा कर सकता है। इसका मेरा उत्तर नाकरात्मक है। प्रकृति का वही नियम है जो इस प्रकार हमें**

सम्पत्ति देता है, उस सम्पत्ति को सीमित भी करता है।"[3] इस प्रसंग में अपने द्वारा उठाये गये इस प्रश्न के उत्तर में कि प्रकृति ने भोग के लिए कितना दिया है, एक्विनास ने कहा है कि **"बरबाद किये बिना जीवन के लाभ के लिए जितना कोई प्रयोग में ला सके, उतना वह अपने परिश्रम के द्वारा सम्पत्ति के रूप में अर्जित कर सकता है। (पर) जो कुछ भी उसके अतिरिक्त हो, वह उसके भग के अतिरिक्त होता है ओर वह औरों का होता है, (क्योंकि) ईश्वर ने बिगाड़ने व नष्ट करने के लिए कुछ भी नहीं बनाया है।"**[1]

इस प्रकार व्यक्तिगत सम्पत्ति के सम्बन्ध में एक्विनास का विचार है कि प्रकृति की देन में अपना श्रम लगाकर व्यक्ति जो कुछ धन पैदा करता है, वह उसकी अपनी सम्पत्ति हो जाती है, पर सम्पत्ति पैदा करने का उसका यह अधिकार अनियत्रित व असीमित नहीं हो सकता।

एक्विनास की व्यक्तिवादिता

एक्विनास राज्य-सत्ता को व्यक्ति के व्यक्तित्व एवं उसके जीवन और उसकी स्वतन्त्रता व सम्पत्ति की रक्षा का साधन मानता है। उनके अनुसार राज्य स्वयं साध्य न होकर व्यक्ति के हितों का साधन होता है। एक्विनास ने अपने सम्पूर्ण विवेचन में अनेक बार इस बात पर बल दिया है कि राज्य की सत्ता का एकमात्र उद्देश्य सार्वजनिक हित है तथा नागरिकों के व्यक्तिगत हितों से भिन्न राज्य के किन्हीं हितों की कल्पना करना व्यर्थ है। एक्विनास के अनुसार राज्य एक ऐसा अन्य यन्त्र मात्र है, जिसे मनुष्य ने अपने हितों की साधना के उद्देश्य की सिद्धि के लिए बनाया है।

अपने इस विचार के अनुसार ही एक्विनास ने अपने द्वारा प्रतिपादित सामाजिक समझौते की भी सृष्टि की है, जिसके अन्तर्गत राज्य के बनाने व बिगाड़ने का अन्तिम अधिकार जनता में निहित माना गया है तथा शासन को एक ऐसा न्यासी (Trusty) माना गया है, जिसे उसे सौंपे गये न्यास के अनुसार ही कार्य करना है तथा जिसके द्वारा वैसा न किये जाने पर, जिसका न्यासी पद समाप्त किया जा सकता है तथा शासन को भंग किया जा सकता है।

अपनी व्यक्तिवादिता के ही कारण एक्विनास ने सामाजिक समझौते द्वारा स्थापित शासन पर इस बात का प्रतिबन्ध रखा है कि वह केवल उन कानूनों का निर्माण करे, जो प्राकृतिक विधि के विरोधी न हों ओर जो व्यक्ति के उन अधिकारों की रक्षा करें, जो उसे प्राकृतिक अवस्था में प्राप्त थे। व्यक्ति के अधिकार राज्य की सत्ता द्वारा अतिक्रमणीय रहें, इसके लिए व्यक्ति के अधिकारों के रूप में एक्विनास ने प्राकृतिक माना है और इस बात पर अत्यधिक बल दिया है कि उनका सम्मान राज्य-सभा द्वारा इस प्रकार किया जाना चाहिए, मानो वे व्यक्ति के लिए प्रकृति की देन हों। उनकी दृष्टि में शासन द्वारा व्यक्ति के अधिकारों का अनादर किया जाना कभी भी न्यायसंगत नहीं हो सकता, क्योंकि स्वयं समाज का अस्तित्व वही उनकी रक्षा के लिए होता है तथा इन अधिकारों का कोई नियमन यदि शासन द्वारा किया जाना निहित है, तो वह केवल उसी सीमा तक विहित हो सकता है जिस सीमा तक वह नियमन उनकी रक्षा के लिए आवश्यक हो। एक्विनास की सम्पूर्ण विचारधरा ही वस्तुत: व्यक्तवादिता पूर्ण तथा यही कारण है कि उन्होंने अपने समपूर्ण

विवेचन में कहीं भी राज्य की संप्रभुता की बात नहीं कहीं है। मैक्सी के अनुसार एक्विनास का कार्य **"राज्य सत्ता की स्थिति को उच्चतर बनाना नहीं, वरन् उनकी मर्यादाओं का उल्लेख करना था।"**[1] प्रोफेसर वाहन ने भी एक्विनास द्वारा प्रतिपादित व्यवस्था के विषय में यह कहा है कि **"उनकी व्यवस्था में प्रत्येक वस्तु का आधार व्यक्ति है तथा उसमें प्रत्येक वस्तु इस प्रकार व्यवस्थिति की गयी है कि उससे व्यक्ति की प्रभुता सुरक्षित रहे।"**[2]

राज्यों अथवा शासनों का वर्गीकरण

राज्यों अथवा सरकारों के विविध रूपों पर एक्विनास ने विस्तारपूर्वक विचार नहीं किया है। उन्होंने वस्तुत: सरकार के रूप की अपेक्षा उन सिद्धान्तों को अधिक महत्त्व दिया है, जिन पर सरकार को आधारित होना चाहिए। एक्विनास के अनुसार शासन का मुख्य आधार जन सहमति है और उसके अनुसार जब तक शासन जनता की सहमति पर आधारित है, तब तक शासन का प्रत्येक प्रकार उचित है। फिर भी शासन के जिन तीन रूपों का उल्लेख उनके विवेचन में मिलता है, वे जनतन्त्र (Democracy), वर्गतन्त्र (Oligarchy), एवं राजतन्त्र (Monarchy) है। उनका मत है कि यदि समाज व्यवस्थापक शक्ति को हाथ में रखते हुए, अपने द्वारा प्रत्यक्ष अथवा अप्रत्यक्ष रूप से निर्मित विधियों के अनुसार शासन कार्य चलाने के लिए कुछ प्रतिनिधियों व अधिकारियों की नियुक्ति करता है, तो शासन का वह रूप जनतन्त्रवादी होता है। इसी प्रकार समाज की व्यवस्थापक शक्ति यदि किसी वर्ग के पास होती है और शासन कार्य उस वर्ग द्वारा निर्मि विधियों के अनुसार नियुक्त अधिकारियों के द्वारा होता है, तो शासन का रूप वर्गतन्त्रीय होता है और यदि समाज की व्यवस्थापक शक्ति किसी एक व्यक्ति को प्राप्त होती है और शासन कार्य उसके द्वारा निर्मित विधियों व उसके आदेशों के अनुसार चलता है, तो शासन का रूप राजतन्त्रीय होता है। सामान्यत: एक्विनास राजतन्त्र को शासन का अतयुत्तम रूप मानते हैं, जिसमें शासन प्रमुख के रूप में राजा की शक्ति, जनता के प्रतिनिधियों द्वारा निर्मित विधियों के द्वारा सीमित हो तथा शासन कार्य पर भी उनका दिन-प्रतिदिन का नियन्त्रण हो इस सम्बन्ध में यह स्मरणीय है कि सन् 1688 की रक्तहीन गौरवपूर्ण क्रान्ति (Bloodless Glorious Revolution) द्वारा इंगलैण्ड में जिस प्रकार के शासन की स्थापना हुई थी, उसका रूप लगभग इसी प्रकार का था।

राज्य व धर्म का सम्बन्ध

राज्य व धर्म के सम्बन्ध विषयक विचारों को उसने अपनी रचना लैटर्स कन्सर्निंग टॉलेरेशन (Letters Concerning Toleration) में व्यक्त किया है। एक्विनास का मत इस सम्बन्ध में एक्विनास के मत के विपरीत है, क्योंकि एक्विनास धर्म को जहाँ राज्य के अधीन मानते हैं, एक्विनास के इस सम्बन्ध में धर्म निरपेक्षता का प्रतिपादन करते हैं तथा धार्मिक सहिष्णुता का समर्थन करते हैं :

राज्य व धर्म के सम्बन्ध के विषय में एक्विनास के विचारों का विवेचन निम्न शीर्षकों में किया जा सकता है :

1. व्यक्ति की धार्मिक स्वतन्त्रता का प्रतिपादन-एक्विनास के अनुसार धार्मिक विश्वास के सम्बन्ध में व्यक्ति पूर्णतः स्वतन्त्र होना चाहिए और राज्य की ओर से इस सम्बन्ध में कोई हस्तक्षेप नहीं किया जाना चाहिए। इस सम्बन्ध में उन्होंने कहा है कि "**वैचारिक मतों.....व विश्वास सम्बन्धी धारणाओं को, जो केवल विश्वास की वस्तुएँ होती हैं, देश की विधि द्वारा किसी चर्च पर लादा नहीं जा सकता, क्योंकि जिन बातों का करना मनुष्य की शक्ति से बाहर है, उनके सम्बन्ध में विधि का आदेश होना अनर्थ है।**"[1] एक्विनास का मत है कि धार्मिक असहिष्णुता के कारण ही अनेक समयों पर विविध प्रकार की अव्यवस्थाएं फैली हैं और युद्ध हुए हैं। एक्विनास के शब्दों में, "**ईसाई जगत में धर्म के कारण जिनती गड़बड़ियाँ हुई हैं ,वे सब मतों की विभिन्नता के कारण नहीं, वरन् उन लोगों के प्रति सहिष्णुता न बरते जाने के कारण हुई हैं, जो भिन्न मतों के मानने वाले हैं।**"[2] उनके अनुसार सारी कठिनाइयों का मूल यह है कि "**चर्च व राज्य, दोनों अपने में पूर्णतः भिन्न-भिन्न हैं, एक में मिले हुए व अस्पष्ट हैं।......(अतः) प्रत्येक को अपनी-अपनी सीमा में रहना चाहिए-एक को राज्य के सांसारिक कल्याण के लिए तथा एक दूसरे को आत्माओं की मोक्ष के लिए कार्य करना चाहिए।**"[3]

2. राजकीय धर्म निरपेक्षता व धार्मिक सहिष्णुता-एक्विनास चर्च व राज्य को परस्पर प्रतिस्पर्द्धा करने वाली संस्थाएँ नहीं मानता था, वरन् उसका मत था कि उन दोनों का क्षेत्र अलग-अलग है। धर्म के सम्बन्ध में राज्य की नीति सहिष्णुता की होनी चाहिए तथा उसकी ओर से धर्म के क्षत्र में सामान्यतः कोई हस्तक्षेप नहीं होना चाहिए। पर इसके साथ ही साथ धार्मिक संस्थाओं को भी उस क्षेत्र से अपने को अलग रखना चाहिए, जो सामान्यतः राज्य का है। इस सम्बन्ध में कहा है कि चर्च "**मनुष्यों का एक ऐच्छिक समाज है, जिसमें अपने को स्वीकार्य तथ आत्माओं के लिए मोक्षप्रदायक ढंग से ईश्वर की सार्वजनिक अराधना करने के लिए लोग स्वेच्छा से सम्मिलित होते हैं......इस समाज में नागरिकों की सांसारिक वस्तुओं से सम्बन्धित कोई काम नहीं हो सकता है और न होना चाहिए। उसमें कभी भी किसी प्रकार का बल प्रयोग नहीं होना चाहिए। बल पूरी तरह से नागरिक अधिकारी की वस्तु होती है तथा बाह्य वस्तुओं के अधिकारों का नियमन उसके कार्यक्षेत्र में आता है।.....सच्चे धर्म का सद्‌गुण व व पवित्रता के नियमों के अनुसार मनुष्यों के जीवन का नियमन करना है।**"[1]

धार्मिक सहिष्णुता का प्रतिपादन करते हुए इस प्रकार एक्विनास ने कहा है कि "**धर्म के विषय में जो एक-दूसरे से भिन्न मत रखते हैं उसके प्रति सहिष्णुता जीसस क्राइस्ट की वाणी और मानव जाति के वास्तविक विवेक से इतनी अधिक मिलती है कि यदि इतने अधिक प्रकाश में भी उसकी आवश्यकता व उसके लाभ की मनुष्य नहीं देख सकते, तो यह अत्यधिक उनकी राक्षसी वृत्ति का परिचायक है।**"[2] दूसरे शब्दों में एक्विनास के अनुसार जीसस क्राइस्ट के उपदेश धार्मिक कट्टरता नहीं सिखाते, वरन् वे धार्मिक सहिष्णुता सिखाते हैं तथा धार्मिक सहिष्णुता ही मनुष्य के विवेक के भी अनुसार है।

धार्मिक सहिष्णुता के अपवाद-इस सम्बन्ध में यह स्मरणीय है कि एक्विनास कैथोलिकों, मुसलमानों, व नास्तिकों को धार्मिक सहिष्णुता का अधिकारी नहीं मानते, क्योंकि कैथोलिकों की आस्था एक विदेशी शक्ति के प्रतिक है, मुसलमान एक ऐसी विदेशी विधि के मानने वाले हैं, जो यूरोप की विधि से पूर्णत: भिन्न हैं और नास्तिक ईश्वर में विश्वास नहीं करते हैं। इसके अतिरिक्त राज्य की ओर से धार्मिक सहिष्णुता का व्यवहार एक्विनास तभी तक उचित समझते हैं, जब तक धार्मिक स्वतन्त्रता की आड़ में लोग राज्य की सुरक्षा को हानि नहीं पहुँचाये।

एक्विनास के दर्शन का मूल्यांकन

राजनीतिक विचारकों में एक्विनास का क्या स्थान है और उनके विचारों का राजनीतिक दर्शन की दृष्टि से क्या महत्व है, इस सम्बन्ध में एक मत यदि यह है कि उसका दर्शन असंगतियों का एक पिटारा है तथा उसमें अनेक ऐसे विचार प्रकट किये गये हैं, जो परस्पर अनेक प्रकार से असंगत दिखायी देते है, तो दूसरी और यह मत भी व्यक्त दिखायी देता है कि एक्विनास के विचारों का महत्त्व राजनीतिक दर्शन की दृष्टि से अग्रगण्य है। एक्विनास के दर्शन के पक्ष व विपक्ष दोनों को हम एक-एक करके देख सकते हैं।

एक्विनास के विचारों की आलोचना

एक्विनास के विचारों की आलोचना जिन आधारों पर की जाती है, उनमें से प्रमुख निम्न प्रकार से हैं :

1. एक्विनास का मानव प्रकृति सम्बन्धी विचार केवल आदर्शात्मक है-एक्विनास ने मनुष्य को प्रकृतित: एक नैतिक प्राणी माना है, जो अपना जीवन पारस्परिक सहयोग, प्रेम, दया व सद्भावना सम्बन्धों के आधार पर व्यतीत करता है। एक्विनास ने मनुष्य में स्वार्थ भावना के अस्तित्व को अस्वीकार नहीं किया है, फिर भी उन्होंने उसे स्वभावत:, स्वार्थी, अहंकारी, झगड़ालू व आक्रामक न मानकर परार्थी, दयालु, सहयोगी व सामाजिक माना है। कहना न होगा कि मानव स्वभाव की एक्विनास की यह कल्पना यथार्थ कम व आदर्श अधिक है।

2. एक्विनास का प्राकृतिक अवसथा का चित्रण ऐतिहासिकता व वास्तविकता दोनों ही दृष्टियों से आलोच्य है-मानव विकास के इतिहास में इस बात का कोई प्रमाण नहीं मिलता कि एक्विनास द्वारा प्रतिपादित प्राकृतिक अवस्था कभी अस्तित्व में रही हो। इतिहास में इस बात का हमें कहीं प्रमाण नहीं मिलता कि प्रारम्भिक जन-समुदाय इतने शान्त व नैतिक रहे हों, जिने शान्त व नैतिक होने की कल्पना एक्विनास ने की है। इसके अतिरिक्त यदि यह मान भी लिया जाय कि प्रारम्भिक जन-समुदाय उसी प्रकार शान्त व नैतिक थे और प्राकृत अवस्था उसी प्रकार आदर्श थी, जिस प्रकार की कल्पना उसके विषय में एक्विनास ने की है तो इस प्रश्न का उत्तर प्रतीत नहीं होता कि उससे भिन्न प्रकार की उस व्यवस्था की स्थापना क्यों की गई है, जिसे राजनीतिक समाज की व्यवस्था कहा गया है। एक्विनास द्वारा प्रतिपादित प्राकृत व्यवस्था यदि आदर्श थी, तो फिर किस आदर्श व्यवस्था की प्राप्ति के लिए सामाजिक समझौता किया गया,

इसका कोई उत्तर प्राप्य प्रतीत नहीं होता और यदि समझौते के परिणामस्वरूप स्थापित व्यवस्था एक आदर्श व्यवस्था थी, तो प्राकृत व्यवस्था का आदर्श नहीं माना जा सकता ।

3. एक्विनास ने राज्य व समाज की स्थापना का उद्देश्य केवल भौतिक माना है-एक्विनास ने माना है कि राज्य की सत्ता का उद्देश्य "**सब लोगों के लिए.......इस (सांसारिक) जीवन की वस्तुओं का औचित्यपूर्ण अधिकार प्राप्त करना है।**" राजनीतिक समाज उसके अनुसार एक ऐसा समाज है, जिसे "**मनुष्यों ने अपने नागरिक हितों अर्थात् जीवन, स्वतन्त्रता, स्वास्थ्य, शारीरिक सुख व धन, भूमि, घर मेज, कुर्सी आदि की प्राप्ति व उनकी रक्षा के लिए बनाया है।**"[1] उनके ऐसे कथनों से स्पष्ट हैकि उनके अनुसार राजय व समाज का सम्बन्ध व्यक्ति के नैतिक व मानसिक विकास से बिलकुल न होकर, केवल उसके भौतिक विकास से है। उनके अनुसार राज्य व समाज का रूप केवल भौतिकतामय हो जाता है, जो न उचित और और न वांछनीय ही है, क्योंकि राज्य व समाज का सम्बन्ध व्यक्ति के सर्वतोन्मुखी विकास से होता है, जिसमें भौतिक के अतिरिक्त उसके नैतिक व मानसिक विकास का स्थान भी अत्यन्त महत्त्वपूर्ण होता है।

4. एक्विनास द्वारा प्रतिपादित जन-सहमति सदा राज्य का आधार नहीं होती-इतिहास से यह प्रमाणित नहीं होता कि सहमति सदा राज्य का आधार रही हो, क्योंकि उसमें शक्ति व बल के आधार पर राज्यों के निर्माण व उन्हीं के आधार पर उनके स्थापित रहने के उदाहरण अधिक मिलते हैं। शासन पर संचालन जनता की सहमति के आधार पर होना चाहिए, यह एक आदर्श अवश्य है, पर एक्विनास ने सहमति के सिद्धान्त पर बल दिया है और सहमति को राज्य का एकमात्र आधार माना है, वह वास्तविकता के अनुकूल नहीं है।

5. एक्विनास द्वारा प्रतिपादित व्यक्ति के अधिकारों की निरपेक्षता अव्यावहारिक है-व्यक्ति के अधिकारों के विषय में एक्विनास ने प्राकृतिक अधिकारों के सिद्धान्त (Theory of Natural Rights) का समर्थन किया है तथा व्यक्ति के अधिकारों को निरपेक्ष मानते हुए यह प्रतिपादित किया है कि वे समाज व राज्य के ऊपर की वस्तु हैं तथा उनमें राज्य की और से कोई हस्तक्षेप नहीं किया जा सकता। पर एक्विनास के इस प्रतिपादन पर अधिकारों के विषय में यदि व्यक्तियों के पारस्परिक सम्बन्धों के सन्दर्भ में सोचा जाय तो इसका अनौचित्य स्पष्ट हो जाता है। अधिकारों को यदि प्रत्येक व्यक्ति के लिए निरपेक्ष माना जाय, तो इसका अर्थ प्रत्येक व्यक्ति द्वारा मनमानी करना हो सकता है, जिसे कभी उचित नहीं कहा जा सकता। ऐसी दशा में अधिकारों सबके लिए सुलभ हो सकें, इस उद्देश्य से राज्य द्वारा उनका नियमन आवश्यक हो जाता है और अधिकारों की सुलभता पर यदि हम किसी का सत्ता का अंकुश मान लेते हैं, तो उनका रूप निरिक्षकों अधिकारों का नहीं होता। अधिकारों की किसी भी कल्पना में उनकी सामाजिक मान्यता तथा राजकीय संरक्षण की व्यवस्था आवश्यक है, क्योंकि व्यवहार में व्यक्ति का कोई भी व्यवस्था का अधिकार तभी होता है, जब समाज उसे व्यक्ति का अधिकार माने ओर राज्य

अधिकार के रूप में उसकी सुरक्षा की व्यवस्था उसे सबके लिए सुलभ बनाने के उद्देश्य से करे। एक्विनास व्यक्ति के अधिकारों को निरपेक्ष बनाकर उक्त तथ्य के प्रति अपनी आँखे बन्द कर लेते हैं और यह निस्सन्देह आलोच्य है।

6. व्यक्तिगत सम्पत्ति के अधिकार सम्बन्धी मान्यता आर्थिक विषमता की जननी हो सकती है-व्यक्ति के अधिकारों को निरपेक्ष मानकर एक्विनास ने सम्पत्ति के अधिकार का प्रतिपादन किया है। उदाहरणार्थ भूमि के विषय में उनका प्रतिपादन है कि "**उतनी भूमि, जितनी कोई जोतता है, जिनती पर कोई बुवाई करता है, जितनी को कोई उन्नत बनाता है, जिनती पर कोई कृषि करता है, उनकी सम्पत्ति होती है।**"[1] एक्विनास के इस प्रतिपादन को यदि हम निरापत्ति स्वीकार कर लें, तो इसका परिणाम यह हो सकता है कि कुछ लोग असीमित सम्पत्ति के स्वामी बन सकते हैं और कुछ लोग अपने भरण-पोषण के लिए आवश्यक सम्पत्ति भी पैदा नहीं कर सकते। इस प्रकार सम्पत्ति के अधिकार के विषय में एक्विनास की उक्त मान्यता पर चलने से समाज में आर्थिक विषमता पनप सकती है तथा समाज सम्पन्न व विपन्न वर्गों में बँट सकता है।

7. एक्विनास के व्यक्तिवाद की अतिशयता विद्रोह की अनुज्ञा जैसी हो सकती है-एक्विनास की व्यक्तिवादिता के विषय में प्रोफेसर वाहन ने कहा है कि "**एक्विनास की प्रणाली में प्रत्येक वस्तु का केन्द्र व्यक्ति है। उसमें प्रत्येक वस्तु का निपटारा इस ढंग से किया गया है कि उससे व्यक्ति की प्रभुता सुरक्षित बनी रहे।**"[2] व्यक्ति प्रभुता की सुरक्षा के नाम पर ही एक्विनास ने व्यक्ति के अधिकारों को राज्य की और से अछूता बनाये रखने का प्रतिपादन किया है। दूसरी और उन्होंने व्यक्तियों को सरकार के कार्यों की जाँच तथा उनके न्याय के विपरीत होने पर सरकार को यदि आवश्यक हो, तो विद्रोह के द्वारा भी पदच्युत करने के अधिकार को मान्यता प्रदान की है। इस कारण एक्विनास के दर्शन के विषय में यह कहा जाता है कि एक्विनास का व्यक्तिवाद विद्रोह का लाइसेन्स है। गिलक्राइस्ट ने इसीलिए यह कहा है कि "**एक्विनास यह देखने में असफल रहे हैं कि विद्रोह कितना भी वांछनीय क्यों न हो, अवैध ही होता है।**"[3]

8. एक्विनास द्वारा प्रभुसत्ता को समाज व व्यवस्थापिका दोनों में निहित माना जाना असंगत है-एक्विनास को एक स्थान पर यदि हम यह कहते हुए पाते हैं कि "व्यवस्थापिका प्रत्येक राज्य में सर्वोच्च सत्तावान होती है," तो सूदरी और हम उन्हें यह कहते हुए भी पाते हैं कि "**समाज को सदैव एक सर्वोच्च शक्ति प्राप्त**" इससे यह स्पष्ट है कि प्रभुसत्ता (Sovereignty) के अधिवास के विषय में उसके विचार अस्पष्ट व असंगत हैं, क्योंकि वैधानिक व राजनीतिक प्रभुसत्ता का अन्तर उनकी दृष्टि से ओझल हो गया है। शासन अथवा उसके किसी अंग को प्राप्त प्रभुसत्ता वैधानिक (Constitutional Sovereignty) होती है, क्योंकि वह उसे राज्य के विधान के अनुसार प्राप्त होती है, पर इसके अतिरिक्त एक अन्य प्रकार की प्रभुसत्ता भी होती

है, जिसे राजनीति प्रभुसत्ता (Political Sovereignty)अथवा जनता की प्रभुसत्ता अथवा जनता की प्रभुसत्ता (Populer Sovereignty) कहा जाता है। गिलक्राइस्ट ने इसी सन्दर्भ में कहा है कि "**एक्विनास ने राजनीतिक प्रभुसत्ता के अस्तित्व व उसकी शक्ति को अस्वीकार करते हुए, प्रभुसत्ता के सिद्धान्त का प्रतिपादन किया है, एक्विनास ने राजनीतिक प्रभुसत्ता को शक्ति को स्वीकार किया है, पर कानूनी प्रभुसत्ता को उचित मान्यता प्रदान की है।**"[1]

एक्विनास के चिन्तन का महत्त्व

एक्विनास के दर्शन का मूल्यांकन विविध आलोचकों ने विविध प्रकार से किया है। एक और अनेक ऐसे विचारक हैं, जिन्होंने एक्विनास के विचारों को विविध आधारों पर आलोच्य माना है। उदाहरणार्थ, मॉर्ले के अनुसार यदि उन्हें विचार करने का ढंग ही कभी नहीं आया, तो बर्क के अनुसार उनका सम्पूर्ण चिन्तन ही व्यर्थ है। काण्ट के अनुसार भी उनका मस्तिष्क किसी भी बात में कभी गहरा नही घुस सका है। वॉल्टेयर ने असमानता के अमल पर उसकी रचना को एक ऐसी कृति माना है, जिसमें सभ्यता के विकास के लाभों को घृणित सिद्ध करने का प्रयास हित हो। उनके मतानुसार एक्विनास की इस रचना का अर्थ मनुष्य को मनुष्य से फिर चौपाया बनाना है। आलोचकों की ही तरह एक्विनास के प्रशंसक भी अनेक हुए हैं। उदाहरणार्थ, लास्की ने उनहें मनुष्य जाति के विकास में सबल विश्वास रखने वाला व्यक्ति माना है। एक अन्य लेखक लान्स ने उन्हें वर्तमान की ओर ले जाने वाले सभी मार्गों का प्रदर्शन करने वाला कहा है। वाघां के अनुसार एक और यदि वे राज्य का प्रबल समर्थक हैं, तो दूसरी और वे व्यक्ति के भी रक्षक हैं। एक्विनास के दर्शन के पक्ष व विपक्ष दोनों ही वस्तुतः और वे व्यक्ति के भी रक्षक हैं, जिन्हें हम एक-एक करके देख सकते हैं।

एक्विनास के विचारों की आलोचना

एक्विनास के विचारों की आलोचना जिन आधारों पर की जाती है, उनमें से प्रमुख निम्न प्रकार हैं :

1. एक्विनास का मानव प्रकृति सम्बन्धी विचार केवल आदर्शात्मक है-एक्विनास ने मनुष्य को प्रकृतिः सज्जन वृत्ति माना है तथाा यह प्रतिपादित किया है वह स्वयं श्रेठ जीवन व्यतीत करते हुए अपने अन्य साथियों का भी अच्छा ही चाहता है। एक्विनास का मानव स्वभाव का यह चित्रण वास्तविकता से काफी दूर है, क्योंकि मनुष्य के स्वभाव में अच्छाई व बुराई दोनों ही पाई जाती है। अतः इस दृष्टि से रूसो मानव स्वभाव का विचार काल्पनिक व आदर्शात्मक अधिक व यर्थाथ कम है।

2. एक्विनास का प्राकृतिक अवस्था का चित्रण काल्पनिक है-एक्विनास ने मनुष्य की प्राकृतिक अवस्था को एक आदर्श अवस्था माना है तथा सभ्यता के विकास को मानव को पतन की ओर ले जाने वाला माना है। इस आधार पर एक्विनास की विचारधारा को मनुष्य को फिर से पशु बनाने वाली विचारधारा माना गया है। वॉल्टेयर ने एक्विनास के इसी विचार की आलोचना

करते हुए उन्हें लिखा था कि उसने बड़ी बुद्धिमानी से मनुष्य को पुन: पशु बनाने का प्रयत्न किया है। इसके अतिरिक्त एक्विनास का प्राकृतिक अवस्थ का चित्रण इसदृष्टि से भी आलोच्य है कि उसने आदिम व मध्यम दोनों की अवस्थाओं को श्रेष्ठ बताया है और तीसरी अवस्था को मनुष्य को पतन की और से जाने वाली माना है। मानव विकास की गति उसे श्रेष्ठ व श्रेष्ठतर बनाने की है, न कि उसे हेयतर बनाने तथा इस दृष्टि से एक्विनास की आलोचना उचित ही है।

3. एक्विनास द्वारा प्रतिपादित सामाजिक समझौते अवैज्ञानिक प्रतीत होता है–सामाजिक समझौते में, जैसा एक्विनास ने कहा है, **"प्रत्येक अपने व्यक्तित्व और पूर्ण शक्ति को सम्मिलित प्रयोग के लिए सामान्य इच्छा के सर्वोच्च निर्देशन के अधीन समर्पित कर देता है।"** इसके परिणामस्वरूप एक्विनास के अनुसार एक राजनीतिक समाज का उद्‌भव होता है। संविदा के उक्त विश्लेषण से जैसा स्पष्ट है कि, राजनीतिक समाज जिसे प्रत्येक व्यक्ति के ऊपर असीमित अधिकार प्राप्त हो जाता है, संविदा का कोई पक्ष नहीं है, और इस कारण संविदा की कोई शर्त उस पर लोगू नहीं है। ऐसी दशा में एक बार संविदा में प्रवेश करने के बाद मनुष्य उसमें कोई सुधार-बिगाड़ करने की स्थिति में नहीं रहता, जो सामान्यत: संविदाओं के लिए प्रचलित ढंग के विपरीत है। इस दृष्टि से एक्विनास द्वारा प्रतिपादित सामाजिक समझौता अवैज्ञानिक प्रतीत होता है।

4. एक्विनास द्वारा प्रतिपादित सामान्य इच्छा का सिद्धान्त राज्य की निरंकुशता व व्यक्ति की पूर्ण अधीनता का समर्थन करता है–सामाजिक संविदा के परिणामस्वरूप व्यक्ति की सब शक्तियाँ व उसका व्यक्तित्व समाज की उस सामान्य इच्छा के अधीन हो जाते हैं, जिसे एक्विनास सवोच्च मानता है। इस सम्बन्ध में एक्विनास की विचारधारा के विरुद्ध यह कहा जाता है कि सामान्य इच्छा का सृजन एक्विनास ने यद्यपि व्यक्ति को उस बन्धन से मुक्त करने के लिए किया है, जिसमें वह सर्वत्र बँधा हुआ दिखायी देता है, तथापि उसका व्यावहारिक परिणाम राज्य को अपनी निरंकुश शक्ति प्रदान करना हो जाता है कि उसके कारण व्यक्ति पूर्णत: राज्य-शक्ति के अधीन हो जाता है। आलोचकों का कहना है कि व्यवहार म ेसामान्य इच्छा के बहुमत के अतिरिक्त और कुछ नहीं हो सकती और एक्विनास की व्यवस्था अल्पसंख्या पर बहुसंख्या के अत्याचार के अतिरिक्त कुछ नहीं हो सकती। कोल ने इसी प्रसंग में यह कहा है कि **"सामान्य इच्छा के अन्तर्गत जो स्वतन्त्रता प्राप्त होती है, उसके विषय में हमें बताया जाता है कि वह स्वतन्त्रता सम्पूर्ण राज्य की होती है, पर राज्य का स्वयं का अस्तित्व अपने सदस्यों के लिए वैयक्तिक स्वतनत्रता प्राप्त कराने के लिए होता है। एक स्वतन्त्र राज्य अत्याचारी हो सकता है, एक निरंकुश शासक अपनी प्रजा को प्रत्येक प्रकार की स्वतन्त्रता प्रदान कर सकता है। अपने को स्वतन्त्र बनाने में राज्य अपने सदस्यों को दास नहीं बनायेगा, इस बात की क्या प्रत्याभूति है?"**[1]

5. एक्विनास का सामान्य इच्छा का विचार एक अत्यन्त अस्पष्ट विचार है–सामान्य इच्छा सम्बन्धी एक्विनास का विचार एक अत्यन्त अस्पष्ट विचार है। इसके प्रसंग में एक्विनास ने

अपने स्थानों पर परस्पर विरोधी विचार व्यक्त किये हैं। कहीं-कहीं उनका विचार यह प्रतीत होता है कि सामान्य इच्छा समाज की वह इच्छा होती है, जब समाज के सब सदस्य किसी विषय पर एकमत हों, यद्यपि अन्यत्र वह सबकी इच्छाओं को सामान्य इच्छा से भिन्न बताते हैं फिर कहीं-कहीं उनका विचार यह प्रतीत होता है कि बहुमत की इच्छा की सामान्य इच्छा है यद्यपि उसके लिए वे यह शर्त लगाना नहीं भूलते कि बहुमत की इच्छा उसी दशा में सामान्य इच्छा हो सकती है, जब बहुसंख्या अपने वयक्तिगत हितों से ऊपर उठकर सोचे। एक स्थान पर उन्होंने यह मत व्यक्ति किया है कि जब किसी सम्मेलन में विचार-विर्मश के समय परस्पर विरोधी विचारों का सामंजस्य होता है, तब जिस इच्छा का उदय होता है, वह सामान्य इच्छा होती है। विधि निर्माता के विषय में उन्होंने जो कुछ कहा है ,उसका यह अर्थ निकलता है कि कोई ऐसा व्यक्ति भी ,जो एक बहुत बड़ा बुद्धिमान हो, और जिसमें जनता का अंग बनाकर उसे सामान्य हित की ओर अग्रसर करने की अन्तरदृष्टि हो, सामान्य इच्छा की अभिव्यक्ति कर सकता है। इस प्रकार हम देखते हैं कि एक्विनास द्वारा प्रतिपादित सामान्य इच्छा का कोई ऐसा निश्चित रूप नहीं है, जिसके अनुसार शासन के रूप का निर्धारण किया जा सके।

6. एक्विनास के संप्रभुता सम्बन्धी विचारों भी विरोधाभास से भरे हुए हैं-एक्विनास सम्प्रभुता कोउ स समाज में निहित मानते हैं, जिसकी स्थापना सामाजिक संविदा के परिणामस्वरूप होती हैं तथा समाज की सामान्य इच्छा को उसके प्रयोग का माध्यम मानते हैं। समाज की उक्त सम्प्रभुता को एक्विनास अविभाज्य मानते हैं, क्योंकि उसका केवल जनता ही कर सकती हैं, वे उसे अहस्तानतरणीय मानते हैं क्योंकि उसे शासन का किसी अभिकरण को हस्तान्तरित नहीं किया जा सकता, वे उसे अभिमत नहीं मानते हैं, क्योंकि वह सार्वभौम होती है तथा उसके अनुसार सम्प्रभुता विधि का आधार व सम्प्रभु उसका स्रोत होता है। सम्प्रभुता की जिस प्रकार की व्याख्या एक्विनास ने की है, उससे राज्य के आंगगिक सिद्धान्त का प्रतिपादन होता है, जिसके अनुसार सम्प्रभु का अधिकार व्यक्ति के ऊपर उसी प्रकार असीमित होता है, जिस प्रकार मनुष्य का अधिकार शरीर के अंगों पर होता है। इस प्रकार एक और एक्विनास ने सम्प्रभुता के निरंकुश व असीमित रूप का प्रतिपादन किया है। पर दूसरी और संविदा सिद्धान्त क व्यक्तिवादी मान्यता की धुन में वे यह भी कहते हैं कि सम्प्रभुता पर कुछ सीमाएँ भी लगाई जा सकती हैं। उदाहरणार्थ, इस सम्बन्ध में उनका मत है कि सम्प्रभु ऐसा कोई कार्य नहीं कर सकता है जो सामान्य हित के विरोध में हो। दूसरे शब्दों में उनके अनुसार सम्प्रभु अपनी सम्प्रभुता का प्रयोग केवल उसी सीमा तक कर सकता है। तब तक उसके प्रयोग से सम्पूर्ण समाज (जिसमें व्यक्ति भी अभिन्न रूप से सम्मिलित है) के कल्याण की साधना होती रहे। सम्प्रभु की शक्ति की सर्वोच्चता तथा व्यक्ति के व्यक्तित्व की महत्ता दोनों के ही विषय में एक्विनास के विचार उसके चरम को छूने वाले हैं तथा यही कारण है किउनके विचारों में स्पष्ट विरोधाभास दिखायी देता है। सामाजिक संविदा (Social Contract) में यदि वे यह कहते हैं कि "**राज्य को सार्वभौम व सबको विवश करने वाली**

शक्ति प्राप्त होनी चाहिए, जिससे वह अपने प्रत्येक भाग को इस प्रकार चला सके कि वह सबके हित में हो।'' तो न्यू हेलोइस (New Heloise) में उन्होंने यह कहा है कि **''मनुष्य इतना उच्च प्राणी है कि उसे औरों के लिए साधन मात्र ही नहीं बनाया जा सकता है।''**

7. एक्विनास के विधि के रूप से सम्बन्धित विचार अव्यावहारिक नहीं है-एक्विनास के अनुसार विधि केवल वही होती है, जिसे सम्पूर्ण जनता सम्पूर्ण जनता के लिए बनाये। इसका व्यावहारिक अर्थ यह हुआ कि वह कोई भी विनिश्चय विधि नहीं हो सकता, तो सम्पूर्ण जनता के स्थान पर उसके किसी भाग द्वारा अथवा उसके अतिरिक्त किसी अन्य अभिकरण द्वारा किया जाये। पर आधुनिक राष्ट्रीय राज्यों के सन्दर्भ में एक्विनास की विधि के रूप में सम्बन्धित यह मान्यता व्यावहारिक नहीं है, क्योंकि आधुनिक राज्य आकार व जनसंख्या की दृष्टि से इतने अधिक बड़े हैं कि उनकी सम्पूर्ण जनता कभी भी प्रत्यक्ष रूपसे विधि निर्माण में भाग में भाग नहीं ले सकती तथा उस प्रकार की विधि का निर्माण संभव नहीं हो सकता, जिस प्रकार की विधि को एक्विनास विधि मानते हैं।

8. एक्विनास के विधि निर्माता समबन्धी विचार उसकी सामान्य इच्छा की सम्प्रभुता व विधि सम्बन्धी मान्यता के विपरीत है-एक्विनास ने जनता को सम्प्रभु मानते हुए सामान्य इच्छा की सम्प्रभुता का समर्थन किया है तथा सम्पूर्ण जनता द्वारा निर्मित विधि को ही विधि माना है। पर विधि निर्माता के प्रकार में उन्होंने कहा है कि सामान्य जनता यही नहीं जानती कि किस प्रकार के विधि-निर्माण में ऐसे शासन-सूत्र की स्थापना हो सकती है, जिसके माध्यम से सामान्य इच्छा के अनुसार समाज की व्यवस्था चल सके और इसलिए उन्होंने किसी ऐसे मानव-श्रेष्ठ विधि निर्माता की बात कही है ,जो मनुष्य की भावनाओं को सही रूप में समझ सके और उसे महत्तर समष्टि का एक अंग बना सके। कहना न होगा कि अपने इस प्रतिपादन से रूप ने उस जनता को विधि-निर्माता से हेय बना दिया है, जिसकी सामान्य इच्छा को वे सम्प्रभु मानते हैं। यही नहीं, उनका विधि-निर्माता सम्बन्धी प्रतिपादन उनके उस विचार के भी प्रतिकूल है, जिसके अनुसार उन्होंने केवल उसी निर्णय को विधि माना है, जो सम्पूर्ण जनता के द्वारा सम्पूर्ण जनता के लिए किया गया हो।

एक्विनास के विचारों का महत्त्व

एक्विनास के विचारों की उक्त आलोचना के होते हुए भी राजनीतिक दर्शन के विकास की दृष्टि से उसके विचारों का बड़ा महत्त्व है। राजनीतिक दर्शन के क्षेत्र में एक्विनास को अनुदाय को हम निम्न प्रकार प्रस्तुत कर सकते हैं :

1.एक्विनास के सामान्य इच्छा सम्बन्धी विचार राजनीतिक दर्शन के लिए उसकी एक महत्त्वपूर्ण देन है-व्यक्ति व राज्य का क्या सम्बन्ध होना चाहिए, यह राजनीतिक दर्शन की एक अत्यन्त महत्त्वपूर्ण समस्या रही है और इस पर विचार करते हुए अनेक विचारकों ने एक और यदि यह प्रतिपादित किया है कि राज्य को पूर्णत: निरंकुश व व्यक्ति को पूर्णत: उसके अधीन

होना चाहिए, तो दूसरी और अनेक विचारकों ने यह प्रतिपादित किया है कि व्यक्ति स्वयं पर्याप्त व पूर्णत: स्वतत्र होना चाहिए और राज्य की और से उसके ऊपर कोई अंकुश नहीं होना चाहिए। एक्विनास के सामान्य इच्छा सम्बन्धी विचार का महत्त व उक्त दोनों परस्पर विरोधी विचारों के बीच इस प्रकार सामंजस्य बैठाने में है कि राज्य की महत्ता के नाम पर व्यक्ति के व्यक्तित्व की गरिमा का बलिदान भी न होने पाये और व्यक्ति के व्यक्तित्व की गरिमा के नाम पर राज्य को कोई ऐसा कृत्रिम संस्थान भी न मान लिया जाय, जिसे व्यक्ति जब चाहे बना व बिगाड़ सके। एक्विनास के सामान्य इच्छा सम्बन्धी विवेचन में एक्विनास ने राज्य को समझौते का उत्पादन माना है तथा व्यक्तियों की सदा बनी रहने वाली अनुमति को उसका अधिकार माना है, जो उसे तभी तक प्राप्त रह सकती है, जब तक वह व्यक्तियों की उस इच्छा के अनुसार चलता रहे जिसे एक्विनास ने सामान्य इच्छा का नाम दिया है तथा जिसका उद्देश्य व्यक्ति के व्यक्तित्व की गरिमा को स्वीकार करते हुए उसके कल्याण की साधना करना होता है। सीधे-सादे शब्दों में एक्विनास ने उस सामान्य इच्छा का अनुसरण राज्य के लिये आवश्यक कर दिया है, जो व्यक्ति के व्यक्तित्व की गरिमा का संवर्द्धन तथा उसके कल्याण की साधना करने वाली होती है। पर इसके साथ ही साथ एक्विनास ने सामान्य इच्छा को अविभाजनीय भी माना है, जिसका अर्थ यह है कि वह किसी एक व्यक्ति, व्यक्ति समूह, जनता के किसी वर्ग या भाग में निहित न होकर केवल जनात की समष्टि अर्थात् सम्पूर्ण समाज में निहित हो सकती है और अभिव्यक्ति शासन के विविध अंगों या उसके किन्हीं अधिकारियों के माध्यम से नहीं हो सकती है। सामान्य इच्छा को एक्विनास ने स्थायी, सर्वोच्च, निरकुश, अदेय अथा अविच्छेद्य भी माना है और यह प्रतिपादित किया है कि उससे भिन्न किसी व्यक्ति समह, व्यक्तियों के किसी वर्ग अथवा जनता के किसी भाग की कोई इच्छा नहीं हो सकती। इस प्रकार सामान्य इच्छा सम्बन्धी अपने प्रतिपादन में एक्विनास एक ओर यदि सामान्य इच्छा को व्यक्ति के व्यक्तित्व की मान्यता व उसके कल्याण की साधना पर आधारित कर दिया है, तो दूसरी और व्यक्ति, उसके द्वारा निर्मित किसी समूह, व्यक्ति के किसी वर्ग अथवा जनता के किसी भाग आदि सबकी इच्छाओं को सामान्य इच्छा में पूर्णत: विलीन कर दिया है तथा इस प्रकार सामान्य इच्छा सम्बन्धी अपने विचार का प्रयोग उन्होंने व्यक्ति की महत्ता व समाज एव राज्य की सत्ता के बीच उपयोग सामंजस्य स्थापित करने के लिए बड़े ही कौशल के साथ किया है। यही कारण है कि एक्विनास का सामान्य इच्छा सम्बन्धी विचार राजनीतिक दर्शन के लिए एक महत्त्वपूर्ण देन के रूप में माना जाता है। जोन्स न उनके इस विचार के उक्त महत्त्व को ध्यान में रखते हुए ही यह कहा है कि ''**सामान्य इच्छा का विचार एक्विनास के चिन्तन का सबसे अधिक केन्द्रिय विचार ही नहीं है, अपितु राजनीतिक चिन्तन के लिए वह उनकी सबसे अधिक मौलिक सबसे, अधिक रूचिकर, तथा ऐतिहासिक दृष्टि से सबसे अधिक महत्त्वपूर्ण देन है।**''[1]

2. एक्विनास ने लोक-सम्प्रभुता के आधुनिक विचार का प्रतिपादन किया है-सामान्य

इच्छा सम्बन्धी एक्विनासं के विचार से ही सम्बद्ध उनका लोक-समप्रभुता का विचार है, जिसे वर्तमान लोकतन्त्रीय व्यवस्था का मूल आधार कहा जाता है। एक्विनास से पहले बोदां व एक्विनास जैसे विचारकों ने भी सम्प्रभुता पर विचार प्रकट किये थे। पर उन्होंने सम्प्रभुता के जिस रूप का प्रतिपादन किया, वह राज्य की निरंकुशता का रूप था तथा उनके प्रतिपादन में व्यक्ति व उसकी स्वतन्त्रता के लिए कोई स्थान नहीं था। इसके विपरीत एक्विनास व मौण्टेस्क ने व्यक्ति की स्वतन्त्रता का समर्थन किया तथा ऐसी सरकार का प्रतिपादन किया, जो संवैधानिक हो तथा जिसकी शक्तियाँ सीमित हों। उनके विचारों के अनुसार व्यक्ति की स्वतन्त्रता व राज्य की सत्ता दोनों का रूप परस्पर प्रतियोगिता जैसा है। पर एक्विनास ने सम्प्रभुता को सामान्य इच्छा में निहित करके उस सिद्धान्त का शिलान्यास किया, जिसे लोक-सम्प्रभुता (Popular Sovereignty) का सिद्धान्त कहा जाता है। उनकी विशेषता इस बात में है कि उनके प्रतिपादन में सम्प्रभुता उसी प्रकार पूर्ण व सुनिश्चित है, जिस प्रकार वह एक्विनास के प्रतिपादन में है, पर उन्होंने सम्प्रभुता का प्रतिष्ठान जनता में करके और उसे सामान्य इच्छा में निहित मानकर व्यक्ति की स्वतन्त्रता को सुरक्षित कर दिया है। एक्विनास ने इस बात पर विशेष बल दिया है कि जनता ही सम्पूर्ण राजनीति सत्ता का मूल स्रोत होता है, प्रभुसत्ता जनता की सामान्य इच्छा में निहित होती है, सरकार सम्प्रभुसत्ता सम्पन्न जनता की इच्छा को क्रियान्वित करने वाला एक अभिकरण मात्र होती है तथा वही शासन उक्त कहा जा सकता है, जिसके माध्यम से जनहित का सम्पादन सम्भव हो सके। यही नहीं, एक्विनास इस बात के प्रति भी चेतन्य है, कि जन सम्प्रभुता की सुरक्षा किस प्रकार की जा सकती है तथा इसके लिए उन्होंने समय समय पर की जाने वाली ऐसी जन-सभाओं का सुझाव दिया है, जो शासन के रूप व उसका संचालन करने वाली सरकार के विषय में निश्चय कर सके तथा शासन के उस रूप व सरकार को बदल सके, जिनके होने से जनता की समप्रभुता पर किसी प्रकार की आँच आती हो।

3. एक्विनास ने विधि के लोकतन्त्रीय रूप का प्रतिपादन किया है-एक्विनास ने विधि के रूप व उसके क्षेत्र के विषय में जो विचार व्यक्त किये हैं, उनसे उनके पूर्ण लोकतन्त्रीय रूप का प्रतिपादन होता है। एक्विनास के अनुसार वास्तविक विधि केवल सही होती है, जिसे "**सम्पूर्ण जनता**" "**जनता की समष्टि**" के लिए जारी करे और जिसका उद्देश्य "**सार्वजनिक**" हो तथा इसके विपरीत कोई ऐसी विधि, विधि नहीं हो सकती, जो सम्पूर्ण जनता द्वारा निर्धारित न होकर, उसके किसी अंश अथवा उसके किसी वर्ग, किसी व्यक्ति समूह अथवा किसी व्यक्ति द्वारा निर्धारित की गयी हो, या जो सम्पूर्ण जनता के लिए न होकर उसके किसी भाग अथवा उसके किसी वर्ग या किसी व्यक्ति के लिए हो, अथवा जिसका उद्देश्य सार्वजनिक न होकर व्यक्तिगत हो।

विधि के रूप की लोकतन्त्रीयता को ध्यान में रखते हुए ही, एक्विनास ने यह प्रतिपादित किया है कि सम्प्रभु जनता द्वारा निर्मित व्यवस्था का रूप विधि का तथ शासन द्वारा निर्धारित व्यवस्था का रूप आदेशों का होता है। उनका यह प्रतिपादन उस भेद से मिलता-जुलता है, जो

आजकल हम मूल या संवैधानिक विधि (Fundamental or Constitutional Law) (Parliamentary Law) के बीच मानते हैं।

4. एक्विनास ने राज्य व सरकार के बीच अन्तर का पूरा स्पष्टीकरण किया है- एक्विनास द्वारा प्रतिपादित समझौते की यह विशेषता यह है कि उसके द्वारा किसी शासन की स्थापना न होकर, एक राजनीतिक समाज की स्थापना होती है, जिसे हम राज्य कह सकते हैं। यह राज्य अथवा राजनीतिक समाज सम्पूर्ण प्रभुत्व-सम्पन्न होता है। तथा उसके कार्यों का आधार समाज की सामान्य इच्छा हाती है। अपनी इस सामान्य इच्छा के अनुसार समाज का संचालन करने के लिए सम्प्रभु समाज एक शासक की व्यवस्था करता है और सरकार की नियुक्ति करता है, जो उस ममाज का एक यन्त्र मात्र होती है और वह यदि उस समाज की सामान्य इच्छा के अनुसार कार्य नहीं करती, तो उसे सम्प्रभु समाज द्वारा बदला या हटाया जा सकता है।

इस प्रकार एक्विनास न साधारणत: प्रचलित, किन्तु उस त्रुटिपूर्ण धारणा को नहीं माना है, जिसके अनुसार राज्य व सरकार को प्राय: एक मान लिया जाता है। एक्विनास ने स्पष्ट कहा है कि **''संगठन के इस कार्य से एक नैतिक व सामूहिक संस्था की उत्पत्ति होती है। यह सार्वजनिक व्यक्तित्व, जिसका निर्माण सब व्यक्तियों की एकता से होता है, गणतन्त्र या राजनीतिक समाज कहा जाता है।''[1] ''इस सार्वजनिक सत्ता को अपने को एक बनाये रखने के लिए और सामान्य इच्छा के निर्देश में कार्यरत रखने के लिए राज्य व सम्प्रभु के बीच संचार के साधन के रूप में कार्य करने के लिए तथा उस सार्वजनिक व्यक्तित्व के लिए वह सब करने के लिए, जो शरीर व आत्मा की एकता किसी व्यक्तित्व के लिए वह सब करने के लिए, जो शरीर व आत्मा की एकता किसी व्यक्ति के लिए करती है, अपने एक अभिकर्त्ता की आवश्यकता होती है। शासन के अस्तित्व का औचित्य केवल इसी में ,यद्यपि भ्रमवश लोग उसे वह सम्प्रभु मान लेते हैं, जिसका वह केवल प्रबन्ध होता है।''[2]** आगे एक्विनास ने इस बात पर स्पष्ट बल दिया है कि सरकार की शक्ति मौलिक न होकर के वह प्रदत्त होती है तथा सम्प्रभु सत्ता को यह अधिकार सदा रहता है कि वह उसमें कमी कर सके अथवा उसे बिलकुल वापस ले सके। इस, सम्बन्ध में एक्विनास ने स्पष्ट कहा है कि **''वे लोग बिलकुल सही हैं, जो यह मानते हैं कि समझौते के द्वारा लोग अपने को अपने शासकों के अधीन नहीं कर सकते हैं। यह एक आयोग अथवा नियुक्ति से अधिक कुछ नहीं होता। सम्प्रभु के साधारण अधिकारियों के रूप में, शासक उसकी और से उस शक्ति का प्रयोग करते हैं,जिसका निवेश वह उनमें कर देता है। उससे ये यह निष्कर्ष निकलता है कि सम्प्रभु जैसे चाहे उस शक्ति को सीमित कर सकता है, उसमें संशोधन कर सकता है अथवा उसे वापस ले सकता है।''[1]**

5. एक्विनास ने व्यक्ति एवं समाज व राज्य के स्वस्थ सम्बन्ध का प्रतिपादन किया है- व्यक्ति व समाज एवं राज्य के समबन्ध में दो परस्पर विरोधी धारणाएँ प्रचलित है ,जिनमें से एक

यदि व्यक्ति को साध्य व राज्य को उसका कोरा साधन मानती हैं, तो दूसरी और राज्य को पूर्णत: साध्य व व्यक्ति को उसका कोरा साधन मानती है। पर एक्विनास ने व्यक्ति व राज्य दोनों के उचित महत्त्व को स्वीकार करते हुए दोनों के बीच एक स्वस्थ सम्बन्ध का समर्थन किया है।

व्यक्ति को व्यक्तित्व को वे कितना अधिक महत्त्व देते हैं, यह उनके इस कथन से सिद्ध होता है, जो उनकी कृति न्यू हेलोइस में पाया जाता है तथा जिसमें उन्होंने कहा है कि **"मनुष्य इतना अधिक सुसंस्कृति प्राणी है कि वह दूसरो का केवल साधन ही नहीं हो सकता और उसकी सुविधा का ध्यान में रखते हुए दूसरों की सुविधा के लिए उसे प्रयुक्त नहीं किया जा सकता।"**[2] उस विचार के विपरीत, जिसके अनुसार हैवटियस के शब्दों में यह माना जाता है कि **"सार्वजनिक सुरक्षा के नाम पर सब कुछ उचित अथवा श्रेष्ठ हो जाता है"** एक्विनास ने कहा है कि **"जब तक व्यक्ति की सुरक्षा न हो, तब तक सार्वजनिक सुरक्षा का कोई अर्थ नहीं हो सकता।"** उसके मतानुसार यदि किसी व्यक्ति की स्वतन्त्रता छिन जाये, तो वह व्यक्ति मनुष्य नहीं रहता। एक्विनास के शब्दों में, **"जब कोई व्यक्ति अपनी स्वतन्त्रता का त्याग कर देता है, तो सार रूप में उसकी मनुष्यता, उसके अधिकार और मनुष्य के रूप में उसके कर्तव्य भी समाप्त हो जाते हैं।"**[3] व्यक्ति के व्यक्तित्व की महत्ता के कारण ही, ऐसा प्रतीत होता है, एक्विनास ने राज्य की उत्पत्ति के विषय में सामाजिक समझौते के सिद्धान्त को अपनाया है, जिससे व्यक्ति की अनुमति राज्य के कार्यों का आधार हो सके।

पर उन्हें यह भी मान्य नहीं है कि राज्य को व्यक्ति के हाथ का खिलौना माना जाय अथवा उसे एक कम्पनी मान लिया जाय, जिसे व्यक्ति जब तब चाहे रखे और जब चाहे तब समाप्त कर ले। उनके मतानुसार राज्य की उत्पत्ति इसलिए भी नहीं मानी जा सकती (जैसा मध्यकाल विचारक मानते थे) कि मनुष्य के पापों का दण्ड दिये जाने की व्यवस्था की जानी थी। एक्विनास के मैकियावेली व एक्विनास का यह विचार भी मान्य नहीं था कि राज्य की उत्पत्ति व्यक्ति की अहंकार व आपाधापी की वृत्ति पर नियन्त्रण के लिए हुई है। एक्विनास ने वस्तुत: अरस्तू के उस विचार को पुनजीर्वित किया, जिसके अनुसार मनुष्य को राजनीतिक प्राणी मानकर यह माना जाता है कि अपने प्रकृति के लिए राज्य की सदस्यता केवल ऐच्छिक न होकर नैतिक दुष्टि से स्वाभाविक होने के कारण अनिवार्य है।

इस प्रकार एक्विनास ने व्यक्ति व समाज एवं राज्य के प्रतियोगी के स्थान पर पास्परिक सहयोग पर आधारित स्वस्थ सम्बन्ध का प्रतिपादन किया तथा जैसा वेपर ने कहा है, **"ग्रीक लोगों की तरह एक्विनास का भी यह विश्वास है कि मनुष्य का पूर्ण जीवन केवल समाज में ही सम्भव है और उनका यह विश्वास है कि अन्तत: महत्व व्यक्ति का ही है।"**[1]

6. एक्विनास ने आधुनिक संविधानवाद की नींव डाली है-एक्विनास ने विधि व शासन के आदेशों में अन्तर माना है। इस प्रसंग में विधि का अर्थ सांविधानिक विधि (Constitutional Law) तथा शासनादेशों का अर्थ शासन की व्यवस्था के अधीन निर्मित संसदीय विधि (Parliamentary Law) माना है। उन्होंने सांविधानिक विधि को सम्प्रभु (जनता) द्वारा की हुई व्यवस्था तथा संसदीय विधि को सम्प्रभु द्वारा नियुक्त शासन के द्वारा कि हुई व्यवस्था माना है और यह भी माना है कि सम्प्रभु का कृत्य अर्थात संवैधानिक विधि, उसके द्वारा नियुक्त उसके सेवक शासन के कृत्य अर्थात संसदीय विधि से उच्चतर होना चाहिए। एक्विनास की इस मान्यता में उस आधुनिक संविधानवाद का बीज छिपा हुआ है, जिसके अनुसार यह माना जाता है कि संविधान किसी देश का सर्वोच्च कानून होता है और शासन के किसी विनिश्चय द्वारा (जिसमें संसद द्वारा निर्मित कानून भी सम्मिलित है), उसे बदला नहीं जा सकता।

पर एक्विनास ने यह नहीं माना है कि संविधानिक विधि में कोई परिवर्तन नहीं हो सकता। वह संविधान के पुनरीक्षण और आवश्यकतानुसार उसके परिवर्तन की वांछनीयता के प्रति पूरी तरह से सजग है और उसके लिए ही सम्प्रभुता के संरक्षण के प्रसंग में उन्होंने यह सुझाव दिय है कि समय-समय पर जनता की सभाएँ हों, जो इस बात पर विचार करके निर्णय करें कि संविधान में किन परिवर्तनों की आवश्यकता है कि और यह भी निर्णय करे कि शासन का कार्य करने वाले व्यक्तियों में किन्हीं लोगों को बदला जाना आवश्यक है। संविधान में परिवर्तन का अधिकार संसद सहित सरकार के किसी अंग का न होकर संप्रभु जनता को है, एक्विनास के इसी विचार को हम भारतीय सर्वोच्च न्यायालय द्वारा गोकलनाथ बनाम पंजाब राज्य के मुकदमे में व्यक्त उस विचार का आधार हम मान सकते हैं, जिसमें सर्वोच्च न्यायालय ने यह स्थिर किया था कि संविधान के मूल ढाचे में परिवर्तन करने का अधिकार संसद को अपने सामान्य रूप में प्राप्त नहीं होना चाहिए, वरन् यदि ऐसा किया जाना आवश्यक हो, तो संशोधन करने वाली संस्था का रूप सामान्य संसद (Parliament) का न होकर एक संविधान सभा (Cnstituent assembly) का होना चाहिए। आरम्भक (Initiative), लोक निर्णय (Rferendum) जनमत संग्रह (Plebescite) एवं प्रत्याह्वान (Recall) जैसी प्रक्रियाओं को हम एक्विनास के उस सुझाव का ही व्यावहारिक रूप कह सकते हैं, जिसमें उन्होंने यह कहा है कि शासन की संवैधानिक व्यवस्था एवं सरकार के अभिकर्ताओं में परिवर्तन के सम्बन्ध में निर्णय लेने के लिए समय-समय पर लोगों का जन-सभाओं के रूप में एकत्रित होना चाहिए।

7. एक्विनास आधुनिक समाज का भी अग्रदूत है-आधुनिक समाजवादी विचारधारा का विधिवत प्रतिपादन यद्यपि कार्ल मार्क्स ने किया है, तथापि एक्विनास के विचारों में भी कुछ स्थान ऐसे स्पष्ट हैं, जिनमें समाजवादी विचारधारा के बीज दिखायी देते हैं। व्यक्तिगत सम्पत्ति की अनियन्त्रित व्यवस्था तथा धन का केन्द्रीयकरण ये दो बातें ऐसी हैं जो समाजवाद की दृष्टि से आत्यधिक आलोच्य हैं, क्योंकि इनके कारण व्यक्ति द्वारा व्यक्ति का शोषण सम्भव होता है। एक्विनास के विचारों में हमें यह दोनों ही विचार मिलते हैं। डिजान अकादमी के लिए लिख निबन्ध **''असमानता की उत्पत्ति और उसकी आधारशिला''** में एक्विनास ने व्यक्तिगत सम्पत्ति की प्रथा पर कड़ा प्रहार करते हुए स्पष्ट कहा है कि समाज में व्याप्त आर्थिक विषमता का मूल

कारण निजी सम्पत्ति की प्रथा है और इसलिए वह पूर्णतः अस्वाभाविक व अनौचित्यपूर्ण है। एक्विनास के अनुसार मनुष्य की प्राकृतिक अवस्था एक आदर्श व्यवस्था थी, परन्तु जैसे ही निजी सम्पत्ति के रूप का उदय हुआ,उसने प्राकृतिक अवस्था की शान्ति को डस लिया और व्यक्ति द्वारा व्यक्ति को शोषण आरम्भ हो गया। एक्विनास के इस विचार में एक झलक अराजकतावाद की भी दिखाई देती है।

अनियन्त्रित वैयक्तिक सम्पत्ति को मान्यता प्रदान करने वाले शासन की भी आलोचना एक्विनास ने की है और यह माना है कि वैयक्तिक सम्पत्ति की प्रथा को मान्यता देकर वह अनर्थ करता है। एक स्थान पर उन्होंने लिखा है कि **"नागरिक शासन एक ऐसा पैशाविक साधन है, जो व्यक्तिगत सम्पत्ति की कृत्रिम वैधता को मान्यता प्रदान करता है।"** इसी विचार की अनुभूति हम कार्ल मार्क्स के उस विचार में पाते हैं, जिसमें उन्होंने राज्य को सम्पत्तिशालियों की सम्पत्ति व उनके हितों की रक्षा का एक साधन माना है। एक्विनास ने सम्पत्ति के अधिकार को प्राकृतिक अधिकार नहीं माना है, वरन् यह प्रतिपादित किया है कि उसके नियमन समााजिक हित को दष्टि में रखते हुए राज्य द्वारा किया जाना चाहिए। **"सामान्य धारणा के रूप में अधिकार, जिनमें सम्पत्ति का अधिकार भी सम्मिलित है, समाज के विरुद्ध न होकर उसके अन्तर्गत है,"** यह विचार सैबाइन के अनुसार समाजवाद को रूस की एक देन है। इस प्रकार एक्विनास की विचारधारा में आधुनिक समाजवाद के बीच स्पष्ट रूप से विद्यमान हैं।

राजनीतिक चिन्तन के क्षेत्र में एक्विनास के अनुदाय के विषय में जो कुछ ऊपर कहा गया है, उसके आधार पर हम यह कह सकते हैं कि एक्विनास की विचारधारा में वर्तमान काल की अनेक प्रमुख विचारधाराओं के बीज मिलते हैं तथा उन्हें हम व्यक्तिवाद समाजवाद, अधिनायकवाद, लोकतन्त्र तथा दार्शनिकों अराजकतावाद जैसी सभी विचारधाराओं का समन्वयकर्त्ता कह सकते हैं। अर्नेस्टरिज ने इसी आधार पर उसके विषय में यह कहा है कि वे मध्य युग के परम्परागत चिन्तन को राज्य विषयक आधुनिक चिन्तन से सम्बद्ध करने वाले विचारक हैं। वेपन ने भी इसी बात को दृष्टिगत रखते हुए कहा है कि **"अपनी सबल एवं मौलिक प्रतिभा की छाप उन्होंने राजनीति, शिक्षा, धर्म, साहित्य सभी पर छोड़ी तथा कैन्सन के इस कथन में कोई अतिशयोक्ति नहीं है कि उन्हें हम आधुनिक युग को लाने वाने सभी मार्गों के द्वार पर खड़ा हुआ पाते हैं।"**[1] वस्तुतः एक्विनास के विचारों में राजनीतिक चिन्तन की अनेक महत्वपूर्ण समस्याओं के निदान निहित हैं, तथा जैसा प्रोफेसर हर्नशा ने कहा है, **"वे जनता को राजनीतिक प्राधिकार के अन्तिम स्रोत के रूप में प्रस्तुत करते हैं, शासन का सच्चा उद्देश्य लोक-कल्याण है , इस बात की घोषणा करते हैं, राज्य एक सामाजिक अवयवी है, इस बात पर वे बल देते हैं, अवयवी के रूप में उसकी एक सामान्य चेतना और एक सामान्य इच्छा होती है, वे इस विचार को विकसित करते हैं, राजनीतिक दायित्व का सच्चा आधार सहमति है, वह इस सिद्धान्त का समर्थन करते हैं, और स्वतन्त्रता व प्राधिकार का सामंजस्य**

हो सकता है, वे इसकी घोषणा करते हैं।"[2]

अपने उक्त विचारों के प्रतिपादन के कारण एक्विनास एक क्रांतिकारी विचारक सिद्ध हुए तथा बाद की राजनीति व राजनीतिक विचारधारा के प्रवाह पर उनका बड़ा गहरा प्रभाव पड़ा। एक्विनास ने तत्कालीन दूर्षित शासन पद्धति और सामाजिक व्यवस्था पर जो तीव्र आक्षेप किये तथा शोषण व आर्थिक विषमता के सम्भावित दुष्परिणामों का जो नग्न चित्रण किया, उससे तत्कालीन समाज में उक्त सामाजिक व्यवस्था को आमूल बदल डालने की भावना तीव्रतर होती गयी और उसका प्रभाव फ्रासं की जन-क्रान्ति के रूप में प्रकट हुआ। फ्रांस की क्रान्ति के स्वतन्त्रता, समानता व भ्रातृत्व के प्रसिद्ध मूलमन्त्रों का उद्‌बोधन वस्तुतःएक्विनास के विचारों के परिणामस्वरूप ही हुआ। अमरीका में जो संविधान निर्माण हुआ, उसमें भी एक्विनास के विचारों का अनुसार किया गया। प्रोफेसर कोल ने एक्विनास के विचारों को स्थायी महत्त्व का बताया है और कहा है कि **"जैसे-जैसे नयी पीढ़ियाँ व मनुष्यों के नये वर्ग उनकी रचना का अध्ययन करेंगे, उनके विचार जो प्रायः अस्पष्ट व अविकसित होते हुए भी सदा के लिए लगभग स्थायी महत्व के हैं, उस नवीन राजनीतिक दर्शन के आधार पर बनते जायेंगे, जिसमें वे सम्मिलित व रूपान्तिरत हो जायेंगे।"**[1]

एक्विनास के विचारों की आलोचना में जो कुछ ऊपर कहा गया है, उसके होते हुए भी राजनीतिक दर्शन के विकास की दृष्टि से उसके विचारों का बड़ा महत्त्व है। राजनीतिक दर्शन के क्षेत्र में उसके अनुदाय को हम निम्न प्रकार से प्रस्तुत कर सकते हैं।

1. एक्विनास के व्यक्ति के अधिकारों के प्राकृतिक रूप के प्रतिपादन द्वारा उन्हें राजनीतिक दर्शन का एक अभिन्न अंग बना दिया है-समाज व राज्य के अधीन रहते हुए व्यक्ति शासन का दास हो जाये तथा उसका व्यक्तित्व राज्य में इस प्रकार विलीन हो जाये कि व्यक्ति राज्य के लिए हो जाये, ऐसी स्थिति से व्यक्ति को बचाने के लिए एक्विनास ने व्यक्ति के अधिकारों के रूप को प्राकृतिक मानते हए इस बात का प्रतिपादन किया है कि राज्य के लिए व्यक्ति के वे अधिकार एक अत्यन्त ही पवित्र वस्तु हैं तथा उसका कार्य व्यक्ति के उन अधिकारों पर किसी प्रकार का आघात करना नहीं है ,वरन् केवल उनकी रक्षा करना है। एक्विनास का प्रतिपादन है कि सामाजिक समझौते द्वारा राज्य का निमाण व्यक्ति के क्या अधिकार हैं, इसका निर्धारण करने के लिए नहीं हुआ है, जो उसे मनुष्य के रूप में प्राकृतिक रूप से राज्य के निर्माण से पहले से ही प्राप्त माने जाते हैं। एक्विनास के अनुसार अधिकारों को मनुष्य प्राकृतिक अवस्था से ही अपने साथ लाता है तथा राज्य के कार्य उन अधिकारों में किसी प्रकार की गड़बड़ी करना न होकर केवल उनकी रक्षा करना होता है। एक्विनास के व्यक्ति के अधिकारों को प्राकृतिक मानते हुए ऐसी वस्तु माना है, जिसकी रक्षा के लिए ही राज्य व राज्य का निर्माण हुआ है। एक्विनास के स्वयं के शब्दों में, **"इन अधिकारों को समाप्त किया जाना कभी न्याय्य नहीं हो सकता, क्योंकि स्वयं समाज का अस्तित्व ही उनकी रक्षा के लिए है। उनका नियमन भी केवल उसी सीमा**

तक किया जा सकता है, जिस सीमा तक ऐसा किया जाना उनकी प्रभावी सुरक्षा के लिए आवश्यक हो।''

एक्विनास ने इस प्रकार व्यक्ति के अधिकारों को प्राकृतिक बनाकर उन्हें वह महत्त्व प्रदान कर दिया है, जिसके कारण उनकी सुरक्षा की व्यवस्था विविध संस्थानों में मानव अधिकारों (Human Rights) अथवा मौलिक अधिकारों (Fundamental Rights) के रूप में की गई है तथा इस प्रकार की एक प्रथा चल पड़ी है कि व्यक्ति के कुछ अधिकारों को मौलिक मानकर संविधान की व्यवस्था में उन्हें सुरक्षित बनाया जाये।

2. एक्विनास ने राजनीतिक जगत को वैधानिक शासन की देन प्रदान की है-शासन की उस निरंकुशता के विरुद्ध, प्रतिपादन हमें समझौता सिद्धान्त के एक अन्य प्रतिपादक एक्विनास की रचना में मिलता है, एक्विनास के शासन की वैधानिकता का अत्यन्ध सबल प्रतिपादन किया है। एक्विनास का यह विचार की शासन का आधार किसी व्यक्ति अथवा किसी वर्ग या गुट की मनमानी नहीं होनी चाहिए वरन् उसका आधर विधि व विधान होना चाहिए, राजनीतिक दर्शन का एक विचार है, जिसे एक स्थायी रूप का विचार कहा जा सकता है। शासन के जिस प्रकार को हम विधि का शासन (Rule of Law) कहते हैं, उसका बीज हम एक्विनास के राजनीतिक दर्शन में ही पाते हैं।

3. एक्विनास ने व्यक्ति की सहमति पर आधारित शासन के न्यास (Trust) रूप का प्रतिपादन किया है, जिसमें उसकी सहमति का रूप स्थायी बना रहता है-राज्य का आधार व्यक्ति की सहमति है, इसका प्रतिपादन एक्विनास ने भी किया है। पर उसने सामाजिक समझौते से एक ऐसे रज्य व शासन की स्थापना का प्रतिपादन किया है, जिसमें स्वयं व्यक्ति की महत्ता का बलिदान हो जाता है, क्योंकि एक्विनास के अनुसार व्यक्ति को राज्य की निरंकुशता के अधीन सहमत रहना इसलिए आवश्यक है कि वह उसकी आसुरी शक्तियों पर अंकुश रखकर उसका जीवन सम्भव बनाता है। पर एक्विनास ने व्यक्ति की सहमति का कारण उसकी किसी विवशता को नहीं माना है, वरन् व्यक्ति के लिए '**और अधिक अच्छे जीवन**' की सम्भावना को माना है तथा इस बात का भी प्रतिपादन किया है कि यदि शासन व्यक्ति के लिए और अधिक अच्छा जीवन सम्भव नहीं बना सकता, तो व्यक्ति को ऐसे शासन के विरुद्ध अपनी सहमति वापस लेने तथा ऐसे शासन को बदल देने का अधिकार रहता है। इस प्रकार हम देख सकते हैं कि एक्विनास द्वारा प्रतिपादित सहमति पर आधरित शासन का आदर्श एक ऐसा आदर्श है, जिसका महत्त्व स्थायी है तथा जिस पर चलने से राज्य व व्यक्ति के सम्बन्ध सदा अच्छे रह सकते हैं। मैक्सी ने तो एक्विनास को जन-सहमति पर आधारित न्यास के रूप में शासन का सबसे पहला प्रतिपादक माना है तथा कहा है कि **''एक्विनास से पूर्व किसी राजनीतिक विचारक ने इसने स्पष्ट रूप से इस सिद्धान्त का प्रतिपादन नहीं किया कि यदि कोई शासन जन सहमति पर आधारित न हो, तो वह अवैध व निराधार होता है।''**

4. एक्विनास ने शक्ति के पृथक्करण के सिद्धान्त का दिशा निर्देश भी किया है-शक्ति के पृथक्करण के सिद्धान्त की पूर्ण विवेचना का श्रेय यद्यपि मैण्टेस्क को प्राप्त है, तथपि व्यक्ति की स्वतन्त्रता की रक्षा के साधन के रूप में शासन की शक्ति के पृथक्करण की चर्चा करने का प्रथम श्रय एक्विनास को ही प्राप्त है। एक्विनास ने ही सर्वप्रथम इस बात का निर्देश किया है कि शासन की सुव्यवस्था व व्यक्ति की रक्षा के लिए यह आवश्यक है कि विधायिका व कार्यपाकिा दोनों प्रकार की शक्तियाँ अलग-अलग हाथों में रहें।

5. एक्विनास ने व्यक्तिवाद का भी पथ प्रदर्शन किया है-सामाजिक समझौते के माध्यम से एक्विनास ने राज्य को साध्य के रूप में ही, वरन् साधन के रूप में चित्रित किया है और इस बात का प्रबल प्रतिपादन किया है कि राज्य व्यक्ति के हितों का साधन है। इसी आधार पर उन्होंने इस महत्त्वपूर्ण तथ्य का प्रतिपादन किया है कि राज्य यदि शासन के माध्यम से व्यक्ति के हितों के साधन के रूप में कार्य न करे, तो ऐसे शासन को सत्ता से हटाया जा सकता है। कहना न होगा कि एक्विनास की यह मान्यता उस लोकतन्त्र की प्रथा की जननी है, जिसके अनुसार एक निश्चित अवधि के बाद आम चुनावों के माध्यम सेय ह देखे जाने की व्यवस्था की जाती है कि शासन किस हद तक व्यक्तियों के हितों के साधन के रूप में कार्य कर रहा है और यदि नहीं तो, उसमें किस हद तक परिवर्तन किये जाने की आवश्यकता है।

6. एक्विनास ने उपयोगितावादी विचारधारा का सूत्रपात भी किया है-एक्विनास ने अपने विचारों में इस बात का प्रतिपादन किया है कि मनुष्य अपने सभी कार्य सुख की प्राप्ति व दुख के निवारण के लिए करता है और उसी उद्देश्य की पूर्ति के लिए वह स्थापना करता है तथा राज्य के सब कार्यों का मूल भी व्यक्ति के लिए सुखों को प्राप्य बनाना तथा दुखों को अनिवार्य बनाना है। इस प्रकार राजनीतिक क्षेत्र में सार्वजनकि सुख की प्राप्ति तथा उनकी निवृत्ति की बात कहकर लॉक द्वारा उपयोगितावादी विचार की नींव डाली गयी, जिसका संवर्द्धित रूप में बेन्थम आदि उपयोगितावादी विचारकों के दर्शन में मिलता है।

7. एक्विनास के धार्मिक सहिष्णुता का प्रतिपादन करके राजनीतिक क्षेत्र में धर्म निरपेक्षता का मार्ग प्रशस्त किया है-मध्यकाल में प्रचलित चर्च व राज्य की प्रतियोति के प्रसंग में एक्विनास ने इस महत्त्वपूर्ण विचार का प्रतिपादन किया कि राजनीति व धर्म का क्षेत्र अलग-अलग होना चाहिए तथा राज्य की ओर से विविध धर्मों के प्रति सहिष्णुता बरती जानी चाहिए।

8. एक्विनास ने उदारवादी परम्परा की नींव डाली है-एक्विनास ने उस विचारधारा का बड़ा सशक्त प्रतिपादन किया है, जिसे उदारवाद (Liberlism) कहा जाता है तथा जिसके अनुसार व्यक्ति को समाज की इकाई माना जाता है, जनता को सम्पूर्ण राजनीतिक शक्ति का स्रोत माना जाता है, जन सहमति को शासन का आधार माना जाता है, मनुष्यों को ऐसा नैतिक व उत्तरदायी प्राणी माना जाता है, जिसके जीवन पर पूरी तरह छाकर राज्य उसे स्वयं संचालित नहीं

कर सकता, वरन् उसका मुख्य कार्य आवश्यकतानुसार उसकी इच्छानुसार जीवन संचालन में मनुष्य की सहायता भर करना है तथा जिसके अनुसार यह माना जाता है कि यदि राज्य इससे अधिक सक्रिय होकर व्यक्ति के जीवन में हस्तक्षेप करे, तो उसका विरोध किया जा सकता है।

एक्विनास के विचारों के उपर्युक्त विवेचन से जैसा हमने देखा, मानव प्रकृति के आदर्शात्मक चित्रण के कारण, उसके द्वारा चित्रित प्राकृतिक अवस्था की अनैतिहासिकता के कारण राज्य का आधार के रूप में जन सहमति की अव्यावहारिकता के कारण व्यक्ति के अधिकारों की निरपेक्षता के प्रतिपादन के कारण, व्यक्ति विदोह के अनुमोदन के कारण, तथा सम्प्रभुता को विधायित व समाज दोनों में निहित मानने के कारण एक और जहाँ एक्विनास की आलोचना की जाती है, वहाँ दूसरी और व्यक्ति के अधिकारों के प्राकृतिक रूप के प्रतिपादन के लिए, वैधानिक शासन के समर्थन के लिए, शासन के न्यास-रूप के प्रतिपादन के लिए, शक्ति के पृथक्करण के सिद्धान्त के दिशा-निर्देश के लिए व्यक्तिवाद के पथ प्रदर्शन के लिए, उपयोगितावादी विचारधारा के सूत्रपात करने के लिए धार्मिक सहिष्णुता के समर्थन के लिए तथा उदारवादी परम्परा की नीवं डालने के लिए उनहें श्रेय भी दिया जाता है।

एक्विनास के विचारों का प्रभाव वस्तुत: उसके जीवन-काल में भी रहा और उसके बाद भी रहा। इंगलैण्ड में यदि हीगल दल ने एक्विनास के सिद्धान्तों को अपनी शासन व्यवस्था का आधार बनाया, तो मनोवैज्ञानिक सुखवादियों (Psychological Hedonists) व उपयोगितावादीयें (Utiliarianists) ने अपने सिद्धान्तों के प्रतिपादन में उनसे मार्गदर्शन प्राप्त किया। एक्विनास द्वारा प्रतिपादित राज्य की निरंकुशता पर अंकुश लगाने में एक्विनास के विचारों से इंगलैण्डवासियों को बड़ी सहायता मिली। जैसा वेपर ने कहा है, "**उनकी सहायता से इंगलैण्डवासियों ने लेवियेथन (निरंकुश राज्य) को पालतू बनाया और यदि बीसवीं शताब्दी के लेवियेथन ने सारे संसार में सब कुछ भक्षण करने कीअपनी जंजीरों को ढीला कर दिया है, तो वे सरलता से यह समझ सकते हैं कि उसका मूल एक्विनास में निहित है तथा किसी भी स्वरूप व सुदृढ़ राजनीतक व्यवस्था में उसके द्वारा प्रतिपादित अधिकांश सिद्धान्तों का प्रयोग किया जाना आवश्यक है।**"[1] इंगलैण्ड के अतिरिक्त फ्रान्स व अमरीका में भी एक्विनास के विचारों को पर्याप्त मान्यता प्राप्त हुई, जिसके परिणामस्वरूप वहाँ अठारहवीं शताब्दी के अन्त में क्रान्तियाँ हुईं।[1] फ्रान्स में उनके विचारों का प्रसार वाल्टेयर क्षरा हुआ तथा उनके द्वारा निरंकुश राजतन्त्र व भू-स्वामियों के विरोधियों को अपना विरोध तीव्र करने में बड़ी सहायता मिली। अमरीका में एक्विनास के विचारों को सबसे अधिक मान्यता मिली। अमरीका की स्वतन्त्रता व द्योषणा सार रूप में ही एक्विनास के विचारों से नहीं मिलती, वरन् उसका वाक्य विन्यास भी एक्विनास के निबन्धों से इतना अधिक मिलता है उसके कारण अमरीकी नेता जैफरसन पर एक्विनास की नकल करने का आरोप लगाया गया था। अमरीका का संविधान किसी सीमा तक एक्विनास के विचारों से अनुप्राणित है, इस सम्बन्ध में प्रोफेसर मैक्सी का यह कथन सत्य ही है

कि **"निर्माण करने वाला हाथ कहीं वाल्पोल का, कहीं जैफरसन का, कहीं गैम्बेटा का और कहीं कैबूर का था, पर प्रेरणा निश्चित रूप से एक्विनास की ही थी।"**

एक्विनास की विचारधारा का महत्त्व इस दृष्टि से भी है कि वे उस मध्यकालीन परम्परा का भी प्रतिनिधि थे, जिसके अन्तर्गत राज्य की शक्ति सम्पन्नता को समाज के लिए अनिवार्य माना जाता रहा है और वे उस नवीन परम्परा के भी प्रतिनिधि थे, जिसके अन्तर्गत यह माना जाता रहा है कि समाज व राज्य के अस्तित्व का मूल्य केवल इसलिए है, क्योंकि वे व्यक्ति के हितों की साधना कर सकते हैं। वैपर के अनुसार भी एक्विनास का महत्त्व इसी कारण है तथा इस सम्बन्ध में उनका यह कथन एक्विनास के इसी महत्त्व का परिचायक है कि **"एक्विनास की वाणी एक महान (मध्यकालीन) परम्परा की अन्तिम महान वाणी तथा दूसरी महान् (व्यक्तिवादी) परम्परा की पहली वाणी है।"**

❑❑❑

7

सम्प्रभुता के विषय में एक्विनास के विचार

सामाजिक संविदा के परिणामस्वरूप जिस राजनीतिक समाज की स्थापना की कल्पना एक्विनास ने की है, उसमें सामान्य इच्छा सम्प्रभु होती है। समझौते द्वारा प्रत्येक व्यक्ति समझौते के परिणामस्वरूप निर्मित समाज का सदन बन जाता है और स्वेच्छा से अपने व्यक्तित्व, अपने अधिकारों व अपनी शक्तियों का सम्पूर्ण समाज को समर्पित कर देता है, जिससे उसके व्यक्तित्व का विकास, उसके अधिकारों का उपभोग एवं उसकी शक्तियों का प्रयोग सब व्यक्तियों से निर्मित समष्टि के हित में, समष्टि की सामान्य इच्छा के अनुकूल व उसके अधीन हो सके। एक्विनास का प्रतिपादन है कि समाज की यही सामान्य इच्छा समाज में सम्प्रभु होती है तथा सम्प्रभुता सामान्य इच्छा का एक अभिन्न लक्षण होता है।

सम्प्रभुता की विशेषताएँ

एक्विनास के अनुसार सम्प्रभुता की कुछ विशेषताएँ होती हैं, जो निम्न प्रकार हैं:

1. सम्प्रभुता अविभाज्य होती है-सम्प्रभुता सम्पूर्ण समाज में निहित होती है। उसे समाज के विभिन्न वर्गों में विभजित नहीं किया जा सकता। उसका रूप एक इकाई का ही होता है। उसके कोई भाग नहीं किये जा सकते। उसे जनता, किसी व्यक्ति, व्यक्ति समूह, जनता के किसी वर्ग या भाग अथवा सरकार के विविध अंगों-कार्यपालिका, व्यवस्थापिका अथवा न्यपालिका-या उसके किन्हीं अधिकारियों के बीच भी बाँटा नहीं जा सकता। शासन की शक्तियों का वितरण किया जा सकता है, पर सम्प्रभुता का किसी प्रकार का विभाजन नहीं कि जा सकता। जैसा जोन्स ने कहा है, ''**एक्विनास के मतानुसार हमें कभी भी इस तथ्य को नहीं भूलना चाहिए कि अन्तिम रूप से सम्पूर्ण शक्ति जनता की समष्टि के हाथों में होती है, (विविध अभिकरणों के बीच) उसके इस प्रकार के पृथक्करण, विभाजन संरक्षण व अन्य वर्तमान व्यवस्थाएँ सम्प्रभु जनता द्वारा अपनी शक्ति के प्रयोग के विविध मार्ग अथवा साधन मात्र हैं और परिणामतः इस प्रकार की व्यवस्थाएँ तभी तक रहती हैं, जब तक वह वास्तविक सम्प्रभु, जो उनके पीछे स्थिति रहता है और जो उन्हें स्वीकार करता है, उन्हें उपयोगी समझता है।**''[1]

2. सम्प्रभुता अहस्तान्तरणीय (inalienable) होती है-एक्विनास के अनुसार सम्प्रभुता सम्पूर्ण समान में निहित होती है, जिसकी अभिव्यक्ति सामान्य इच्छा के माध्यम से होती है। उसका मत है कि सम्प्रभु सत्ता की प्रभुसत्ता अन्य किसी सत्ता अथवा अभिकरण को हस्तान्तरित नहीं की जा सकती है, क्योंकि ऐसा करने का अर्थ उसको ही समाप्त करना होगा। प्रभुत्व शक्ति का स्थानान्तरण सम्प्रभु द्वारा अपने किसी प्रतिनिधि को भी नहीं किया जा सकता और सम्प्रभु सत्ता द्वारा यदि कोई शासनाधिकार किसी अभिकरण को प्रदान किया जाता है, तो इससे वह अभिकारण स्वयं सम्प्रभु नहीं हो जाता। इस प्रसंग में एक्विनास ने कहा है कि "**सामान्य इच्छा का प्रायोगिक रूप होने के कारण सम्प्रभुता को कभी हस्तान्तरित नहीं किया जा सकता और समष्टि रूप होने के कारण सम्प्रभु अपनी प्रतिनिधित्व केवल अपने आप ही कर सकता है।**"[1]

3. सम्प्रभुता असीमित (unlimited) होती है-एक्विनास ने सामान्य इच्छा की सत्ता को सर्वोच्च माना है तथा व्यक्तियों की शक्ति व इच्छा को उसके अधीन माना है। अत:अन्य कोई सत्ता अथवा इच्छा उसे सीमित नहीं बना सकती है। स्वयं सम्प्रभु औरों के ऊपर प्रतिबन्ध लगा सकती है, उस पर किसी और का प्रतिबन्ध लागू नहीं हो सकता। एक्विनास ने इस सम्बन्ध में कहा है कि "**सम्प्रभु का प्रत्येक कार्य अर्थात सामान्य इच्छा का प्रत्येक कार्य सब नागरिकों के हित में समान रूप से सब पर प्रतिबन्ध लगाना तथा उसके लिए कार्य करना है।.....यदि राज्य एक नैतिक प्राणी है, जिसका जीवन उसके सदस्यों की एकता है और यदि अपनी रक्षा ही उसकी सबसे बड़ी आवश्यकता है, तो उसे सार्वभौम व सबकों विवश करने वाली शक्ति को प्राप्त होना आवश्यक है, जिससे वह अपने प्रत्येक भाग को इस प्रकार चला सके कि वह सबके हित में हो। प्रकति जिस प्रकार प्रत्येक व्यक्ति को उसके सब अंगों पर निरंकुश अधिकार प्रदान करती है, उसी प्रकार सामाजिक समझौता राजनीतिक समाज को उसके सब अंगों के ऊपर निरंकुश अधिकार प्रदान करती है। सामान्य इच्छा द्वारा निर्देशित होने पर यही शक्ति सम्प्रभु शक्ति होती है।**"[2]

4. सम्प्रभुता सम्पूर्ण विधि का आधार होती है व सम्प्रभु उसका स्त्रोत होता है-सम्प्रभुता समाज में प्रचलित सम्पूर्ण विधि का आधार होती है और सम्प्रभु उस विधि का स्त्रोत होता है, दूसरे शब्दों में, समाज में जो भी विधि प्रचलित होती है, उसका मूल स्त्रोत सम्प्रभु ही होता है और एक्विनास के अनुसार सम्प्रभुता चूँकि शासन में निहित न होकर स्वयं जनता में निहित होती है ,उसके अनुसार विधि की अन्तिम सत्ता विधायिका जैसे शासन के किसी अंग में निहित न होकर स्वयं जन-समाज में निहित होती है। एक्विनास ने इस सम्बन्ध में कहा है कि "**जब सम्प्रभु जनता सम्पूर्ण जनता के लिए कोई आदेश जारी करती है, वह केवल अपने अर्थात जनता की समष्टि पर ही विचार करती है.....जब ऐसा होता है तो जारी किये गये आदेश का उद्देश्य उस इच्छा की तरह ही सामान्य होता है, जो इसे जारी करती है। केवल**

इस प्रकार के आदेश को ही मैं विधि मानता हूँ।''[1] एक्विनास के अनुसार इस प्रकार जनता की समष्टि द्वारा जनता की समष्टि के लिए जारी किये गये आदेशों को ही विधि कहा जाता है, क्योंकि जनता की समष्टि ही सम्प्रभु होने के कारण विधि का अन्तिम स्रोत होती है।

सम्प्रभुता-आदर्श या यथार्थ?

सम्प्रभुता के जिस रूप का प्रतिपादन एक्विनास ने किया है,उस के सिवाय में यह प्रश्न उठना स्वाभाविक है, कि वह रूप केवल एक आदर्श रूप है अथवा यथार्थ? दूसरे शब्दों में, उसके इस कथन से कि ''**सामान्य इच्छा सम्प्रभु होती है**'' क्या यह समझा जाना चाहिए कि वह सम्प्रभु होती है अथवा यह समझा जाना चाहिए कि से सम्पभु होना चाहिए? इस सम्बनध में एक्विनास का मत है कि सामान्य इच्छा की सम्प्रभुता प्रत्येक प्रकार की राजनीतिक व्यवस्था में सम्भव नहीं हो सकती तथा इसके लिए किसी ऐसी उचित राजनीतिक व्यवस्था का अस्तित्व आवश्यक है, जिससे उसका स्वस्थ निर्माण व उसकी उचित अभिव्यक्ति हो सके। इसलिए निष्कर्ष रूप से यह कहा जा सकता है कि सामान्य इच्छा के अस्तित्व होते हुए भी चूँकियह सम्भव है कि किसी समय पर विद्यमान राजनीतिक संगठन में वह पूर्णतः सशक्त न हो सके, सुरक्षित भाषा में हम यह कह सकते हैं कि सामान्य इच्छा प्रायः सम्प्रभु होती है।

सम्प्रभु यथार्थ में सम्प्रभु होती है या उसकी सम्प्रभुता का रूप केवल आदर्श होता, इसका कोई निरपेक्ष उत्तर वस्तुतः नहीं दिया जा सकता है। एक और हम यह देखते हैं कि बहुत कम राजनीतिक संगठनों में कार्यपालिका पूरी तरह से सामान्य इच्छा के अनुसार चलने वाली होती है और बहुत कम राज्यों में उसकी अभिव्यक्ति के मार्ग पूरी तरह से खुले हुए होते हैं। ऐसी दशा में यह कहा जा सकता है कि व्यवहार में सभी राज्यों में कार्यपालिका पूरी तरह से सामान्य इच्छा के अनुसार कार्य नहीं करती और इसलिए एक्विनास के विचार के अनुसार वह केवल आंशिक रूप से सम्प्रभु होती है। दूसरी ओर हम यह भी देखते हैं कि कोई भी वास्तविक समप्रु चाहे वह कोई निरंकुश शासक ही क्यों न हो, जन इस से पूरी तरह विमुख होकर नहीं ला सकता तथा उसका प्रभाव उनकी नीतियों व कार्यों पर पड़े बिना नहीं रहता, चाहे वह प्रभाव जनता में प्रचलित रीति-रिवाजों के प्रभाव के रूप में ही हो। अतः ऐसी दशा के लिए यह नहीं कहा जा सकता कि कार्यपालिका के कार्यों का जन इस कोई सम्बन्ध ही नहीं होता और इसलिए एक्विनास की कल्पना के अनुसार वह बिलकुल ही सम्प्रभु नहीं होता। ऐसी दशा में सामान्य इच्छा की सम्प्रभुता केवल आदर्श होती है या यथार्थ, इस सम्बन्ध में एक्विनास के विचारों के सार के रूप में हम यह कह सकते हैं कि सामान्य इच्छा प्राय सम्प्रभु होती है।

सम्प्रभुता के सम्बन्ध में एक्विनास ने जो विचार व्यक्त किये हैं, उन पर राज्य के आंगिक सिद्धान्त (Organic Throry of State) की छाप स्पष्ट दिखाई देती है, क्योंकि एक्विनास के द्वारा भी सम्प्रभुता के वैसे ही निरंकुश रूप का प्रतिपादन किया गया है, जैसे निरंकुश रूप का प्रतिपादन राज्य के आंगिक-सिद्धान्त के अन्तर्गत किया जा सकता है। पर इस सब के होते हुए भी

एक्विनास इस बात के प्रतिपादन के प्रति सजग है कि सम्प्रभु की निरंकुशता सामान्य इच्छा पर आधारित है तथा सम्प्रभुता मूल रूप से जनता के सम्पूर्ण समाज में निहित होती है।

शासन के प्रकार के रूप में लोकतन्त्र उस शासन-प्रणाली को कहते हैं जिसमें जनता स्वयं प्रत्यक्ष या प्रत्यक्ष रूप से अपने प्रतिनिधियों द्वारा किसी समुदाय या वर्ग विशेष के हित की दृष्टि से नहीं अपितु समष्टि रूप से जनता के हित की दृष्टि से शासन करती है। इस प्रकार लोकतन्त्र शासन की कुछ विशेषताएँ हैं। पहली विशेषता यह है कि लोकतन्त्र शासन में जनता का प्रतिनिधित्व होता है और इस प्रकार इसका आधार दैवी न होकर लौकिक होता है। दूसरे, शासन के अन्य सब प्रकारों से बढ़कर लोकतन्त्र जनता के सार्वजनिक हितों का संरक्षण करता है, क्योंकि इसके अन्तर्गत जनता स्वयं अपने हितों को अपनी सरकार के संरक्षण में दे देती है और सरकार उनकी रक्षा करती है। इससे यह तात्पर्य निकलता है कि लोकतन्त्र में सरकार सदा एक साधन के रूप में रहती है, साध्य के रूप में नहीं। लोकतन्त्र की तीसरी विशेषता यह है कि इसके अन्तर्गत सरकार जनता के प्रति उत्तरदायी होती है। सरकार को जनता के हितों की रक्षा और उसकी उन्नति सम्बन्धी अपने कर्त्तव्य का पालन आवश्यक रूप से करना चाहिये अन्यथा उसे उसी जनता द्वारा हटाया जा सकता है, जिसके द्वारा वह पद पर बैठाई जाती है। संक्षेप में, हम कह सकते हैं कि शासन के प्रकार के रूप में जनता द्वारा ही लोकतन्त्रीय सरकार को अस्तित्व में लाया जाता है, उसके ही हितों की वह रक्षा करती है और उसकी इच्छानुसार ही वह पदासीन रहती है। लोकतन्त्र से हमारा तात्पर्य केवल शासन के एक प्रकार से ही नहीं है, अपितु राज्य व्यवस्था के साथ-साथ एक सामाजिक व्यवस्था से भी है। अपने अँग्रेजी पर्यायवाची डेमोक्रेसी (Democracy) के अर्थ के अनुसार लोकतन्त्र से साधारणत: हमारा तात्पर्य 'जनता की शक्ति' से होता है। ग्रीक शब्द-विधान के अनुसार 'डेमोस' (Demos) तथा 'क्रेशिया' (Kratia) दो शब्दों के योग से मिलकर अंग्रेजी शब्द 'डेमोक्रेसी' बना है जिनका अर्थ क्रमश: 'जनता' तथा 'शक्ति' होता है, तथापि लोकतन्त्र के अर्थ की व्याख्या तब तक पूर्ण नहीं हो सकती, जब तक उसका अर्थ शासन, राज्य एवं समाज सम्बन्धी उन तीनों रूपों में न समझ लिया जाय, जिनमें उसकी अभिव्यक्ति होती है।

परन्तु ये परिभाषाएँ संक्षिप्त है और ये शासन के रूप में लोकतन्त्र के स्तर को स्पष्ट नहीं करतीं। इनमें से अधिकतर प्रभुत्व-शक्ति को दृष्टि में रखकर की गई हैं। प्रभुत्व-शक्ति वस्तुत: किसी भी राज्य का एक तत्त्व होती है, जबकि लोकतन्त्री शासन प्रभुत्व-शक्ति न होकर प्रतिनिध्यात्मक सूत्र द्वारा लोकहित के लिये प्रभुत्व शक्ति के प्रयोग की विधि है। प्रोफेसर पुन्ताम्बेकर की लोकतन्त्र की परिभाषा अधिक सफल है और उससे शासन के रूप में लोकतन्त्र का स्वरूप अधिक स्पष्ट हो जाता है। उन्होंने कहा है कि लोकतन्त्र शासन का वह रूप है, जिसमें "जनमानस स्वयं एक

निश्चित तथा प्रबन्धोचित रूप धारण कर लेता है। उसकी इच्छा तथा अधिकार को क्रियान्वित करने के लिए उसका एक संगठन होता है। यद्यपि वह संगठन जनता की अल्प संख्या के हाथों में होता है तथापि वह अल्प संख्या जनता का प्रतिनिधित्व करती है, उसके द्वारा निर्वाचित की जाती है तथा उसी के द्वारा अपदस्थ भी की जा सकती है। उसके अपने कोई अधिकार नहीं होते। उसका अस्तित्व ही बहुसंख्या के लिये होता है, उसी में से वह उत्पन्न होती है और उसी का वह प्रतिरूप होती है। वह शासन इसीलिये करती है कि उसे बहुसंख्या का समर्थन और सहमति प्राप्त है।''

लोकतन्त्रात्मक शासन की परिभाषा विभिन्न राजनीतिक विचारकों ने विभिन्न प्रकार से की है। प्राचीन ग्रीक विद्वानों के अनुसार लोकतन्त्र शासन का वह प्रकार है जिसमें बहुतों का शासन हो। **अरस्तू** के अनुसार लोकतन्त्रीय शासन विकृततन्त्र होता है और इस प्रकार के शासन को उन्होंने पोलिटी का विकृत रूप माना है। **लार्ड ब्राइस** के मतानुसार लोकतन्त्र शासन का वह प्रकार होता है, जिसमें राज्य के शासन की शक्ति किसी विशेष वर्ग अथवा वर्गों में निहित न होकर सम्पूर्ण समाज के सदस्यों में निहित होती है। ''[1] **सीले** के अनुसार ''लोकतन्त्रीय शासन वह है जिसमें प्रत्येक व्यक्ति का भाग होता हो।''[2] **डायसी** के अनुसार ''लोकतन्त्र शासन का वह प्रकार है, जिसमें शासक समुदाय सम्पूर्ण राष्ट्र का अपेक्षाकृत एक बड़ा भाग हो।''[3] सबसे अधिक उद्धृत की जाने वाली **अब्राहम लिंकन** की परिभाषा यह है कि ''लोकतन्त्र शासन का वह शासन है जिसमें शासन जनता का, जनता के लिये और जनता के द्वारा हो।''

राज्य के प्रकार के रूप में लोकतन्त्र :-समाज के प्रकार के रूप में लोकतन्त्र से उस समाज व्यवस्था का बोध होता है, जिसमें प्रत्येक मानव का मूल्य किसी भी अन्य मानव के मूल्य के बराबर समझा जाता है, सब व्यक्ति समान समझे जाते हैं और इसलिये सब व्यक्ति जाति, रंग, लिंग, सम्पत्ति अथवा धर्म के भेद बिना समान अधिकार एवं अवसर का उपभोग करते हैं। व्यक्ति के व्यक्तित्व के मूल्य की समानता लोकतन्त्र समाज का आधार है। जैसा डॉक्टर बेनीप्रसाद ने कहा है, ''यह जीवन का एक ढंग है। यह इस मान्यता पर आधारित है कि प्रत्येक व्यक्ति का सुख किसी भी अन्य व्यक्ति का सुख के बराबर महत्वपूर्ण है तथा किसी को भी अन्य किसी के सुख का साधन मात्र नहीं समझा जा सकता।'' इस प्रकार मनुष्य का भौतिक एवं सामाजिक साम्य लोकतन्त्री समाज का लक्ष्य है। डॉक्टर हर्नशा के अनुसार भी ''लोकतन्त्री समाज वह है जिसमें समानता के विचार की प्रबलता हो तथा जिसमें समानता का सिद्धात प्रचलित हो।''[1] .वस्तुत: आदर्श लोकतन्त्री समाज में मानव-जीवन के सभी पहलुओं में समानता होनी चाहिये तथा जैसा डायसी ने कहा है ''लोकतन्त्र वह समाज है जिसमें अधिकारों की साधारणत: समानता तथा अवसर की, विचारों की भावनाओं की तथा आदर्श की एकरूपता पाई जाती हो।''[2] राज्य के प्रकार के रूप में लोकतन्त्र का तात्पर्य उस राज्य से होता है जिसमें प्रभुत्व-शक्ति

जनता में निहित होती है और उसका उपयोग वह अपनी इच्छा की सरकार के रूप निर्धारण, निर्वाचन और राजनीतिक मामलों पर अन्तिम नियन्त्रण रखके करती है। जैसा हर्नशा ने कहा है ''संक्षेप में लोकतन्त्र राज्य साधारणतः वह है, जिसमें प्रभुत्व शक्ति समष्टि रूप में जनता के हाथ में रहती है, जिसमें जनता शासन सम्बन्धी मामले पर अपना अन्तिम नियन्त्रण रखती है तथा यह निर्धारित करती है कि राज्य में किस प्रकार का शासन-सूत्र स्थापित किया जाय। राज्य के प्रकार के रूप में लोकतन्त्र शासन की ही एक विधि नहीं है, अपितु वह सरकार को नियुक्ति करने, उस पर नियन्त्रण करने तथा उसे अपदस्थ करने की विधि भी है।''

लोकतन्त्र की अवधारणा के बारे में पुनर्विचार :–लोकतन्त्रीय न होना अब वस्तुतः इतना हेय समझा जाता है कि कोई भी व्यक्ति या शासन अपने को अलोकतन्त्रीय कहने का साहस नहीं कर सकता। यह प्रतृति अब विश्वव्यापी हो गई है तथा संयुक्त राष्ट्र शैक्षणिक सामाजिक सांस्कृतिक संगठन (United Nations Educational Social and Cultural Organization) के सन् 1949 के उस प्रतिवेदन से भी इस बात की पुष्टि होती है, जिसमें कहा गया है कि ''विश्व के इतिहास में पहली बार यह हुआ है कि कोई भी सिद्धान्त अब लोकतन्त्र विरोधी सिद्धान्त के रूप में प्रस्तुत नहीं किया जाता। लोकतन्त्र विरोधी कृत्यों या दृष्टिकोण के लिए दूसरों के विरुद्ध बहुधा आरोप लगाया जाता है, पर अपने द्वारा संरक्षित संस्थाओं एवं समर्थित सिद्धान्तों में लोकतान्त्रिक तत्त्वों का अस्तित्व मानने के लिए व्यवहार कुशल राजनीतिज्ञ एवं राजनीति के विद्वान एक मत है।'' लोकतन्त्र के विषय में जो कुछ कहा गया है, उससे यह स्पष्ट है कि लोकतन्त्र एक विशद् एवं महत्वाकांक्षी विचार है तथा उसका आदर्श क्रियान्वय तभी समझा जा सकता है जब उसकी प्रतीति समाज, राज्य एवं शासन की संरचनाओं में पूरी तरह हो। लोकतन्त्र का आदर्श इस कारण वस्तुतः इतना दुरूह है कि उसका यथार्थ कहीं भी प्रायः उसके आदर्श के पूर्णतः अनुकूल नहीं हो पाता। पर इसके बावजूद भी लोकतन्त्र का विचार इतना अधिक लोकप्रिय है कि सभी शासन अपने को किसी न किसी रूप में लोकतन्त्रीय बनाना या कहना अवश्य चाहते हैं। कोई भी कार्य जो किसी न किसी प्रकार से लोकतन्त्र से सम्बद्ध न हो, अब संसार पसन्द नहीं करता और अब यदि युद्ध भी लड़े जाते हैं तो वे लोकतन्त्र की रक्षा के नाम पर लड़े जाते हैं। द्वितीय विश्व युद्ध इसी नारे पर लड़ा गया था कि विश्व में लोकतन्त्र को अक्षुण्ण बनाये रखना है। लोकतन्त्र का नारा अब वस्तुतः प्रत्येक शासन व्यवस्था की वैधता मापने का आधार बन गया है तथा संविधान, विधायिका व निर्वाचन उसके प्रतीक हो गये हैं। इस सब का परिणाम यह हुआ है कि उनका आन्तरिक रूप चाहे कुछ भी हो, सभी तन्त्र संविधान, विधायिका व निर्वाचन की व्यवस्थाओं को अपनाकर अपने को लोकतन्त्र सिद्ध करने का दावा करते हैं और यही कारण है कि जनवादी गणतन्त्रीय लोकतन्त्र (People's Republican Democracy), बुनियादी लोकतन्त्र (Basic

Democracy), नियन्त्रित लोकतन्त्र (Controlled Democracy) आदि लोकतन्त्र के अनेक नाम व रूप अस्तित्व में आ गये हैं। व्यक्तिवादी लोकतन्त्र, लोकतन्त्र का एक ऐसा प्रकार है जो प्राचीनतम है तथा जिसके उदाहरण के रूप में हम इंगलैण्ड अमेरिका, फ्रान्स आदि के उन लोकतन्त्रों को ले सकते हैं जिन्हें सामूहिक रूप से पश्चिमी लोकतन्त्र कहा जाता है। लोकतन्त्र के इस प्रकार की मुख्य विशेषता यह है कि इसमें व्यक्ति के रूप में उसके व्यक्तियों के बहुमत की इच्छा की अभिव्यक्ति के अनुसार शासन का जो भी रूप बने उसे मान्य समझा जाता है। लोकतन्त्र का दूसरा प्रकार साम्यवादी या समाजवादी लोकतन्त्र का है जिसके उदाहरण के रूप में हम पूर्व सोवियत रूस, चीन के जनवादी गणतन्त्र के शासन को ले सकते हैं।

इस शासन का मुख्य आधार मार्क्स के विचारों पर आधारित साम्यवाद है, जिसके अनुसार पश्चिमी लोकतन्त्रों की शासन-व्यवस्था लोकतन्त्र के नाम पर कलंक है, क्योंकि उस व्यवस्था में शासन पर केवल साधन सम्पन्न वर्ग का नियन्त्रण होने के कारण शासनतन्त्र-विधि निर्माण, सेना व पुलिस-का प्रयोग उसी वर्ग के हितों के पोषण के लिये किया जाता है। अतः उनकी मान्यता है कि साधन सम्पन्न वर्ग के रूप में शासन व्यवस्था का प्रयोग किया जाना बन्द हो और उसका प्रयोग एक ऐसे समाज के हित साधन के लिये हो जो वर्ग रहित हो। इसके लिये उनके द्वारा प्रतिपादित लोकतन्त्रीय शासन की स्थापना आवश्यक है तथा वही उनके मतानुसार सच्चा लोकतन्त्र है, क्योंकि ऐसी दशा में सर्वहारा वर्ग के नेतृत्व में जब यह वर्ग समाप्त कर दिया जाता है, तो शोषण के साधन के रूप में राज्य का अन्त हो जाता है और सच्चे जनतन्त्र का उदय होता है। आर्थिक व्यवस्था व शासन के रूप के अनुसार उनकी मान्यता के अनुरूप ऐसे शासन को सच्चा लोकतन्त्र कहा जा सकता है, क्योंकि इसकी व्यवस्था में सबकी स्थिति समानता की होती है, सबको जीवन-यापन का समान अधिकार प्राप्त होता है तथा सब शोषण से मुक्त होते हैं। यह ठीक है कि पश्चिम के लोकतन्त्रों के समर्थक इस प्रकार के लोकतन्त्र के विरुद्ध बहुधा यह आरोप लगाते हैं कि इस व्यवस्था में व्यक्ति के व्यक्तित्व की महत्ता नहीं रहती, पर इस व्यवस्था के समर्थकों की दृष्टि में यह आरोप सारहीन है, क्योंकि उनके अनुसार किसी भी व्यवस्था के लोकतन्त्रीय होने या न होने की कसौटी यह होनी चाहिये कि उस व्यवस्था के प्रति जनसाधारण अनुरक्त है या विरक्त। उनके मतानुसार उनके द्वारा प्रतिपादित लोकतन्त्रीय शासन व्यवस्था के प्रति चूँकि सम्पूर्ण जनता पूर्ण रूप से अनुरक्त रहती है, अतः वह सच्ची लोकतन्त्रीय व्यवस्था है।

पश्चिमी प्रकार के लोकतन्त्र तथा साम्यवादी लोकतन्त्र के जिन दो प्रमुख रूपों की चर्चा की गई है, उनके बीच की स्थिति के भी लोकतन्त्र के अनेक नाम व रूप बन गये हैं। लोकतन्त्र के ऐसे रूपों में ही वे नाम व रूप आते हैं जिन्हें बुनियादी लोकतन्त्र, निर्देशित लोकतन्त्र या नियन्त्रित लोकतन्त्र की संज्ञायें दी जाती हैं। इन प्रकारों के लोकतन्त्रों के रूप में हम उन नवोदित राष्ट्रों की शासन व्यवस्थाओं को ले

सकते हैं जिनकी सामाजिक, आर्थिक व राजनीतिक स्थिति तथा जिनकी जनता के बौद्धिक स्तर के कारण पश्चिमी व साम्यवादी दोनों ही प्रकार के लोकतन्त्र उपयुक्त सिद्ध नहीं होते तथा जिनमें लोकतन्त्र का क्रि यान्वय जनमत की सीमित, निर्देशित अथवा नियन्त्रित अभिव्यक्ति के आधार पर होता है। पाकिस्तान के राष्ट्रपति अयूब द्वारा बुनियादी लोकतन्त्र के नाम से प्रतिपादित शासन एक ऐसे ही लोकतन्त्रीय शासन का रूप था, क्योंकि उसके अन्तर्गत लोकतन्त्र का संचालन सामान्य जनता से पृथक किसी अन्य सत्ता के निर्देशन या नियन्त्रण में होता था। इण्डोनेशिया व घाना जैसी शासन व्यवस्थाओं को भी न्यूनाधिक इसी श्रेणी में रखा जा सकता है। ऐसे शासनों के विषय में यह कहा जाता है कि वे लोकतन्त्र न होकर अधिनायकतन्त्र होते हैं, पर इनके शासक और अध्येता इसका स्पष्टीकरण यह कह कर देते हैं कि पश्चिम की लोकतान्त्रिक व्यवस्था उनके अनुकूल नहीं है, क्योंकि पश्चिम में आर्थिक व राजनीतिक विकास शनैः-शनैः हुआ है, जबकि उनके विकासशील देशों में आर्थिक विकास की गति को धीमा नहीं रखा जा सकता तथा इसके लिये यह आवश्यक है कि लोकतन्त्र निर्देशित व नियन्त्रित हो। इस प्रकार शासन के अनेक रूप अपने लोकतन्त्रीय होने का दावा करते हैं। ऐसी स्थिति में कुछ राजनीति के विद्वान इस मत के भी हो गये हैं कि किसी शासन के लोकतन्त्रीय होने के दावे को चुनौती नहीं दी जा सकती।

निर्वाचन की उपयोगिता के सम्बन्ध में डाहल ने कहा है कि ''चुनावों से हमारी अपेक्षा यह होती है कि उनसे कुछ निश्चित मसलों के सम्बन्ध में बहुमत की 'इच्छा' अथवा 'वरीयता' का पता लग सकेगा। पर चुनावों से ऐसा बहुत कम होता है।'' मौरिस क्रैस्टन ऐसे ही विचारकों में से है तथा उसने इस सम्बन्ध में यहाँ तक मत व्यक्ति किया है कि ''भिन्न-भिन्न लोगों के मस्तिष्कों में पाये जाने वाले विविध प्रकार के सभी विचार।'' लोकतन्त्र के अर्न्तगत आ जाते है। लोकतन्त्र वस्तुतः क्या है, यह अब इतना विवादग्रस्त बन गया है कि अनेक विचारक लोकतन्त्र की अवधारणा पर पुनः विचार किये जाने की आवश्यकता अनुभव करने लगे हैं, जिससे उसकी परिभाषा उन विविध नाम व रूपों को दृष्टिगत रखते हुए की जा सके जो अब उसने धारण कर लिये हैं। अनेक प्रकार की शासन व्यवस्थाओं द्वारा अपनी-अपनी व्यवस्थाओं के लोकतन्त्रीय होने के दावों की विविधता के अतिरिक्त एक और कारण से भी लोकतन्त्र के स्वरूप व परिभाषा पर पुनर्विचार आवश्यक हो गया है तथा वह कारण राजनीति विज्ञान के अध्ययन में व्यवहारवादी मार्ग (Behaviural Approch) का विकास है। व्यवहारवादियों का मत है कि प्रत्येक विचार एवं अवधारणा की परिभाषा उसके व्यावहारिक स्वरूप से मेल खानी चाहिये तथा इसी आधार पर उन्होंने लोकतन्त्र की अवधारणा को भी व्यावहारिक कसौटी पर कसने का प्रयास किया है। ऐसे प्रयास करने वालों में रोबर्ट डाहल का नाम उल्लेखनीय है। **डाहल** के अनुसार लोकतन्त्र की वास्तविकताओं को दृष्टिगत रखकर उसके लिए

'लोकतन्त्र' शब्द का प्रयोग अनुपयुक्त है क्योंकि जनता न तो स्वयं कही भी शासन में भाग लेती है और न उसे शासन सम्बन्धी बातों में विशेष रुचि ही होती है। निर्वाचक को लोकतन्त्र की आधारशिला माना जाता है। पर डाहल के अनुसार निर्वाचन से भी जनता की सही इच्छा मालूम नहीं हो सकती, क्योंकि उसके मतानुसार चुनाव जीतने के लिए लड़े जाते हैं जनता की इच्छा मालूम करने के लिए नहीं। उनके मतानुसार "चुनावों से अधिक से अधिक यह पता चल जाता है कि पद के लिए चुनाव लड़ने वालों में से कुछ नागरिकों की पहली वरीयता किसे प्राप्त है।"[2] फिर भी इसका यह तात्पर्य नहीं है कि उसकी दृष्टि में निर्वाचन की कोई उपयोगिता ही न हो। इस सम्बन्ध में उसने स्वीकार किया है कि इन कमियों के बावजूद निर्वाचन की काई उपयोगिता न हो। इस सम्बन्ध में उसने यह स्वीकार किया है कि इन कमियों के बावजूद निर्वाचन व्यवस्था के द्वारा शक्ति के दुरुपयोग की सम्भावना काफी सीमा तक कम की जा सकती है। लोकतन्त्र की व्यवस्था में से यदि निर्वाचन को निकाल दिया जाय, तो प्रतियोगिता केवल नेताओं व उनके गुटों के बीच रह जायेगी और वे सामान्य जनता की उपेक्षा किसी सीमा तक कर सकेंगे, क्योंकि उन्हें कभी भी जनता के समक्ष मत माँगने के लिए उपस्थित नहीं होना पड़ेगा। एक निश्चित अवधि के बाद निर्वाचन की व्यवस्था के कारण नेताओं व गुटों को जनता की परवाह करनी पड़ती है तथा उस का दमन या उपेक्षा किसी भी समूह के लिए सम्भव नहीं होता। इस प्रकार निश्चित अवधि के बाद निर्वाचन की व्यवस्था के कारण नेताओं व गुटों को जनता की परवाह करनी पड़ती है तथा उस दमन या उपेक्षा किसी भी समूह के लिए सम्भव नहीं होता। इस प्रकार निश्चित अवधि के बाद निर्वाचन की व्यवस्था के कारण वैकल्पिक शासन की स्थापना का भय सत्तारूढ़ शासन को सदा बना रहता है और वह स्वेच्छाचारिता का व्यवहार नहीं कर सकता।

डाहल के विचारों को हम यदि व्यवहारवादियों के प्रतिनिधि विचार मान लें तो उनके अनुसार लोकतन्त्र की परिभाषा उसकी परम्परात्मक अवधारणा के रूप में न की जाकर बहुलतन्त्रीय अवधारणा के रूप में की जानी चाहिए। नवीन बहुलवादियों ने भी इस सम्बन्ध में ऐसे ही विचार व्यक्त किये हैं तथा उन्होंने भी समूहों की ही महत्ता का प्रतिपादन किया है। इसमें सन्देह नहीं कि निर्वाचन के समय मत प्रयोग के द्वारा जनता अपने राजनीतिक अधिकार का प्रयोग करती है, पर इस व्यवस्था की पुनरावृत्ति होते रहने के कारण उसकी स्थिति ऐसी बन जाती है कि आर्थिक दृष्टि से भी उसकी उपेक्षा नहीं की जा सकती तथा साधनों के वितरण में उसे बिल्कुल भुलाया नहीं जा सकता। निर्वाचन की व्यवस्था द्वारा इस प्रकार सामाजिक समानता की रक्षा किसी न किसी रूप में अवश्य होती है तथा यही कारण है कि इस व्यवस्था को लोकतन्त्र के प्राय: प्रत्येक रूप में अपनाया जाता है। इतना होते हुए भी डाहल का मत है कि लोकतन्त्र का व्यावहारिक रूप ऐसा नहीं है जिसमें तन्त्र (शासन) पूर्णत: लोक (जनता) की इच्छा के अनुसार ही चलता हो। उसका मत है कि लोकतन्त्र के

व्यावहारिक रूप में शासन जनता की समष्टि की इच्छा के अनुसार न होकर अनेक समूहों के रूप में विभक्त जनता की इच्छा के अनुसार होता है। दूसरे शब्दों में उसमें वास्तविक महत्त्व जनता की समष्टि को प्राप्त न होकर उसके विविध समूहों को प्राप्त होता है। अत: डाहल का मत है कि लोकतन्त्र को लोकतन्त्र न कहा जाकर बहुलतन्त्र (Polyarchy) कहा जाना चाहिए। पर इस तथ्य को मानते हुए भी कि व्यवहार में लोकतन्त्र लोकतन्त्र न होकर बहुलतन्त्र होता है, डाहल ने यह माना है कि विविध समूहों की प्रतियोगिता के कारण राजनीतिक, सामाजिक व आर्थिक साधन सबके बीच बिखरे रहते हैं। उसके अनुसार इस प्रकार चूँकि ऐसे लोकतन्त्र में भी समानता प्राय: बनी रहती है, अत: उसका मत है कि इसे अधिक से अधिक समतावादी बहुलतन्त्र (Equalitarian Polyarchy) कहा जा सकता है। व्यवहारवादियों व नव बहुलवादियों के ये विचार इस दृष्टि से आलोच्य हैं कि वे लोकतन्त्र के व्यावहारिक रूप का प्रतिपादन उसके आदर्श का बलिदान करके करना चाहते हैं। ग्योवानी सार्तोरी ने ऐसा ही विचार व्यक्त किया है तथा व्यवहारवादियों व नव बहुलवादियों की इस मान्यता को हेय बताया है कि लोकतन्त्र का आदर्श स्वरूप यदि व्यवहार में दृष्टव्य नहीं है, तो जो व्यवहार में है उसे ही लोकतन्त्र मान लिया जाए। वस्तुत: राजनीति और राज्य व्यवस्था के विषय में यह दृष्टिकोण लोकतन्त्र के केवल वर्णनात्मक (descriptive) अभिप्राय की दृष्टि से सही है।

उद्देश्य की सिद्धि के आधार पर लोकतन्त्र के स्वरूप के निर्धारण किये जाने का विचार यदि स्वीकार कर लिया जाता है, तो लोकतन्त्र के विचार व लोकतन्त्र के व्यवहार के बीच एक ऐसा सेतु बन जाता है, जिसके माध्यम से विचार व व्यवहार सदा सरलता से एक दूसरे से मिल सकते हैं तथा लोकतन्त्र के स्वरूप पर पुनर्विचार की समस्या का स्थाई समाधान भी हो जाता है। लोकतन्त्र का एक अन्य अभिप्राय विनिधानात्मक (prescriptive) भी होता है। सार्तोरी के अनुसार लोकतन्त्र के व्यावहारिक रूप पर विचार करते समय यह अभिप्राय नव बहुलवादियों द्वारा दृष्टि से ओझल कर दिया जाता है। सार्तोरी की मान्यता है कि मनुष्य केवल पेटू ही नहीं है। वह कमाने-खाने के लिए ही पैदा नहीं होता है। अपने व्यक्तित्व का सर्वतोन्मुखी विकास, श्रेष्ठतर जीवन की प्राप्ति और भय मुक्त होकर अपनी प्रतिभाओं की पूर्ण अभिव्यक्ति आदि उसके जीवन के लक्ष्य होते हैं। लोकतन्त्र एक ऐसी शासन व्यवस्था है, जिसमें इनकी प्राप्ति की सम्भावना सबसे अधिक होती है। अत: लोकतन्त्र अथवा उसके आदर्श अभिप्राय को यदि केवल इसलिए बदल दिया जाय कि उसके आदर्श को व्यवहार में प्राप्त नहीं किया जा सकता, तो उसका अर्थ यह होगा हम इन लक्ष्यों को नकार रहे हैं। इस सम्बन्ध में मार्क्सवादियों के विचारों की आलोचना का आधार भी यही है कि वे मनुष्य को उपभोक्ता मात्र मान लेते हैं और उसी के आधार पर अपने वर्गरहित आदर्श समाज का चित्रण करते हैं, यद्यपि उनके द्वारा चित्रित आदर्श समाज का वह चित्र अत्यन्त अतिरंजित और काल्पनिक होता है। इस प्रकार सार्तोरी

के अनुसार इस आधार पर लोकतन्त्र को नये संदर्भ में देखने की आवश्यकता नहीं है कि उसका व्यवहार उसके आदर्श से मेल नहीं खाता। फिर भी वे इस बात पर बल देते हैं कि यूनानी भाषा से उत्पन्न इस शब्द का जो अर्थ यूनानी नगर राज्यों के समय में रहा था, वह अब नहीं रहा है।

नगर राज्यों में जनसंख्या कम होने से जनता के बीच अनौपचारिक सम्बन्धों व सामुदायिक भावना का विकास सरलता से हो जाता था तथा उसका रूप सामान्य हितों से सम्बद्ध एक इकाई का हो जाता था। परिणामस्वरूप उस समय लोकतन्त्र का संचालन लोक (जनता) के द्वारा सम्भव था। परन्तु आज के औद्योगिक व विशाल राज्यों के युग में सम्बन्धों की औपचारिकता तथा व्यवस्थात्मक जटिलताओं के कारण जनता का रूप अब 'जन' (People) का न होकर जनपुंज (Mass) का हो गया है। फलतः शासन में उसके स्वयं के भाग लेने की लोकतन्त्र की कल्पना अब अप्रासंगिक हो गई है, जिस प्रकार वह नगर राज्यों में सम्भव थी या जैसी कल्पना इस सम्बन्ध में रूसों ने की थी। अब स्थिति यह है कि निर्वाचन द्वारा निर्मित प्रतिनिधि संस्थाओं एवं अन्य औपचारिक संगठनों के माध्यम से ही वह लक्ष्य प्राप्त किया जा सकता है, जो यूनान के नगर राज्यों के समय में जनता द्वारा शासन में प्रत्यक्ष भाग लेने की व्यवस्था द्वारा प्राप्त किया जा सकता था। पर यह परिवर्तन लोकतन्त्र के क्रियान्वयन के साधनों के सम्बन्ध में ही हुआ है। इससे उसके उस मूल उद्देश्य में कोई परिवर्तन नहीं हुआ है, जिसका सम्बन्ध राजनीतिक, सामाजिक व आर्थिक समानता के आधार पर मनुष्य के जीवन के सर्वतोन्मुखी विकास से अब भी उतना ही है जितना वह नगर राज्यों के समय में था। दूसरे शब्दों में साधनों के परिवर्तन से लोकतन्त्र के उद्देश्य व उसके रूप में कोई परिवर्तन हुआ नहीं माना जाना चाहिए तथा क्रियान्वयन के साधन किसी भी राजनीतिक वाद के अनुकूल हों, लोकतन्त्र के सभी रूपों को लोकतन्त्रीय माना जाना चाहिए, यदि वे लोकतन्त्र के उद्देश्य की सिद्धि करने में समर्थ हों। लोकतन्त्र के क्रियान्वयन के साधन जिस प्रकार अब तक बदले हैं, आगे भी बदल सकते हैं, पर उसका उद्देश्य ऐसा है जो शाश्वत है। शासन का लोकतन्त्रीय रूप ही वस्तुतः उन शासनों की व्यवस्थाओं के विरुद्ध प्रतिक्रिया के रूप में अस्तित्व में आया था जो लोक कल्याण की साधना करने में असफल रहे थे तथा उसके विविध रूप भी इसलिए बने या बन रहे हैं कि उससे लोक कल्याण सम्बन्धी उसके उद्देश्यों की पूर्ति होती रहे। लोकतन्त्र की व्यवस्था का उद्देश्य मनुष्य के लिए श्रेष्ठ मानव जीवन को सुलभ बनाना है तथा उस उद्देश्य की पूर्ति के लिये व्यक्ति की स्वच्छंदता के स्थान पर किसी लोकतन्त्र द्वारा यदि व्यवस्थित स्वतन्त्रता, नियमित जीवन, नियन्त्रित अर्थव्यवस्था आदि जैसी व्यवस्थायें की जाती हैं, तो इससे लोकतन्त्र के लोकतन्त्रीय स्वरूप पर उस समय तक कोई प्रतिकूल प्रभाव नहीं पड़ता, जब तक इस प्रकार की व्यवस्थाओं से लोक कल्याण की साधना होती रहती है।

लोकतन्त्री शासन के भेद :–साधारणत: लोकतन्त्री शासन के दो भेद माने गये हैं : प्रथम, शुद्ध या प्रत्यक्ष (Pure or direct) लोकतन्त्र; द्वितीय, प्रतिनिध्यात्मक अथवा परोक्ष (Representative or Indirect) लोकतन्त्र।

लोकनिर्णय- किसी कानून अथवा निर्णय को जनता की स्वीकृति के लिए प्रस्तुत करने की क्रिया लोकनिर्णय अथवा रेफरेन्डम कहलाती है। साधारणत: इसका प्रयोग शासकीय आज्ञाओं अथवा निर्णयों की स्वीकृति के लिए नहीं, अपितु कानूनों की स्वीकृति के लिए किया जाता है। लोकनिर्णय दो प्रकार का होता है- अनिवार्य और ऐच्छिक। जिन राज्यों में समस्त अथवा कतिपय कानूनों के विषय में ऐसी व्यवस्था होती है कि कानून क्रियान्वित होने से पहले जनता की स्वीकृति के लिए अवश्य प्रस्तुत किये जाने चाहिए, तो वहाँ अनिवार्य लोकनिर्णय की व्यवस्था समझी जाती है। जिन राज्यों में ऐसी व्यवस्था होती है कि कानून जनता की स्वीकृति के लिये प्रस्तुत किये भी जा सकते हैं और नहीं भी, अथवा यों कहना चाहिये कि कुछ विशिष्ट कानून ही जनमत के लिए प्रस्तुत किये जाते हैं, तो वहाँ ऐच्छिक लोकनिर्णय की व्यवस्था समझी जाती है। दोनों प्रकार के लोकनिर्णय के रूपों को समझने के लिए हम स्विट्जरलैंड में प्रचलित संवैधानिक कानूनों तथा साधारण कानूनों से सम्बन्धित जनमत-संग्रह की व्यवस्था को ले सकते हैं। वहाँ समस्त संवैधानिक कानूनों के विषय में यह व्यवस्था है कि संविधान का भाग बनने से पहले प्रत्येक ऐसा कानून जनता के समक्ष स्वीकृति के लिए रखा जाय। साधारण कानून के विषय में वहाँ यह व्यवस्था है कि केवल वे कानून जिनके विषय में तीस हजार नागरिक अथवा आठ कैन्टनों के प्रतिनिधि चाहें, जनता की स्वीकृति के लिए प्रस्तुत किये जाने चाहिएँ। इस प्रकार साधारण कानून के विषय में वहाँ ऐच्छिक लोकनिर्णय की व्यवस्था है।

प्रत्यक्ष लोकतन्त्र–जब प्रभुसत्तावान जनता प्रत्यक्ष रूप से सार्वजनिक मामलों में भाग लेती है, नीति निर्धारित करती है और कानून बनाती है, तो उसे प्रत्यक्ष लोकतन्त्र कहते हैं। शासन के इस प्रकार राज्य की इच्छा का निर्माण और प्रकटीकरण प्रभुसत्तावान जनता द्वारा सार्वजनिक सभाओं में किया जाता है। वहाँ जनता के लोग इसके लिए जब आवश्यकता होती है तब इकट्ठे होते हैं। हर्नशा जैसे विचारकों के अनुसार तो "शुद्ध रूप में लोकतन्त्री शासन वह शासन होता है, जिसमें सम्पूर्ण जनता स्वयं प्रत्यक्ष रूप से बिना कार्यवाहकों या प्रतिनिधियों के प्रभुसत्ता का प्रयोग करती है"[1] इस प्रकार के प्रत्यक्ष लोकतन्त्री शासन का रूप उन्हीं राज्यों में सम्भव हो सकता है, जिनका आकार बहुत छोटा होता है तथा जिनकी जनता के लिए यह सम्भव होता है कि वह समय-समय पर राजसभा में एकत्रित हो सके और शासन सम्बन्धी निर्णय दे सके। यद्यपि आजकल इस प्रकार के शासन वाले राज्य नहीं रहे हैं फिर भी प्राचीनकाल में ऐसे अनेक राज्य हुए हैं। प्राचीन ग्रीक नगर राज्य अधिकतर इसी प्रकार के प्रत्यक्ष लोकतन्त्र के उदाहरण थे। भारत में भी वज्जिसंघ में प्रत्यक्ष लोकतन्त्रात्मक शासन प्रचलित था।

आधुनिक काल में भी कुछ प्रदेशों में ऐसे शासन विद्यमान हैं। उदाहरणार्थ, अपनजिल, ऊरी उन्ल्टकवाल्डन तथा ग्लारस ये चार कैन्टन स्विट्ज़रलैंड में अब भी ऐसे हैं, जिनमें प्रत्यक्ष लोकतन्त्र है और जिनमें वहाँ के सब नागरिक एकत्रित होकर शासन सम्बन्धी कार्य करते हैं। इस प्रकार छोटे राज्यों में तो प्रत्यक्ष लोकतन्त्र सम्भव हो ही सकता है, बड़े राज्यों में भी आधार रूप से अप्रत्यक्ष लोकतन्त्र होते हुए, ऐसी व्यवस्था की जाती है कि शासन सम्बन्धी कुछ विषयों अथवा नीति-निर्धारण एवं व्यवस्था में जनता प्रत्यक्ष रूप से भाग ले सके। लोकमत जानने की कुछ पद्धतियों द्वारा ऐसा सम्भव होता है। इन पद्धतियों को हम लोकनिर्णय (Referendum) आरम्भक (Initiative) तथा प्रत्याह्वाहन (Recall) कहते हैं।

लोकनिर्णय के गुण - लोकनिर्णय के निम्न मुख्य गुण माने जाते हैं :

(1) सक्रिय भागीदारी - यह देश के लोगों को देश के मामलों में सक्रिय भाग लेने वाला बनाता है। अतः वे उनके उदासीन दर्शकमात्र नहीं रहने पाते। उन राज्यों में जहाँ प्रत्यक्ष लोकतन्त्र की शासन-व्यवस्था है, लोकनिर्णय द्वारा जनता शासन सम्बन्धी समस्याओं को हल करती है। उन राज्यों में भी जहाँ अप्रत्यक्ष लोकतन्त्री शासन होता है, लोकनिर्णय द्वारा यह सम्भव हो जाता है कि जनता अपने प्रभुसत्ता-सम्बन्धी अधिकार का सदा प्रयोग करती हुई देश के सार्वजनिक जीवन में सक्रिय भाग लेती रहे। लोकनिर्णय की व्यवस्था से जनता राजनीतिक दृष्टि से जागृत होती है और वह अपने अधिकारों तथा कर्त्तव्यों के प्रति सजग रहती है। वह यह भी देखती रहती है कि उसके प्रतिनिधि व्यवस्थापिका में क्या-क्या करते हैं और कैसे कानून बनाते हैं। लोकनिर्णय की व्यवस्था के कारण लोकतन्त्र कुछ वर्ष बाद निर्वाचन के रूप में एक बार आने वाला राजकीय उत्सव नहीं रह जाता, अपितु वह जनता के दैनिक जीवन का आवश्यक भाग बन जाता है।

(2) विधायकों में सजगता – इसके कारण विधायक लोक भी अपने कर्त्तव्य के प्रति अधिक सजग रहते हैं, क्योंकि लोकनिर्णय की तलवार उनके सर पर सदा लटकती रहती है। विधायक लोग यह जानते हैं कि यदि उनका कोई कानून उच्च कोटि का और जनता के हितों का प्रतिपादन करने वाला नहीं होगा, तो वह जनता द्वारा लोकनिर्णय के अवसर पर अस्वीकृत ही नहीं कर दिया जायगा वरन् उसके कारण स्वयं उनकी लोकप्रियता को धक्का पहुँचेगा और वे जनता की दृष्टि में इतने गिर सकते हैं कि आगामी निर्वाचन के समय वे फिर चुने भी न जा सकेंगे। इस प्रकार लोकनिर्णय की व्यवस्था विधायकों को जागरूक बनाती है और फलतः वे लोग सचेष्ट रहते हैं कि व्यवस्थापन का स्तर न गिरने पाए।

(3) गतिराध नहीं - लोकनिर्णय की व्यवस्था द्वारा व्यवस्थापिका के दोनों सदनों के बीच गतिरोध नहीं चल पाता, क्योंकि जिन कानूनों के विषय में गतिरोध होता है, उन पर लोकनिर्णय लिया जा सकता है।

(4) जनता के हितों की रक्षा –लोकनिर्णय की प्रणाली जनता के हितों के लिए एक ढाल का काम करती है, क्योंकि इसके द्वारा जनता को अधिकार रहता है कि व्यवस्थापिका के उन कानूनों को अस्वीकृत करदे, जिनसे सार्वजनिक हितों की हानि हो। सोने की भाँति व्यवस्थापिका के कानून भी लोकनिर्णय की भट्टी में तप कर अपनी शुद्धता का प्रमाण दिये बिना क्रियान्वित नहीं किये जा सकते। इस प्रकार लोकनिर्णय शीघ्रता में किये जाने वाले अथवा अविचारपूर्ण व्यवस्थापन पर रोक लगाता है। फलतः जनहित के लिए हानिकारक कानून स्वीकृत नहीं होने पाते।

लोकनिर्णय के दोषः- लोकनिर्णय के उपर्युक्त गुण माने जाते हैं। किन्तु लोकनिर्णय के प्रयोग से यह स्पष्ट हो गया है कि उसके ये गुण केवल सैद्धान्तिक हैं। व्यवहार में यही सिद्ध हुआ है कि लोकनिर्णय की प्रणाली दोषयुक्त है। उसके मुख्य दोषों को हम निम्न प्रकार रख सकते हैं:

(1) उचित योग्यता कठिन - प्रत्येक कार्य के लिए उचित योग्यता की आवश्यकता होती है। कानून निर्माण अथवा उनकी अच्छाई-बुराई के विषय में निर्णय देना कोई ऐसा कार्य नहीं जिसे प्रत्येक व्यक्ति कर सकता हो। उदाहरण के लिए, मुद्रा पद्धति तथा विदेशी विनिमय आदि कुछ ऐसे विषय होते हैं। जिनके विषय में जनसाधारण तो क्या कुछ विधायक लोग भी पूर्ण जानकारी नहीं रखते और ऐसे विषयों से सम्बन्धित व्यवस्थापन पर यदि लोकनिर्णय लिया जाय निर्णय उचित नहीं हो सकता। चूँकि जनसाधारण कानूनों की अच्छाई-बुराई देखने में पूर्णतः समर्थ नहीं होते, अतः उनके निर्णय का आधार तर्क और कानून का औचित्य अथवा अनौचित्य सम्बन्धी ज्ञान न होकर प्रायः केवल बहकावा और क्षणिक आवेश होता है। इसलिये यह कहना कि लोकनिर्णय की प्रणाली से बुरे व्यवस्थापन पर रोक लग जाती है, ठीक नहीं है।

(2) छोटे राज्यों में संभव - लोकनिर्णय की व्यवस्था का प्रयोग केवल छोटे राज्यों में ही होना सम्भव है। बड़े राज्यों में उनका प्रयोग हो ही नहीं सकता।

(3) जनता की उदासिनता - जनता स्वयं लोकनिर्णय के प्रति उदासीन रहती है। लोकनिर्णय के समय या तो वे मत ही नहीं देते या यदि वे मत देते भी हैं, तो उसका प्रयोग विवेक पूर्ण ढंग से नहीं करते। ऐसा देखा गया है कि लोग खाली पर्चियाँ मत-पेटिकाओं में डाल देते हैं। जब लोकनिर्णय के हथियार के प्रयोग करने वाले लोग प्रायः ऐसे होते हैं, तो उसका वास्तविक प्रयोग उन लोगों द्वारा होता है, जो अपने-अपने स्वार्थों की सिद्धि के लिए मतदाताओं को बहला-फुसला कर अपना उल्लू सीधा कर सकते हैं। लोकनिर्णय इस प्रकार न तो सही लोकमत की अभिव्यक्ति करता है और न ही उसके द्वारा जनता के हितों की साधना और रक्षा ही होती है।

(4) विधायकों का अनुत्तर दायित्व - लोकनिर्णय की प्रणाली के पक्ष में यह कहा जाता है कि वह विधायकों को अपने कर्त्तव्यों के प्रति जागरूक बनाये रखती है। किन्तु इसका दूसरा पक्ष यह भी हो सकता है कि विधायक अनुत्तरदायी

और लापरवाह हो जाय, क्योंकि इस व्यवस्था में व्यवस्थापन के विषय में अन्तिम उत्तरदायित्व उनका न होकर स्वयं जनता का होता है।

जनमत संग्रह- लोकनिर्णय (Referendum) प्रणाली की सहगामी ही एक दूसरी प्रणाली जनमत संग्रह (Plebiscite) यद्यपि इसमें भी जनता का निर्णय लेने की व्यवस्था होती है तथापि लोकनिर्णय और जनमत संग्रह में पारिभाषिक अन्तर होता है। लोकनिर्णय के विवेचन से स्पष्ट है कि इस व्यवस्था में कोई निश्चित कानून जनता की स्वीकृति के लिए प्रस्तुत किया जाता है और जनता को यह अधिकार होता है कि वह उसे स्वीकार करे या अस्वीकार करे। इस प्रकार लोकनिर्णय की यह विशेषता है कि जनता को उसके विषय में निषेधाधिकार प्राप्त होता है। इससे भिन्न जनमत संग्रह की व्यवस्था में किसी विशिष्ट प्रश्न पर यह जाना जाता है कि उस प्रश्न के विषय में जनता की क्या सम्मति है। उदाहरणार्थ यदि मद्यपान निषेध के विषय का एक कानून जनता की स्वीकृति के लिये रखा जाय, तो हम उसे लोकनिर्णय कहेंगे और यदि मद्यपान कानून द्वारा समाप्त कर दिया जाय या नहीं, यह प्रश्न जनता की राय जानने के लिए प्रस्तुत किया जाय, तो उसे हम जनमत संग्रह कहेंगे।

आरम्भक (Initiative) - सामान्य आरम्भक वह होता है, जिसमें उद्देश्य आदि को स्पष्ट करते हुए मतदाताओं की निश्चित संख्या व्यवस्थापिका से माँग करे कि माँग किये हुए विषय का एक विधेयक तैयार करवा कर व्यवस्थापिका उस पर विचार करे, स्वयं स्वीकार करे और जनता की स्वीकृति प्राप्त करे। इसके विपरीत जब मतदाताओं की एक निश्चित संख्या किसी कानून के विधेयक को पूर्णरूप से तैयार करके व्यवस्थापिका के पास विचार और स्वीकृति के लिए भेजती है, तो उसे हम सूत्रबद्ध आरम्भक कहते हैं। स्विट्जरलैंड में उक्त दोनों प्रकार के आरम्भक प्रचलित हैं और यह व्यवस्था है कि पचास हजार मतदाताओं द्वारा आरम्भक की कार्यवाही की जा सकती है। यदि लोकनिर्णय जनता के हाथ में बुरे व्यवस्थापन को रोकने के लिए एक निषेधात्मक हथियार है, तो आरम्भक उसके हाथ में ऐसा स्वीकारात्मक अस्त्र है, जिसके द्वारा यह अच्छा व्यवस्थापन प्रस्तुत कर सकती है। आरम्भक प्रणाली में जनता को यह अधिकार होता है कि वह उन कानूनों के प्रस्तावों को प्रस्तुत कर सके, जिन्हें वह लोक-कल्याण के लिए आवश्यक समझती हो। इस प्रकार आरम्भक निर्दिष्ट मतदाताओं की संख्या व्यवस्थापिका सभा से यह माँग करती है कि अमुक कानून पर विचार करके उसे स्वीकार किया जाए। लोकनिर्णय की भाँति आरम्भक भी दो प्रकार का होता है- सामान्य (General or Unformulative) तथा सूत्रबद्ध (Formulative)।

आरम्भक के गुण - आरम्भक के गुण-दोष प्राय: वैसे ही हैं जैसे लोकनिर्णय के हैं। फिर भी उसके गुणों में कुछ विशेष इस प्रकार हैं :

(1) लोकहित की अवहेलना नहीं - इसके द्वारा लोकहित की अवहेलना

की सम्भावना कम हो जाती है और ऐसा नहीं होता कि उचित व्यवस्थापन की कमी के कारण लोकहित की हानि होती रहे, क्योंकि इस व्यवस्था द्वारा जनता स्वयं उन कानूनों के निर्माण की माँग कर सकती है, जिन्हें वह लोकहित की दृष्टि से आवश्यक समझे।

(2) विधायकों में सचेतता – लोकनिर्णय की भाँति यह भी विधायकों को इसके लिए सचेत रखती है कि वे जनता की आवश्यकताओं को ध्यान में रखें और उनकी आवश्यकता के अनुसार व्यवस्थापन की व्यवस्था करते रहें, अन्यथा यदि जनता को अपने आरम्भक सम्बन्धी अधिकार का प्रयोग करना पड़ा तो वे जनता की दृष्टि में गिर जायेंगे और उनका आगामी निर्वाचन में सफल होना भी असम्भव हो जायेगा।

(3) जनता में जागरूकता – **इसके** द्वारा जनता में राष्ट्रीय मामलों के प्रति जागरूकता बनी रहती है और वह अपनी प्रभुता का स्वयं प्रयोग करती रहती है। जनता स्वयं लोकतन्त्र के अभिनय के दर्शक के रूप में नहीं, अपितु वह उसके अभिनेता के रूप में रहती है और इस प्रकार लोकतन्त्र के राजनीतिक शिक्षण के उद्देश्य की पूर्ति होती है। अप्रत्यक्ष लोकतन्त्र में जनता दर्शक मात्र होने से राजनीतिक शिक्षण का लक्ष्य पूरा नहीं होता।

आरम्भक के दोष :- आरम्भक के उपर्युक्त गुण माने जाते हैं किन्तु व्यवहार की कसौटी पर उसके वे गुण खरे नहीं उतरते हैं। अनुभव यह बताता है कि आरम्भक का प्रयोग उन गुणों के साथ नहीं किया जा सकता, जिनका उल्लेख ऊपर किया गया है। व्यवहार में उनके जो दोष प्रकाश में आते हैं, वे इस प्रकार है:

(1) अनुत्तरदायित्व - यह प्रणाली भी व्यवस्थापकों को अनुत्तरदायी बना सकती है। उन देशों में जहाँ अप्रत्यक्ष लोकतन्त्र के साथ-साथ प्रत्यक्ष व्यवस्थापन की भी व्यवस्था होती है, व्यवस्थापन का उत्तरदायित्व विभाजित हो जाता है। परिणामस्वरूप दो का उत्तरदायित्व किसी का उत्तरदायित्व नहीं रहता और व्यवस्थापन कार्य में गड़बड़ और अस्त-व्यस्तता आ जाती है।

(2) जनता का इस योग्य न होना - जनता की योग्यता साधारणतया ऐसी नहीं होती कि वह इसका प्रयोग उचित ढंग से कर सके। अधिकतर मतदाताओं को अपनी व्यक्तिगत समस्याओं से इतना अवकाश ही नहीं मिलता कि वे आरम्भक की प्रक्रिया के झगड़े में पड़े। अतः इस यन्त्र का प्रयोग भी लोकनिर्णय की तरह उन्हीं लोगों के द्वारा होता है, जो उसे अपनी स्वार्थ-सिद्धि के लिये प्रयुक्त करते हैं और इस कारण लोक-हितकारी कानूनों के स्थान पर वर्ग-हितकारी कानूनों का निर्माण होता है।

(3) व्यवस्थापन का उच्च स्तर न रहना - जिन राज्यों मे व्यवस्थापन कार्य आरम्भक-प्रणाली द्वारा ही होता है वहाँ वह जनता के अवशिष्ट लोगों द्वारा

होता है। अतः यह सम्भव होता है कि व्यवस्थापन का स्तर उतना उच्च न रह सके, जितना वह व्यवस्थापन कार्य के विशेषज्ञों अर्थात् विधायकों द्वारा किये जाने पर होता। इस प्रकार आरम्भक का अधिक प्रयोग व्यवस्थापन के स्तर को गिरा देता है।

(4) छोटे देशों को उपयुक्त - इस प्रद्धति का प्रयोग केवल छोटे देशों में ही सुगमता से हो सकता है। बड़े देशों में इसका प्रयोग क्रियात्मक दृष्टि से सम्भव नहीं है।

प्रत्याह्वाहन -व्यवहार में प्रत्याह्वाहन के अधिकार का अधिकतर दुरुपयोग होता है। सामान्य जनता के साधारणतया अनभिज्ञ होने के कारण महत्वाकांक्षी लोग इससे अपने स्वार्थों की सिद्धि करते हैं। उदाहरणार्थ, किसी भी स्थान का कोई महत्वाकांक्षी व्यक्ति अपने प्रभाव के मतदाताओं के समर्थन की धौंस पर किसी विधायक अथवा मन्त्री को इस बात के लिये बाध्य कर सकता है कि वह उसकी इच्छानुसार कानून बनवाने का प्रयत्न करे या शासन का संचालन करे अन्यथा उसे प्रत्याह्वाहन का शिकार होना पड़ेगा। ऐसी दशा में बहुत से विधायक और मन्त्रिगण अपने स्थान पर बने रहने के लिये न कि लोक-कल्याण की दृष्टि से ऐसे महत्त्वकांक्षी व्यक्तियों की इच्छानुसार अपना कार्य कर सकते हैं और राष्ट्र के हित की हानि हो सकती है। इसका अधिक प्रयोग शासन के आधार को निर्बल बना देता है तथा विधायक, मन्त्रिगण तथा न्यायाधिकारीगण (जहाँ न्यायाधिकारियों पर भी यह प्रणाली लागू है) सुरक्षा का अनुभव न करने के कारण निर्भय होकर निष्पक्षता के साथ देश-सेवा नहीं कर पाते। प्रत्याह्वाहन जनता का वह अधिकार होता है जिसके द्वारा वह अपने किसी प्रतिनिधि विधायक को अथवा मन्त्री को, यदि वह अपने कर्त्तव्य को जनता के विश्वस्त के अनुसार ठीक से नहीं निभाए और लोक-कल्याण की साधना नहीं करे तो उसे पदच्युत किया जा सकता है। सीधे शब्दों में इसका अर्थ यह हुआ कि यदि कोई व्यवस्थापक लोक-कल्याणकारी व्यवस्थापन की ओर प्रयत्नशील नहीं रहता अथवा उसकी स्वीकृति में बाधक बनता है, तो जनता की एक निश्चित संख्या उसे उसके पद से वापस बुला सकती है। इस व्यवस्था की महत्ता यह है कि वह एक ही साथ प्रतिकारात्मक, सुधारात्मक तथा प्रतिरोधात्मक तीनों प्रकार की होती है। इस व्यवस्था के द्वारा लोक-कल्याण पर आघात करने अथवा उसमें बाधा डालने वाले अपदस्थ कर दिये जाते हैं। अतः यह प्रतिकारात्मक (Retributic) व्यवस्था है। इस व्यवस्था से लोक-कल्याण विरोधी लोगों का सुधार होता है, अतः यह सुधारात्मक (Reformatory) भी है। बुरा करने वालों के साथ प्रतिकार करके और उन्हें अपदस्थ करके दण्ड द्वारा औरों को वैसा करने से, इस व्यवस्था द्वारा रोका जाता है, अतः यह प्रतिरोधात्मक (Deterrent) भी होती है। इस व्यवस्था का उद्देश्य इस प्रकार विधायकों और मन्त्रियों को अपने कर्त्तव्य के प्रति सजग रखना और उन्हें सार्वजनिक हित की भावना से युक्त जन-सेवक बनाये रखना है। इस प्रकार कि

प्रत्याह्वाहन की प्रणाली एक प्रकार से विधायकों और मन्त्रियों की भ्रष्टाचार, मनमानी तथा तानाशाहीपूर्ण मनोवृत्ति का उपचार है। फिर भी यह स्मरणीय है कि व्यवहार में प्रत्याह्वाहन के गुण पूर्ण रूप से खरे नहीं उतरते।

प्रतिनिध्यात्मक लोकतन्त्र

हर्नशा के शब्दों में भी, ''यह प्रतिनिधियों के माध्यम से सर्वोच्च सत्तावान जनता का शासन होता है'' जिस पद्धति में राज्य की इच्छा का निर्माण और अभिव्यक्ति प्रभुसत्तावान जनता के स्थान पर उसके प्रतिनिधि करते हैं, उसे हम परोक्ष अथवा प्रतिनिध्यात्मक लोकतन्त्र कहते हैं। इस शासन-प्रणाली में जनता अपने प्रतिनिधियों का निर्वाचन करती है। उनसे उस व्यवस्थापिका का निर्माण होता है जो कानून बनाने का कार्य करती है। मिल ने कहा है कि प्रतिनिध्यात्मक लोकतंत्र में, ''सम्पूर्ण जनता अथवा उसका बहुसंख्यक भाग शासन की शक्ति का प्रयोग अपने उन प्रतिनिधियों द्वारा करती है, जिन्हें वह समय-समय पर चुनती है।''[1] ब्लुंशली ने मत व्यक्त किया है कि, ''प्रतिनिध्यात्मक लोकतन्त्र में नियम यह होता है कि जनता अपने कर्मचारियों द्वारा शासन करती है, जबकि अपने प्रतिनिधियों के द्वारा वह व्यवस्थापन करती और प्रशासन पर नियन्त्रण करती है।'' यद्यपि प्रतिनिधियों के निर्वाचन की दृष्टि से इस प्रकार की शासन-प्रणाली के दो भेद किए जाते हैं। पहला, संसदीय (जिसमें जनता सदस्यों का निर्वाचन करती है और सदस्यों द्वारा सरकार का निर्माण होता है) और दूसरा अध्यक्षीय (Presidential)(जिसमें राष्ट्रपति का निर्वाचन जनता द्वारा किया जाता है और फिर राष्ट्रपति द्वारा सरकार का निर्माण किया जाता है)। तथापि तात्विक दृष्टि से दोनों का स्वरूप एक-सा ही होता है क्योंकि दोनों में जनता के द्वारा निर्वाचित प्रतिनिधि अथवा प्रतिनिधियों द्वारा सरकार का निर्माण होता है और वह सरकार प्रभुसत्तावान जनता के नाम से शासन का संचालन करती है।

लोकतन्त्री शासन के गुण

लोकतन्त्री शासन की प्रशंसा और बुराई प्राय: समान रूप से की गई है। जिस उत्साह और बल के साथ उसकी प्रशंसा के पक्ष में युक्तियाँ दी गई हैं, उसकी उतनी ही कड़ी आलोचना भी हुई है। जिन आधारों पर लोकतन्त्र की प्रशंसा की जाती है अथवा कि जो उसके गुण बताये जाते हैं, वे निम्न प्रकार हैं :

(1) सर्वतोन्मुखी शिक्षण :- ब्राइस ने कहा है, ''राजनीतिक अधिकारों की प्राप्ति द्वारा मनुष्य के व्यक्तित्व की शान बढ़ जाती है और वह स्वभावत: उस कर्त्तव्य की भावना के उच्चतर स्तर तक उठ जाता है, जिसका पालन उसे राजनीतिक अधिकारों की प्राप्ति के कारण करना पड़ता है।''[1] एक अन्य गुण लोकतंत्र का यह है कि इसके अन्तर्गत जनता का सर्वतोन्मुखी शिक्षण होता है। लोकतंत्र शासन का ही एक प्रकार नहीं है, अपितु वह राज्य का और समाज का भी एक प्रकार है। अत: स्वभावत: उसके प्रयोग द्वारा जनता को शासन-सम्बन्धी, राजनीतिक तथा सामाजिक सभी प्रकार का शिक्षण प्राप्त होता है। लोकतंत्र में जनता यह जानती है

कि वह अपने और अपने देश के भाग्य की निर्मात्री है, अतः वह इस सम्बन्ध में अपना उत्तरदायित्व समझने लगती है और अपने कर्त्तव्य के प्रति सजग रहने लगती है। कर्त्तव्य के प्रति इस प्रकार की जागरूकता तथा राजनीतिक चेतना के कारण लोग यह समझने लगते हैं कि मतदान का अधिकार एक पवित्र कर्त्तव्य है और उन्हें उसका उपयोग न्यायपूर्वक निष्पक्ष भाव से और विचारपूर्वक सार्वजनिक हित को दृष्टि में रखते हुए करना चाहिये। इस भावना के उदय के कारण लोग अपने क्षुद्र स्वार्थों को सार्वजनिक स्वार्थों की वेदी पर बलिदान करना सीख जाते हैं और इस प्रकार वे आदर्श नागरिक बन जाते हैं। लोकतंत्र नागरिकों को शासन कार्य में सक्रिया भाग लेने वाला बना देता है और वे शासन के नाटक के वैसे उदासीन दर्शक नहीं रहते, जैसे वे राजतंत्र अथवा श्रेणितन्त्र में रहते हैं। लोकतन्त्र नागरिकों में आत्म-निर्भरता का भाव भी उत्पन्न करता है तथा साथ-साथ ही उनमें आत्म-सम्मान की उस भावना को भरता है जिससे व्यक्ति अपने साथ-साथ दूसरे के व्यक्तित्व का सम्मान करना सीखता है। इन सब ढंगों से लोकतन्त्र व्यक्ति को आदर्श नागरिक बनने की शिक्षा देता है। लोकतंत्र के इसी गुण को ध्यान में रखते हुए श्री बर्न्स ने कहा है कि, "सभी शासन शिक्षा के साधन होते हैं, परन्तु स्वशिक्षा सबसे अच्छी शिक्षा होती है, इसलिये स्वशासन सबसे अच्छा शासन होता है। स्वशासन को ही लोकतन्त्र कहते हैं।"

(2) लोक-कल्याण की साधनाः- लोकतन्त्र की मुख्य अच्छाई यह है कि इसके अर्न्तगत शासनकर्त्ताओं से यह आशा की जाती है कि वे लोक-कल्याण के प्रति सदा सजग और क्रियाशील रहेंगे। लोकतंत्री शासन में जो लोग शासनकर्त्ता होते हैं, वे जनता के प्रतिनिधि होते हैं और वे इसी आधार पर निर्वाचित किये जाते हैं कि वे शासन का संचालन जनता के हित साधन के लिये ही करेंगे। इस प्रकार लोकतन्त्र में शासन का अधिकार एक थाती के रूप में होता है, जो प्रतिनिधियों को इस आधार पर मिलता है कि वे उनका प्रयोग जनता के हितों, उसके अधिकारों और उसकी इच्छाओं के अनुसार करेंगे। लोकतंत्र में शासनकर्त्ताओं को जनता की इच्छाओं के प्रति सजग रहना पड़ता है, उसके कष्टों को ध्यान में रखना पड़ता है और कष्टों को दूर करना होता है। इस प्रकार लोकतंत्र की सबसे बड़ी अच्छाई यह है कि उसमें शासन लोक-कल्याण के लिये होता है।

(3) देशभक्ति का स्रोत :- लोकतन्त्र के कारण जनता में देशभक्ति जागृत होती है। जिस वस्तु के लिये लोग कार्य करते हैं, उसके प्रति उनका लगाव हो जाता है। चूँकि लोकतन्त्र में लोगों को अपने देश के लिये कार्य करने का अवसर मिलता है, अतः उन्हें देश के प्रति लगाव जो जाता है और उनमें देश भक्ति की भावना का उदय हो जाता है। लोकतन्त्र में लोग अपने देश से प्रेम करना सीखते हैं, क्योंकि देश का भाग्य उन्हीं के हाथ में होता है और वे उसके हित के लिये प्राण-प्रण से लग जाते हैं। मिल ने भी ऐसा ही विचार व्यक्त किया है और कहा है कि,

"लोकतंत्र लोगों की देश भक्ति को बढ़ाता है, क्योंकि नागरिक यह अनुभव करते हैं कि सरकार उन्हीं की उत्पन्न की हुई वस्तु है और अधिकारी उनके स्वामी न होकर उनके सेवक हैं।"

(4) क्रांति से सुरक्षा - गिलक्राइस्ट ने कहा है, "लोकप्रिय शासन सार्वअनुमति पर आधारित होता है। जैसा गिलक्राइस्ट ने कहा है "लोकप्रिय शासन सार्वजनिक सहमति का शासन होता है, अतः स्वभाव से ही यह क्रान्तिकारी नहीं हो सकता।"लोकतंत्र के अन्तर्गत क्रान्ति की सम्भावना अत्यन्त कम हो जाती है। शासनकर्त्ता जनता द्वारा निर्वाचित होते हैं, अतः उनसे यह आशा की जाती है कि वे जनता की इच्छाओं और आकांक्षाओं को अपनी नीतियों द्वारा क्रियान्वित करेंगे। अतः यह स्वाभाविक है कि लोगों को उनसे कोई शिकायत इस प्रकार की न हो, जिसको दूर करने के लिये उन्हें क्रान्ति का सहारा लेना पड़े। शासनकर्त्ता पहिले तो स्वयं ही लोकमत की आकांक्षाओं के अनुरूप शासन का संचालन करते हैं, और यदि किसी प्रकार जनता को शासकों से कोई शिकायत हो अथवा वे लोग अवांछनीय सिद्ध हो जाएँ तो जनता को उन्हें अपदस्थ करने का अधिकार प्राप्त होता है। वस्तुतः लोकतन्त्र शासन स्वयं भी क्रांतिकारी नहीं हो सकता, क्योंकि यह अनुमति पर आधारित होता है।

(5) समानता का आदर्श :- लोकतन्त्र व्यक्ति की समानता के आदर्श पर आधारित होता है। उसके सिद्धान्तों के अनुसार यह विचार अस्वीकार्य है कि कुछ लोग संसार के शासन करने के लिये और कुछ लोग शासित होने के लिये उत्पन्न हुये हैं। उसकी दृष्टि में सभी का महत्त्व और मूल्य समान होता है। लोकतन्त्र के आदर्श के मतानुसार सब व्यक्ति समान होते हैं और उन सबके हितों की रक्षा समान रूप से की जानी चाहिए। सभी को शासन में समान रूप से भाग लेने दिया जाता है तथा उन्हें उसके लाभ भी समान रूप से ही प्राप्त होते हैं। इसके विपरीत राजतन्त्र अथवा श्रेणितन्त्र में जनता के कतिपय वर्गों को शासन में भाग नहीं दिया जाता एवं उन्हें शासन के लाभ प्राप्त नहीं होते। उसके अन्तर्गत सभी को शासन में भाग मिलता है और सभी को शासन के लाभ प्राप्त होते हैं।

लोकतन्त्री शासन के दोष :- लोकतन्त्र की आलोचना भी उतनी ही अधिक हुई है जितनी उसकी प्रशंसा। उसकी आलोचना इतनी कड़ी हुई है कि कुछ विचारकों ने यहाँ तक कह डाला है कि लोकतन्त्र का अब कोई उपयोग नहीं रहा है और उसके दिन अब व्यतीत हो चुके हैं। जिन दोषों के कारण लोकतन्त्र की आलोचना की जाती है, उन्हें हम निम्न प्रकार कह सकते हैं :

(1) दल प्रणाली का अहितकर प्रभाव -क्षेत्र और जनसंख्या के विस्तार की दृष्टि से बड़े आधुनिक राज्यों में केवल प्रतिनिध्यात्मक लोकतन्त्र ही चल सकता है और परिणामतः दल-प्रणाली का अस्तित्व आधुनिक लोकतन्त्री राज्यों के लिये अनिवार्य हो जाता है। किन्तु यह दल-प्रणाली अपने व्यवहार के द्वारा लोकतन्त्र को भ्रष्ट बना देती है। विभिन्न राजनीतिक दलों का संगठन सिद्धांत रूप में किसी विशेष

राजनीतिक, आर्थिक या सामाजिक कार्यक्रम को लेकर किया जाता है, परन्तु व्यवहार में वे राजनीतिक दल उस कार्यक्रम के मंच न रह कर, उन नेताओं के अखाड़े बन जाते हैं, जो भाषण देने, लोगों को बहकाने और अपना स्वार्थ सिद्ध करने में चतुर होते हैं। निर्वाचन के दौरान दो दलों द्वारा एक दूसरे की निन्दा की कीचड़ इतनी बुरी तरह उछाली जाती है कि सम्पूर्ण देश का वातावरण मनोमालिन्य से भर जाता है। निर्वाचन में विजय के लिये सच की धज्जियाँ उड़ाई जाती हैं, झूठे प्रचार द्वारा एक दूसरे को नीचा दिखाने की कोशिश की जाती है और नैतिकता ताक में रख दी जाती है। योग्य व्यक्तियों की अनावश्यक बुराई की जाती है और अयोग्य व्यक्तियों को योग्य और समर्थ बताया जाता है। इस प्रकार योगय और अयोग्य व्यक्ति की पहचान साधारण निर्वाचक के लिए कठिन हो जाती है। कहा जाता है कि लोकतन्त्र में शासन का संचालन जनता द्वारा निर्वाचित प्रतिनिधियों द्वारा होता है। किन्तु वस्तुत: यह बात नहीं है, क्योंकि प्रतिनिधियों का वास्तविक चुनाव जनता द्वारा न होकर राजनीतिक दलों द्वारा होता है और जनता के समक्ष यही उपाय रह जाता है कि वह विभिन्न दलों की ओर से खड़े किये गये व्यक्तियों में से किसी को अपना मत दे दे। दल-प्रणाली इस प्रकार जनता के द्वारा प्रतिनिधियों के चुनाव पर प्रतिबन्ध लगा देती है। जनता को मत व्यक्तियों को नहीं वरन् राजनीतिक दलों को देना होता है, चूँकि निर्वाचित व्यक्ति का लगाव जनता से न होकर खड़ा करने वाले दल से होता है, वह शासन भी जनता के हित साधन की दृष्टि से नहीं अपितु दल के हित साधन की दृष्टि से करता है और शासन का रूप लोकतन्त्रीय न होकर दलतन्त्रीय या दल अधिनायकतन्त्रीय हो जाता है।

(2) अक्षमता का आदर्श :- आलोचकों ने लोकतन्त्र को अक्षमता और अयोग्यता का आदर्श माना है। शासन की अक्षमता का कारण यह है कि लोकतन्त्र में गुण की अपेक्षा संख्या पर अधिक बल दिया जाता है। उसमें मत गिने जाते हैं, तौले नहीं जाते अर्थात् सबके मत का महत्त्व समान माना जाता है। यह वास्तविकता के प्रतिकूल है, क्योंकि राजनीतिक समस्याओं को समझ कर मतदान करने की सभी की योग्यता समान नहीं हो सकती है। जनता राज्य के प्रशासन को समझने के लिये ही अयोग्य नहीं होती, साधारणत: वह यह भी नहीं समझती कि देश का वास्तविक और स्थायी हित क्या है। प्राय: लोग अपने स्वार्थों को सार्वजनिक स्वार्थों से अधिक महत्त्व देते हैं और फल यह होता है कि लोकतन्त्र में सार्वजनिक हित के साधनों के स्थान पर वर्गगत हितों की साधना होने लग जाती है। अधिकतर मतदाताओं के अज्ञान और शासकों को चुनने से सम्बन्धित अयोग्यता के कारण लोकतन्त्री शासन अत्यधिक विकृत शासन हो जाता है। इसलिये लीकी ने उसे "निर्धनतम, अनभिज्ञतम तथा अयोग्यतम लोगों का शासन" कहा है।

(3) धनवानों का शासन :-जब अधिकतर धनवान ही विधानसभा के लिए निर्वाचित होते हैं, तो यह भी अवश्यम्भावी होता है कि वे कानून निर्माण अपने

वर्ग के हित-साधन के लिये ही करें और इस बात की चिंता न करें कि सार्वजनिक हित साधन किस में हो सकता है। पैसे की माया एक अन्य तरह से भी लोकतन्त्र के निर्वाचकों को बिगाड़ती है। इसके कारण मतदाता स्वतन्त्र रूप से मतदान नहीं कर सकते, क्योंकि अनेक धनी उम्मीदवार रुपये से मत खरीद लेते हैं और जनता के मतों का उपयोग मनमाने ढंग से करते हैं। निर्धन मतदाता इस प्रकार रोटी के लिए को अपने धनवानों के हाथ बेच देते हैं और लोकतन्त्र में मनुष्य, मनुष्य के हाथों में बिक जाते हैं। इस प्रकार चूँकि चुनाव अत्यधिक खर्चीले होते हैं, अत: उसके परिणामस्वरूप लोकतन्त्र में शक्ति धनिक वर्ग को ही मिलती है और लोकतन्त्र लोकतन्त्र न रहकर धनिकतन्त्र हो जाता है। लोकतन्त्र में अमीर-गरीब और ऊँचे-नीचे सभी व्यक्तियों का समान रूप से शासन में हाथ होता है। परन्तु वास्तविकता यह नहीं है। इसकी व्यावहारिक प्रक्रिया ऐसी है कि केवल धनवान व्यक्ति शासन के कर्ता-धर्ता बन जाते हैं। लोकतन्त्र का आधार निर्वाचन होता है और निर्वाचन द्वारा शासनकर्त्ता बनना केवल उन्हीं लोगों के बस की बात होती है जो धनी और साधन सम्पन्न होते हैं। यदि कोई व्यक्ति किसी राजनीतिक दल की ओर से निर्वाचन लड़ना चाहता है, तो उसे उस दल को चंदे में काफी धन देना पड़ता है और बदले में दल उसके लिए निर्वाचन लड़ने का प्रबन्ध करता है। यदि वह स्वतन्त्र उम्मीदवार की भाँति चुनाव लड़ना चाहता है, तो उसे स्वयं एक बड़ी रकम स्वतन्त्र चुनाव में खर्च करनी पड़ती है। इस प्रकार चुनाव लड़ने का काम केवल धनवान और साधन सम्पन्न लोग ही कर सकते हैं। इसके बाद जब पैसा खर्च करके लोग चुनाव में जीत कर पद प्राप्त करते हैं, तो स्वभावत: उन्हें इस बात की चिन्ता होती है कि उनका खर्च किया हुआ पैसा किसी प्रकार वापस मिले और इसके लिये वे अपने पद का अनुचित लाभ उठाये बिना नहीं रहते।

(4) सार्वजनिक धन और समय का अपव्यय - लोकतन्त्री शासन में धन और समय का अत्यधिक अपव्यय होता है। इसमें व्यवस्थापन की प्रक्रिया इतनी लम्बी होती है कि जिन कानूनों को स्वीकार करने में कुछ ही दिन लगने चाहिए उनको बनाने में वर्षों लग जाते हैं। यद्यपि कानूनों का निर्माण साधारणत: उसी रूप में होता है जिसमें शासन से सम्बन्धित व्यक्ति चाहते हैं, फिर भी लोकतन्त्र की काल्पनिक आवश्यकताओं को पूरा करने के लिए इतनी लम्बी प्रक्रिया का सहारा लिया जाता है कि समय और धन व्यर्थ बरबाद होता है। चुनावों के समय सरकार को भी जनता का पैसा पानी की तरह बहाना पड़ता है, क्योंकि स्थायी रूप से चुनाव अधिकारियों को रखने के अतिरिक्त मतदाताओं की सूची की तैयारी, उसके छपवाने और प्रकाशित कराने में बहुत धन व्यय होता है।

(5) अनुत्तरदायी शासन - इस शासन के विरुद्ध यह भी कहा जाता है कि शासन सिद्धान्त रूप से उत्तरदायी होते हुए भी व्यवहार रूप में अनुत्तरदायी होता है। लोकतन्त्र यदि व्यवहार में उत्तरदायी शासन हो, तो उसे उस जनता के प्रति उत्तरदायी

होना चाहिये, जिसमें प्रभुसत्ता निहित मानी जाती है। किन्तु व्यवहार में ऐसा नहीं होता। व्यवहार में लोकतन्त्र शासन के कर्त्ता-धर्त्ता अथवा मन्त्रिगण चुनाव के बाद जनसाधारण की क्या आवश्यकता है अथवा उनका क्या हित है, इन सब की बहुत कम चिन्ता करते हैं, वे लोग यदि किसी की कुछ परवाह करते हैं तो उन लोगों की करते हैं, जो विधायक होते हैं और प्राय: उनकी आवश्यकताओं और उनके हितों की साधना करने में लगे रहते हैं। विधायकों में भी वे उन्हीं के हितचिन्तन तक सीमित रहते हैं, जिनके समर्थन पर उन्हें निर्भर रहना पड़ता है। इस प्रकार लोकतन्त्री शासन सार्वजनिक उत्तरदायी शासन न होकर एक दल या गुट का अधिनायकतन्त्र हो जाता है व व्यावहारिक दृष्टि से लोकतन्त्र में शासन अनुत्तरदायी होता है।

शासन की भ्रष्टता - परिणामस्वरूप केवल वही काम होता है जो दल के लोग चाहते हैं और वह कुछ नहीं हो सकता जो देश में सार्वजनिक हित के लिए आवश्यक हो। वास्तविकता इस सम्बन्ध में यह है कि कोई भी व्यक्ति अलोकप्रिय बने बिना शासन नहीं कर सकता और चूँकि निर्वाचन पर आश्रित लोकतन्त्र के शासक आगामी चुनाव में शासक न बन पाने के भय के कारण अलोकप्रिय होने का साहस नहीं कर सकते, अत: वे वास्तविक हित में शासन भी नहीं कर सकते।लोकतन्त्री शासन का एक दोष यह होता है कि उसमें शासन भ्रष्ट हो जाता है। जैसा ऊपर कहा गया है, लोकतन्त्री शासन का रूप शासक दल के कर्त्ता-धर्त्ताओं की इच्छा और सिफारिशों के अनुकूल चलता है, सार्वजनिक हित और कल्याण की दृष्टि से नहीं। ऐसा देखा गया है कि निर्वाचन में जिन लोगों ने सत्तारूढ़ दल की मदद की होती है, उनको शासन की ओर से अनेक प्रकार की सहायता पहुँचायी जाती है। सहायता करने वाले व्यक्तियों तथा उनके सम्बन्धियों आदि को ऊँची-ऊँची नौकरी दिलवाकर, व्यवसाय सम्बन्धी सुविधाएँ देकर तथा अन्य अनेक प्रकार से लाभ पहुँचाकर सहायता की जाती है। शासन के दिन-प्रतिदिन के कार्यों में भी उनका बड़ा प्रभाव रहता है और शासन निष्पक्षता के साथ नहीं चलता। यह भ्रष्टता यहीं तक सीमित नहीं रहती, अपितु उसका रूप हमें देश के व्यवस्थापन तक में दिखाई देता है। वहाँ विधायक लोग ऐसा कोई प्रस्ताव अथवा कानून स्वीकार नहीं कर सकते, जिनसे उनके दल के लोग अप्रसन्न हो जायें।

(7) सर्वतोन्मुखी उन्नति की असम्भावना - लोकतन्त्रीय शासन में यदि किसी का महत्त्व होता है तो वह राजनीतिक नेता का होता है और जीवन के सभी क्षेत्रों में वह प्रमुख दिखाई देता है। इस प्रकार लोकतन्त्र में जीवन के अन्य सभी क्षेत्रों पर राजनीतिक जीवन छा जाता है और मानव-जीवन की सर्वतोन्मुखी उन्नति पूरी तरह से नहीं होने पाती। यह सत्य है कि लोकतन्त्र में राज्य के राजनीतिक जीवन में चहल-पहल आ जाती है, किन्तु साथ ही यह भी सत्य है कि इसके अन्तर्गत जीवन के अन्य क्षेत्रों में उदासीनता छा जाती है। वस्तुत: लोकतन्त्री शासन सांस्कृतिक जीवन के विकास की दृष्टि से अनुपयुक्त होता है। एकतन्त्री शासन और

राजाओं का आश्रय पाकर साहित्यसेवी, कलाकार और विद्वान लोग अपने जीवन की आर्थिक चिन्ता से मुक्त होकर अपने कार्यों में लग सकते हैं और इस प्रकार उस शासन में राज्य की सांस्कृतिक उन्नति सुगमतापूर्वक हो सकती है। ऐसा लोकतन्त्र में सम्भव नहीं है, क्योंकि उसमें सबको एक लाठी से हाँका जाता है और साहित्यिकों, कलाकारों तथा विज्ञानवेत्ताओं को कोई विशेष महत्त्व प्राप्त नहीं होता। उन्हें भी अपनी रोटी की समस्या का सामना उसी प्रकार करना पड़ता है। जैसे अन्य सभी को और परिणाम यह होता है कि उन्हें अपना कार्य जीवनयापन के एक साधन के रूप में करना पड़ता है।

(8) राजनीतिक शिक्षा का दम्भ - कहा जाता है कि लोकतन्त्र से जनता को राजनीतिक शिक्षा मिलती है, पर वास्तव में वह शिक्षा कोरा दम्भ होती है। व्यवहार में राजनीतिक शिक्षा के स्थान पर जनता को कुशिक्षा प्राप्त होती है। निर्वाचन के समय जिस रूप में राजनीतिक समस्याओं को जनता के समक्ष प्रस्तुत किया जाता है, वह उनका बड़ा ही विकृत और दलीय राजनीति के रंग में रंगा हुआ रूप होता है। प्रत्येक राजनीतिक दल का प्रयत्न जनता को सच्ची राजनीतिक शिक्षा देना नहीं होता, अपितु उनका प्रयत्न यह होता है कि प्रत्येक बात को विशेष रंग में रंगकर प्रस्तुत किया जाय, जनता को सब्ज-बाग दिखाये जायँ और ऐसे उचित और अनुचित उपायों का अवलम्बन लिया जाय जिससे जनता मूर्ख बन सके और उसके पक्ष में मत दे सके। इसके लिये उम्मीदवारों की ओर से मतदाताओं को रिश्वतें दी जाती हैं, उनके मत खरिदे जाते हैं, जाति-बिरादरी और धर्म की दुहाई दी जाती है, एक दूसरे पर अनुचित आक्षेप किये जाते हैं और इस प्रकार राजनीतिक शिक्षा के स्थान पर जनता को राजनीतिक और सामाजिक दोनों प्रकार की कुशिक्षा प्राप्त होती है। इस प्रकार आधुनिक रूप में लोकतन्त्री शासन में अनेक दोष हैं। यदि हम यह ढूँढ़ने का करें कि इन दोषों का मूल क्या है, तो हम पायेंगे कि ये दोष लोकतन्त्र के न होकर लोकतन्त्र के प्रयोगकर्त्ताओं अर्थात् शासनकर्त्ताओं और शासितों-दोनों के हैं।

लोकतन्त्र के व्यवहार में ये दोष इसलिए आ जाते हैं कि उसे व्यवहार में लाने वाले लोग अपने को उस स्तर का नहीं रख पाते, जिस स्तर की लोकतन्त्र की सफलता के लिए आवश्यकता होती है। अत: इस आधार पर लोकतन्त्र को बुरा बतलाना और उसे त्यागने का विचार करना चिकित्सा की अयोग्यता के कारण चिकित्सा-विज्ञान को बुरा बताने और उसे त्यागने के विचार के समान होगा। इसके अतिरिक्त यदि हम उसे त्यागना भी चाहें तो आधुनिक युग की अनुकूलता की दृष्टि से शासन का अन्य कोई प्रकार ऐसा नहीं दिखाई देता जिसके व्यवहार में दोष न पाये जाते हों और जिसे स्वीकार किया जा सके। इसलिये उन अनेक दोषों के होते हुए भी, जो उसके प्रयोग में हमारे समक्ष आये हैं, हमें मिल के उस मत से सहमत होना पड़ता है, जो उसने यह कहकर व्यक्त किया है कि "लोकतन्त्र के विरोध में दी जाने वाली युक्तियों में जो कुछ आधार प्रतीत हुआ, उसको पूरा महत्त्व देते हुए भी मैंने

सहर्ष उसके पक्ष में ही निश्चय किया।"[1] यदि सभी उसके आदर्श पर चलने के लिए प्रयत्नशील रहें, तो चूँकि सब व्यक्तियों को सर्वतोन्मुखी उन्नति समान रूप से लोकतन्त्र में ही हो सकती है, अतः लोकतन्त्र त्याज्य न होकर ग्राह्य ही है। जैसा जिमेरिन ने कहा है, "चूँकि मनुष्य की आत्मा का निर्माण अपनी बुद्धि, निर्णयशक्ति, उत्तरदायित्व, साहस तथा आत्म-संयम के प्रयोग के लिये हुआ था और चूँकि बिना स्वतन्त्रता के मनुष्य का आधा व्यक्तित्व अविकसित रह जाता है, अतः वह आदर्श, जिसकी प्राप्ति की ओर सब प्रकार के सामाजिक और राजनीतिक प्रयत्न किये जाते हैं, स्वतन्त्र स्त्री-पुरुषों का पूर्ण सामूहिक साझेदारी का वह समाज ही है, जिसमें प्रत्येक एक साथ ही शासक और शासित होता है और प्रत्येक जानते हुए सब के लाभ के लिए अपनी सेवाएँ समर्पित करता है।"[2] यही कारण है कि कारपेन्टर जैसे विचारक को हम यह कहते हुये पाते हैं कि "हे अनादृत लोकतन्त्र! मैं तुझसे प्रेम करता हूँ।"[1]

लोकतन्त्र की सफलता की आवश्यकताएँ

लोकतन्त्र में साधारण व्यक्ति एक ही साथ कर्त्ता एवं कर्म अथवा शासक एवं शासित होता है। उसी के ऊपर अन्तिम रूप से लोकतन्त्र का भार एवं उत्तरदायित्व रहता है। अतः यह आवश्यक है कि व्यक्तियों का स्तर नैतिक और बौद्धिक दृष्टि से ऐसा हो, जिससे लोकतन्त्र का प्रयोग सफल हो सके। दूसरे शब्दों में, यदि लोकतन्त्र के प्रयोग को सफल बनाना है, तो कुछ नैतिक एवं बौद्धिक आवश्यकताएँ हैं, जिन्हें पूरा करना व्यक्तियों के लिए आवश्यक है। लोकतन्त्र के व्यवहार में जो दोष हमें मिलते हैं, उनका मूल लोकतन्त्र स्वयं न होकर लोकतन्त्र के प्रयोगकर्त्ता होते हैं। यदि लोकतन्त्र में कुछ दोष हमें दिखाई देते हैं, तो उसका कारण यह होता है कि जो लोग लोकतन्त्र का प्रयोग करते हैं वे दोषमुक्त होते हैं अथवा जिन परिस्थितियों में वे उसका प्रयोग करते हैं वे उस प्रयोग के लिए उपयुक्त नहीं होतीं। वस्तुतः लोकतन्त्र का विचार जिन सिद्धान्तों पर आधारित है वे पूर्णतः दोषमुक्त हैं और यदि उसके प्रयोग में कोई दोष आ जाते हैं, तो उनका कारण यह होता है कि हम उन आवश्यकताओं की पूर्ति नहीं कर पाते, जिनकी पूर्ति होना लोकतन्त्र की सफलता के लिए अत्यन्त आवश्यक होता है। यहाँ हम इन्हीं आवश्यकताओं पर विचार करेंगे। यह आवश्यकताएँ स्थूल रूप से दो भागों में बाँटी जा सकती हैं- उन व्यक्तियों से सम्बन्धित आवश्यकताएँ, जो लोकतन्त्र के प्रयोग में भाग लेते हैं तथा उन परिस्थिति से सम्बन्धित आवश्यकताएँ जिनमें लोकतन्त्र का प्रयोग होता है। परिस्थिति सम्बन्धी आवश्यकताओं को को हम भौतिक आवश्यकताएँ भी कह सकते हैं। व्यक्तियों से सम्बन्धित आवश्यकताओं को और दो भागों-नैतिक एवं बौद्धिक, तथा भौतिक आवश्यकताओं आगे और तीन भागों- सामाजिक, आर्थिक व राजनीतिक में बाँटा जा सकता है। दोनों प्रकार की आवश्यकताएँ एक दूसरे से बढ़कर अपरिहार्य हैं और दोनों में परस्पर साध्य और साधन जैसा घनिष्ठ सम्बन्ध रहता है।

नैतिक आवश्यकताएँ – हर्नशा ने कहा है कि लोकतन्त्रात्मक सिद्धान्तों का रूप अनिवार्यतः धार्मिक होता है।"[2] अतः धर्म की भाँति ही इसके लिये भी चरित्रशीलता की आवश्यकता होती है और यह आवश्यक होता है कि लोकतन्त्र के प्रयोग करने वाले व्यक्तियों का चरित्र कुछ नैतिक सिद्धान्तों पर आधारित हो। जिन नैतिक सिद्धान्तों पर व्यक्तियों का चरित्र आधारित होना चाहिए उनमें से मुख्य इस प्रकार हैं :

परूमार्थ की भावना – व्यक्तियों में स्वार्थ की अपेक्षा परमार्थ की भावना प्रबल होनी चाहिए। लोकतन्त्र की नींव मनुष्य की सहयोग की भावना में निहित होती है। इसका प्रारम्भ ही इस आधार पर होता है कि मनुष्य स्वभाव एवं आवश्यकतावश सामाजिक प्राणी है और इसलिए वह सदा अपने साथी मनुष्यों से मिलकर चलता है और यह समझ कर कि उसका हित भी सार्वजनिक हित का अविभाज्य अंग है, सार्वजनिक हित की साधना के लिए कार्य करता है। लोकतन्त्र वस्तुतः नागरिकों की लोकसेवा की उस निस्वार्थ भावना पर ही फलता-फूलता है, जिसके कारण वे जानते हुए अपने क्षुद्र हितों को सार्वजनिक हितों के लिए बलिदान करते हैं। अतः यह आवश्यक है कि लोकतन्त्र के प्रयोग में भाग लेने वाले व्यक्तियों में परमार्थ की भावना की प्रबलता हो जिससे मेरे-तेरे की भावना से ऊपर उठ कर वे सार्वजनिक हित की दृष्टि से कार्य कर सकें।

ईमानदारी – लोकतन्त्री देशों के नागरिकों को ईमानदार होना चाहिए। शासन-सम्बन्धी महत्त्वपूर्ण विषयों और नीतियों से सम्बन्धित निर्णय जनता द्वारा ही होते हैं। यदि नागरिक ईमानदार नहीं होंगे, तो वे उन निर्णयों को ईमानदारीपूर्वक नहीं कर सकेंगे, तथा यदि उनका आदर्श ईमानदारी का होगा तो धन-दौलत का लालच, जाति-पाँति का लगाव, दलबन्दी और स्वार्थ उनके विवेक पर पर्दा नहीं डाल सकेंगे और उनके निर्णय के विवेकयुक्त होने के कारण शासन का संचालन भी विवेक एवं न्याय से होता रहेगा। वस्तुतः जनता की ईमानदारी की भावना और न्यायप्रियता पर ही लोकतन्त्र की सफलता निर्भर करती है।

कर्त्तव्य परायणता – नागरिकों के कर्त्तव्यपरायणता की भावना होनी चाहिए। लोकतन्त्र जनता द्वारा, जनता का, जनता के लिए शासन होता है। अतः यह आवश्यक है कि लोकतन्त्र के प्रयोगकर्त्ता व्यक्ति लोकतन्त्र से सम्बन्धित कार्यों को कर्त्तव्य की दृष्टि से करें। लोकतन्त्र के अभिनय में कोरे दर्शक बन कर ही न रहें अपितु उसमें वे अभिनेता बन कर उसी लगन से कार्य करें जिस प्रकार धर्म का अनुयायी धर्म के लिए करता है। लोकतन्त्र को असफल बनाने वाली इससे अधिक भय की बात और कोई नहीं होती कि उसमें भाग लेने वाला नागरिक उसके प्रति उदासीन हो। ऐसी दशा में शासन-शक्ति अनुचित हाथों में पहुँच जाती है और लोकतन्त्र अधिनायकतन्त्र बन जाता है।

बौद्धिक आवश्यकताएँ :- एकतन्त्र अथवा श्रेणीतन्त्र में राजसत्ताधारी एक व्यक्ति अथवा श्रेणी के बौद्धिक रूप में ठीक होने से राज्य चल सकता था, किन्तु लोकतन्त्र में चूँकि शासन का उत्तरदायित्व जनसाधारण का होता है, अत: यह आवश्यक है कि सम्पूर्ण जनता का बौद्धिक स्तर ठीक हो। बौद्धिक दृष्टि से जनता में जिन गुणों का होना आवश्यक है, वे निम्नलिखित हैं :

(A) समझदारी - सम्पूर्ण जनता में इतनी समझदारी (Common sence) होनी चाहिए, कि वे बुद्धिमता से प्रतिनिध्यात्मक सरकार का निर्वाचन कर सकें और देश की सभी प्रकार की आवश्यकताओं को भली-भाँति समझ सकें। लोकतन्त्री शास्त्र की सच्ची सम्पन्नता तभी हो सकती है, जब साधारण जनता समझदारी से युक्त हो और वह राज्य की समस्याओं को समझ कर उनके समाधान में अपना उचित सहयोग देने में समर्थ हो। समाज में अनेक कार्य ऐसे होते हैं जो राज्य के सूत्रों द्वारा पूरे नहीं किये जा सकते। अत: उनको पूरा करने के लिये वह आवश्यक है कि जनसाधारण में समझदारी हो। जनता में समझदारी होनी चाहिए, इसका यही अभिप्राय नहीं है कि जनता उच्च शिक्षा प्राप्त हो, अथवा वह पढ़ने-लिखने में प्रवीण हो या गणित और विज्ञान सम्बन्धी सिद्धान्तों से पूर्णतया परिचित हो। समझदारी का अर्थ इतना ही है कि वह भले और बुरे की पहिचान कर सके, यह जान सके कि किस राजनीतिक दल के सिद्धान्त सार्वजनिक हित के लिए लाभप्रद हैं अथवा किन नेताओं के हाथ में देश की बागडोर सुरक्षित रह सकती है।

(B) निर्णयशक्ति - लोकतन्त्र में शासन लोकमत, विचार-विनिमय तथा स्वस्थ आलोचना द्वारा चलता है। अत: यह नितान्त आवश्यक है कि जनता जिसमें लोकतन्त्री शासन की शक्ति निहित होती है, समझदार और अच्छी निर्णय-शक्ति वाली हो अन्यथा उचित विचार-विनिमय, स्वस्थ आलोचना और संयमित लोकमत इन तीनों में से एक भी सम्भव नहीं हो सकेगा। जनता में निर्णय-शक्ति होनी चाहिए जिससे वह देश के समक्ष जो भी समस्याएँ आयें उन पर समयानुकूल अपना विवेकपूर्ण निर्णय दे सके। लोकतन्त्र का एक दोष यह बताया जाता है कि उसमें विचार-विनिमय के कारण निर्णय करने में अनावश्यक देर होती है। यदि जनसाधारण की निर्णायक बुद्धि का स्तर अच्छा हो, तो लोकतन्त्र इस दोष से मुक्त हो सकता है क्योंकि उस दशा में कठिन मामलों के निर्णय शीघ्र हो सकेंगे। आधुनिक जगत में निर्णायक बुद्धि की और भी अधिक आवश्यकता है, क्योंकि आजकल की समस्याएँ इतनी पेचीदा और शीघ्र निर्णय चाहने वाली होती है कि उनके विषय में जनता तब तक उचित और शीघ्र निर्णय नहीं ले सकती, जब तक उसकी निर्णय-शक्ति का स्तर अच्छा न हो।

भौतिक आवश्यकताएँ -मनुष्य जो कुछ बनता है, वह अपनी आन्तरिक शक्तियों के कारण तो बनता ही है, साथ ही उस पर उन परिस्थितियों का भी बड़ा प्रभाव पड़ता है, जिनमें वह उत्पन्न होता है और जिनमें वह पलता है। इसलिए यदि जनता को उन्नत बनाना है, तो यह अत्यन्त आवश्यक है कि उन परिस्थितियों को

भी बनाया जाए जिनमें वह रहती है। अन्यथा परिस्थितियों के अनुकूल न होने से आन्तरिक दृष्टि से सद्गुणों से युक्त जनता भी उन्नत नहीं बन सकती। परिस्थितियाँ मनुष्य की उन्नति के लिए अनुकूल हों, इसके लिए कुछ ऐसी सामाजिक, आर्थिक ओर राजनीतिक आवश्यकताएँ हैं, जिनका पूरा होना अनिवार्य होता है और जिनके बिना लोकतन्त्र पूर्ण सफल नहीं हो सकता।

सामाजिक आवश्यकताएँ - (A) न्याय की भावना - प्रथम सामाजिक आवश्यकता यह है कि समाज व्यवस्था न्याय पर आधारित हो। सामाजिक न्याय के बिना लोकतन्त्र नहीं चल सकता। सामाजिक न्याय से यह तात्पर्य है कि समाज में जन्म, जाति, रंग, सम्प्रदाय और धर्म आदि के भेद के बिना मानव जगत में प्रत्येक व्यक्ति के व्यक्तित्व को समान आदर प्राप्त हो। सबके साथ कानून, न्याय और अवसर की दृष्टि से समान व्यवहार हो। जैसा हर्नशा ने कहा है, " लोकतन्त्र की माँग है कि एक ओर सुविधा प्राप्त उच्च वर्ग अथवा लाभ उठाने वाले धर्म गुरुओं का वर्ग समाप्त हो, तो दूसरी ओर शोषित श्रमिक वर्ग अथवा दासता में फँसा हुआ किसान वर्ग समाप्त हो।"[1] इसका तात्पर्य यह है कि लोकतन्त्र में सामाजिक न्याय होना चाहिए। उसमें न कोई वर्ग सुविधा-सम्पन्न रहे और न कोई सुविधा-रहित। उसमें तो सारी जनता का एक वर्गहीन समाज होना चाहिए।

(B) एकतावादी भावना -प्रो० हर्नशा के इस कथन में कि "जिस जनता से लोकतन्त्री राज्य बनता है, उसका रूप लोकतन्त्र राज्य में प्राणि-शरीर जैसी एकता का तो बन ही जाता है, इसके अतिरिक्त अनेक प्रकार के मतभेद होते हुए भी उसकी एक आवाज हो जाती है और अनेक सदस्यों की अस्वीकृति के उतार-चढ़ाव के होते हुए भी उसकी एक सामान्य इच्छा बन जाती है"[1] इन्हीं एकता-सम्बन्धी आवश्यकताओं पर बल दिया है। दूसरी सामाजिक आवश्यकता यह है कि समाज में एकता की भावना होनी चाहिए। एकता की भावना भी ऐसी होनी चाहिए जिसके कारण देश के कोने-कोने में रहने वाले व्यक्ति एक दूसरे के साथ एकता के बन्धन में बँधे हों और व्यक्तिगत, सम्प्रदायगत अथवा वर्गगत हितों से ऊपर उठकर सम्पूर्ण देश के हित को अपने समक्ष रख कर उसकी साधना कर सकें। इसी प्रकार की सामाजिक एकता से ही वह सामान्य इच्छा (General will) बनती है, जिसके आधार पर लोकतन्त्री शासन का संचालन होता है।

(C) शिक्षा - अपने राज्य के कार्यो के संचालन के लिय जनता के लिये यह आवश्यक है कि वह यह जाने कि देश और संसार के विभिन्न भागों में क्या हो रहा है। यह सब तब तक सम्भव नहीं हो सकता, जब तक जनता शिक्षित न हो। अतः शिक्षा लेकतन्त्र के सफल संचालन के लिए अत्यन्त आवश्यक होती है ।तीसरी सामाजिक आवश्यकता यह है कि लोकतन्त्र की जनता शिक्षित हो। यदि जनता यथेष्ठ रूप से शिक्षित होगी, तो निश्चय ही वह सार्वजनिक समस्याओं के समझने एवं उनका समाधान करने के लिये समर्थ होगी। शिक्षा वस्तुतः ऐसी वस्तु है

जो व्यक्ति को विचारशील बनाती है और उसे इस बात का ज्ञान कराती है कि समाज में उसका क्या स्थान है। वही व्यक्ति को इस बात का ज्ञान कराती है कि वह स्वयं ही शासक और शासित है तथा वही उसे इस बात के लिए प्रेरित करती है कि अपने दोनों प्रकार के कर्त्तव्यों का पालन उत्तमता एवं योग्यतापूर्वक करे। आवागमन और संचार के साधनों की उन्नति के कारण संसार इतना छोटा हो गया है कि कोई भी देश संसार के अन्य देशों से पृथक रहने की भावना के साथ रह ही नहीं सकता।

आर्थिक आवश्यकताएँ - **(A) आर्थिक समानता** - पहली आर्थिक आवश्यकता यह है कि समाज में आर्थिक समानता हो। निर्धनता और लोकतन्त्र साथ-साथ नहीं चल सकते। एक निर्धन व्यक्ति कर्त्तव्य और ईमानदारी के उच्च आदर्शों की ओर देख नहीं सकता। उसकी नैतिकता उसकी रोटी तक ही सीमित होती है। उसका मन रुपयों से खरीदा जा सकता है। उस समाज के प्रति उसका कोई लगाव नहीं हो सकता, जिसमें उसका भाग्य एक निर्धन मनुष्य का भाग्य हो। इसके अतिरिक्त निर्धन व्यक्ति में कुछ हीनता का भाव भी होता है और उसमें वह आत्मविश्वास नहीं होता जो लोकतन्त्र के नागरिक की एक मुख्य विशेषता होनी चाहिये। निर्धन व्यक्ति राजनीतिक अथवा सामाजिक लोकतन्त्र का लाभ नहीं उठा सकता। जब तक आर्थिक लोकतन्त्र का भी लाभ उसे प्राप्त न हो, तब तक वह राजनीतिक अथवा सामाजिक दृष्टि से मिली हुई अवसर की समानता से पूर्ण लाभ उठाने में वह बिल्कुल असमर्थ रहेगा।

(B) आर्थिक सुरक्षा - दूसरी आर्थिक आवश्यकता यह है कि अर्थ-सम्बन्धी न्यूनतम सुरक्षा सब को प्राप्त हो। यद्यपि लोकतन्त्र का आदर्श पूर्ण आर्थिक समानता होना चाहिए और इसके लिए लोकतन्त्री राज्य को सतत् प्रयत्नशील रहना चाहिए, तथापि आर्थिक न्यूनतम (Economic minimum) की सुरक्षा एक ऐसी स्थिति है, जिसके बिना हुए राजनीतिक अथवा सामाजिक लोकतन्त्र चल ही नहीं सकता। यह हम सभी जानते हैं कि व्यक्ति की सबसे प्रारम्भिक आवश्यकताएँ खाने, पहिनने, रहने आदि से सम्बन्धित होती हैं और जब तक उसकी यह आवश्यकताएँ पूरी नहीं होती, वह जीवन के अन्य पहलुओं की परवाह नहीं करता। अत: व्यक्ति राज्य-सम्बन्धी मामलों की ओर आकर्षित होकर उसमें भाग ले, इसके लिए यह आवश्यक है कि उसके लिए उसकी न्यूनतम आर्थिक आवश्यकताओं को पूरा करने के साधन प्राप्त हों।

राजनीतिक आवश्यकताएँ - प्रमुख राजनीतिक आवश्यकताएँ इस प्रकार हैं-

(A) स्वतंत्रता - पहली राजनीतिक आवश्यकता यह है कि देश में स्वतन्त्रता का वातावरण हो। जैसा पहले कहा गया है, लोकतन्त्र में शासन विचार-विनिमय द्वारा होता है तथा विभिन्न मतों की आलोचना उसकी आत्मा होती है। अत: लोकतन्त्र की सफलता के लिए यह अत्यन्त आवश्यक है कि व्यक्तियों को अपनी सम्मति व्यक्त करने की पूरी स्वतन्त्रता प्राप्त हो। जब तक लोगों को विचार व्यक्त करने की स्वतन्त्रता नहीं होगी, तब तक सबको सबके विचारों का ज्ञान नहीं हो

सकेगा और न सरकार के कृत्यों की खुली और निर्भीक आलोचना ही हो सकेगी। परिणाम यह होगा कि शासन सर्वसाधारण के लोकमत के आधार पर न चलकर जिन लोगों को मत व्यक्त करने की सुविधा होगी, उसके मतानुसार चलेगा और वह इस प्रकार शुद्ध रूप में लोकतन्त्र न रहेगा। अतः लोकतन्त्र की सफलता के लिए यह आवश्यक है कि जनता को विचार, भाषण तथा प्रेस सम्बन्धी पूर्ण स्वतन्त्रता प्राप्त हो, जिससे स्वस्थ, स्वतन्त्र तथा लोक-कल्याणक लोकमत का निर्माण होता रहे।

(B) विरोध का आदर - दूसरी राजनीतिक आवश्यकता यह है कि सत्ताधारी दल विरोधी दलों अथवा अल्पसंख्यकों के विचारों का उचित आदर करे। दल-प्रणाली आधुनिक लोकतन्त्र का आधार है। अतः शासन के इस प्रकार में शासन का संचालन बहुसंख्यक दल द्वारा होता है और अन्य विरोधी दलों को केवल यही अधिकार प्राप्त होता है कि वे अपनी स्वस्थ आलोचना द्वारा सरकार के कृत्यों को उच्च आदर्श की ओर प्रेरित करने का उद्योग करते रहें। व्यवहार में यह तभी सम्भव हो सकता है जब बहुसंख्यक दल, जो सत्ताधारी दल होता है, विरोधी दल द्वारा व्यक्त विचारों का उचित आदर करे और पक्षपात रहित दृष्टि से उन पर विचार करके, उन्हें शासन-सम्बन्धी नीतियों के निर्माण में उचित स्थान प्रदान करे। यद्यपि शासन का वास्तविक कार्य बहुसंख्यक दल का ही होता है, तथापि उसे इस बात का उद्योग करना चाहिए कि जहाँ तक सम्भव हो वह विरोधी दलों का सहयोग भी प्राप्त करके चले। असहयोग की दशा में दलगत राजनीति का जोर हो सकता है और राष्ट्रीय हित की हानि होने के कारण लोकतन्त्र असफल हो सकता है।

(C) शक्ति और सुरक्षा - तीसरी राजनीतिक आवश्यकता यह है कि देश में शान्ति और सुरक्षा हो। यदि देश में अशान्ति होगी और नागरिकों के जीवन की भी सुरक्षा नहीं होगी, तो जनता का ध्यान अपनी सुरक्षा पर ही केन्द्रित रहेगा और नागरिकता के कर्त्तव्यों की ओर उसका ध्यान जा ही नहीं सकेगा। जब शांति का समय होता है, तो जनता को इस बात के लिए अवकाश मिलता रहता है कि देश के शासन से सम्बन्धित कार्यों की ओर अपना ध्यान दे सके और उनमें सक्रिय सहयोग दे सके। व्यवहार में हमने देखा कि युद्धकाल में निर्वाचन हटा देने पड़ते हैं अथवा देश का शासन एक व्यक्ति अथवा कुछ चुने हुए व्यक्तियों की समिति को सौंप दिया जाता है। उस समय में लोकतन्त्रीय ढंग से शासन का संचालन सम्भव नहीं हो सकता। इस प्रकार लोकतन्त्र के सफल संचालन के लिये शांति और सुरक्षा का बना रहना अत्यन्त आवश्यक होता है।

❑❑❑

8

संत एक्विनास के शासनतन्त्रों का वर्गीकरण

शासन तन्त्रों के रूप में निर्धारण में एक्विनास के अनुसार देश के भौतिक पर्यावरण का बड़ा महत्त्व होता है, क्योंकि उनके मतानुसार शासन तन्त्र का निर्माण करने वाले व्यक्ति के स्वभाव उनके चरित्र, उनके जीवनयापन के ढंग, उनके धार्मिक व नैतिक विचारों तथा भौतिक पर्यावरण–विशेषत: भूमि व जलवायु का बड़ा महत्वपूर्ण प्रभाव पड़ता है।

एक्विनास के अनुसार शासनतन्त्रों के वर्गीकरण का आधार

एक्विनास ने शासन तन्त्रों के वर्गीकरण का आधार राज्य के स्वरूप (Nature of State) को माना है तथा शासन के स्वरूप को उन्होंने राज्य की सर्वोच्च सत्ता की स्थिति व उसके प्रयोग के ढंग पर निर्भर माना है। इस कारण एक्विनास का मत है कि जब किसी राज्य में सर्वोच्च सत्ता नागरिकों के सम्पूर्ण समुदाय अथवा उसके किसी भाग में निहित होती है, तो यह रूप गणतन्त्रीय (Republican) राज्य का होता है। इसी प्रकार जब किसी राज्य में सर्वोच्च सत्ता को हम किसी ऐसे व्यक्ति में निहित होने की बात कहते हैं, जो निश्चित विध के अनुसार शासन के कार्य करता है, तो यह राज्य का राजतन्त्रीय (Monarchic) रूप होता है, तथा यदि ऐसे व्यक्ति बिना किसी विधि के अपनी मनमानी के अनुसार शासन कार्य करता है, तो वह राज्य की निरंकुशतन्त्रीय (Despotic) रूप होता है। वर्गीकरण का एक अन्य आधार जिसका प्रतिपादन एक्विनास ने किया है, तथा जिसे उन्होंने शासन का सिद्धान्त (The Principle of Government) कहा है, राज्याज्ञा के पालन का आधार है तथा उनका प्रतिपादन है कि राजयाज्ञा का पालन उसके गुण (Virtue) के आधार पर होता है, तो राज्य का रूप गणतन्त्रीय और यदी राज्याज्ञा का पालन उसके प्रति सम्मान (honour) के कारण होता है, तो उसका रूप राजतन्त्रीय तथा यदि राज्याज्ञा का पालन भय (fear) के कारण होता है, तो राज्य का रूप निरंकुशतन्त्रीय होता है।

एक्विनास के अनुसार शासनतन्त्रों के प्रकार

एक्विनास ने शासनतन्त्रों के उस परम्परागत वर्गीकरण के स्थान पर, जिसके अनुसार शासनतन्त्रों के राजतन्त्रीय (monarchical) अभिजात्यन्त्रीय (aristocratic) व लोकतन्त्रीय (democratic) तीन प्रकार माने जाते हैं, एक नवीन प्रकार का वर्गीकरण प्रस्तुत किया गया है। उन्होंने अपने द्वारा प्रतिपादित वर्गीकरण में शासनतन्त्रों को गणतन्त्रीय (republican) राजतन्त्रीय

(monarchic) व निरंकुशतन्त्रीय (despotic) शासनों के रूप में वर्गीकृत किया है। गणतन्त्रीय शासक के भी एक्विनास ने दो रूप माने हैं, जिन्हें उन्होंने अभिजात्यतन्त्र (aristocracy) व लोकतन्त्र (democracy) की संज्ञा दी है। एक्विनास द्वारा प्रतिपादित शासनतन्त्रों के वर्गीकरण व विविध शासनतन्त्रों का विवेचन हम अग्र प्रकार कर सकते हैं :

1. गणतन्त्र-एक्विनास के अनुसार गणतन्त्रीय शासन वह होता है, जिसमें सर्वोच्च सत्ता नागरिकों के सम्पूर्ण समुदाय या उसके किसी भाग में निहित होती है तथा जिसमें शासन की विधियों का पालन इसलिए करती है कि वे जन कल्याणक होते हैं। गणतन्त्र को मोण्टेस्क ने दो उपवर्गों-अभिजात्यतन्त्र व लोकतन्त्र में विभाजित किया है। प्रथम से उनका तात्पर्य शासन के उस प्रकार से है, जिसमें सत्ता नागरिकों के सम्पूर्ण समुदाय में निहित हो और द्वितीय से उनका तात्पर्य शासन में उस प्रणाली से है, जिसमें सत्ता जनता के किसी भाग में निहित हो।

2. राजतन्त्र-एक्विनास के अनुसार राजतन्त्रीय शासन वह शासन है, जिसमें सर्वोच्च सत्त एक व्यक्ति में निहित होती है तथा वह व्यक्ति शासन का संचालन निर्धारित विधि के अनुसार करता है। ऐसे शासन में एक्विनास के अनुसार शासन की विधियों का पालन जनता शासक व उसकी विधियों के प्रति आदर भावना से करती है।

3. निरंकुशतन्त्र-एक्विनास के अनुसार निरंकुशतन्त्र शासन की वह प्रणी है, जिसमें सर्वोच्च सत्ता एक व्यक्तिमें निहित होती है और वह शासन को किसी निर्धारित विधि के अनुसार नहीं, वरन् अपनी इच्छा के अनुसार चलाता है। इस प्रकार का शासन तन्त्र एक्विनास के अनुसार सबसे बुरा शासनतन्त्र है। ऐसे शासन में शासन की विधियों का पालन जनता भय के कारण करती है।

आदर्श शासनतन्त्र के विषय में एक्विनास के विचार-सापेक्षता का सिद्धान्त

एक्विनास का मत है कि शासन का कोई एक रूप सब परिस्थितियों व सब देशों के लिए सर्वोत्तम नहीं हो सकता। इस सम्बन्ध में एक्विनास सापेक्षता के सिद्धान्त (The Principle of Relativity) के समर्थक हैं। उनके अनुसार वेराजनीतिक संस्थाएँ व विधियाँ जो ठण्डे उत्तरी देशों के लोगों के लिए उपयुक्तहोती हैं, दक्षिण के उष्ण अथवा शीतोष्ण प्रदेशों के लोगों के लिए उपयुक्त नहीं हो सकती। इसलिए जब किसी शासन की उत्तमता के विषय में कोई प्रश्न किया जाय, तो उसे इस सन्दर्भ में किया जाना चाहिए कि वह 'कब के लिए, कहाँ के लिए और किन के लिए' उत्तम है।

शासनों के परिवर्तन के विषय में एक्विनास के विचार

शासनतन्त्रों के परिबर्तन विषयक एक्विनास के विचारों का विवेचन हम निम्न उप-शीर्षकों में कर सकते हैं :

1. परिवर्तन स्वाभाविक व आवश्यक-शासन का कोई रूप निरपेक्ष या शाश्वत रूप से अच्छा या बुरा नहीं हो सकता, वरन् उसकी उपयुक्तता सापेक्ष होती है, एक्विनास के इस विचार उसे उसका एक दूसरा यह विचार निकलता है कि कोई भी शासन स्थाय नहीं हो सकता और

उसके रूप में परिवर्तन होना स्वाभाविक व आवश्यक है।

2. परिवर्तन का कारण आन्तिरक-एक्विनास के मतानुसार, शासनतन्त्रों का परिवर्तन किसी आकस्मिक घटना अथवा संयोग से नहीं होता, वरन् वह शासन की प्रवृत्ति निहित किन्हीं सामान्य कारणों के परिणामस्वरूप होता है, यद्यपि ये सामान्य कारण देश, काल व परिस्थितियों के अनुसार भिन्न-भिन्न हो सकते हैं। परिवर्तन का सामान्य कारण, एक्विनास के अनुसार, उस सिद्धान्त का विकृत होना है जिस पर शासन आधारित होता है तथा गणतनत्रीय या निरंकुशतन्त्रीय किसी भी प्रकार के शासन में जब उसके आधारभूत सिद्धान्त-गुण (virtue), सम्मान (honour) या भय (Fear)-का प्रयोग उसके विकृत रूप में अर्थात् सार्वजनिक हित में न किया जाकर वैयक्तिक हित में किया जाता है तो शासन विकृत हो जाता है और अन्त में उसका पतन हो जाता है। गणतन्त्र में जब शासन की विधियों व संस्थाओं का आधार गुण न होकर स्वार्थ हो जाता है, तो उसका रूप निरंकुशतन्त्र अथवा अन्य किसी विकृत तन्त्र को हो जाता है। राजतन्त्र में जब शासन की विधियाँ व उसकी संस्थाएँ ऐसी नहीं रहतीं, जो सामान्य जनता का आदर प्राप्त कर सके, तो उसका भी पतन आवश्यक हो जाता है। निरंकुशतन्त्र का पतन भी स दशा में अनिवार्य हो जाता है, जब उसमें भय व वातावरण अत्यधिक व शासन के कार्य असहनीय हो जाते हैं। इसी प्रकार सच्ची समानता की भावना नष्ट होने पर लोकतन्त्र का और अन्यों के प्रति सुविधा सम्पन्न लोगों की सहानुभूति का लोप हो जाने से अधिनायकतन्त्र का पतन हो जाता है।

शासनतन्त्रों के परिवर्तन के सम्बन्ध में एक्विनास के ये विचार इस सम्बन्ध में प्लेटो के विचारों से मिलते-जुलते हैं, क्योंकि प्लेटो ने भी परिवर्तनों के कारणों को बाह्य न मानकर आन्तरिक माना है तथा एक्विनास की ही तरह विकृति का कारण शासन के आधार मे अत्यधिक विकृति का पैदा होना माना है। पर एक्विनास के विचार प्लेटो से इस दृष्टि से नहीं मिलते कि प्लेटो ने जहाँ विविध शासनों के परिवर्तनों के एक क्रम का प्रतिपादन किया है, एक्विनास ने ऐसा कोई क्रम नहीं दिया।

3. राज्य का आकार भी परिवर्तन का एक कारण-शासनतन्त्रों के विषय में एक मुख्य विचार एक्विनास का यह भी है कि राज्य के आकार का प्रभाव भी उसके रूप पर पड़ता है। इस सम्बन्ध में उनका प्रतिपादन है कि शासन का गणतन्त्रीय रूप छोटे राज्यों के लिए, राजतन्त्रीय रूप बीच के आकार के राज्यों के लिए तथा निरंकुशतन्त्रीय रूप बड़े आकार के राज्यों के लिए उपयुक्त होता है। उन्होंने इस सम्बन्ध में यह भी कहा है कि राज्य के आकार के परिवर्तन के कारण शासन के रूप में भी परिवर्तन हो जाता है।

स्वतन्त्रता के विषय में एक्विनास के विचार

एक्विनास के स्वतन्त्रता सम्बन्धी विचारों का विवेचन निम्न उप-शीर्षकों के अन्तर्गत किया जा सकता है :

1. स्वतन्त्रता का अर्थ-विधि सम्मत कार्य करने का अधिकार

एक्विनास के स्वतन्त्रता सम्बन्धी विचारों का विवेचन निम्न उप-शीर्षकों के अन्तर्गत किया जासकता है :

एक्विनास के अनुसार सामान्यत: यदि कोई व्यक्ति अपनी इच्छा के अनुसार कार्य करता है, तो उसे स्वतन्त्रतापूर्वक कार्य करता हुआ माना जायेगा। यदि उसे अपनी इच्छा के विपरीत कार्य करना पड़े, तो उके परतन्त्र माना जायेगा। पर इस प्रकार की निरपेक्ष स्वतन्त्रता चूँकि राजनीतिक समाज में रहने वाले प्रत्येक व्यक्ति के लिए समान रूप से सुलभ नहीं हो सकती, अत: राजनीतिक स्वतन्त्रता के रूप में स्वतन्त्रता इसे नहीं माना जा सकता, वरन् केवल उसे करने की स्वतन्त्रता को स्वतन्त्र कहा जा सकता है, जो व्यक्ति के लिए करने योग्य हों। मैण्टेस्क के स्वयं के शब्दों में, **"शासनतन्त्रों अर्थात् विधि द्वारा नियन्त्रित समाजों में स्वतन्त्रता का अर्थ करने के लिए बाध्य होना नहीं हो सकता जिसकी इच्छा हमे नहीं करनी चाहिए, वरन् केवल वह करने की इच्छा करना हो सकता है, जिसकी इच्छा हमें करनी चाहिए।"**[1] चूँकि व्यक्ति के लिए कार्य केवल वहीं हो सकता है, जो राज्य की विधियों द्वारा निर्धारित हो, एक्विनास का निष्कर्ष यह है कि **"स्वतन्त्रता विधियों द्वारा निहित कार्य करने का अधिकार है और यदि नागरिक विधियों द्वारा निषिद्ध कार्य कर सकें, तो उसे स्वतन्त्रता का अधिकारी नहीं कहा जायेगा, क्योंकि अन्य सभी नागरिकों को भी वैसा ही अधिकार प्राप्त होगा।"**[2] इस प्रकार एक्विनास के अनुसार विधि सम्मत आचरण करना ही स्वतन्त्रता का वास्तविक अर्थ है।

2. सबके लिए सम्मान, निश्चय व स्पष्ट विधि स्वतन्त्रता की प्रतिभूति

पर स्वतन्त्रता के इस अर्थ के माने जाने पर अन्य महत्त्वपूर्ण प्रश्न यह उठता है कि क्या प्रत्येक प्रकार की विधियों के अनुसार चलने में भी व्यक्ति को स्वतन्त्र कहा जाता है? अथवा क्या केवल उन्हीं विधियों के अनुकूल चलने में व्यक्ति स्वतन्त्र रहता है, जो देश के सामाजिक व नैतिक मान्यताओं के अनुकूल हों? इस सम्बन्ध में एक्विनास का विचार है कि विविध समयों पर व विविध परिस्थितियों में शासन विविध प्रकार की विधियों का निर्माण करता है तथा उनके अनुसार व्यक्ति की स्वतन्त्रता की सीमा व उसका रूप बदलता रहता है। अत: शासन की विधियाँ सामान्यत: समाज की नैतिक मान्यताओं के अनुकूल होती है अन्यथा कालान्तर में शासन की विधियाँ बदलनी पड़ती हैं अथवा वह स्वयं बदल जाता है। ऐसी दशा में व्यक्ति की स्वतन्त्रता की सुरक्षा के लिए कम से कम यह आवश्यक है कि शासन की ओर से विधि की व्यवस्था निश्चित व स्पष्ट रहे और व्यक्ति सरलता से यह जानने की स्थिति में रहे कि विविध विषयों के सम्बन्ध में विधि की व्यवस्था क्या है। उनके मतानुसार, इस प्रकार, सबके लिए समान व निश्चय एवं स्पष्ट विधि की विविधता वैयक्तिक स्वतन्त्रता की प्रतिभूति है और इसके विपरीत विधि के शासन की अधीनता के सथान पर जब व्यक्ति व्यक्तियों के शासन के अधीन हो जाता है, तो उसकी स्वतन्त्रता समाप्त हो जाती है।

3. स्वतन्त्रता व्यक्तियों के शासन मं नहीं, विधि के शासन में सम्भव

निष्कर्ष रूप में, इस प्रकार एक्विनास के अनुसार व्यक्ति की स्वतन्त्रता उसके लिए व्यक्तियों के शासन के अधीन होने में न होकर कानून के शासन के अधीन होने में है और व्यक्ति की स्वतन्त्रता की सुरक्षा की मूल समस्या यह है कि व्यक्तियों के शासन के विपरीत विधि के शासन का सुनिश्चय किस प्रकार किया जा सकता है। एक्विनास का विचार है कि समस्या का समाधान, शासन के विविध अंगों में शासन की शक्तियों की पृथक्करण (Separation of Governmental Powers) है।

4. दासता की अन्याय्यता पर बल

व्यक्ति की स्वतन्त्रता के प्रसंग में मौण्टेसक ने दासता को भी अन्यायपूर्ण बताया है तथा उसे स्वतन्त्रता का हनन कहा है। दास प्रथा न्याय है और वह एक स्वाभाविक संस्था है, अरस्तू के उस विचार के खण्डन में उन्होंने अपनी रचना में बड़े विस्तार से लिखा है तथा इस बात पर बड़ा बल दिया है कि उसे नयाय्य ठहराये जाने का कोई विवेकसंगत आधार नहीं है। एक्विनास के दास प्रथा को अप्राकृतिक सिद्ध करते हुए यह कहा है कि चूँकि सब मनुष्य समान जन्म लेते हैं, अतः किसी को भी दास बनाया जाना उसकी प्राकृतिक स्थिति के विपरीत है और इस कारण दास प्रथा को अप्राकृतिक ही माना जाना चाहिए। एक्विनास के अनुसार उसका प्रारम्भ व उसका प्रचलन ऐतिहासिक दृष्टि से एह तथ्य है, पर इससे उसे विवेकयुक्त व न्यायपूर्ण नहीं ठहराया जा सकता और वह वास्तव में एक अमानवीय प्रथा ही है।

शक्तियों के पृथक्करण का सिद्धान्त

एक्विनास ने शक्तियों के पृथक्करण के सिद्धान्त का प्रतिपादन व्यक्ति की स्वतन्त्रता की रक्षा के साधन के रूप में किया है। इस प्रसंग में उन्होंने कहा है कि "**लगातार अनुभव यह दिखाता है कि प्रत्येक व्यक्ति जिसमें कोई शक्ति निहित होती है, शक्ति का दुरुपयोग करने और अपने अधिकार को अन्त तक चलाने की प्रवृत्ति रखता है।........ इस दुरुपयोग को रोकने के लिए यह स्वाभाविक रूप से आवश्यक है कि शक्ति पर रोक रहे। (इसके लिए) शासन के संगठन इस प्रकार होना चाहिए कि कोई व्यक्ति उन कार्यों को करने के लिए बाध्य न हों, जिनके करने का दायित्व उसके ऊपर विधि के अनुसार न हो और उन कार्यों के करने से वंचित न रहे, जिन्हें करने की अनुमति विधि देती हो।**"[1] व्यक्ति उक्त प्रकार की स्थिति में न रहकर विधि द्वारा विहित कार्य करने के लिए स्वतन्त्र रहे, इसके लिए एक्विनास ने शासन के संगठन के सम्बन्ध में उसके विविध अंगों के बीच उसकी शक्तियों के पृथक्करण का प्रतिपादन किया है।

एक्विनास ने इस प्रसंग में कहा है कि "प्रत्येक शासन में तीन प्रकार की शक्तियाँ होती हैं: व्यवस्थापन-सम्बन्धी, कार्यपालन-सम्बन्धी (जिनका सम्बन्ध अन्तराष्ट्रीय विधि पर आधारित बातों से होता है), तथा (दूसरे प्रकार की) कार्यपालन सम्बन्धी (जिनका सम्बन्ध नागरिक विधि

पर आधारित बातों से होता है) पहली शक्ति के अनुसार राजा अथवा शासक अस्थायी या स्थायी विधियों का निर्माण करता है और पहल से बनी हुई विधियों का संशोधन अथवा उनकी समाप्ति करता है। दूसरी के अनुसार वह सन्धि करता है अथवा युद्ध की घोषणा करता है, अन्य देशों को राजदूत भेजना है तथा उनके राजदूतों को अपने यहाँ स्थान देता है सार्वजनिक सुरक्षा की स्थापना तथा आक्रमणों से रक्षा करता है। तीसरी शक्ति के अनुसार वह अपराधियों को दण्ड देता है, अथवा व्यक्तियों झगड़ों का निबटारा करता है।........व्यवस्थापना तथा कार्यपालन सम्बन्धी शक्तियाँ जब किसी एक व्यक्ति अथवा शासकों के समूह में निहित हो जाती हैं, तो स्वतन्त्रता का कोई अस्तित्व नहीं हो सकता। ऐसी दशा में इस बात का भय रहता है कि एक राजा अथवा सभी अत्याचारी कानूनों का निर्माण कर ले और उन्हें अत्याचारपूर्ण ढंग से कार्योन्वित करे। इसी प्रकार यदि न्याय-सम्बनधी शक्ति के व्यवस्थापन अथवा कार्यपालन सम्बना शक्तियों से पृथक नहीं किया जाता, तो भी स्वतन्त्रता सम्भव नहीं होती। यदि यह (न्याय-शक्ति) व्यवस्थापन शक्ति के साथ जोड़ दी जायेगी, तो प्रजा के जीवन और उसकी स्वतन्त्रता को स्वेच्छाचारी नियन्त्रण का शिकार बनना पड़ेगा, क्योंकि उस दशा में न्यायकर्ता ही व्यवस्थापक होगा। यदि उसे (न्यायशक्ति को) कार्यपालन शक्ति के साथ जोड़ दिया जायेगा, तो न्यायकर्ता का व्यवहार हिंसक एवं अत्याचारी हो जायगा।''[1] इस प्रकार चूँकि राज्य की शक्तियों के एकत्रीकारण से व्यक्ति की स्वतन्त्रता खतरे में पड़ जाती है, अतः व्यवस्थापन, कार्यापालन तथा न्याय सम्बन्धी सभी शक्तियां पूर्णरूप से पृथक-पृथक हाथों में होनी चाहिए और किसी विभाग से सम्बन्धित अधिकारियों को यह अधिकार नहीं होना चाहिए कि वह अन्य किसी विभाग की शक्ति को हथिया सके अथवा उसमें हस्तक्षेप कर सके।

एक्विनास के उक्त कथन से जैसा स्पष्ट है, उसका शक्तियों के पृथक्करण का सिद्धान्त शासन के संगठन का सिद्धान्त है, जिसका उद्देश्य शासन के तीन अंगों व्यवस्थापिका, कार्यपालिका व न्यायपालिका के बीच शक्ति के नियन्त्रण व सन्तुलन को ऐसी व्यवस्था करके व्यक्ति की स्वतन्त्रता की रक्षा करना है, जिसमें व्यवस्थापिका कार्यपालिका के विशेषाधिकारों व न्यायपालिका के न्यायिका के पुनरीक्षण के अधिकार द्वारा, कार्यपालिका व्यवस्थापिका की सहमति व असहमति व न्यायपालिका के न्यायिक पुनरीक्षण के अधिकार द्वारा तथा न्यायपालिका कार्यपालिका के नियुक्ति सम्बनधी व व्यवस्थापिका के महाभियोग जैसे अधिकारों द्वारा नियन्त्रित रहते हुए सन्तुलित रूप से कार्य करें।

एक्विनास के राजनीतिक चिन्तन का मूल्यांकन

एक्विनास के राजनीतिक चिन्तन की आलोचना भी हुई है और प्रशंसा भी हुई है। उसके चिन्तन के पक्ष व विपक्ष में जो कुछ कहा जाता है, उसे हम एक-एक करके देख सकते हैं।

एक्विनास के चिन्तन की आलोचना

एक्विनास के विचारों की आलोचना जिन आधारों पर की जाती है, उनमें से प्रमुख निम्न

प्रकार हैं :

1. एक्विनास की विचार-विधि पूर्णतः ऐतिहासिक व व्यवहारवादी नहीं रही है- एक्विनास के विषय में यह कहा जाता है कि उन्होंने अपने पहले से चली आने वाली दार्शनिक व निगमनात्मक विधि के स्थान पर ऐतिहासिक, तुलनात्मक व्यवहारवादी विधि का प्रचलन किया तथा उनका दर्शन उसी विधि पर आधारित है। पर यह पूर्णतः सही नहीं है, क्योंकि अपने चिन्तन के अनेक स्थानों पर वे पुनः दार्शनिक ढंग से सोचने के लिए विवश हो गये थे। उदाहरणार्थ, उनकी यह मान्यता को कि मानव समाज का संचालन विवेक पर आधारित एक सार्वभौमिकविधि द्वारा होता है, व्यवहारवादी वास्तविकता न माना जाकर दार्शनिक कल्पना ही कहा जा सकता है। दास प्रथा अमानवीय है और मानवीय आधार पर उसका अन्त वांछनीय है, उनका यह विचार भी व्यवहारवादी न होकर दार्शनिक ही है। यही कारण है कि सैबाइन ने यह निष्कर्ष निकाला है कि "**एक्विनास ने सामाजिक संस्थाओं का अध्ययन करने के लिए तुलनात्मक व निगमनात्मक पद्धति का प्रयोग किया था, केवल आंशिक रूप से ही सही है**" और कहा है कि "**कदाचित् कुछ ही ऐसे राजनीतिक विचारक हुए होंगे, जो एक्विनास से अधिक जल्दबाजी में समान्यीकरण करने के आदी हों अथवा जिनमें समान्यीकरण से निकाले हुए निष्कर्षों व पूर्व धारणाओं में अन्तर करने की प्रवृत्ति उनसे कम पाई जाती हो।**"[1] सीधे-सादे शब्दों में एक्विनास में समान्यीकरण करने की एक विशेष प्रवृत्ति थी, पर साथ ही साथ वे निष्कर्ष अपनी पूर्व धारणाओं के अनुसार ही निकालते थे।

2. मनुष्य की जीवन के भौतिक व बौद्धिक दोनों पक्ष पूर्णतः अलग-अलग नहीं है- एक्विनास की यह मान्यता है कि मनुष्य के जीवन के भौतिक व बौद्धिक दोनों पक्ष अलग-अलग हैं और उनका नियमन अलग-अलग प्राकृतिक विधियों (The Laws of Physical Nature) व मनुष्यकृत विधियों (Positive Laws) के द्वारा होता है, वास्तविकताओं के प्रतिकूल हैं। मनुष्य के व्यक्तित्व को न तो इस प्रकार दो भागों में ही बाँटा जा सकता है, और न उनसे सम्बन्धित कोई नियम ही अलग-अलग हो सकते हैं। मनुष्य की बुद्धि अनेक प्रकार से उसकी प्रकृति का नियमन करती है और समाज व राज्य की अनेक विधियाँ उसके जीवन के प्राकृतिक पक्ष को नियन्त्रित करती हैं। विवाह आदि से सम्बन्धित राजकीय विधियाँ इस श्रेणी में आने वाली विधियां हैं।

3. राजनीतिक संस्थाओं व विधियों के सम्बन्ध में उनके सापेक्षता के सिद्धान्त का प्रतिपादन अतिशयोक्तिपूर्ण है-राजनीतिक संस्थाएँ व विधियाँ देश-काल व परिस्थितियों के अनुसार सापेक्ष होती हैं, अपने इस प्रतिपादन में एक्विनास ने यह सिद्ध करने का प्रयत्न किया है कि मानव जगत की संस्थाओं व विधियों पर देश विशेष की भूमि, जलवायु, उपजाऊपन व प्राकृतिक संसाधनों का बड़ा निश्चित प्रभाव पड़ता है। उनका निष्कर्ष इस सम्बन्ध में यह है कि ठण्डी जलवायु के लोग क्रियाशील होते हैं और उनका जीवन स्फूर्तिपूर्ण होता है, जबकि गरम

जलवायु के लोग सुस्त व उदासीन प्रवृत्ति के होते हैं, ठण्डी जलवायु लोगों में स्वतन्त्रता की भावना भरती है, तो गरम जलवायु लोगों को दास वृत्ति वाला बनाती है तथा पर्वतीय क्षेत्र जहाँ स्वतन्त्र सरकारों के लिए उपयुक्त होते हैं, वहाँ मैदानी क्षेत्रों में निरंकुश शासनों अधिक आसानी से पनपता है। अपने इस निष्कर्षों के समर्थन में उन्होंने योरोप व अन्य देशों का उदाहरण निरंकुश शासनों के लिए उपयुक्त देशों के रूप में तथा एशिया के देशों का उदाहरण निरंकुश साधनों के लिए उपयुक्त देशों के रूप में दिया है। कहना न होगा कि राजनीतिक संस्थाओं व विधियों पर प्राकृतिक पर्यावरण के प्रभाव के विषय में एक्विनास की उक्त धारणा निश्चित रूप से अतिशयोक्तिपूर्ण है।

4. एक्विनास का शासनों का वर्गीकरण अपूर्ण व असन्तोषजनक है-एक्विनास का शासनों का वर्गीकरण अपूर्ण है, क्योंकि उनमें साधनों के अनेक आधुनिक प्रकार नहीं आते। उनका वर्गीकरण इस दृष्टि से भी आलोच्य है कि उसमें अभिजात्यतन्त्र (aristocracy) व लोकतन्त्र (democracy) दोनों ही गणतन्त्र का ही प्रकार माना गया है। अभिजात्यतन्त्र वस्तुतः शासन का एक पृथक प्रकार है। उसका एक दोष यह है कि निरंकुशतन्त्र को राजतन्त्र व गणतन्त्र का समान स्तरीय शासन मान लिया गया है। इसके अतिरिक्त उसमें किसी एक आधार को अपनाकर सभी सत्ता के प्रयोग करने वालों की संख्या का तभी सत्ता के प्रयोग की विधि को आधार बनाया गया है। एक्विनास का यह विचार भी आलोच्य ही की गणतन्त्र, राजतन्त्र व निरंकुशतन्त्र क्रमशः बीच के और बड़े राज्यों के लिए उपयुक्त होते हैं।

5. एक्विनास द्वारा स्वतन्त्रता को विधि के अधीन बना देना तार्किक दृष्टि से असंगत है-एक्विनास के इस कथन कि विधियों द्वारा विहित कार्य करने का अधिकार ही स्वतन्त्रता है, तर्क की दृष्टि से संगत नहीं है। अनेक देशों में, अनेक समयों पर वे अनेक परिस्थितियों में अनेक विधियों के पालन करने से वैयक्तिक स्वतन्त्रता का हनन होता है, जब राज्य की विधियाँ व्यक्ति की नैतिक मान्यताओं से टकराती हुई होती हैं। ऐसी स्थिति में यदि उसे ऐसी विधि का पालन करना पड़ता है, तो उसे स्वतन्त्रतापूर्वक आचरण करता हुआ नहीं माना जा सकता। इसलिए विधियों के लिए यह आवश्यक है कि वे जन मानस व समाज की नैतिक मान्यताओं के अनुकूल हों अन्यथा व्यक्ति की स्वतन्त्रता की रक्षा नहीं हो सकती।

6. एक्विनास का शक्तियों के पृथक्करण का सिद्धान्त अव्यावहारिक, अवास्तविक, अलाभकार व उद्देश्य की सिद्धि करने में अक्षम है-सर्वप्रथम, एक्विनास का शक्तियों के पृथक्करण का सिद्धान्त अपनी व्यवहारिकता के लिए आलोच्य है। शासन के सब विभागों को पूर्णरूपेण पृथक नहीं किया जा सकता, क्योंकि शासन का रूप एक इकाई का होता है और जब तक शासन के विविध अंगों में पारस्परिक सम्बन्ध न रहे, शासन का कार्य सुचारु रूप से नहीं चल सकता।

द्वितीय, यह सिद्धान्त अवास्तविक है, क्योंकि कहीं भी शासन के विभागों में पूर्ण अलगाव नहीं हो सका है। संयुक्त राज्य अमरीका में भी जहाँ शासन व्यवस्था एक्विनास के सिद्धान्त पर

आधारित है, शक्तियों का पूर्ण पृथक्करण नहीं हो पाया है। तथा वहाँ शासन सब विभागों का कार्य नियन्त्रण व सन्तुलन का सिद्धान्त (Principle of checks and balances) पर आधारित है।

तृतीय, यह सिद्धान्त इस दृष्टि से अलाभकर भी है कि यदि शासन के विविध विभागों को पूर्णतः अलग-अलग भी कर दिया जाय, तो उससे उनके बीच सहयोग की भावना प्रतियोगिता की भावना पनपेगी और यदि वह प्रतियोगिता अधिक खींच जाय, तो शासन में गतिरोध पैदा हो जायेगा। यह सिद्धान्त वस्तुतः इस दोषपूर्ण धारणा पर आधारित है कि शासन के सब विभाग समान स्तर के होते हैं, और उनकी शक्तियाँ समान होती हैं, जबकि वास्तविकता ही है कि अपने-अपने क्षेत्र में वह अपने-अपने समय पर अपनी शक्तियों का अलग-अलग महत्त्व होते हुए भी प्रत्येक दूसरे के कार्य में सहायक व सहयोगी होता है।

चतुर्थ, यह सिद्धान्त व्यक्ति की स्वतन्त्रता की रक्षा के अपने उद्देश्य की साधना कर सके, यह आवश्यक नहीं है। व्यक्ति की रक्षा शासन की शक्तियों के पृथक्करण से नहीं वरन् उनके उचित प्रयोग से होती है। इंगलैण्ड की शासन प्रणाली, जिसे मौण्टेसक ने शक्तियों की पृथक्करण पर आधारित माना, वास्तव में शक्तियों के पृथक्करण पर आधारित नहीं है, फिर भी वहाँ व्यक्तियों की स्वतन्त्रता की सुरक्षा न हो, ऐसी बात नहीं है। नागरिकों की स्वतन्त्रता की रक्षा वस्तुतः शासक व शासितों के उसके प्रति जागरूकता से सम्भव होती है। अनवरत जागरूकता ही स्वतन्त्रता का मूल्य है, और यदि इस जागरूकता का अभाव रहे, तो व्यक्ति की स्वतन्त्रता की रक्षा नहीं हो सकती।

एक्विनास के चिनतन का महत्त्व

उपर्युक्त विवेचना के होते हुए भी एक्विनास के चिन्तन का अपना महत्त्व है,

1. अध्ययन के क्षेत्र में एक्विनास ने निरपेक्ष व दार्शनिक विधि की परम्परा को तोड़कर सापेक्ष, ऐतिहासिक व व्यावहारवादी विधि का श्रीगणेश किया-एक्विनास से पहले जो विचार-विधि अपनायी जाती रही थी, वह चिन्तन के निरपेक्ष व दार्शनिक ढंग पर आधारित थी। इस बात को ध्यान में न रखते हुए कि मानव सभ्यता तथा राज्य सरकार, सरकार विधि, परिवार व धर्म जैसी सामाजिक संस्थाओं का अध्ययन किसी सुविचारित योजना के अनुसार स्थापित संस्थाओं के रूप में नहीं किया जा सकता, वरन् स्वाभाविक रूप से विकसित होने वाली संस्थाओं के रूप ही किया जा सकता है, प्लेटो, एक्विनास, एक्विनास व एक्विनास जैसे विचारकों ने जिस दार्शनिक व निरपेक्ष अध्ययन विधि का अनुसरण किया, एक्विनास ने उसकी अनुपयोगिता को समझा और उन्होंने इस बात पर जोर दिया कि मानव सभ्यता व सामाजिक संस्थओं के अध्ययन की उचित विधि ऐतिहासिक, सापेक्षतावादी व व्यावहारवादी ही हो सकती है, क्योंकि उसके द्वरा ही उनके विकास की विविध स्तरों को देखते हुए उनके वास्तविक रूप को देखा जा सकता है। यही कारण है कि एक्विनास के विषय में यह कहा जाता है कि उनका योगदान राजनीतिक चिन्तन की अपेक्षा अध्ययन-विधि के विकास के क्षेत्र में अधिक महत्त्वपूर्ण है।

2. एक्विनास ने मनुष्य की प्रकृति के यथार्थवादी रूप का प्रतिपादन किया है-किसी निश्चित धारणा को लेकर चलने वाले दार्शनिक विचारकों के कल्पनामूलक व आदर्शात्मक प्रतिपादनों के विपरीत एक्विनास का मनुष्य की प्रकृति से सम्बन्धित प्रतिपादन यथार्थमूलक है। एक्विनास का मनुष्य न तो एक्विनास की कल्पना जैसाी घमण्डी, आकस्मिक, स्वार्थ चालाक और न एक्विनास की कल्पना जैसा उदार व नैतिक है वरन् वह स्वभावतः अन्यों के साहचर्य का उत्पादन है। दूसरे शब्दों में उनके अनुसार मनुष्य की प्रकृति के विषय में कोई शाश्वत व निरपेक्ष बात नहीं कही जा सकती, वरन् उस सम्बन्ध में यथार्थ यह है कि उसकी प्रकृति उसके सामाजिक साहचर्य से बनती व विकसित होती है।

3. राज्य के स्वरूप के विषय में एक्विनास की धारणा वास्तविकता के अधिक निकट है-एक्विनास की यह धारणा कि राज्य का रूप किसी योजना के परिणामस्वरूप अस्तित्व में आई किसी मनुष्य कृत संस्था का न होकर मनुष्य की सामाजिक प्रकृति के परिणामस्वरूप स्वाभाविक रूप से विकसित संस्था का है, राज्य के स्वरूप की वास्तविकता के अधिक निकट है तथा उनका यह प्रतिपादन आज तक मान्य है।

4. राजनीति के साथ-साथ विधि के सामाजिक रूप पर बलदेकर एक्विनास ने उसके वास्तविक रूप को निखारा है-एक्विनास के अनुसार विधि न तो प्लेटो व अरस्तू के प्रतिपादन जैसी निरपेक्ष विवेक की अभिव्यक्ति होती है, और न बोदां व एक्विनास के प्रतिपादन जैसी किसी उच्च राजनीतिक सत्ताधारी की आज्ञा होती है, वरन् वह उन सम्बन्धों की अभिव्यक्ति होती है, जो समाज में व्यक्तियों के बीच परस्पर पाये जाते हैं। इस प्रकार एक्विनास ने विधि को समाज से बाहर की वस्तु न मानकर उसे समाज की भीतर की वस्तु माना है तथा इस प्रकार राजनीतिकता के साथ-साथ उसकी सामाजिकता पर बल देकर उसके वास्तविक रूप को निखारा है।

5. शासन की उपयुक्तता व अनुपयुक्तता की सापेक्षता का मौण्टेसक का विचार राजनीतिक चिन्तन की दृष्टि से महत्वपूर्ण है-एक्विनास का प्रतिपादन है कि शासन का कोई रूप निरपेक्ष व शाश्वत रूप से अच्छा या बुरा नहीं हो सकता और उसकी उपयुक्तता व अनुपयुक्तता सापेक्ष होती है। राजनीतिक जीवन पर दार्शनिक विधि से विचार करने वाले प्लेटो की परम्परा के दार्शनिकों ने राज्य व शासन के ऐसे रूप का प्रतिपादन करने का प्रयत्न किया था, जो निरपेक्ष व शाश्वत रूप से आदर्श हो सके। एक्विनास ने अध्ययन की ऐतिहासिक विधि पर चलकर शासन के रूप के विषय में इस सत्य का प्रतिपादन किया कि शासन का कोई भी रूप सदा के लिए, सब समयों के लिए और सबके लिए आदर्श नहीं हो सकता तथा यही कारण है कि उसके एक्विनासं में परिवर्तन होते रहते हैं।

6. एक्विनास का यह विचार है कि व्यक्ति की स्वतन्त्रता व्यक्तियों के शासन के बजाय विधि के शासन के अन्तर्गत सुरक्षित रहती हैं, राजनीतिक चिन्तन के लिए एक महत्वपूर्ण देन है-एक्विनास ने स्वतन्त्रता के सम्बन्ध में प्राकृतिक विधि (Law of Nature) से

व्यवस्थित व्यक्ति को प्राकृतिक स्वतन्त्रता (Natural Liberty) अथवा उसके प्राकृतिक अधिकारों का प्रतिपादन न करके सामाजिक मान्यताओं पर आधारित राजकीय विधि द्वारा व्यवस्थित व्यक्ति की स्वतन्त्रता का प्रतिपादन किया है और इस बात पर बल दिया है कि व्यक्ति की स्वतन्त्रता की रक्षा के लिए व्यवस्था होनी चाहिए, जिसमें शासन व्यक्तियों का न होकर सामाजिक मान्यताओं के अनुरूप निर्मित विधियों का हो। एक्विनास का यह विचार राजजीतिक चिन्तन को उनके योगदान की दृष्टि से निस्सन्देह बड़ा महत्वपूर्ण है।

7. शासन की शक्तियों के केन्द्रीयकरण को रोकने व राज्य के कार्यों के विभाजन की दृष्टि से एक्विनास का शक्तियों का पृथक्करण का सिद्धान्त एक उपयोगी सिद्धान्त है–शक्ति विकृति उत्पन्न करती है और निरंकुश शक्ति निरंकुश विकृति उत्पन्न करती है, इस मान्यता के आधार पर शक्ति के केन्द्रीयकरण व उसका दुरुपयोग रोकने की दुष्टि से एक्विनास का शक्तियों का पृथक्करण का सिद्धान्त एक उपयोगी सिद्धान्त है, क्योंकि उसके अनुसार शासन के विविध विभागों का संगठन किये जाने से किसी एक व्यक्ति या व्यक्ति समूह के हाथों में शासन की शक्ति के अनावश्यक केन्द्रीयकरण और उससे उत्पन्न व्यक्ति की स्वतन्त्रता की असुरक्षा से बचा जा सकता है। राज्य के कार्यों की विविधता व उनके विस्तार था उनके उचित ढंग से सम्पादन किये जाने की दृष्टि से भी सिद्धान्त की बड़ी उपयोगिता है। श्रम-विभाजन (Division of Labour) आधुनिक युग का एक महत्वपूर्ण नियम है और मानव क्रिया के प्राय: प्रत्येक विभाग में उसका प्रयोग हो रहा है। मानव के राजनीतिक जीवन में भी अब यह सम्भव व वांछनीय नहीं है कि सम्पूर्ण राज्य शक्ति का प्रयोग कोई व्यक्ति अथवा समूह करे। पृथक्करण के सिद्धान्त ने सरकार के कार्य-क्षेत्र में श्रम-विभाजन के विचार का प्रवेश कर दिया है। अब प्राय- सार्वजनकि विचार है कि शासन की उत्तमता के लिए यह आवश्यक है कि व्यवस्थापना, शासन तथा न्याय सम्बन्धी कार्य ऐसे पृथक-पृथक व्यक्तियों के हाथों में रहे जो अपने कार्यक्षेत्र के लिए विशेषत: योग्य हों और जो परस्पर सहयोग से कार्य करते हुए अनावश्यक रूप से अन्य विभागों से सम्बन्धित व्यक्तियों के कार्यों में हस्तक्षेप न करें।

मौण्टेस्क के विचारों के विपक्ष व पक्ष में जो कुछ ऊपर कहा गया है, उससे जैसा हमने देखा है, विविध आलोचनाओं के होते हुए भी राजनीतिक चिन्तन की दृष्टि से एक्विनास के विचारों का बड़ा महत्त्व है। उनके विचारों के सार के रूप में उनके इस विचार की ओर राजनीति शास्त्र के किसी विद्यार्थी का ध्यान आकर्षित हुए बिना नहीं रह सकता कि सामाजिक जीवन व्यष्टिमय न होकर समष्टिमय है और उसके कारण विविध निर्णायक तत्त्वों के परस्पर अपृथक्करणीय रूप से सम्बद्ध होने के कारण उनमें पारस्परिक सामंजस्य बनाने रखना एक अनिवार्य आवश्यकता है। जैसा वाघां ने कहा है–एक्विऩास के विचारों से निकलने वाले ये निष्कर्ष राजनीतिक चिन्तन के लिए बड़े महत्त्व के हैं कि **''किसी राष्ट्र का सम्पूर्ण जीवन एक समष्टि में गुथाँ हुआ होता है और इस कारण यह असम्भव होता है कि अन्य अनेक दिशाओं में भी सहस्त्रो अप्रत्याशित**

और कदाचित् अवांछित परिवर्तनों की श्रृंङ्खला डाले बिना किसी एक दिशा में कोई क्रान्तिकारी परिवर्तन किया जा सकें, पारस्परिक सम्बन्धों के इस विस्तुत जाल में इस बात की सम्भावना सदा बनी रहती है कि एक दृष्टिकोण दूसरे को पादाक्रांत करे व एक सम्बन्ध न्यूनाधिक प्रबल रूप से दूसरे के विरूद्ध पड़े और इस कारण इस बात की आवश्कता स्थायी रूप से बनी रहती है कि उन सबके बीच पारस्परिक सन्तुलन बनाये रखा जा सके।"[1]

शक्ति की विशेषताएँ :-उपर्युक्त परिभाषाओं के आधार पर शक्ति की निम्नलिखित विशेषतायें स्पष्ट होती हैं -

1. शक्ति आदेश की पालना नहीं करने वालों को दण्डित करने की व्यवस्था का नाम है,
2. राज्य के सम्पूर्ण कार्य का प्रतीक है,
3. शक्ति संगठन का प्रतीक है। संगठन में ही शक्ति निवास करती है,
4. शक्ति समाज को सुव्यवस्थित रखने का नाम है,
5. शक्ति राजनीति का अन्तिम लक्ष्य है। राजनीतिक व्यवहार में शक्ति, क्षमता, प्रभाव, सत्ता का ही रूप है,
6. शक्ति व्यक्ति के व्यवहार को नियंत्रित करने का प्रतीक है,
7. शक्ति व्यक्ति व समूह के संघर्ष का बिन्दु है,
8. व्यक्ति की सर्वोच्च इच्छा का नाम ही शक्ति है,
9. शासन व्यवस्था में शक्ति शासक की इच्छा का अन्तिम रूप है,
10. शक्ति का अस्तित्व प्रत्यक्ष व अप्रत्यक्ष होता है,
11. शक्ति में पद-सोपान व्यवस्था पायी जाती है। जिसमें उच्च स्तर पर शक्ति का निवास होता है,
12. शक्ति के रूप परिवर्तित होते रहते हैं, एवं
13. शक्ति राष्ट्रीय और अन्तर्राष्ट्रीय स्तर पर भी प्रभावित करने की क्षमता रखती है।

शक्ति के प्रकार :- शक्ति के सन्दर्भ में विभिन्न विचारकों ने विस्तृत अध्ययन किया है जिसके आधार पर शक्ति के निम्नलिखित प्रकार हैं-

1. प्रभावशीलता के आधार पर शक्ति के प्रकार,
2. औचित्य एवं अनौचित्य के आधार पर शक्ति के प्रकार, एवं
3. अन्य आधारों पर शक्ति के प्रकार।

प्रभावशीलता के आधार पर शक्ति के प्रकार :- शक्ति का वह रूप जिसमें दूसरे लोगों को अपने अनुकूल व्यवहार करने के लिये बाध्य किया जाता है। ऐसी शक्ति निम्नलिखित प्रकार की होती है -

(a) बल :- बल प्रयोग कर दूसरों के व्यवहार में परिवर्तन किया जाता है तो वह शक्ति बल कहलाती है।

(b) प्रभुत्व :- आदेश शक्ति द्वारा दूसरों के व्यवहार में परिवर्तन किया जाता है तो वह शक्ति प्रभुत्व कहलाती है।

(c) चातुर्य :- छल या युक्ति द्वारा दूसरों के व्यवहार में परिवर्तन किया जाता है तो वह शक्ति चातुर्य कहलाती है।

औचित्य एवं अनौचित्य के आधार पर शक्ति के प्रकार :- इस आधार पर शक्ति के जिन रूपों का उल्लेख मैक्सवेबर ने किया है, वे हैं :-

(a) करिश्माई शक्ति :- शक्ति का प्रयोग जब व्यक्तित्व या विशेष किसी गुण के आधार पर प्रयोग की जाती है तो वह शक्ति करिश्माई शक्ति कहलाती है।

(b) दमनकारी शक्ति :- शक्ति का प्रयोग दमन के रूप में बिना औचित्य के प्रयोग किया जाता है तो उस शक्ति को दमनकारी शक्ति कहते हैं।

(c) वैधानिक शक्ति :- शक्ति का प्रयोग जब वैधानिक ढंग से किया जाता है तो वह शक्ति वैधानिक शक्ति कहलाती है।

(d) परम्परागत शक्ति :- शक्ति का प्रयोग जब परम्परागत ढंग से किया जाता है तो वह शक्ति परम्परागत शक्ति कहलाती है।

अन्य आधारों पर शक्ति के प्रकार :- शक्ति के अन्य आधारों पर इसके निम्नलिखित प्रकारों की चर्चा की जाती है –

केन्द्रित, विकेन्द्रित शक्ति :- शक्ति के निवास के आधार पर शक्ति के विभिन्न रूपों का वर्णन किया जाता है। जैसे शक्ति का निवास जब एक केन्द्र में होता है तो उस शक्ति को केन्द्रित तथा जब शक्ति अनेक केन्द्रों में निवास करती है तो उसे विकेन्द्रित शक्ति कहते हैं।

प्रत्यक्ष एवं अप्रत्यक्ष शक्ति :- यह शक्ति का वर्गीकरण शक्ति के प्रयोग के आधार पर स्पष्ट किया गया है। जब शक्ति का प्रयोग स्वयं, शक्तिधारक व्यक्ति द्वारा किया जाता है उसे प्रत्यक्ष शक्ति तथा शक्ति का अधीनस्थों अथवा अन्य रूपों में प्रयोग किया जाता है उसे अप्रत्यक्ष शक्ति कहते हैं।

सम्भाव्य तथा वास्तविक शक्ति :- जिस शक्ति का प्रयोग शक्ति धारण द्वारा किया जाता है उसे वास्तविक शक्ति कहते हैं तथा शक्ति का प्रयोग शक्तिधारक क्षमता रखते हुये भी स्वयं उसका प्रयोग नहीं करता है तो उस शक्ति को सम्भाव्य शक्ति कहते हैं।

औपचारिक एवं अनौपचारिक शक्ति :- जब शक्ति का प्रयोग वैधानिक तरीके से पदधारक द्वारा किया जाता है तो उसे औपचारिक शक्ति कहते हैं तथा जब इसका प्रयोग वैयक्तिक सम्बन्धों के आधार पर किया जाता है तो उसे अनौपचारिक शक्ति कहते हैं।

दृश्य-अदृश्य शक्ति :- जब शक्ति प्रकट रूप में प्रयोग की जाती है तो उसे दृश्य शक्ति कहते हैं।

निम्न, मध्यम शक्ति :- शक्ति के इन प्रकारों की कल्पना राज्यों की पारस्परिक तुलनात्मक शक्ति के रूप में की गयी है इस आधार पर शक्ति निम्न, मध्यम तथा महाशक्तियों के रूप में पायी जाती है।

प्रादेशिक, राष्ट्रीय एवं अन्तर्राष्ट्रीय शक्ति :- भू-क्षेत्र के आधार पर शक्ति के प्रादेशिक, राष्ट्रीय तथा अन्तर्राष्ट्रीय शक्ति के रूपों को स्वीकार किया गया है।

दमनात्मक एवं अदमनात्मक शक्ति :- शक्ति का प्रयोग शासक जब अत्याचार एवं दमन के रूप में करता है तो उस शक्ति को दमनात्मक शक्ति तथा इसके विपरीत शक्ति का प्रयोग अदमनात्मक शक्ति कहलाता है।

(i) एक पक्षीय, द्विपक्षीय एवं बहुपक्षीय शक्ति :-शक्ति का प्रयोग कई पक्षों द्वारा किया जाता है। एक पक्ष द्वारा प्रयुक्त शक्ति एक पक्षीय शक्ति, दो पक्षों द्वारा प्रयुक्त शक्ति को द्वि-पक्षीय तथा अनेक पक्षों द्वारा प्रयुक्त शक्ति को बहुपक्षीय शक्ति कहते हैं।

शक्ति के आधार :- शक्ति के आधारों की चर्चा प्रो० ए.सी.भण्डारी तथा प्रो० अरविन्द श्री वास्तव ने शक्ति को निम्नलिखित प्रकारों से दो रूपों में की है-

(A) तानाशाही शासन में शक्ति के रूप, एवं

(B) लोकतन्त्र में शक्ति के रूप

तानाशाही शासन में शक्ति के आधारों का वर्णन इस प्रकार है :-

1. बल प्रयोग :- शासक अपनी इच्छा को मनवाने के लिए विरोधियों पर, असन्तुष्टों पर, आन्दोलनकारियों पर बल प्रयोग के माध्यम से नियन्त्रण रखने का प्रयास करता है यह बल प्रयोग दो प्रकार का हो सकता है -

(i) साधारण बल प्रयोग - इसमें लाठी चार्ज, अश्रुगैस, हवाई फायर आदि का सहारा लिया जाता है।

(ii) असाधारण बल प्रयोग - इसमें देखते ही गोली मारने का आदेश सेना को दिया जाता है। गिरफ्तारी, तलाशी, कर्फ्यू, मार्च फास्ट, रेड अलर्ट, सैनिक शासन आदि का प्रयोग शासक द्वारा किया जाता है।

2. हिंसा :- तानाशाही शासन में हिंसा बड़े पैमाने पर पायी जाती है। मारकाट, हत्या, नरसंहार खुलेआम किया जाता है। हिंसा के माध्यम से शासक-वर्ग और जनता का वर्ग आपस में अपने-अपने अस्तित्व के लिए संघर्ष करते हैं। शासक सेना के माध्यम से या अपने अनुयायियों के माध्यम से हिंसा उत्पन्न करते हैं। व्यक्ति, समूह और संगठन पर हिंसा के माध्यम से नियंत्रण स्थापित किया जाता है।

3. भय :- जिस राष्ट्र में तानाशाही शासन होता है। वहाँ की जनता में आतंक पाया जाता है। जनता का शोषण बड़े पैमाने पर किया जाता है। जनता को किसी भी प्रकार की मदद शासक द्वारा उपलब्ध नहीं कराई जाती है बल्कि उनके नागरिक अधिकार और स्वतन्त्रताओं पर भी प्रतिबन्ध लगा दिये जाते हैं। सेना का

आतंक जनता पर छाया रहता है। जनता आतंक से परेशान रहती है। सैनिक शासन में आतंक सर्वव्यापक पाया जाता है।

4. कठोर कदम :- तानाशाह शासन में कभी-कभी कठोर कदम उठाये जाते हैं। आन्तरिक उपद्रव, गृहयुद्ध आदि की स्थिति उत्पन्न हो जाने पर कठोर कदम उठाये जाते रहे हैं। राष्ट्रव्यापी अभियान, सेना की तैनाती, फांसी आदि का सहारा लिया जाता है। ये अल्प समय के लिए भी हो सकता है या लम्बे समय के लिए भी हो सकता है। इसकी पालना करने में कठोर अनुशासन का सहारा लिया जाता है।

5. दण्ड :- तानाशाही शासन व्यवस्था में दोषी व्यक्तियों को दण्डित करने की व्यवस्था सख्त होती है। जनता के नागरिकों पर बिना मुकदमा चलाये ही दोषी करार दे दिया जाता है। देशद्रोही करार देकर कठोर से कठोर दण्ड दिया जाता है। इसमें जेलों की बनावट अंधेरी गुफा की तरह होती है। जेल में अपराधियों पर तरह-तरह के जुल्म किये जाते हैं। अमानवीय तरीके से कैदियों को यातनाएँ दी जाती हैं। इसका प्रभाव नागरिकों पर व्यापक रूप से पड़ता है।

लोकतन्त्र में शक्ति के रूप

लोकतन्त्र में शक्ति के आधारों का वर्णन इस प्रकार है -

1. औचित्यपूर्णता :- शक्ति का आधार क्या होना चाहिए? औचित्यपूर्णता शक्ति की वैधानिकता की कसौटी परखने का पहलू माना जाता है। तर्क-वितर्क भी इसकी औचित्यपूर्णता को प्रकट करता है। शक्ति में औचित्यपूर्णता के बिना इसकी पालना कराना सम्भव नहीं है। शक्ति क्या है? वास्तविक शक्ति में क्या होना चाहिए? इसका निर्णय औचित्यपूर्णता के आधार पर निकालने का प्रयास किया जाता है।

2. आज्ञा पालन :- शक्ति राजनीति, संगठन व शासन व्यवस्था में आदेश प्रसारित करके आज्ञापालन कराती है। जनसाधारण-वर्ग में आज्ञापालन इसलिए कराया जाता है कि समाज में व्यवस्था स्थापित रहे तथा दूसरे व्यक्तियों को असुविधा का सामना नहीं करना पड़े। आज्ञापालन में भेदभाव नहीं पाया जाता है। सभी को समान दृष्टि से आदेश की पालना अनिवार्य रूप से करनी होती है। शक्ति में डर या भय के कारण आज्ञापालन होता है क्योंकि इसमें बाध्यकारी स्थिति से निपटने के लिए शक्ति में् विशेष प्रावधान किया जाता है।

3. सहमति - लोकतन्त्र शासन-प्रणाली में प्राय: देखा जाता है कि शक्ति की पालना आपसी सहमति से ही सम्भव होती है। इससे दूसरे व्यक्ति भी पालना करने पर सहमत हो जाते हैं। लोकतन्त्र में सहमति से ही शक्ति नियन्त्रण रखती है।

4. प्रभाव :- लोकतन्त्र में शक्ति का मूल आधार प्रभाव से लिया जाता है। शासन की नीतियों, आदेशों, कार्यों में, शक्ति का प्रभाव पाया जाता है। राष्ट्रीय नेताओं का प्रभाव, दल का प्रभाव, सत्ता का प्रभाव, मानवीय व्यवहार को प्रभावित करता है। इसमें प्रभाव के बिना शक्ति का आधार नहीं हो सकता है। लोकतन्त्र में

राजनीतिक प्रभाव भी जनता पर पाया जाता है।

5. नेतृत्व :- राजनीति में शक्ति नेतृत्व का आधार माना जाता है। नेतृत्व के बिना शक्ति प्राप्ति सम्भव नहीं है। शासन व्यवस्था में नेतृत्व भिन्न प्रकार का पाया जाता है। नेतृत्व में आन्तरिक रूप से संघर्ष की स्थिति रहती है। एक नेता के पास नेतृत्व के आवश्यक गुणों का होना आवश्यक है। साहसी, परिश्रमी, दूरदर्शी, भाषा कौशलता नेता के लिए आवश्यक माना जाता है। नेतृत्व संगठन, समूह का भी हो सकता है। इसका लक्ष्य शक्ति प्राप्ति का ही माना जाता है। नेतृत्व में अनुयायियों को अपने पक्ष में करने की अद्‌भुत शक्ति पायी जाती है।

शक्ति की प्रकृति

राजनीति विज्ञान में शक्ति की प्रकृति पर भी विवेचन किया गया है। शक्ति की प्रकृति को निम्नलिखित बिन्दुओं में स्पष्ट कर सकते हैं :-

1. शक्ति औचित्यपूर्ण - शक्ति औचित्यपूर्ण होती है। इसके अभाव में इसे बल कहा जाता है। बल दमनात्मक तथा अत्याचारपूर्ण भी हो सकता है। शक्ति की औचित्यता उसके जनहित में तथा जन रक्षा में प्रयोग करने के रूप में स्पष्ट होती है। इसी स्थिति में उसे जनसहमति प्राप्त होती है परिणामस्वरूप स्थायित्व की स्थिति आती है।

2. शक्ति की प्रकृति संचयी - शक्ति की प्रकृति संचयी होती है। यह किन्हीं निश्चित लक्ष्यों की प्राप्ति के लिये प्रयासरत् रहती है। शक्ति की यह भी प्रकृति है कि वह न केवल अपने वर्तमान रूप एवं स्थिति की रक्षा करना चाहती है शक्ति लगातार अपनी वृद्धि एवं संचय भी चाहती है। यदि शक्ति द्वारा अपनी रक्षा, वृद्धि एवं संचय का प्रयत्न रोक दिया जाता है तो शीघ्र ही उसका अन्त भी हो जाता है। किन्तु जब शक्ति अपनी रक्षा, वृद्धि एवं संचय का प्रयत्न करती है तो शक्ति स्वयं अपना साध्य भी बन जाती है।

3. शक्ति सम्बन्धात्मक - शक्ति सम्बन्धात्मक होती है। अर्थात् शक्ति विभिन्न समूहों अथवा लोगों के बीच पाये जाने वाले सम्बन्धों को बताती है। शक्ति के अस्तित्व के लिये एक से अधिक शक्ति-इकाइयों की आवश्यकता होती है। अर्थात् अन्य लोगों की अनुपस्थित में किसी एक व्यक्ति की शक्ति का कोई अस्तित्व नहीं होता है। व्यावहारिक रूप में शक्ति, एक व्यक्ति या अन्य व्यक्तियों को अपने अनुसार कार्य कराने की क्षमता कहा जाता है। अन्ततः संस्था की शक्ति के, व्यक्ति की शक्ति के लिये तथ्य समूह की शक्ति के लिये क्रमशः दूसरी संस्था,, व्यक्ति और समूह होना जरूरी है।

4. शक्ति के कई रूप - शक्ति राजनीतिक, सैनिक, आर्थिक, धार्मिक, विचार, जनमत आदि भी शक्ति के रूप में देखी जा सकती है। शक्ति के ये सिद्धान्त परस्पर एक दूसरे से स्वतन्त्र होते हैं इनमें से कोई भी किसी दूसरे के अधीन नहीं माना

जाता है। यद्यपि ये शक्ति के रूप प्रतिद्वन्द्वी हो सकते हैं अथवा सहयोगी भी हो सकते हैं।

5. शक्ति वास्तविक और सम्भावित – शक्ति वास्तविक तथा सम्भावित शक्ति के रूप में देखी जा सकती है। शक्ति धारण स्वयं शक्ति का प्रयोग करता है तो उसे वास्तविक शक्ति कहते हैं तथा राजनीतिक उद्देश्य की प्राप्ति के लिये जब शक्ति का प्रयोग किया जाता है तो उसे सम्भावित शक्ति कहते हैं।

शक्ति के स्त्रोत

शक्ति शासन सत्ता का एक महत्त्वपूर्ण तत्त्व है। शक्ति के अनेक स्त्रोत रहे हैं। संसार में अनेक लोगों ने प्रसिद्धि प्राप्त की है जिसका आधार उनका अपना कोई विशिष्ट क्षेत्र रहा है जो किसी रूप में शक्ति कहा जा सकता है। विक्रमादित्य, अशोक महान, बाबर, अकबर महान, नैपोलियन, हिटलर, प्लेटो, मार्क्स, लेनिन, गाँधी आदि प्रमुख लोग सभी शक्तिशाली थे। लेकिन इन सबकी शक्ति के स्त्रोतों में अन्तर था। क्योंकि शक्ति के रूप राजनीतिक, सैनिक, आर्थिक, नैतिक एवं जनशक्ति आदि प्रमुख होते हैं, शक्ति के स्त्रोतों को निम्नलिखित समूहों में विभाजित कर सकते हैं :-

रॉबर्ट ए. डहाल ने लिखा है, "सत्ता शक्ति प्राप्त करने का एक मुख्य स्त्रोत ही नहीं है, बल्कि यह महत्त्वपूर्ण शक्तिशाली स्त्रोत है।"[1] सत्ता में शक्ति का प्रयोग करने के लिए सूझबूझ व चतुराई की जरूरत होती है। सत्ता में कुछ व्यक्ति ज्यादा तो कुछ व्यक्ति कम शक्तिशाली होते हैं। जो ज्यादा शक्तिशाली होते हैं वे प्रधानमंत्री, मुख्यमंत्री का पद पाने में सफल हो जाते हैं और जो कम शक्तिशाली होते हैं, वे कोई भी पद प्राप्त नहीं करते हैं।

राजनीति विज्ञान में शक्ति के अध्ययन हेतु इन स्त्रोतों को आधार मानकर उन्हें इस प्रकार स्पष्ट कर सकते हैं –

1. सत्ता :- राजनीति में महत्वाकांक्षा रखने वाला व्यक्ति या नेता सत्ता प्राप्ति के लिए निरन्तर प्रयासरत रहता है। एक बार सत्ता प्राप्ति के बाद निरन्तर बनाये रखना चाहता है। सत्ता में रहने से शक्तिशाली बने रहना और अपना प्रभाव हमेशा बनाये रखना अत्यन्त आवश्यक समझते हैं। सत्ता से पृथक होने पर शक्तिहीन हो जाते हैं।

सत्ता में पद शक्ति का केन्द्र बिन्दु होता है जो व्यक्ति सत्ता में सर्वोच्च पद पर होगा वह सबसे ज्यादा शक्तिशाली माना जायेगा। सत्ता के पद कानूनी शक्ति के प्रतीक होते हैं। इसलिए सत्ता शक्ति का महत्त्वपूर्ण स्त्रोत है।

2. धन :- लोकतांत्रिक देशों में धन को शक्ति का स्त्रोत माना जाता है। धन शक्ति के माध्यम से शासन के उच्च पदों पर आसीन व्यक्तियों को प्रभावित किया जाता है। धन से भ्रष्टाचार व्याप्त होता है। धनवान व्यक्ति धन शक्ति के आधार पर जन-संचार के साधनों का ज्यादा प्रयोग करते हुए अपने पक्ष में जनमत बनाने में सफल हो जाता है। धन से व्यक्ति का पद खरीदने के प्रयास किये जाते हैं। चुनाव जीतने के भी प्रयास किये जाते हैं। धन शक्ति के आधार पर शासन पर दबाव व

प्रभाव डालने का प्रयोग उद्योगपति करते रहे हैं।

धन में इतनी शक्ति होती है कि वह असन्तुष्ट व्यक्तियों का भी आचरण बदल देता है। शासन-तन्त्र में सभी बातें समान हो सकती हैं, लेकिन धन समान नहीं हो सकता है। धन शक्ति के सम्बन्ध में रॉबर्ट ए.डहाल ने लिखा है, "अन्य बातें समान होने पर भी यह पता लगाना कठिन होता है कि अधिक साधनों वाला व्यक्ति प्राप्त करने में कैसे सफल हो जाता है क्योंकि धन शक्ति अदृश्य होती है।"[2]

3. व्यक्तित्व :-व्यक्तित्व सत्ता का महत्त्वपूर्ण स्रोत है। व्यक्तित्व के बिना सत्ता प्राप्ति में सफलता नहीं प्राप्त की जा सकती है। साधारण व्यक्ति का इतना प्रभाव नहीं होता है जितना कि असाधारण व्यक्ति के व्यक्तित्व का प्रभाव सर्वव्यापी होता है। व्यक्तित्व में निम्न बातें शामिल हैं- निर्णय लेने की क्षमता, चतुराई, साहस, चरित्र, भाषा, दूरदर्शिता, आदेश देने की क्षमता, अनुयायियों को पक्ष में करने की कला आदि।

जिस व्यक्ति में ये व्यक्तित्व के तत्त्व पाये जाते हैं। वह सत्ता प्राप्ति की दौड़ में निश्चित रूप से सफल होता है। व्यक्तित्व में शक्ति का निवास पाया जाता है।

रॉबर्ट ए. डहाल ने व्यक्तित्व का चित्रण इस प्रकार से किया है-[1]

4. संगठन :- संगठन में शक्ति निवास करती है। संगठन मनुष्यों को शक्ति के लिए संगठित रहना सिखाता है। लोकतन्त्र में राजनीतिक दल संगठन के महत्त्वपूर्ण जन-संगठन की शक्ति में वृद्धि करते हैं।

संगठन के नेता, अध्यक्ष, महासचिव के पास संगठनात्मक शक्ति होती है। इसलिए वह संगठन के माध्यम से शासन व्यवस्था को प्रभावित करते हैं अर्थात् दबाव भी डालते हैं।

राजनीतिक संगठनों के अलावा सामाजिक संगठन, औद्योगिक संगठन, धार्मिक संगठन, महिला संगठन, छात्र संगठन, मजदूर संगठन, युवा संगठन आदि भी शक्ति के स्रोत माने जाते हैं। संगठन का अनुशासन संगठन की शक्ति में वृद्धि करता है जो व्यक्ति संगठन में शक्तिशाली होता है वह राजनीति में आसानी से शक्तिशाली बनने में सफल हो जाता है।

5. ज्ञान :-शक्ति के स्रोतों के रूप में ज्ञान व्यक्तिगत क्षमता को प्रकट करता है। ज्ञान शक्ति प्राप्ति में सहायक होता है। व्यक्ति या नेता को, जब समय एवं परिस्थितियाँ उत्पन्न होती हैं तब ज्ञान का प्रदर्शन करना होता है। साधारण ज्ञान, असाधारण, तथ्यपूर्ण सम्पूर्ण जानकारी रखने वाला व्यक्ति ज्ञान के माध्यम से अन्य व्यक्तियों से आगे बढ़ जाता है। नेता या व्यक्ति का ज्ञान प्रभाव दूसरे व्यक्ति पर व्यापक मनोवैज्ञानिक प्रभाव डालता है।

ज्ञान में आत्मिक ज्ञान, आत्मबल, नैतिकता, सत्यता के तत्त्व होने चाहिए। इसमें मिथ्या बातें नहीं होनी चाहिए। ज्ञान के माध्यम से व्यक्ति अन्य व्यक्ति की तुलना में अधिक शक्ति प्राप्त करता है। हॉब्स ने लेवियाथन में लिखा है कि, "ज्ञान में शक्ति है इससे वह दूसरों पर प्रभाव डालता है।"

6. नेतृत्व :- नेतृत्व भी शक्ति का स्रोत है जब किसी को नेतृत्व करने का अवसर मिलता हैं तो नेतृत्वकारी शासक स्वयं की नेतृत्व की क्षमता के आधार पर शासन-सम्बन्धी कार्य सम्पन्न करता है। उसकी ऐसी क्षमता के आधार पर उसे कई बार अतिरिक्त शक्ति प्राप्त हो जाती है। क्योंकि अधीनस्थ ऐसे नेतृत्वकारी पर अपेक्षाकृत अधिक विश्वास करने लगते हैं जो उसका समर्थन भी करते हैं इससे उसके नेतृत्व की शक्ति प्रगट होती है।

7. संचार के साधन :- लोकतांत्रिक देशों में जिस व्यक्ति के पास संचार के साधन होते हैं वह अन्य व्यक्तियों की तुलना में ज्यादा शक्तिशाली माना जाता है। निर्वाचन के समय सभी व्यक्ति अपनी-अपनी शक्ति का प्रदर्शन करते हैं चुनाव प्रचार, समाचार पत्र, टेलीविजन, साक्षात्कार आदि के माध्यम से जनमत तैयार किया जाता है। संचार के साधनों पर एकाधिकार व स्वामित्व रखने वाला व्यक्ति अपनी शक्ति व स्थिति में वृद्धि करता रहता है। जो व्यक्ति अपनी प्रतिष्ठा स्थापित कर लेता है वह शक्ति की दौड़ में आगे निकल जाता है।

8. उपलब्धियाँ :- उपलब्धियाँ शक्ति का बाह्य स्रोत मानी जाती हैं। उपलब्धियों का अर्थ होता है - सम्पत्ति और अन्य आर्थिक प्राप्तियाँ, भौतिक साधनों में वृद्धि, पद-प्राप्ति, सामाजिक-राजनीतिक सम्मान आदि को उपलब्धियों में शामिल माना जाता है। इसी तरह राज-व्यवस्था को अपने क्षेत्र में जो सफलतायें मिलती हैं वे राजनीतिक उपलब्धियाँ कहलाती हैं। इस प्रकार इन शक्तियों का स्रोत उपलब्धियों का माना जा सकता है।

9. परिस्थितियाँ :- परिस्थितियाँ भी शक्ति का स्रोत मानी जाती हैं। कई बार परिस्थितियों की अनुकूलता भी लोगों को शक्तिशाली बना देती है। जैसे माओं को चीन में परिस्थितियों ने शक्तिशाली बनाया। इसी प्रकार हिटलर को भी शक्ति प्राप्त हुई। इसी तरह सोवियत संघ के विघटन पर संयुक्त राज्य अमेरिका को भी विश्व समुदाय की एकमात्र महाशक्ति के रूप में उभरने का अवसर प्राप्त हुआ।

शक्ति एवं राजनीति

एक्विनाश के शब्दों में, "नियन्त्रण की प्रत्येक प्रक्रिया राजनीति विज्ञान का अंग है। इस तरह कैटलिन ने शक्ति के समक्ष अन्य समस्त तथ्यों को गौण बताया है तथा "राजनीति को शक्ति का विज्ञान भी कहा है।" राजनीति और शक्ति के बीच घनिष्ठ सम्बन्ध पाया जाता है। विभिन्न राजनीति विज्ञान के विद्वान यह मानते हैं कि शक्ति मानवीय स्वभाव का एक प्रमुख तत्त्व है। प्राचीन काल से आज तक विभिन्न राजनीति शास्त्रियों ने शक्ति और राजनीति के सम्बन्ध का महत्त्व बताया है। कौटिल्य ने राजनीति और शक्ति के सम्बन्ध को अपने दण्ड-शक्ति सिद्धान्त में स्पष्ट किया है। इसी तरह अन्य विचारकों ने प्रत्यक्ष और अप्रत्यक्ष रूप में इनके बीच पाये जाने वाले सम्बन्धों की विवेचना की है। मध्यकाल में शक्ति के बारे में मैकियावली, हॉब्स, ट्रीटस्के, नीत्से, एरिक कॉफमैन तथा आधुनिक काल में मार्गेन्थाऊ, बेकर, जॉर्ज कैटलिन

तथा हैराल्ड लासवैल ने विश्लेषण किया है। मार्गेन्थाऊ ने सभी स्तरों की राजनीति को शक्ति संघर्ष मात्र बताया है। बेकर ने भी राजनीति से शक्ति को अपृथक्करणीय माना है। कैटलिन ने शक्ति को समस्त राजनीतिक जीवन का आधार कहा है। सामान्य प्रक्रिया में देखे तो प्रत्येक व्यक्ति अपनी इच्छाओं की पूर्ति करना चाहता है। इसलिये वह अन्य लोगों की प्रतिद्वन्द्वी इच्छाओं को नियन्त्रित करता है। इस प्रक्रिया के चलते संघर्ष का जन्म होता है। इस संघर्ष के अन्तर्गत ही शक्ति का जन्म हो जाता है। इसी विचार के आधार पर कैटलिन ने शक्ति को नियन्त्रण की एक प्रक्रिया के रूप में स्वीकार किया है।

कैटलिन की तरह ही हैराल्ड लासवैल ने भी अपना मत व्यक्त करते हुए लिखा है कि ''शक्ति की अवधारणा सम्पूर्ण राजनीति की मूल अवधारणा है। राजनीतिक प्रक्रिया का अर्थ है शक्ति को आकार देना शक्ति का वितरण करना तथा शक्ति का उपभोग करना।'' लासवैल ने अपनी पुस्तक कौन, क्या, कब तथा कैसे प्राप्त करता है के अन्तर्गत शक्ति के संघर्ष तथा **शक्ति और समाज** में शक्ति तथा मूल्यों के अध्ययन पर बल दिया है। लासवैल ने शक्ति और मूल्यों को परस्पर एक-दूसरे पर निर्भर बताते हुये लिखा है कि शक्ति मूल्यों के वितरण को तथा मूल्य शक्ति के प्रयोग और वितरण प्रभावित करते हैं। शक्ति का अर्थ वे दूसरे लोगों की नीतियों एवं व्यवहारों पर नियन्त्रण रखना मानते हैं लेकिन इसके लिये कठोर नियन्त्रण के साथ-साथ विश्वास, निष्ठा आदि का भी सहारा लिया जा सकता है।

लासवैल ने शक्ति अवधारणा के निम्नलिखित आयाम बताये हैं[1] -

(अ) राजनीतिक क्रियाओं के परिणामस्वरूप समर्थन देना और लेना,

(ब) सामाजिक क्रियाओं की दृष्टि से मूल्यों एवं आदर्शों में महत्त्व की प्रत्याशा करना, एवं

(स) नीतियों का विरोध करने वालों के प्रति कठोर एवं प्रभावी कार्यवाही करना।

लासवैल की शक्ति सम्बन्धी अवधारणा का इस प्रकार से विश्लेषण किया जा सकता है-

1. समनुरूपात्मक विश्लेषण या वस्तुस्थिति के रूप में शक्ति का विश्लेषण - लासवैल इसके दो रूप निर्धारित करते हैं -

अ. चिन्तनात्मक विश्लेषण - समाज, राष्ट्र व राजनीति में जब कोई घटना घटती है तो उसका वर्णन करते हुए चिन्तन करके भविष्यवाणी करने का प्रयास किया जाता है। नये उद्देश्यों, लक्ष्यों को खोजने के लिए चिन्तन के पहलू से सोचा जाता है ताकि शक्ति की वास्तविकता का पता लगाया जा सके। समाज में चिन्तन किस प्रकार का हो रहा है? शासन में चिन्तन किस प्रकार का हो रहा है? दोनों के चिन्तन में समन्वय स्थापित करने के लिए ही यथास्थिति बनाये रखने के लिए, भविष्यवाणी करने के लिए वास्तविक शक्ति का चिन्तन किया जाता है।

ब. क्रिया-कौशलात्मक विश्लेषण - इसमें राजनीतिक व्यवस्थाओं में राजनीति के परिवेश घटना के अनुसार जनता की व शासन व्यवस्था की क्रियाओं में कौशलता लाने के लिए शक्ति का रूप परिवर्तित होता है। जो वर्तमान में मूल्य, उद्देश्य है उनके स्थान पर नये वैकल्पिक मूल्य खोजे जाने का प्रयास किया जाता है ताकि क्रिया कौशलात्मक विश्लेषण के आधार पर वस्तुस्थिति या समनुरूपात्मक विश्लेषण किया जा सके।

2. विकासात्मक विश्लेषण - इस विश्लेषण में राजनीतिक, सामाजिक, आर्थिक मनोवैज्ञानिक रूप से यह पता लगाया जाता है कि शक्ति का विकास सामाजिक, आर्थिक, राजनीतिक लोकतन्त्र के अनुकूल हो रहा है या नहीं। इसका विश्लेषण किया जाता है। समाज में समानता, स्वतन्त्रता, न्याय, समाजवाद, धर्म निरपेक्षता की स्थापना के लिए शक्ति का विकास होना चाहिए। लासवैल शासक वर्ग, अभिजन वर्ग को ऐसे विकास के लिए आवश्यक मानता है। इनके बिना शक्ति का विकास सम्भव नहीं है। लोकतान्त्रिक देशों में यही शक्ति के प्रतीक माने जाते हैं।

3. वितरणात्मक विश्लेषण - आधुनिक समय में राजनीति, शासन एवं समाज में अनेक प्रकार की समस्याएँ उत्पन्न होती रही हैं इनका हल लासवैल शक्ति के वितरणात्मक विश्लेषण से निकालना चाहता है।

इसमें लासवैल यह मानता है कि जो राजनीतिक घटनाएँ घटती हैं उनका प्रभाव मनुष्य पर मनोवैज्ञानिक रूप से अवश्य पड़ता है। इन घटनाओं में प्रभावशाली तत्त्व निहित होते हैं। इन तत्त्वों के कारण मनुष्य पर व्यापक प्रभाव पड़ता है। यह तत्त्व मानव मूल्यों से सम्बन्धित होते हैं।

लासवैल मानव-मूल्यों को तीन भागों में विभाजित करता है -

(i) सम्मान, (ii) आय, एवं (iii) सुरक्षा।

लासवैल ने लिखा है, शक्ति की प्रक्रिया राजनीतिक प्रक्रिया का अलग भाग नहीं होकर अन्त:क्रियात्मक रूप से समाज की शक्ति का समग्र राजनीतिक पहलू है। डेविड ईस्टन ने भी लिखा है शक्ति की इस अवधारणा के कारण सम्पूर्ण राजनीतिक जीवन में शक्ति में संघर्ष के कारण सीमित कर दिया है। शक्ति ने श्रेष्ठ आदर्शों व जीवन के स्रोतों को कुचलकर रख दिया है। समाज में प्रत्येक मनुष्य इन मूल्यों के अनुकूल क्रियाएँ करता है। व्यक्ति हमेशा प्राथमिकता के तौर पर रखता है। व्यक्ति इन मूल्यों को प्राप्त करने के लिए संघर्ष करता है। इसलिए वास्तविक शक्ति का निवास समाज की क्रियाओं में ही होता है। व्यक्ति जब एक मूल्य प्राप्त कर लेता है तो दूसरे अन्य मूल्यों की प्राप्ति के लिए प्रयासरत रहता है। इसके साथ ही वह शक्ति के प्रभाव का भी विस्तार करता है। लासवैल इन्हीं मूल्यों के बँटवारे के लिए समान शक्ति का वितरणात्मक अध्ययन करता है। सामाजिक दृष्टि से समान रूप से यह व्यवस्था लागू होगी तो स्वतन्त्र समाज का निर्माण होगा। राजनीतिक क्षेत्र में शक्ति का वितरणात्मक विश्लेषण इसी तरह स्थापित करना चाहता है राजनेता, राजनीतिज्ञ,

शासक अपने-अपने मूल्यों के लक्ष्यों की प्राप्ति में लगे रहते हैं। इनको प्राप्त करने पर अपना प्रभाव बनाये रखना चाहते हैं। इससे दूसरे व्यक्तियों को अवसर नहीं मिलता है। इसके परिणामस्वरूप असन्तुलन उत्पन्न होता है। लासवैल के शक्ति के वितरणात्मक विश्लेषण में निर्णय लेने की प्रक्रिया का विशेष महत्त्व माना जाता है। जिसमें राजनीतिक मूल्यों का समान वितरण लागू होना चाहिए।

इसी तरह कैपलान ने बताया है कि "राजनीति विज्ञान शक्ति के निर्माण एवं साझेदारी से सम्बन्धित विषय है।"

शक्ति का प्रयोग और सीमाएँ

शक्ति के प्रयोग और उसकी सीमाओं का स्पष्टीकरण निम्न प्रकार कर सकते हैं-

शक्ति के प्रयोग की सीमाएँ (Limitations of the Exercise of Power) :- शक्ति विभिन्न पक्षों के बीच एक सम्बन्ध को प्रकट करती है जिसका निरपेक्ष प्रयोग नहीं हो पाता है। अर्थात् व्यक्ति का प्रयोग स्वेच्छाचारी, निरकुंश तथा असीमित प्रयोग नहीं होता है। इसका प्रयोग तो सापेक्ष होता है। अर्थात् शक्ति के प्रयोगकर्त्ता को भी अनेक मर्यादाओं, सीमाओं तथा अंकुशों को ध्यान में रखना पड़ता है। शक्ति की मर्यादायें, उद्देश्य, लक्ष्य, धर्म, परम्परायें, इतिहास एवं नैतिक मूल्य आदि होते हैं। जैसे लोकतन्त्रीय व्यवस्था में शक्ति के प्रयोग की सीमाएँ जनमत तथा दबाव समूहों तथा परिस्थितियों की सीमाओं की प्रभावशीलता होती है।

शक्ति का प्रयोग (Exercise of Power) :- शक्ति का प्रयोग शक्तिधारक अपने लक्ष्यों की प्राप्ति के लिये करता है। शक्ति का प्रयोग दण्ड, पुरस्कार, प्रलोभन, धमकी, डराना, भय आदि के रूप में किया जाता है। शक्ति धारक व्यक्ति अपने लक्ष्यों की प्राप्ति हेतु इन शक्ति के रूपों का प्रयोग करता है। शक्ति धारक इनका प्रयोग जितनी चतुरता से करता है वह उतनी ही अधिक सफलता प्राप्त करता है।

शक्ति की बल, प्रभाव व सत्ता से तुलना

शक्ति और बल

राजनीति विज्ञान में शक्ति और बल दो अलग-अलग अवधारणायें हैं। कई बार कुछ लोग इन दोनों शब्दों का प्रयोग एक ही अर्थ में कर लेते हैं जो गलत है। प्राचीन काल में सौफिस्ट विचारक थ्रैसीमैक्स ने भी इन दोनों में अन्तर नहीं किया था और शक्तिशाली के हित को ही न्याय कह दिया। हैराल्ड स्प्राउट तथा मारग्रेट स्फाउट ने शक्ति का अर्थ सैनिक शक्ति या बल के रूप में माना है। जबकि यह उपयुक्त नहीं है। मार्गेन्थाऊ ने शक्ति का अर्थ राजनीतिक शक्ति माना है तथा इसे सैनिक बल से भिन्न बताया है।

शक्ति एवं बल में अन्तर

इस प्रकार स्पष्ट है कि शक्ति और बल में अन्तर पाया जाता है फिर भी बल को शक्ति का एक अंग ही माना जाता है क्योंकि शक्ति में बल निहित होता है। रॉबर्ट बाय सर्टेड ने स्पष्ट करते हुये निष्कर्ष तौर पर लिखा है कि शक्ति बल प्रयोग की योग्यता है न कि इसका

वास्तविक प्रयोग।

शक्ति और प्रभाव (Power and Influence) :- **कार्ल जे० फ्रेडरिक** ने लिखा है कि, "प्रभाव गुप्त शक्ति है यह न्यूनाधिक अंश में शक्ति का अमूर्त रूप है।" शक्ति और प्रभाव राजनीति विज्ञान में दो अलग अवधारणायें मानी गई हैं। कुछ अन्य विचारकों ने स्पष्ट लिखा है कि शक्ति और प्रभाव दोनों ही बौद्धिक एवं सम्बन्धात्मक हैं। परस्पर एक दूसरे को बल प्रदान करते हैं। दोनों ही औचित्यपूर्ण होने पर प्रभावशाली होते हैं तथा दूसरों के व्यवहार में परिवर्तन करते हैं कई दूसरे लोगों के व्यवहार में परिवर्तन का कारण शक्ति है या प्रभाव, यह तक पता नहीं चलता है।

सत्ता की विशेषतायें - सत्ता के अर्थ और परिभाषाओं के आधार पर निम्नलिखित प्रमुख विशेषतायें स्पष्ट होती हैं :-

1. सत्ता मूल्य सापेक्ष मानी जाती है,
2. सत्ता का आधार स्वीकृति और सहमति होता है,
3. सत्ता में मूल्यात्मकता, औचित्यपूर्णता तथा स्वीकृति के गुण पाये जाते हैं जो इसका प्रभाव बढ़ाते हैं,
4. सत्ता नेतृत्व के बिना कोई कार्य नहीं कर सकती है,
5. सत्ता मानवीय व्यवहारों को मनोवैज्ञानिक रूप से बदलने, अनुकूलन करने में सक्षम होती है,
6. सत्ता शीर्षस्थ स्थान पर होती है,
7. सत्ता राज व्यवस्था का (शासन) अनिवार्य और आवश्यक तत्त्व है,
8. सत्ता शक्ति से भिन्न होती है जिसमें शक्ति के साथ वैधता भी होती है,
9. सत्ता कानून होती है,
10. सत्ता उच्चस्थ तथा अधीनस्थ अधिकारियों एवं कर्मचारियों में सम्बन्ध स्थापित करती है,
11. सत्ता नियन्त्रण तथा समन्वय का काम करती है,
12. सत्ता राजनीतिक शक्ति होती है,
13. सत्ता संगठनात्मक एवं प्रशासनिक व्यवस्था स्थापित करती है,
14. सत्ता करिश्मा करने की शक्ति रखती है,
15. सत्ता आदेश देने तथा पालन कराने का प्रतीक है, एवं
16. सत्ता सार्वजनिक जनकल्याण के कार्यों को सम्पन्न करती है।

सत्ता के प्रकार:- सत्ता के अनेक प्रकार या स्वरूप विभिन्न विद्वानों ने माने हैं। जैसे

(1) मैक्सवेबर ने सत्ता के तीन रूप बताये हैं-

(1) परम्परागत सत्ता,
(2) वैधानिक सत्ता, एवं

(3) करिश्माई सत्ता।

(2) प्रशासनिक आधार पर सत्ता-

(1) रेखा अधिकार-सत्ता,

(2) स्टॉफ अधिकार-सत्ता, एवं

(3) क्रियात्मक अधिकार-सत्ता।

(3) संख्यात्मक दृष्टि से सत्ता-

(1) एकल सत्ता,

(2) बहुल सत्ता, एवं

(3) आयोगात्मक सत्ता।

(4) संवैधानिक दृष्टि से सत्ता-

(1) संविधान से प्राप्त सत्ता एवं

(2) साधारण कानूनों से प्राप्त सत्ता।

(5) क्षेत्रीयता के आधार पर सत्ता-

(1) केन्द्रीय सत्ता,

(2) प्रान्तीय सत्ता, एवं

(3) स्थानीय सत्ता।

(6) सरकार के अंगों के आधार पर सत्ता।

(1) व्यवस्थापिका सत्ता,

(2) कार्यपालिका सत्ता, एवं

(3) न्यायपालिका सत्ता।

(7) विभिन्न दृष्टियों से सत्ता-

(1) सामाजिक सत्ता,

(2) आर्थिक सत्ता,

(3) धार्मिक सत्ता, एवं

(4) तकनीकी सत्ता।

संक्षेप में सत्ता के मुख्य रूप निम्नलिखित हैं-

रेखा अधिकार सत्ता:-यह निर्णय लेने की अधिकार सत्ता मानी जाती है जो सभी उच्चाधिकारियों तथा सभी अधीनस्थों के बीच पायी जाती है। यदि आदेश की एकता के सिद्धान्त का अतिक्रमण नहीं किया जाय तो रेखा अधिकार सत्ता सम्बन्ध संगठन को उच्च स्तर से नीचे स्तर तक के प्रत्येक व्यक्ति तक पहुँचते हैं। थियोहैमन ने रेखा अधिकार सत्ता, को आदेश देने की अधिकार सत्ता माना है। यह वह अन्तिम सत्ता होती है जो अन्य लोगों को निर्देशित करती है और उन्हें निर्णयों, योजनाओं, नीतियों तथा लक्ष्यों के अनुरूप कार्य करने के लिये आदेशित करती है।

स्टॉफ अधिकार सत्ता:- यह सत्ता का रूप ब्रेसी तथा सेनफोर्ड द्वारा समर्थित है। स्टॉफ अधिकार-सत्ता सेवा करने वाली अधिकार सत्ता है। यह अधिकार सत्ता

अन्य लोगों को परामर्श देने तथा सहायता देने का अधिकार है। रेखा अधिकार सत्ता लम्बवत् चलती है और अधिकारी अधीनस्थ सम्बन्ध स्थापित करते हैं। लेकिन स्टॉफ अधिकार सत्ता परामर्शात्मक सम्बन्धों की स्थापना करती है तथा किसी भी दिशा में प्रवाहित हो सकती है।

परम्परागत सत्ता:- यह सत्ता का वह रूप होता है जिसमें सत्ता किसी व्यक्ति अथवा समूह को परम्परागत रूप में प्राप्त होती है। इस सत्ता में अधीनस्थ अपने उच्च अधिकारियों की आज्ञाओं का पालन परम्परागत आधार पर करते हैं। इसके आदेश पालन के पीछे स्वेच्छा अधिक कार्य करती है। इस प्रकार की सत्ता का उदाहरण ब्रिटिश राजपद माना जाता है जिसे सत्ता परम्परागत रूप में प्राप्त होती है।

वैधानिक सत्ता:- यह सत्ता का सबसे प्रभावी आधार है। सत्ता को कूाननी रूप में स्वीकार किया जाता है। इसका पालन अधीनस्थ वैधानिकता के आधार पर करते हैं। यह सत्ता संवैधानिक नियमों के आधार पर किसी अधिकारी को प्राप्त होती है। यह सत्ता संवैधानिक आधार पर पद प्राप्त करने के कारण किसी व्यक्ति या अधिकारी को प्राप्त होती है। वैधानिक सत्ता के अधीन लोक सेवक औचित्यपूर्णता के आधार पर आज्ञा पालन कराते हैं। इस सत्ता के आधार पर लोक सेवक जनता से भी आज्ञा पालन कराने में सफल होते हैं।

करिश्माई सत्ता :- सत्ता का यह स्वरूप सत्ताधीश के करिश्माई व्यक्तित्व पर निर्भर करता है। जब किसी नेता को अपने प्रभावी व्यक्तित्व के कारण लगातार सफलतायें प्राप्त होती रहती हैं तो जनता उसे अपना नेता मान लेती है और उसके आदेशों का पालन करने लगती है। इस सत्ता में नेता का व्यक्तित्व ही वास्तव में प्रभावी होता है। जैसे द्वितीय विश्वयुद्ध से पूर्व जर्मनी के हिटलर को चमत्कारी सत्ता प्राप्त थी। भारत में इन्दिरा गाँधी को अपने समय में यह सत्ता प्राप्त थी।

क्रियात्मक अधिकार सत्ता :- क्रियात्मक अधिकार सत्ता निर्णय लेने की अधिकार सत्ता है। यद्यपि ऐसा अधिकार किसी क्रिया तक ही सीमित होता है। यह अधिकार सत्ता द्वितीयक स्तर के अधिकारी के अधीनस्थ सम्बन्धों को जन्म देती है। इस अधिकार सत्ता में आदेश की एकता जरूरी नहीं है। यह अधिकार सत्ता आसानी के साथ किसी भीसंचालनात्मक अधिशासी के कार्यभार को बढ़ा सकती है तथा रेखा अधिकार सत्ता को कम कर सकती है। थियोहैमन ने लिखा है कि इस सत्ता का प्रयोग सावधानी से करना चाहिये।

सत्ता की प्रकृति

सत्ता की प्रकृति निम्नलिखित प्रकार की मानी जाती है-

(1) सत्ता सम्बन्धात्मक

(2) सत्ता प्रभुत्वपूर्ण

(3) सत्ता औचित्यपूर्ण एवं मर्यादित

(4) सत्ता उत्तरदायित्वपूर्ण

(1) सत्ता सम्बन्धात्मक :- सत्ता सम्बन्धात्मक मानी जाती है। यह दो पक्षों को स्वीकार करती है। एक पक्ष आदेश देने वाला तथा दूसरा पक्ष आदेश का अनुकरण करने वाला होता है। इस आधार पर सत्ता के औपचारिक तथा अनौपचारिक सिद्धान्तों की चर्चा प्रो. बीच (Beach) ने की है। सत्ता का औपचारिक सिद्धान्त सत्ता के कानूनी रूप में विश्वास करता है। यह सत्ता के आधार पर दो लोगों में सम्बन्ध बताती है। अधीनस्थ इसमें अनिवार्यतः आदेशों का पालन करते हैं। औपचारिक सत्ता में शिखर पर सत्ता होती है इसमें पद सोपान व्यवस्था पायी जाती है जिसमें ऊपर से नीचे की ओर शक्तियों का विभाजन होता है। अनौपचारिक सत्ता में आदेशों का पालन अधीनस्थों की सहमति पर आधारित होता है। सत्ताधीश तथा अधीनस्थों के मध्य सम्बन्धों की व्याख्या कानून के आधार पर नहीं वरन्सत्ताधीश के आदेशों के प्रति अधीनस्थों की सहमति के आधार पर की जाती है।

(2) सत्ता प्रभुत्वपूर्ण :- सत्ता की प्रकृति प्रभुत्वपूर्ण होती है अर्थात् सत्ता प्राप्ति के साथ ही व्यक्ति को अधीनस्थों पर प्रभुत्व भी प्राप्त हो जाता है इस तरह की सत्ता में प्रभुत्व भी पाया जाता है।

(3) सत्ता औचित्यपूर्ण एवं मर्यादित :- औचित्यपूर्णता सत्ता का मुख्य लक्षण है जिसके कारण ही सत्ता और सत्ताधीश को ठीक माना जाता है। उसका सम्मान किया जाता है। औचित्यता के अभाव में सत्ता न्याययुक्त नहीं रहती है। जिसका जनता विरोध भी करती है। औचित्यता ही मर्यादायें तय करती हैं।

(4) सत्ता उत्तरदायित्वपूर्ण :- प्रत्येक सत्ताधीश अपने अधीनस्थों कोदेने वाले आदेशों तथा आज्ञाओं के लिये अपने से उच्च सत्ता के प्रति उत्तरदायी होता है। इसी कारण शासक वर्ग अपनी सत्ता के लिये जनता की सत्ता के प्रति उत्तरदायी होता है।

इस प्रकार सत्ता की प्रकृति की विवेचना की जाती है।

सत्ता के स्त्रोत

सत्ता के प्रमुख स्त्रोत निम्नलिखित माने जाते हैं:-

(1) स्वीकृति विचारधारा :- यह सत्ता का स्त्रोत अधीनस्थों को मानता है। इस सत्ता के समर्थक मानते हैं कि वास्तव में सत्ता तभी प्रभावी होती है जब अधीनस्थ उस सत्ता को मान्यता दे दें। प्रशासन के क्षेत्र में अधीनस्थ कर्मचारियों की सहमति को ही सत्ता का मूल स्त्रोत माना जाता है। अर्थात् जब एक अधीनस्थ कर्मचारी अपने अधिकारी के आदेशों को स्वीकार करना चाहे तो वह सत्ता श्रेष्ठ कहलाती है। रेमन बोन ने लिखा है कि,''किसी व्यक्ति के पास औपचारिक सत्ता तो हो सकती है लेकिन यह सत्ता तब तक बेकार होती है जब तक कि उसका प्रभावशाली प्रयोग नहीं किया जा सके । इसकेप्रभावशाली प्रयोग के लिये अधीनस्थों की स्वीकृति जरूरी है।''

(2) सक्षमता विचारधारा :- इस विचारधारा की मान्यता के अनुसार सत्ता का स्रोत व्यक्ति की योग्यता एवं सक्षमता का गुण होता है जिनके आधार पर कोई व्यक्ति स्वयं सत्ता का केन्द्र बन जाता है तथा अन्य लोग उसके नेतृत्व को स्वीकार कर लेते हैं। चाहे उक्त व्यक्तियों को कोई पद प्राप्त हो अथवा नहीं। राजनीतिक, सामाजिक तथा धार्मिक क्षेत्र में करिश्माई व्यक्तित्व सता का स्रोत होता है तथा व्यावसायिक क्षेत्र में व्यक्ति की शैक्षणिक तथा तकनीकी योग्यता, क्षमता तथा उपयोगिता सत्ता का स्रोत होती है।

(3) औपचारिक सत्ता सिद्धान्त :- यह एक विधि सम्मत सिद्धान्त है। यह सत्ता का स्रोत राज्य के कानून अथवा संविधान के रूप में होता है। बर्नाड ने लिखा है कि अधिकार सत्ता की वह अवधारणा है जिसमें अधिकारों का प्रेषण सामाजिक संस्थाओं से वैयक्तिक प्रबन्धकों को होता है जो औपचारिक सत्ता कहलाती है। इसका स्रोत संविधान होता है। कानूनों को प्रभावी बनाये रखने का तथा संविधान को गत्यात्मक बनाये रखने का अधिकार सामाजिक संस्थाओं में निहित होता है। इसी कारण लोकतन्त्रीय देशों में सर्वोच्च सत्ता जनता में निहित होती है।

यथा डॉक्टर, इंजीनीयर, वकील आदि अपने क्षेत्र में विशिष्ट होते हैं, जिनकी सक्षमता के कारण अन्य लोग उनकी सत्ता को स्वीकार कर लेते हैं।

(4) सत्ता के अन्य स्त्रोत :- सत्ता के अन्य स्त्रोत निम्नलिखित हैं :-

(a) औचित्यपूर्णता,
(b) अधीनस्थों की प्रकृति,
(c) पर्यावरण का दबाव,
(d) विभिन्न दण्ड विधान,
(e) संविधान,
(f) प्रत्यायोजित अधिकार,
(g) जनमत, एवं
(h) सत्ताधीश की विशेषता।

सत्ता के प्रति दृष्टिकोण:- सत्ता का निवास अन्तिम रूप से जनता में माना जाता है जबकि सत्ता का प्रयोग शासक वर्ग द्वारा किया जाता है। सत्ताधारी शासक वर्ग आदेश देता है तथा शासित वर्ग उसका अनुकरण करता है। जनता सत्ता का अनुकरण निम्न रूपों या दृष्टिकोणों के साथ करती है :-

- सत्ता के प्रति सकारात्मक दृष्टिकोण,
- सत्ता के प्रति नकारात्मक दृष्टिकोण, एवं
- सत्ता के प्रतिबुद्धि संगत दृष्टिकोण।

जब जनता सत्ता के आदेशों का अनुकरण विश्वास तथा कर्त्तव्य के रूप में करती है तो इसे सत्ता के प्रति जनता का सकारात्मक दृष्टिकोण माना जाता है। जब जनता सत्ता के दण्ड के भय के कारण सत्ता के आदेशोंका पालन करती है तो इसे

सत्ता के प्रति जनता का नकारात्मक दृष्टिकोण कहते हैं। जब जनतासत्ता के आदेशोंकी पालना इनके बुद्धिसंगत होने पर करती है तो इसे सत्ता के प्रति जनता का बुद्धि संगत दृष्टिकोण कहते हैं। सत्ता के इन सभी दृष्टिकोणों में बुद्धिसंगत दृष्टिकोण अपेक्षाकृत अधिक सजग तथा श्रेष्ठ माना जाता है। क्योंकि यह दृष्टिकोण आदेशों को सार्वजनिक हितों की रक्षा तथा उपयोगिता के आधार पर देखता है।

सत्ता की सीमायें

सत्ता शासन की दृष्टि से एक महत्त्वपूर्ण तथ्य है लेकिन प्रकृति से असीमित नहीं होती है अर्थात् इसका प्रयोग स्वेच्छाचारी रूप में नहीं किया जा सकता है। इसी कारण सत्ता को नियन्त्रित बनाये रखने के लिये इस पर पहले से ही अनेक नियन्त्रण लगाये जाते हैं। अर्थात् सत्ता का प्रयोग सत्ताधीश द्वारा सीमा में रहकर ही किया जाता है। सत्ता के स्त्रोत तथा आधार भी सत्ता के प्रयोग को मर्यादित तथा नियन्त्रित करते हैं। फिर भी सत्ता के प्रयोग की निम्नलिखित सीमायें हैं–

(1) सत्ता का प्रयोग संवैधानिक सीमाओं में होना चाहिये,
(2) सत्ता के प्रयोग पर सामाजिक, आर्थिक, राजनीतिक तथा धार्मिक सीमायें भी होती हैं,
(3) सत्ता पर मौलिक अधिकारों की भी सीमा कार्य करती है,
(4) सत्ता पर राष्ट्रीय एवं अन्तर्राष्ट्रीय जनमत तथा कानून भी सीमा रखते हैं, एवं
(5) सत्ता के प्रयोग की सीमा औचित्यपूर्णता भी है।
(6) सत्ता का प्रयोग औचित्यपूर्ण रूप में ही किया जाता है,
(7) सत्ता का प्रयोग निश्चित उद्देश्य तथा जनहित की रक्षार्थ ही किया जाता है,
(8) सत्ता का प्रयोग अधीनस्थों की सहमति तक ही होना चाहिये,
(9) सत्ता का प्रयोग नैतिक मूल्यों के अनुरूप ही होना चाहिये,
(10) सत्ताधीश के गुण तथा अधीनस्थों का दृष्टिकोण भी सत्ता की सीमा होती है।

इस प्रकार सत्ता असीमित रूप में किसी भी अधिकारी को प्रदान नहीं की जाती है। इस का प्रयोग करते समय बड़ी सावधानी रखने की जरूरत होती है। सत्ता का ठीक प्रकार से यदि प्रयोग नहींकिया जायेगा तो सत्ता जनता के लिये समस्यायें उत्पन्न कर सकती है। इसलिये सत्ता की सीमायें तय करना जनकल्याण के लिये आवश्यक है।

सत्ता : मेरी पार्कर फॉलेट – मेरी पार्कर फॉलेट ने स्थिति के नियम (The Law of situation) का प्रतिपादन किया। उन्होंने बताया कि संगठन में आदेश देने तथा उन्हें मानने के सन्दर्भ में अनेक समस्यायें आती हैं। कई बार कर्मचारी आदेशों का विरोध करते हैं अथवा आदेशों की अवहेलना कर देते हैं। कई बार

अधिकारीगण आदेशों की शक्ति के घमण्ड में आकर अपने कर्मचारियों और अधीनस्थों को अपमानित कर देते हैं। परिणामस्वरूप अधीनस्थों में बड़ी खिन्न भावना तथा हीन भावनाओं का संचार हो जाता है। इसी कारण फॉलेट आदेशों को निर्वैयक्तिक बनाना चाहते थे। इसलिये उनकी मान्यता थी कि अधिकारियों तथा उनके अधीनस्थों को स्थिति की तर्क संगतता (Logic of the situation) का ध्यान रखना चाहिये और स्थिति के अनुसार अपेक्षित व्यवहार करना चाहिये। स्थिति से ही आदेश लेने चाहिये। लोगों को आदेश लेने-देने के स्थान पर परिस्थिति से आदेश लेने और देने की आदत डालनी चाहिये। यदि आदेश परिस्थिति का भाग है तो किसी के द्वारा आदेश देने या किसी के द्वारा आदेश लेने की स्थिति ही पैदा नहीं होगी।सत्ता के सन्दर्भ में मेरी पार्कर फॉलेट ने अलग से विचार किया है। उन्होंने संगठन में उच्च पदस्थ अधिकारियों द्वारा अधीनस्थों को दिये जाने वाले आदेशों के मनोवैज्ञानिक पहलुओं का विश्लेषण किया तथा बताया कि एक व्यक्ति द्वारा दूसरे व्यक्ति को दिया गया आदेश दूसरे व्यक्ति को अप्रतिष्ठित कर देता है। उनकी मान्यता थी कि कुछ लोग अन्य लोगों के साथ अपनी इच्छा से तो काम करना चाहते हैं किन्तु अपने ऊपर लोगों के होने (अधिकार) की भावना को वे स्वीकार नहीं करते हैं। इसी तथ्य पर विचार कर मेरी पार्कर फॉलेट ने सत्ता की अवधारणा पर मनोवैज्ञानिक तरीके से विचार किया है।

मेरी पार्कर फॉलेट किसी संगठन में सत्ता को शीर्ष पर केन्द्रित करने के भी समर्थक नहीं थे। वे अन्तिम सत्ता तथा सर्वोच्च नियन्त्रण जैसे शब्दों को उपयुक्त नहीं मानते थे। क्योंकि अन्तिम सत्ता और आदेश उनकी नजर में एक भ्रम है। क्योंकि मानव के अधीन मानव व्यवस्था की मानवीय मनोभावों को ठेस पहुँचाती है। प्रभुत्व अधिकारी में अन्तिम सत्ता के निहित होने की अवधारणा के स्थान पर कार्य से उत्पन्न अधिकार की प्रतिस्थापना होनी चाहिये। वे सभी लोगों को कार्य सत्ता देना चाहते थे। प्रत्येक व्यक्ति जिसे जो कार्य सौंपा जाय वह उस कार्य के लिये अन्तिम रूप से उत्तरदायी होना चाहिये। उसे अपने कार्य के क्षेत्र के बारे में अधिकार प्राप्त होना चाहिये। इसी कारण वे मानते थे कि अधिकार कार्य क्षेत्र से सम्बन्धित है तथा कार्य के साथ ही रहते हैं।

मेरी पार्कर फॉलेट प्रत्येक व्यक्ति की सत्ता को प्रत्यायोजित सत्ता न मानकर कार्यों से जुड़ी सत्ता मानते थे जो स्वयं उसकेसाथ अन्तिम रूप से जुड़ी हो। उन्होंने लिखा है कि प्रत्यायोजित सत्ता का आशय तो यह होगा कि आपका मुख्य अधिकारी सम्पूर्ण सत्ता पर अधिकार रखता है। यद्यपि वे कुछ भाग पर प्रत्यायोजन को ठीक मानती हैं। वे किसी भी संगठन के अध्यक्ष को उसके कार्य से अधिक सत्ता रखने को उचित नहीं मानती थी। इसी तरह उन्होंने सत्ता प्रत्यायोजन को उचित नहीं माना है। सत्ता वास्तव में किसी की किसी को प्रदान की जा सकती है वरन् यह वह शक्ति है जो कार्य में अन्तर्निष्ठ है। इस प्रकार मेरी पार्कर फॉलेट ने अपने विचार

मनोवैज्ञानिक आधार पर प्रदान किये हैं जो काफी प्रभावी एवं अनुभवपूर्ण प्रतीत होते हैं।

राजनीतिविज्ञान में अनेक प्रमुख अवधारणायें प्रचलित हैं वैधता भी उनमें से एक है। राजनीति में अब बदलली हुई स्थिति में सामान्यता औचित्यता पर विचार किया जाता है कि क्या औचित्यपूर्ण है और क्या नहीं। राजनीति में शक्ति का प्रयोग प्रत्यक्ष या अप्रत्यक्ष रूप में किया जाता है। शक्ति के दमनात्मक और अदमनात्मक स्वरूप देखे जा सकते हैं। पहले शक्ति का सामान्यतया दमनात्मक स्वरूप ही अधिक दिखायी देता था लेकिन वर्तमान में बदलती परिस्थितियों में शक्ति के अदमनात्मक रूपों यथा-प्रभाव, सत्ता और नेतृत्व की भूमिका लगातार बढ़ती जा रही है। जब शक्ति का स्वरूप वैधता युक्त होता है तो उसकी भूमिका मनोवैज्ञानिक रूप में और अधिक बढ़ जाती है और इसके अभाव में उनकी वैधता पर शंका होने लगती है। रॉबर्ट डहल मानते हैं कि राजनीतिज्ञ अपने कार्यों को वैधता प्रदान करने की लगातार कोशिश करते रहते हैं। वे अपने प्रभाव को वैधता देने का प्रयास भी करते हैं ताकि वह सत्ता का रूप प्राप्त कर ले। लोकतन्त्र में शासन जनसहमति पर आधारित होता है वास्तव में जनसहमति वैधता पर ही प्राप्त होती है। इसलिये लोकतन्त्र में वैधता का बड़ा महत्त्व होता है। इसी कारण सभी राजनीतिक व्यवस्थाओं में वैधता का प्रयास किया जाता है। इस सन्दर्भ में लिपसेट ने लिखा है कि, "किसी विशिष्ट लोकतन्त्र की स्थिरता न केवल आर्थिक विकास पर ही वरन् वहाँ की राजनीतिक व्यवस्था की वैधता और क्षमता पर निर्भर करती है।" एस.एम.लिपसेट ने वैधता की जानकारी इस प्रकार दी है - "वैधता या औचित्यपूर्णता का अभिप्राय व्यवस्था की उस योग्यता और क्षमता से है जिसके द्वारा यह विश्वास उत्पन्न किया और रखा जाता है कि प्रचलित राजनीतिक संस्थाएँ समाज के लिये सर्वाधिक समुचित हैं।"[1]

औचित्यपूर्णता या वैधता का अर्थ (Meaning of Legitimacy)- वैधता शब्द अंग्रेजी भाषा के शब्द Legitimacy(लेजिटिमेसी) का हिन्दी रूपान्तरण है। अंग्रेजी भाषा के शब्द Legitimacy की उत्पत्ति लैटिन भाषा के शब्द Legitimus से हुयी है। मध्यकाल में इसे Legitimitas कहा जाता था। धीरे-धीरे यह शब्द अंग्रेजी भाषा में Lawful अथवा Legitim शब्द के साथ में संवैधानिक नियमों परम्पराओं की क्रियान्विती के रूप में (वैधानिक) समझा जाने लगा। अर्थात् Legitimacy शब्द का सामान्य अर्थ है,"कानून की दृष्टि से औचित्यपूर्ण होना।" किन्तु राजनीति विज्ञान की एक अवधारणा के रूप में Legitimacy (वैधता) का सम्बन्ध मात्र कानून से नहीं है, अपितु शासन एवं शासित के ऐसे मूल्यों तथा विश्वास से भी है जो शासन को न्याय संगत बताते हैं।"

राजनीति विज्ञान में वैधता या औचित्यपूर्णता की अवधारणा कोई नई अवधारणा नहीं है। वरन् यह एक अति प्राचीन काल से चली आ रही अवधारणा है। इसकी पुष्टि प्राचीन राजनीतिक विचारकों के विचारों में देखी जा सकती है। ऐसे विचारकों में प्रसिद्ध विचारक प्लेटो के विचारों को देखा जा सकता है। प्लेटो ने

अपनी व्यवस्था का आधार ही न्याय को बताया है।

अरस्तू ने कानून-सम्मत शासन या संवैधानिक शासन की चर्चा की है।

सिसरो ने Legitimum शब्द का प्रयोग विधि द्वारा गठित शक्तियों अथवा न्यायाधीशों के लिये किया है। मध्ययुग में पोपवादी कट्टरपंथता ने राजसत्ता के औचित्य को चुनौती दी तब सन्त एक्वीनास ने राजसत्ता की वैधता का समर्थन किया। इन्होंने बौद्धिक और धर्मशास्त्रीय तथ्यों पर बल दिया। उन्होंने शासक को असीमित रूप से शासनाधिकार नहीं दिया। वे शासनाधिकार सशर्त देने की वकालत करते थे। वे मानते थे कि इसके लिये (शर्त स्वरूप) शासक को ऐसी परिस्थितियों को तैयार करना चाहिये जो मानव समुदाय के लिये अच्छे जीवन को सम्भव बना सके।

मार्सीलियो आफ पेडुआ ने राजसत्ता का औचित्य धर्मशास्त्रीय तर्कों की जगह कानूनी तथ्यों के आधार पर किया।

मैकियावली ने राजसत्ता का औचित्य मानव की निम्न मनोवृत्तियों में देखा।

रूसो ने सामान्य इच्छा सिद्धान्त का प्रतिपादन कर वैधता पर बल दिया। इनके विचारानुसार लोकतान्त्रिक संरचना ही लोकतन्त्र की आत्मा नहीं होती है। नैतिकता, न्याय, सद्गुण के अभाव में लोकतान्त्रिक संस्थायें महत्त्वहीन हैं। इसी कारण रूसो ने प्रभुसत्ता जनता की सामान्य इच्छा में निहित बताई है। सरकार सर्वोच्च सत्ता रखने वाली जनता की सेवक मात्र है, जनवाणी देववाणी है, शासन का आधार जनता की सहमति है। इस प्रकार रूसो के विचारों की वैधता धीरे-धीरे विकसित होती चली गयी। समझौतावादी विचारकों हॉब्स, लॉक और रूसो ने समझौते तथा सहमति के रूप में वैधता को स्पष्ट किया। इन्होंने राजसत्ता का औचित्य शासक और शासितों की सहमति पर स्पष्ट किया। लॉक ने वैधानिक राज्य की वार्ता की जिसमें विधि के शासन का समर्थन किया तथा मन-माने शासन को कोई स्थान नहीं दिया।

हीगल ने शाश्वत चेतना को राजसत्ता की औचित्यता का आधार माना। आधुनिक युग में टी.एच.ग्रीन ने वैधता की चर्चा का समर्थन किया। उन्होंने कहा कि, "इच्छा, न कि शक्ति राज्य का आधार है।" इसी तरह मैक्स वेबर ने वैधता को सत्ता से जोड़कर स्पष्ट किया। वेबर के अनुसार वैधता विश्वास पर आधारित होती है। राजनीतिक व्यवस्था के लिये आज्ञापालन की स्थिति उत्पन्न करती है। वेबर ने सत्ता के परम्परागत सत्ता, करिश्माई सत्ता तथा बौद्धिक कानूनी सत्ता का वर्णन किया है। राजतन्त्र में परम्परागत सत्ता मानी जाती है। करिश्माई सत्ता में नेता का व्यक्तित्व प्रभाव डालता है और कुछ अधीनस्थ किसी आदेश का पालन इसलिये करते हैं क्योंकि वे उच्च स्तरीय अमूर्त नियमों के साथ जुड़े होते हैं तथा औचित्यपूर्ण होते हैं तो उस सत्ता को बौद्धिक कानूनी सत्ता कहते हैं। यह सत्ता कानूनी व्यवस्था के तहत स्थापित पद के कारण उत्पन्न होती है। जैसे भारत में प्रधानमन्त्री की सत्ता।

वेबर ने सत्ता का वर्गीकरण वैधता के आधार पर किया है।

संक्षेप में, वैधता या औचित्यपूर्णता शासक पक्ष और शासित पक्ष के बीच पायी जाने

वाली सहमति है। अर्थात् सहमति का अर्थ सर्व-सम्मति या पूर्ण सहमति से नहीं है, वरन् शासक पक्ष के साथ शासित पक्ष की सामान्य सहमति से है। कभी-कभी किसी विशिष्ट सन्दर्भ में शासित पक्ष की अत्यन्त छोटी संख्या द्वारा राजसत्ता का सीमित तथा मर्यादित विरोध किया जाता है, किन्तु इस प्रकार की असहमति को भी व्यावहारिक दृष्टि से किसी राजसत्ता की औचित्यपूर्णता की अवधारणा का ही एक अंग माना जाता है। औचित्यपूर्णता एक ऐसी स्थिति है जिसमें एक राजनीतिक व्यवस्था के सामान्य लोगों को यह विश्वास होता है कि सत्ता धारक की सत्ता तथा उसका प्रयोग सामान्य स्वीकृत नियमों तथा क्रिया विधियों पर आधारित है। वैधता अथवा औचित्यपूर्णता को अनेक विद्वानों ने परिभाषित किया है-

कार्ल जे. फ्रेडरिक के मतानुसार, "औचित्यपूर्णता कानूनों और शासकों के न्याय-संगत होने का ऐसा प्रतीक है जो उनकी सत्ता में वृद्धि करता है।"

डोल्फ स्टर्नवर्जर के मतानुसार, "औचित्यपूर्णता शासन की शक्ति का ऐसा आधार है जिसके अनुसार सरकार को यह चेतना रहती है कि उसे शासन करने का अधिकार है और उसके इस अधिकार को शासितों की स्वीकृति प्राप्त है।"

कूहन अल्फ्रेड के शब्दों में, "वैधता का अर्थ शासकों और शासितों के बीच एक समझौते की स्वीकृति है। इसके प्रारम्भिक रूप से यह लोगों का एक ऐसा समझौता है जिसके अधीन लोग जीवित रहने और बन्दीगृह से बाहर रहने के बदले सरकार के आदेशों का पालन करना तथा कर देना स्वीकार करते हैं। "

एस.एम. लिपसेट के अनुसार , "वैधता औचित्यपूर्णता का अभिप्राय व्यवस्था की उस योग्यता और क्षमता से है जिसके द्वारा यह विश्वास उत्पन्न किया और रखा जाता है कि प्रचलित राजनीतिक संस्थाएँ समाज के लिये सर्वाधिक समुचित हो।"[1]

जीन ब्लोण्डेल के शब्दों में, "वैधता का अर्थ वह सीमा है जिस सीमा तक लोग उस संगठन को, जिससे वे संबंधित हैं, बिना पूछताछ के तथा स्वाभाविक रूप से ही स्वीकार करते हैं। सहमति या स्वीकृति का क्षेत्र जितना बड़ा होगा उस संगठन का उतना ही अधिक औचित्य होगा।"[2]

राबर्ट ए. डहाल के शब्दों में, " .... यदि सरकार में अव्यवस्थित पदाधिकारियों के कार्य, उनकी दशा में उनकी क्रियायें प्रतिक्रियायें, निर्णय-नीतियों, व्यक्ति एवं संस्थाओं के शासित मूल्यों के अनुरूप हो तो ऐसी सरकार को औचित्य के आधार पर सरकार कहेगें अन्यथा नहीं।"

जॉन पीटर के शब्दों में, "वैधता एक मनोवैज्ञानिक भावना और मानसिक स्थिति का नाम है जब शासितों के रूप में सभी लोगों के दृष्टिकोण की समष्टि इनका अनुभव करने लगे, अर्थात् जब यह अनुभव करने लगे कि शासन के समस्त कार्य यथोचित्त तथा स्वीकार करने योग्य हैं तो यही स्थिति वैधता है।"

इस प्रकार विभिन्न विद्वानों ने औचित्यपूर्णता अथवा वैधता को परिभाषित

किया है जिनसे स्पष्ट होता है कि किसी राज्य में जो सरकार स्थापित की गयी है वह जन समर्थित है अथवा नहीं। क्योंकि जनसमर्थन के अभाव में सरकार की वैधानिकता सिद्ध करने की जरूरत होती है अन्यथा लम्बे समय तक शासन नहीं चलाया जा सकता है। क्योंकि लोगों ने उसे अपना विश्वास नहीं दिया है। वैसे भी राजनीतिक व्यवस्था अन्य व्यवस्थाओं की अपेक्षा अधिक उचित एवं समाचीन है। यह राजनीतिक व्यवस्था लोगों में मानसिक मूल्यों के अनुसार होती है और उस राजनीतिक व्यवस्था द्वारा लोगों की उचित आवश्यकतायें वैद्य रूप में पूरी होती हैं। यद्यपि इसके पीछे किसी प्रकार का दबाव अथवा भय नहीं होना चाहिये। वरन् जनमानस की ऐच्छिकता होनी चाहिये।''

औचित्यपूर्णता या वैधता की विशेषतायें (Characteristics of Legitimacy)– वैधता एक धारणा है। यह राजनीतिक जीवन की एक स्थिति है जिसकी कुछ विशेषतायें होती हैं। वैधता की विशेषतायें सभी देशों में एकसी नहीं है क्योंकि इन पर उस देश की जनता की मानसिकता, राजनीतिक मूल्यों, विश्वासों, आदतों तथा उनकी राजनीतिक चेतना का प्रभाव होता है। फिर भी वैधता की निम्नलिखित प्रमुख विशेषतायें स्पष्ट दिखाई देती हैं :-

(1) प्रभावकता की धारणा :- कुछ विचारक यह मानते हैं कि किसी राजनीतिक व्यवस्था की स्थिरता तथा उसकी वैधता, उसकी प्रभावकता पर निर्भर करती है। वास्तव में वैधता तभी प्राप्त होती है जब उसके किसी तथ्य ने कुछ सीमा तक प्रभावकता प्राप्त कर ली हो। वैधता के लिये जरूरी है कि राजनीतिक व्यवस्था केवल कहने के लिये नहीं हो, बल्कि इसके द्वारा नागरिकों के जीवन पर जरूरी प्रभावी नियन्त्रण के लिये भी हो।

(2) जनसहमति – राजनीतिक अवधारणाओं और व्यवस्थाओं के पीछे वैधता के लिये जन सहमति को अवश्य देखा जाता है अर्थात् जब तक जन सहमति किसी तथ्य पर प्राप्त नहीं होगी तब तक उस व्यवस्था की वैधता पर भी प्रश्न चिन्ह रहता है। वर्तमान में लोकतान्त्रिक व्यवस्था के अन्तर्गत तो निर्वाचन द्वारा जन सहमति की अभिव्यक्ति होती है जो वैधता को भी व्यक्त करती है।

(3) विश्वास विकसित करने की व्यवस्था – वैधता को जनसमुदाय के विश्वास के आधार पर भी आँका जा सकता है। अर्थात् जन समुदाय अमुक व्यवस्था को कहाँ तक वैध मानता हैं। यदि कुछ लोग स्वार्थवश किसी व्यवस्था को लागू कर दें तो वह व्यवस्था अवैधानिक मानी जायेगी। उसे जन समर्थन और जन विश्वास दोनों ही प्राप्त नहीं होंगे। उपयोगी होने पर किसी तथ्य को स्वीकार किया जा सकता है और अनुपयोगी होने पर किसी तथ्य को छोड़ा जा सकता है। यदि जनता में यह विश्वास हो जाय कि अमुक राजनीतिक व्यवस्था उनके लिये हितकारी है तो लोग उसका समर्थन करने लगेंगे और ऐसा विश्वास यदि उत्पन्न नहीं होगा तो लोग उसका विरोध करेंगे। ऐसी स्थितियों में वैधता को देखा जा सकता है।

(4) वैधता मूल्यों से सम्बन्धित :- वैधता का आधार कुछ राजनीतिक व्यवस्थाओं में वहाँ के लोगों के मूल्यों को भी माना जाता है। क्योंकि लोग अपने मूल्यों को अत्यधिक महत्त्व देते हैं तथा उनकी रक्षार्थ वे कुछ भी करने को तैयार रहते हैं। कई बार सामाजिक मूल्यों के विरुद्ध की गयी व्यवस्थायें जनता के द्वारा अस्वीकार कर दी जाती हैं जैसे श्रीमती इन्दिरा गाँधी द्वारा 1975 में लोकतन्त्र के विरुद्ध राजनीति करने की कोशिश की थी परिणामस्वरूप 1977 में उनकी सरकार गिर गयी और वे स्वयं बुरी तरह चुनावों में पराजित हो गयी। यह उदाहरण जनता के शासन के प्रति मूल्यों की वैधता को स्पष्ट करता है। इस तरह वैधता राजनीतिक व्यवस्था में मूल्यों के रूप में देखी जा सकती है। मूल्यों के अनुरूप व्यवस्था होने पर ही वह वैधता प्राप्त करती है।

(5) वैधता शक्ति को सत्ता बनाती है- सत्ता का सम्बन्ध वैधता से भी होता है। सत्ता शक्ति का ही रूप है बशर्ते शक्ति को वैधता प्राप्त हो। अर्थात् वैधता से युक्त शक्ति ही सत्ता कहलाती है। शक्ति को सत्ता की स्थिति तब मिलती है जब उसने जनता की दृष्टि में वैधता को प्राप्त कर लिया हो। शक्ति अथवा सत्ता में जब तक सहमति का आधार नहीं होता है उसे वैध नहीं माना जा सकता है। एक कहावत भी है कि उचित शक्ति ही सत्ता होती है। किसी व्यक्ति के पास शक्ति होती है और उसके द्वारा भय के आधार पर आदेशों का पालन करवाया जाता है तो वह व्यक्ति केवल शक्ति सम्पन्न ही माना जाता है, सत्ता सम्पन्न नहीं। शक्ति का विवेकपूर्ण न होना भी सत्ता नहीं है इसलिये कहा जा सकता है कि वैधता ही वह है जो शक्ति को सत्ता बनाती है। और वह सम्मानपूर्वक देखी जा सकती है।

इस प्रकार स्पष्ट होता है कि वैधता जनसहमति पर आधारित होती है। वैधता ही शक्ति को सत्ता बनाती है सत्ता लोगों के मूल्यों तथा विश्वासों के अनुकूल भी होती है तभी वह वैध कहलाती है। प्रत्येक राजनीतिक व्यवस्था वैधता से परिपूर्ण रहती है तभी जनता उसका सम्मान करती है। वास्तव में राजनीतिक व्यवस्था वैधता के आधार पर ही सुव्यवस्थित और स्थिर रह पाती है।

वैधता अथवा औचित्यपूर्णता क्या है? -

(1) यह सहमति एवं स्वीकृति है,
(2) यह व्यवस्था की योग्यता तथा क्षमता मानी जाती है,
(3) यह शासक तथा शासितों के बीच एक समझौता है,
(4) यह एक स्थिति एवं विश्वास है,
(5) यह जन सहमति प्राप्त करने का एक तरीका है,
(6) यह एक मनोवैज्ञानिक तत्त्व है,
(7) यह शक्ति को सत्ता में बदल देती है, एवं
(8) यह जनकल्याण के आधार पर वैध बनती है।

वैधता के स्रोत (Sources of Legitimacy) :- अब तक यह प्रश्न

हमेशा उठता रहा है कि वैधता का आखिर मुख्य स्रोत किसे माना जाय? इसका कारण भी स्पष्ट है कि वैधता प्राप्त करने का एक निश्चित तरीका किसे माना जाय? अब तक इसका कोई एक निश्चित तरीका नहीं माना गया है। वैधता के सन्दर्भ में कौटिल्य ने माना था कि व्यक्तिगत नेतृत्व के गुणों, विवेक, बल, चातुर्यता के आधार पर वैधता प्राप्त की जा सकती है। डेविड ईस्टन ने वैधता प्राप्ति के स्रोत विचारधारा, संरचना तथा वैयक्तिक गुणों को माना है। उदारवादी व्यवस्था में जन स्वीकृति और विश्वास से वैधता प्राप्त हो जाती है। वैधता जनविश्वासों, मान्यताओं और आवश्यकता आदि पर निर्भर करती है। इस प्रकार संक्षेप में यह कह सकते हैं कि राजनीतिक वैधता निम्न आधारों पर प्राप्त होती है-

(1) वैधता प्राप्ति का साधन प्रभाव और प्रभावशीलता को भी माना जाता है। शासन व्यवस्था के कार्यों और नीतियों से जनता प्रभावित रहे और जनता पर शासन के कार्यों तथा नीतियों का प्रभाव इस तरह पड़े कि वह यह समझे कि यह शासन उनके हितों तथा उद्देश्यों की प्राप्ति के लिये ठीक है, अर्थात् लोगों के मूल्यों की रक्षार्थ उचित हो। इस तरह जनभानस यदि इस प्रकार की शासन व्यवस्था के प्रति विश्वास रखता है तो उसकी वैधता बनी रहती है।

(2) वैधता के आधारों में जनसहमति सर्वप्रमुख है। राजनीतिक व्यवस्था मानव मूल्यों के बदलाव के साथ स्वयं भी सत्ता और शक्ति में परिवर्तन कर लेती है तभी वैधता प्राप्त करने में सफल होती है। बदली परिस्थितियों में यदि राजनीतिक व्यवस्था स्वयं को नहीं ढालती है तो वैधता के समक्ष संकट उत्पन्न हो जाता है।

(3) वैधता की प्राप्ति जन सामान्य के द्वारा शासन के समर्थन में भी मानी जा सकती है। जनता पदासीन लोगों के प्रति निष्ठाभाव भी रखती है। इससे भी वैधता की प्राप्ति होती है। लोगों के मूल्यों, आदर्शों और सत्ताधिकारियों की नीतियों में सामन्जस्य होता है तो इससे भी शासन व्यवस्था को वैधता मिलती है।

(4) राजनीतिक व्यवस्था में यदि सत्ताधिकारियों द्वारा परम्पराओं तथा मान्यताओं को स्वीकार किया जाता है तो भी वह वैधता प्राप्त कर लेती है। वास्तव में परम्पराओं के प्रति नागरिकों की गहरी आस्था होती है परिणामस्वरूप नागरिकों का व्यवहार नियन्त्रित रहता है।

(5) यदि किसी राज्य का संविधान नागरिकों के अनुकूल है, वहाँ कानून का शासन है तो नागरिक राज्य की औचित्यपूर्णता को स्वीकार कर लेते हैं। राजनीतिक व्यवस्था की वैधता के लिये विधि-विधान तथा वैधानिक संरचनाओं का भी जनता के मूल्यों के अनुरूप होना जरूरी है। यदि संवैधानिक संरचनायें नागरिकों के हितों, उद्देश्यों तथा मूल्यों की पूर्ति करने वाले नहीं हैं तो ऐसी व्यवस्था की वैधता प्रभावी नहीं होती है।

(6) राजनीतिक व्यवस्था वैधता प्रभावशाली नेतृत्व शक्ति के आधार पर भी प्राप्त करती है। श्रेष्ठ एवं चमत्कारिक या करिश्माई नेतृत्व वाले नेता किसी संगठन में होते हैं तो भी शासन को जनता की वैधता प्राप्त हो जाती है। शासन जन

आकांक्षाओं की पूर्ति करने तक वैधतायुक्त माना जाता है। अधिनायकवादी व्यवस्था में वैधता स्थायी नहीं रह पाती है क्योंकि जनता शासक द्वारा थोपी गयी व्यवस्था का पूरी तरह समर्थन नहीं करती है। वैसे भी इसे शासक के गुणों एवं कार्यों (अधिनायकवादी व्यवस्था में) में अधिक जनविश्वास नहीं होता है।

(7) वर्तमान औद्योगिक, वैज्ञानिक एवं बुद्धिवादी समाज में वैधता का एक स्रोत विचारधारा भी है। विचारधारा उन नैतिक तथा राजनीतिक मूल्यों और मापदण्डों को देती है जिनके आधार पर किसी राज-व्यवस्था को वैधता प्राप्त होती है। वर्तमान युग में विभिन्न राज-व्यवस्थाओं को उदारवादी, राष्ट्रवादी तथा समाजवादी विचारधाराओं के आधार पर प्राप्त होती है।

वैधता अथवा औचित्यपूर्णता के प्रकार

वैधता अथवा औचित्यपूर्णता के सन्दर्भ में विभिन्न विचारकों ने अपनी तरह विचार किया है और उसी के आधार पर उन्होंने विभिन्न प्रकार की वैधता की चर्चा की है :-

राबर्ट डहाल के अनुसार वैधता के निम्न दो प्रकार होती हैं-

(1) उच्चस्तरीय वैधता, एवं

(2) निम्नस्तरीय वैधता।

फरेरो के अनुसार चार प्रकार की वैधता होती है-

(1) चुनाव पर आधारित वैधता,

(2) लोकतान्त्रिक वैधता,

(3) परम्परागत वैधता, एवं

(4) कुलीनतन्त्रात्मक व राजतन्त्रात्मक वैधता।

मैक्स वेबर के अनुसार तीन प्रकार की वैधता होती है-

(1) बौद्धिक वैधता,

(2) परम्परागत वैधता, एवं

(3) करिश्माई वैधता।

स्टर्न बर्जर के अनुसार दो प्रकार की वैधता होती है :-

(1) दैवीय वैधता, एवं

(2) नागरिक वैधता।

डेविड ईस्टन के अनुसार वैधता तीन प्रकार की वैधता होती है-

(1) वैचारिक वैधता,

(2) संरचनात्मक वैधता, एवं

(3) वैयक्तिक वैधता।

इस प्रकार विभिन्न विचारकों ने वैधता के विभिन्न प्रकारों की चर्चा की जिनमें वैधता के निम्नलिखित प्रकार प्रमुख हैं-

वैचारिक वैधता :- जब वैधता किसी विचारधारा के आधार पर स्थापित होती है तो इस प्रकार की वैधता को वैचारिक वैधता कहते हैं। एक राजनीतिक विचारधारा अपने से

सम्बन्धित राज व्यवस्था को निश्चित उद्देश्य, मूल्य तथा कार्यक्रम देती है। इनके लिये स्पष्ट साधन होते हैं। विचारधारा राज-व्यवस्था की सीमायें भी तय करती है। यह शासकों और जनता के सम्बन्धों को भी स्पष्ट करती है इस सम्बन्ध में विचार दो रूप में होते हैं :-

(a) शासन की वैधता के सम्बन्ध में नैतिक विश्वास।

(b) सत्ताधारियों की वैधता के सम्बन्ध में नैतिक विश्वास।

संरचनात्मक वैधता - जनता राज-व्यवस्था की संरचनाओं और उनके उद्देश्यों, मूल्यों तथा कार्यों में विश्वास करती है। शासक वर्ग इन्हीं संरचनाओं के अनुसार व्यवहार करता है। इसलिये शासक वर्ग की सत्ता को औचित्यपूर्णता प्राप्त होती है इसी वैधता को संरचनात्मक वैधता कहते हैं।

वैयक्तिक औचित्यपूर्णता :- नेता के करिश्माई व्यक्तित्व के कारण जब उसकी सत्ता की वैधता को जनता मान लेती है तो इसे वैयक्तिक औचित्यपूर्णता कहते हैं। जनता नेता के नेतृत्व को अपने लिये कल्याणकारी मानकर स्वीकार कर लेती है।

बौद्धिक वैधता :- शासन के आदर्शात्मक नियमों के नमूनों तथा उन नियमों में उच्च पदों पर आरुढ़ अधिकारियों की वैधता बौद्धिक या युक्ति-युक्तता पर आधारित होती है।

परम्परागत वैधता :- जब सत्ता का प्रयोग लम्बे समय से चली आ रही परम्पराओं में विश्वास के आधार पर होता है तो वैधता प्राप्त होती है।

करिश्माई वैधता :- नेता या अधिकारी की करिश्माई योग्यता और गुणों के कारण लोग उस व्यक्ति में अत्यधिक विश्वास करने लगते हैं इसलिये लोग नेता द्वारा बताये गये सभी तथ्यों को स्वीकार कर लेते हैं। यह वैधता करिश्माई कहलाती है इसमें अनुयायी नेता का अनुकरण स्वेच्छा से करते हैं।

दैवीय वैधता :- प्राचीन मिश्र में दैवतुल्य सभायें, ईसाई जगत में ईसा को ईश्वर पुत्र आदि के रूप में देखने को मिलती है।

नागरिक वैधता :-नागरिक वैधता के आधार पर शासन व्यवस्थाओं को निर्वाचनों की कसौटी पर जाँचा जाता है।

वैधता का मापन या वैधता मापन कैसे? :- वैधता का मापन करना अत्यन्त कठिन कार्य है अर्थात् कोई व्यवस्था कितनी वैध है इसका पता सामान्यतया आनुभाविक रूप में लगाया जा सकता है। इसके लिये निम्न मापनी प्रयोग में लायी जा सकती है :-

(1) कोई व्यवस्था कितनी नीतियों का निर्धारण तथा क्रियान्वयन मूल्यों के आधार पर करती है,

(2) कोई व्यवस्था कितने प्रतिशत तानाशाही तत्त्वों को अपनाती है,

(3) शासन तथा सत्ताधिकारियों का विरोध करने की क्षमता जनता में कितनी है?,

(4) नेता का व्यक्तित्व जनता को कितना प्रभावित करता है?, एवं

(5) शासन को कितनी सहमति तथा स्वीकृति प्राप्त हो रही है?

वैधता में परिवर्तन के कारण :- एक वैध तत्त्व एक बार वैध साबित होने

के बाद वह तत्त्व हमेशा के लिये वैध नहीं होता है। शासन मानव व्यवहार से तथा मूल्यों से सम्बन्ध रखता है। इसलिये वैधता के कुछ प्रमुख कारण निम्नलिखित हैं जिनके कारण वैधता में परिवर्तन आता है।

(a) शासन के समर्थक सदस्यों में परिवर्तन के कारण,

(b) शासक और शासितों में संघर्ष होने के कारण या दूरी बन जाने के कारण,

(c) जन स्वीकृति का आधार समाप्त हो जाने के कारण,

(d) राजनीतिक अस्थिरता के कारण,

(e) मूल्यों और आदर्शों में बदलाव आने के कारण,

(f) दमनात्मक मूल्यों के कारण,

(g) तानाशाही शक्तियों के प्रभावी होने पर,

(h) संवैधानिक स्वरूप में बदलाव के कारण,

(i) वैचारिक आधार कमजोर हो जाने के कारण, एवं

(j) विषमता तथा जटिलताओं के उत्पन्न होने के कारण।

इस प्रकार की परिस्थितियों के कारण वैधता के लिये संकट उत्पन्न हो जाता है। परिणामस्वरूप वैधता की प्रकृति में भी बदलाव आता है।

वैधता या औचित्यपूर्णता का संकट (Crisis of Legitimacy):- शासन राजव्यवस्था को ठीक प्रकार से संचालित करने का प्रयास करता है। इसके लिये वह कई बार दमन,शक्ति, बल आदि का सहारा लेता है। लेकिन शासन सत्ता इन शक्तियों का जितना कठोर रूप में प्रयोग करती है जनता उसका उतनी ही तीव्रता से विरोध करती है। इस कारण वैधता का संकट पैदा होता है। वास्तव में देखें तो राजनीतिक मूल्य एवं विश्वास ही वे आधार हैं जो किसी राज व्यवस्था को औचित्यपूर्णता प्रदान करते हैं। जब मूल्यों तथा विश्वासों के प्रति मतभेद के कारण किसी राज व्यवस्था में राजनीतिक विरोध पैदा होते हैं तो इसी स्थिति को वैधता का संकट कहते हैं। वैधता का संकट निम्नलिखित स्थिति में मुख्य रूप से पैदा होता है-

(1) नयी राज-व्यवस्था की वैधता को चुनौती :- नये मूल्यों और विश्वासों ने परम्परागत राज-व्यवस्था की वैधता के संकट के साथ-साथ नयी राज-व्यवस्था की भी स्थापना की है जो उनके विचारों, आकांक्षाओं, मूल्यों आदि की दृष्टि से वैधता युक्त होते हैं लेकिन नयी राजव्यवस्था के समक्ष अनेक संकट पैदा होते हैं। कई बार इस क्रम में निम्नलिखित घटनायें भी घटित होती हैं-

- विरुद्ध गुप्त या प्रकट संघर्ष
- जन आकांक्षाओं एवं विश्वासों की कसौटी पर खरा न उतरना।

(2) राज-व्यवस्था की प्रभावशीलता में कमी :- राज-व्यवस्था की प्रभावशीलता में जब कमी आती है तो धीरे-धीरे जनता को विश्वास उस राज-व्यवस्था में कम होता जाता है। फलस्वरूप उस राजव्यवस्था का औचित्यपूर्ण अथवा

वैधता संकट में पड़ जाती है। जैसे सोवियत संघ की साम्यवादी व्यवस्था की प्रभावशीलता में कमी आती गयी और अन्ततः इसका पतन हो गया तथा उदारवादी लोकतन्त्र प्रारम्भ हुआ।

(3) नये संगठित समूहों का अस्तित्वः- जब किसी समाज में नये विचारों, आकांक्षाओं मूल्यों एवं विश्वासों वाले समूहों का संगठन होता है तो परम्परागत प्रभावशाली समूह अपने विश्वासों को त्यागना नहीं चाहते हैं परिणामस्वरूप संघर्ष की स्थिति पैदा हो जाती है। नये विचार, मूल्य और विश्वास परम्परागत राज-व्यवस्था में वैधता का संकट पैदा होता है। इसी क्रम में राजतन्त्र के स्थान पर लोकतान्त्रिक व्यवस्था की स्थापना हुई है।

(4) समुदाय के निर्माण की चुनौती की समस्यायें :- सभी व्यवस्थाओं में वर्तमान में समुदाय के निर्माण की समस्या होती है क्योंकि सभी नागरिकों में सामूहिकता तथा सामुदायिकता की भावना का विकास करना जरूरी है। राष्ट्र निर्माण की समस्या से ही राज्य के निर्माण की समस्या संबन्धित है इसलिये राजनीतिक व्यवस्था का समर्थन करना एवं वैधता की स्थापना करना भी जरुरी है।

(5) राजनीतिक व्यवस्था में सहभागिता :- विभिन्न वर्गों द्वारा राजनीतिक व्यवस्था में भाग लेने से भी वैधता का संकट उत्पन्न होता है। सभी वर्ग अपने उद्देश्यों को प्राप्त करने के लिये राजनीतिक व्यवस्थाओं को चुनौती देते हैं। परिणामस्वरूप वैधता के संकट की सम्भावना उत्पन्न हो जाती है।

वैधता अथवा औचित्यपूर्णता के अर्जन करने तथा स्थिर बनाये रखने के उपाय (Means to acquire and maintain Legitimacy) :- औचित्यपूर्णता अथवा वैधता को प्राप्त करने तथा उसे स्थिर बनाये रखने का प्रयास प्रत्येक राजव्यवस्था करती है। इसके लिये शासन व्यवस्था को जनता में विश्वास उत्पन्न करने वाले कार्य करने चाहिये ताकि जनता शासन को अपने लिये कल्याणकारी समझने लगे। जन सामान्य के मूल्यों एवं विश्वासों के अनुरूप शासन को व्यवहार तथा कार्य कलाप करने चाहिये। इस प्रकार किसी भी राज-व्यवस्था को वैधता अथवा औचित्यपूर्णता प्राप्त करने के लिये निम्नलिखित उपाय करनें चाहिये-

(1) नये विचारों तथा परम्पराओं में सामन्जस्य स्थापित करना चाहिये। एन.जे. स्मेबर ने लिखा है कि,"राजनीतिक तनाव से बचने का स्पष्ट रूप से सर्वोत्तम तरीका यह है कि राजनीतिक समस्याओं की परम्परागत औचित्यपूर्णता की रक्षा करते हुये उनमें आधारभूत संरचनात्मक परिवर्तन शामिल किये जायें।"

(2) संवैधानिक व्यवस्थाओं का निष्ठापूर्वक पालन किया जाना चाहिये अर्थात् शासक के लिये जरूरी है कि वह हमेशा ही ऐसे कानून एवं नीतियों का निर्माण करे जो संविधान में निहित विचारों, मूल्यों एवं विश्वासों के अनुरूप हों।

(3) वैधता प्राप्त करने तथा इसे बरकरार बनाये रखने के लिये राज-व्यवस्था को उपयोगी बनाने का प्रयास करना चाहिये। इसके लिये राज-व्यवस्था में नागरिकों को स्वतन्त्रता, समानता, रक्षा, अधिकार, न्याय, कल्याण आदि की गारन्टी देनी चाहिये।

(4) राज-व्यवस्था को लोकतान्त्रिक मूल्यों में विश्वास करना चाहिये। शासन में अधिक से अधिक आम सहमति का सहारा लेना चाहिये। इसके लिये निष्पक्ष एवं स्वतन्त्र आम चुनावों द्वारा शासन की नीतियों के बारे में जनता की सहमति प्राप्त करनी चाहिये। जनमत के निर्माण के साधनों को सरकारी हस्तक्षेप से मुक्त रखना चाहिये। सत्ता का विकेन्द्रीकरण करना चाहिये। सैनिक सत्ता को राजनीतिक निर्माण प्रक्रिया में हस्तक्षेप का अधिकार नहीं होना चाहिये। सैनिक सत्ता को राजनीतिक या नागरिक सत्ता के अधीन रखना चाहिये। अन्ततः लोकतान्त्रिक मूल्यों को अपनाना चाहिये।

संक्षेप में इस प्रकार के उपाय करने से निश्चित रूप से वैधता को अर्जित किया जा सकता है तथा स्थिर भी बनाया जा सकता है।

वैधता अथवा औचित्यपूर्णता का महत्त्व (Importancy of Legitimacy) :- वैधता राज-व्यवस्था के दमनात्मक एवं दण्डात्मक स्वरूप का भी आवश्यकतानुसार समर्थन करती है। शासन की नीतियों तथा कार्यों को भी न्यायसंगत सिद्ध करती है। शासितों के सभी वर्गों में सहमति, सहयोग, अनुशासन तथा भक्ति जाग्रत करती है। इसके अभाव में शासन को विरोध तथा विद्रोह का सामना करना पड़ सकता है। लेकिन कई बार शासक वर्ग के आत्म विश्वास में कमी भी आ जाती है और अन्तर्विरोध भी पैदा होते हैं। जिसके परिणामस्वरूप राजव्यवस्था संकट में फँस सकती है। अतः इससे शासन को निजात दिलाने में वैधता की अहम् भूमिका होती है। वैधता वास्तव में शासन को श्रेष्ठ बनाने का प्रयास करती है। यह शासक तथा शासितों में नैतिक, मूल्यात्मक एवं विवेक संगत राज-व्यवस्था को बनाती है। यह शासकों में आत्मविश्वास जगाती है। शासन को जनकल्याणकारी बनाती है। यह राजव्यवस्था को स्थायित्व देती है। प्रजातान्त्रिक राज-व्यवस्था में इसका विशेष महत्त्व होता है। जनता अपनी सहमति देकर सत्ता को वैध बनाती है।

❑❑❑